제1판

법무사 | 법원행시 | 법원사무관승진 | 법원직 공무원 시험대비

이혁준 민법 1차·2차 핵심 암기장

이혁준 편저

10년간 9회

★ 전체 수석

합격자 배출

박문각 법무사

머리말

PREFACE | CONTENTS |

Ⅰ. 본 교재로의 초대 -「합격 그 하나만을 위하여」

수험생들이 방대한 민법을 보다 쉽고 간결하게 정리할 수 있는 방법이 무엇일까라는 고민과 그동안 수험생들의 암기장에 대한 요구가 많았으며, 또한 강의의 편의를 위한 필요성을 이유로 본서를 출간하게 되었습니다. 바삐 서두른다고 해도 시간의 여유가 없었던 터라 본서가 출간되기까지 많은 시간이 지체되었습니다. 더 이상 늦어져서는 안 된다는 생각에 그동안 강의 때에 보조자료로 제공된 것을 모아 출간하게 되었는데, 어쩔 수 없이 일단 가족법은 제외하고 재산법만을 내용으로 하여 출간하게 되었으며, 2024년 하반기에 공보된 판례부터는 보충해서 정리해 두어야 함을 미리 말씀드립니다.

Ⅱ. 본 교재의 특징

1. 합격을 위한 수험의 동선을 그리며 -「필요를 찾는 눈으로」

본서는 민법에 대한 이해와 정리에 있어 조금이나마 그 수고로움을 덜어주고자 하는 것을 목적으로 만들어졌으며 또한 철저하게 시험에 필요한 범위 내에서 그리고 가장 핵심적인 내용을 중심으로 다루고 있습니다.

2. 수험서로서의 적합성 -「일격필합(一擊必合)」

이러한 목적에 부합하기 위해, 본서에서는 합격의 지침이 될 수 있는 쟁점과 판례를 중심으로 구성하였습니다. 따라서 본 교재에 담겨져 있는 쟁점을 숙지하는 것만으로도 사실상 시험에 부족함이 없습니다. 그야말로 일격필합의 정신으로 만들어진 교재이기 때문입니다.

3. 1차와 2차 시험의 통합 대비서

본서는 법리의 논리적 흐름과 쓰임새를 알 수 있도록 함과 동시에 쟁점을 좀 더 선명하게 정리할 수 있도록 하여 1차 객관식 시험뿐만 아니라 2차 주관식 시험을 위한 통합 대비서로서 충분한 기능을 할 수 있도록 구성되었습니다. 이로써 민법의 전체의 흐름 및 제도나 법리의 본질을 꿰뚫어 볼 수 있는 혜안이 길러질 것이라 보이고, 합격하기까지의 기간도 단축시킬 수 있다고 생각합니다.

Ⅲ. 글을 마무리 하며

본서가 나오기까지에는 많은 분들의 도움이 있었습니다. 일일이 이름을 들어 감사의 말씀을 드리지는 못하나, 다시 한 번 그분들에게 고마움을 전하며, 마지막으로 이 책을 항상 격려와 관심 그리고 깊은 애정으로 지켜봐 주는 사랑하는 가족들에게 바칩니다.

아무쪼록 본서가 민법을 공부하는 수험생 여러분들에게 조금이라도 도움이 되었으면 합니다. 앞으로도 계속적으로 다듬고 보충하여 좀 더 좋은 책이 될 수 있도록 노력할 것임을 약속드리며, 수험생 여러분들의 조속한 합격을 기원합니다.

이혁준 올림

★ 차례 ★

CONTENTS | PREFACE |

PART 03 채권각론 핵심 암기사항

PART 04 물권법 핵심 암기사항

★ 차례 ★

CONTENTS | PREFACE |

PART 01 민법총칙 핵심 암기사항

PART 02 채권총론 핵심 암기사항

PART
01

민법총칙 핵심 암기사항

PART

01 민법총칙 핵심 암기사항

Set 01 관습법

1. 요건

① 관행 + 법적 확신 + 전체 법질서 反✗ · 정당성과 합리성

② Ex) 여성종원 사안 → 관습법으로서 효력✗
분묘기지권(장사법 시행 이전) → 관습법으로서 효력O

2. 효력

① 성문법의 보충적 효력

② 관습법과 달리 사실인 관습은 법규✗ · 당사자 의사의 보충적 기능

Set 02 신의칙

1. 성질

① 모든 법 영역(공법 포함)의 지배원리로서 추상적 규범 → 직권 판단

② 권리(의무)발생적 기능 → 고지의무, 숙박계약 - 고객의 안전배려의무(신의칙상 부수적 의무로서 보호의무)

2. 파생원칙

(1) 사정변경의 원칙

① 계약 성립 당시 당사자가 예견할 수 없었던 현저한 사정의 변경 + 사정의 변경이 책임 없는 사유로 생긴 것 → 계약의 기초가 되었던 **객관적인 사정**O, **주관적 또는 개인적인 사정**✗

② 불확정 채무 : 해지O / 확정·특정채무의 보증 : 해지✗

(2) 권리남용금지의 원칙

① 주관적 요건인 사해의사는 기본적으로 필요하되, 객관적 사정에 의해 추인을 긍정하기도 하고, 상계권 남용(어음헐값 매수사안)의 경우에는 주관적 요건을 필요로 하지 않는다.

② 소멸시효 주장의 남용, 동시이행항변권의 남용 사안

3. 적용 여부가 문제되는 사안

(1) 합법성의 원칙(법적 안정성)과 신의성실의 원칙

사적 자치의 영역을 넘어 공공질서를 위하여 공익적 요구를 선행시켜야 할 경우 **합법성의 원칙은 신의성실의 원칙보다 우월**한 것이므로, **신의성실의 원칙은** 합법성의 원칙을 희생하여서라도 구체적 신뢰보호의 필요성이 인정되는 경우에 한하여 **예외적으로 적용** → 신중을 기하여 가능한 한 예외적으로 인정

(2) 구체적인 사안

① **무권대리인이 본인의 지위 상속 사안 → 추인거절은 신의칙 反O**

② **법정지상권 인정시 건물의 양도 사안 → 토지소유자의 건물철거청구는 신의칙 反O**

③ **강행규정 · 능력규정의 위반으로 무효 · 취소의 주장 → 신의칙 反✗**

Ex) 국토법 위반, 의사무능력자의 행위, 제한능력자의 행위

④ 가족법상의 권리

Ex) **인지청구권 : 실효✗, 상속권 사전 포기금지 : 상속권 주장은 신의칙 反✗**

⑤ 변호사와 의뢰인 사이에 약정이 있는 경우 위임사무를 완료한 변호사는 원칙적으로 약정 보수액 전부를 청구할 수 있다. 다만 **약정 보수액이 부당하게 과다**하여 신의성실의 원칙이나 형평의 관념에 반한다고 볼 만한 특별한 사정이 있는 경우에는 **예외적으로 적당하다고 인정되는 범위 내의 보수액만을 청구할 수 있다**(유효하게 성립한 계약상의 책임을 공평의 이념 또는 신의칙과 같은 일반원칙에 의하여 제한하는 것은 사적 자치의 원칙이나 법적 안정성에 대한 중대한 위협이 될 수 있으므로, 채권자가 유효하게 성립한 계약에 따른 급부의 이행을 청구하는 때에 법원이 급부의 일부를 감축하는 것은 원칙적으로 허용되지 않고, 채권자의 권리행사가 신의칙에 비추어 용납할 수 없는 것인 때에는 이를 부정하는 것이 예외적으로 허용될 수 있다. 다만 신중을 기하여 가능한 한 예외적으로 인정하여야 한다).

⑥ **공로 부지의 소유자**가 이를 점유 · 관리하는 지방자치단체를 상대로 **공로로 제공된 도로의 철거, 점유 이전 또는 통행금지를 청구하는 것**은 법질서상 원칙적으로 허용될 수 없는 '**권리남용**'이라고 보아야 한다. 그 경우 특별한 사정이 없는 한 그 도로 지하 부분에 매설된 시설에 대한 철거 등 청구도 '권리남용'이라고 봄이 상당하다.

⑦ 송금의뢰인이 **착오송금**임을 이유로 수취은행에 그 송금액의 반환을 요청하고 수취인도 착오송금임을 인정하여 수취은행에 그 반환을 승낙하고 있는 경우, **수취은행이 수취인에 대한 대출채권 등을 자동채권으로 하여 착오송금된 금원 상당의 예금채권과 상계**하는 것이 신의칙 위반 내지 **권리남용에 해당한다**.

⑧ 중복보존등기의 경우 후행 보존등기의 말소를 구하는 것은 신의칙에 반하거나 권리남용에 해당하지 않는다.

Set 03 태아의 권리능력

1. 개별적 보호주의

① 제762조 : 불법행위에 기한 손해배상청구권 - 직접적 피해자O Ex) 태아의 위자료청구권(태아가 피해 당시 정신상 고통에 대한 감수성을 갖추고 있지 않더라도 장래 감수할 것임이 현재 합리적으로 기대할 수 있는 경우 태아의 위자료청구권 인정)

② 제1000조 : 상속능력O → 대습상속O

③ 증여계약 : **수증능력**✗

2. 권리능력 취득시기 - '이미 출생한 것으로 본다'의 이론구성

'정지조건설' → 태아인 동안에는 권리능력을 취득하지 못하지만 살아서 출생한 때에는 권리능력의 취득의 효과가 사건이 발생한 때(불법행위시 혹은 상속개시시)에 **소급**해서 생김, 다만 사산된 때에는 권리능력을 갖지 못한다.

Set 04 의사능력

1. 의의 및 판단

특별한 법률적 의미·효과 이해(인지) 要 → 개별적·구체적 판단 : 실질적 판단

2. 의사무능력의 효과

① 절대적 무효 → 무효 주장은 신의칙에 反✗

② 민법 **제141조 단서**(현존이익의 반환범위)는 의사능력의 흠결을 이유로 법률행위가 무효가 되는 경우에도 **유추적용**

> ※ 제141조 단서 - 현존이익
>
> ① **금전상 이득**은 **현존**하는 이익으로 **추정**되므로 이득자가 현존이익이 없음을 증명하여야 한다.
>
> ② 금전상 이득 이외의 것은 현존이익이 추정되지 아니하므로 손실자가 현존이익이 있음을 증명해야 한다.

Set 05 제한능력자 - 판단기준시기 : 법률행위 당시 기준

1. 미성년자(제4조 이하 - 19세)

① **경제적으로 유리한 매매계약의 체결**이라도 민법 **제5조 제1항 단서**에 **해당**✗

② 제6조 - 묵시적 처분허락 긍정

※ 신용카드사안
① 미성년자가 신용구매계약을 취소하는 것을 신의칙 위반을 이유로 배척✗
② 미성년자는 채무면제의 이익으로서 금전상 이득 → **매매대금 상당의 부당이득반환의무**○ 구매한 물품✗

③ 제8조 - 포괄적 영업허락은 허용되지 않고, 영업허락이 있으면 미성년자는 성년자와 동일한 행위능력이 있으므로 법정대리권은 소멸된다.

2. 피성년후견인(제9조 이하)

① 정신적 능력의 **지속적 결여 → 취소할 수 없는 행위의 범위**를 **정**함

② 일용품의 구입 등 일상생활에 필요 + 과다비용 要✗ - 취소✗

③ **본인의 의사**를 **고려**하여야 함

④ 성년후견인은 **법인**도 가능하고, **여러 명**(수인)의 성년후견인을 선임할 수 있다.

3. 피한정후견인(제12조 이하)

① 정신적 능력의 **부족** → 한정후견인의 **동의를 받아야 하는 행위의 범위**를 **정**함

② 일용품의 구입 등 일상생활에 필요 + 과다비용 要✗ - 취소✗

③ **본인의 의사**를 **고려**하여야 함

※ [보충] - **피성년후견인과 피한정후견인의 유언에 관하여는 행위능력에 관한 민법 제10조 및 제13조가 적용되지 않으므로**(민법 제1062조), **피성년후견인 또는 피한정후견인은 의사능력이 있는 한 성년후견인 또는 한정후견인의 동의 없이도 유언을 할 수 있다.**

4. 피특정후견인(제14조의2)

① 정신적 제약으로 일시적 후원 또는 특정한 사무에 관한 후원이 필요

② **본인의 의사**에 **반**하여 **할 수 없다**.

5. 심판 사이의 관계(제14조의3)

① 가정법원이 피한정후견인 또는 피특정후견인에 대하여 성년후견개시의 심판을 할 때에는 종전의 한정후견 또는 특정후견의 종료 심판을 한다.

② 가정법원이 피성년후견인 또는 피특정후견인에 대하여 한정후견개시의 심판을 할 때에는 종전의 성년후견 또는 특정후견의 종료 심판을 한다.

6. 제한능력자의 상대방 보호

(1) 확답촉구권 · 철회권 · 거절권 비교

구분	확답촉구권(제15조)	철회권(제16조 제1항)	거절권(제16조 제2항)
상대방	법정대리인 및 능력자로 된 자(**제한능력자에 대한 확답촉구는 무효**)	법정대리인 및 제한능력자에 대해서도 가능	법정대리인 및 제한능력자에 대해서도 가능
상대방의 선의요부	**선의 · 악의 불문**	**선의 要**	선의 · 악의 불문(통설)
방법	취소할 수 있는 행위 적시, 1월 이상 유예기간을 정해서 하여야 한다(제15조 제1항).	추인이 있기 전까지 할 수 있다.	추인이 있기 전까지 할 수 있다.
효과	(1) 확답이 있는 경우 그 유예기간 내에 추인 또는 취소의 확답을 하면 그 의사표시대로 추인 또는 취소의 효과가 발생한다. (2) **확답이 없는 경우** 1) **제한능력자가 능력자로 된 후 : 추인**한 것으로 본다(제15조 제1항). 2) **법정대리인에 대한 효과** : 단독으로 추인할 수 있는 경우에 법정대리인이 최고기간 내에 아무런 확답을 발하지 않은 때에는 추인한 것으로 간주하고(제15조 제2항), 법정대리인이 단독으로 확답을 할 수 없고, **특별절차를 밟아야 하는 경우에는 취소한 것으로 간주**한다(제15조 제3항). 여기서 특별한 절차란 후견감독인의 동의절차를 말한다(제950조 제1항 제1호 내지 제6호).	취소와 동일하게 계약의 소급적 소멸효과 발생	소급적 소멸효과 발생

(2) 제한능력자의 속임수(사술) – 제17조 : 취소권의 배제

① 자기를 능력자로 믿게 속인 경우에는 모든 제한능력자가 포함되지만, 법정대리인의 동의가 있는 것으로 믿게 속인 경우에는 피성년후견인은 제외된다.

② 속임수를 쓴 것이라 함은 적극적으로 **사기수단**을 쓴 것을 말하는 것이고 단순히 자기가 능력자라 사언함은 속임수(사술)를 쓴 것이라고 할 수 없다. 즉 적극적 기망수단을 쓴 것을 의미하므로, 단순히 침묵(부작위)하거나, '성년자로 군대에 갔다 왔다'고 말하거나, '자기가 사장이라고 말한 것'만 가지고는 속임수를 쓴 것으로 보지 않는다.

③ **속임수**를 썼다고 주장하는 때에는 그 **주장자인 상대방 측**에 그에 대한 **입증책임**이 있다.

Set 06 부재와 실종

1. 부재자의 재산관리

① 법인은 부재자✗

② 제118조에서 정한 범위를 넘는 처분행위를 한 경우에는 법원의 허가를 받아야 한다. 만일 이를 위반한 경우에는 무권대리행위로서 원칙적으로 무효이다. 다만 **기왕의 처분행위**에 대한 **추인**으로서 **법원의 허가**를 받으면 유효하다.

③ 허가를 받았으나 그러한 처분행위가 부재자 본인을 위한 것이 아닌 경우에도 무권대리행위로 취급

④ 법원의 허가를 얻어 처분행위를 한 후에는 그 **허가결정**이 **취소**되더라도 **소급효가 없으며**, 취소 전의 처분행위는 유효하다.

⑤ 법원의 매각처분허가를 받았다면 저당권설정을 위해 다시 법원의 허가를 얻을 필요는 없다.

⑥ 재산관리인 **선임결정이** 취소되지 않는 한 선임된 부재자재산관리인의 권한이 당연히는 소멸되지 아니하고 또 위 결정 이후에 **취소된 경우에도** 그 취소의 효력은 **장래에 향하여서만 생**기는 것이며 그간의 **부재자재산관리인의 적법한 권한행사의 효과는 이미 사망한 그 부재자의 재산상속인에게 미친다**.

2. 실종선고

① 실종선고의 청구권자로서 이해관계인이란 부재자의 사망으로 <u>**직접적**</u>으로 신분상 또는 경제상의 권리를 취득하거나 의무를 면하게 되는 자만을 뜻한다. 따라서 **후순위 상속인은** 부재자에 대한 실종선고를 청구할 **이해관계인이 될 수 없다**.

② 실종선고를 받은 자는 전조의 기간이 만료한 때에 사망한 것으로 본다(제28조). 그러나 실종자를 당사자로 한 판결이 확정된 후에 실종선고가 확정되어 그 사망간주의 시점이 소 제기 전으로 소급하는 경우에도 위 판결 자체가 소급하여 **당사자능력이 없는 사망한 사람을 상대로 한 판결로서 무효가 된다고는 볼 수 없다**.

③ **'<u>실종선고 후</u> 그 <u>취소 전</u>'에 <u>선의</u>로 한 행위의 효력에 영향을 미치지 아니한다**. 다만 실종선고의 취소가 있을 때에 실종의 선고를 직접원인으로 하여 재산을 취득한 자가 선의인 경우에는 그 받은 이익이 현존하는 한도에서 반환할 의무가 있고 악의인 경우에는 그 받은 이익에 이자를 붙여서 반환하고 손해가 있으면 이를 배상하여야 한다(제29조).

Set 07 법인 일반

1. 재단법인의 설립

(1) 재단법인의 설립행위 - 착오취소의 가부

출연자는 **착오에 기한 의사표시라는 이유로** 출연의 의사표시를 **취소**할 수 있고, 상대방 없는 단독행위인 재단법인에 대한 출연행위라고 하여 달리 볼 것은 아니다.

(2) 출연재산인 부동산의 소유권 귀속시기

① 출연재산은 **출연자와 법인과의 관계**에 있어서 법인성립시에 법인에게 귀속되어 법인의 재산이 되는 것이고, 출연재산이 부동산인 경우에 있어서도 **법인의 성립 외에 등기를 필요로 하는 것이 아니나**, ② **제3자에 대한 관계**에 있어서는 출연행위가 법률행위이므로 출연재산의 법인에의 귀속에는 부동산의 권리에 관해서는 법인성립 외에 **등기를 필요로 한다**.

(3) 재단법인의 정관변경과 주무관청의 허가

1) 허가 요부

주무관청의 허가를 얻은 정관에 기재된 기본재산의 처분행위로 인하여 재단법인의 정관 기재사항을 변경하여야 하는 경우에는, 그에 관하여 주무관청의 허가를 얻어야 하고, ① 기존의 기본재산을 처분하는 행위는 물론 **새로이 기본재산으로 편입하는 행위**도 주무부장관의 **허가**가 있어야만 유효하다. ② 이는 재단법인의 기본재산에 대하여 **강제집행을 실시하는 경우**에도 **동일**하다. ③ 그러나 민법상 재단법인의 **기본재산에 관한 저당권 설정행위는** 특별한 사정이 없는 한 정관의 기재사항을 변경하여야 하는 경우에 해당하지 않으므로, 그에 관하여는 주무관청의 **허가**를 **얻을 필요**가 **없다**.

2) 위반의 효과

주무관청의 허가가 없으면 그 처분행위는 물권계약으로 무효일 뿐 아니라 **채권계약**으로서도 **무효**

2. 이사의 해임

① 법인은 원칙적으로 이사의 임기 만료 전에도 언제든지 이사를 해임할 수 있다(위임 유사 - 제689조 참조). 다만 이러한 민법 규정은 임의규정이므로 **법인이 자치법규인 정관으로 이사의 해임사유 및 절차 등에 관하여 별도 규정을 둘 수 있다**.

② 따라서 **법인의 정관에 이사의 해임사유에 관한 규정이 있는 경우** 이사의 중대한 의무위반 또는 정상적인 사무집행 불능 등의 특별한 사정이 없는 이상 **법인은 정관에서 정하지 아니한 사유로 이사를 해임할 수 없고**, 정관에서 정한 해임사유가 발생하였다는 요건 외에 이로 인하여 법인과 이사 사이의 신뢰관계가 더 이상 유지되기 어려울 정도에 이르러야 한다는 요건이 추가로 충족되어야 법인이 비로소 이사를 해임할 수 있는 것은 아니다.

3. 사원권

"사단법인의 사원의 지위는 양도 또는 상속할 수 없다"고 한 민법 제56조의 규정은 강행규정은 아니라고 할 것이므로, 정관에 의하여 이를 인정하고 있을 때에는 양도·상속이 허용된다.

Set 08 법인의 책임

※ 논증구도

Ⅰ. 유형(사유) ──→ **Ⅱ. 요건** ──→ **Ⅲ. 법인 / 비법인 사단의 방어방법 : 무효**

1. 계약상 책임
   1. **권**리능력의 위반(제34조)
   2. 대표권의 범위·**제**한의 위반
      (1) 법률상 제한 – 제276조
      (2) 정관상 제한 - 제41조 + 제60조
   3. 대표권 **남**용
2. 불법행위책임 ┬ 제35조 제1항 – 요건·효과
   └ 제756조

1. 계약상 책임

(1) 권리능력(제34조)

정관에 정한 목적의 범위 내라 함은 목적을 수행하는 데 있어서 **직접·간접으로 필요한 행위**를 모두 포함하고, 목적수행에 필요한지 여부는 행위의 **객관적 성질**에 따라 **추상적**으로 **판단**할 것이고 행위자의 주관적·구체적 의사에 따라 판단할 것은 아니다.

※ [**보충**] – 목적수행에 필요한 행위인가의 여부는 문제된 행위가 **정관기재의 목적에 현실적으로 필요한 것이었던가 여부**를 **기준**으로 판단할 것 ✗

(2) 대표권의 범위·제한

1) 법률상 제한

가) 법인

사립학교법 제28조 위반(강행규정) → 무효 : **제126조의 표현대리 성립** ✗

나) 비법인 사단

① 총유 : 제276조 → 총유물의 관리·처분 : 총회결의 要 → 위반 : 무효(강행규정) : **제126조의 표현대리 성립** ✗

② 총유물의 처분이란 **총유물 자체의 법률상·사실상 처분행위**를 의미

→ Ex) 매매계약, 매매대금의 분배, 수용보상금의 분배O

보증계약, 설계용역계약과 같은 **단순한 채무부담행위**✗ ∴ **제276조 위반**✗

시효중단으로서의 승인은 총유물의 관리·처분✗

2) 정관상 제한(제41조, 제60조)

가) 법인

법인의 정관에 법인 대표권의 제한에 관한 규정이 있으나 그와 같은 취지가 등기되어 있지 않다면 법인은 그와 같은 정관의 규정에 대하여 **선의냐 악의냐에 관계없이** 제3자에 대하여 **대항할 수 없다**.

나) 비법인 사단

비법인사단의 경우에는 대표자의 대표권 제한에 관하여 등기할 방법이 없어 민법 **제60조의 규정**을 **준용할 수 없고**, 사원총회 결의사항은 비법인사단의 내부적 의사결정에 불과하다 할 것이므로, 그 거래 **상대방이** 그와 같은 **대표권 제한 사실을 알았거나 알 수 있었을 경우가 아니라면** 그 거래행위는 **유효하다**고 봄이 상당하고, 이 경우 거래의 상대방이 대표권 제한 사실을 알았거나 알 수 있었음은 이를 주장하는 비법인사단측이 주장·입증하여야 한다.

(3) 대표권 남용

① 이사의 행위가 주관적으로 자기 또는 제3자의 이익을 도모할 의도가 있더라도 객관적으로 권한의 범위 내인 경우 그 행위는 **원칙적**으로 **유효**로 된다. / 다만 민법 **제107조 제1항 단서**를 **유추적용**하여 **상대방이** 이사의 **배임적 대표행위에 대하여 알았거나 알 수 있었던 경우**에는 대표행위가 **무효**로 된다.

② 계약체결의 요건을 규정하고 있는 강행법규에 위반한 계약은 무효이므로 그 경우에 계약상대방이 선의·무과실이라 하더라도 민법 제107조의 비진의 표시의 법리 또는 표현대리 법리가 적용될 여지는 없다.

※ [**보충**] – 적법한 대표권을 가진 자와 맺은 법률행위의 효과는 대표자 개인이 아니라 본인인 법인에게 귀속하고, 마찬가지로 그러한 법률행위상의 의무를 위반하여 발생한 **채무불이행으로 인한 손해배상책임도 대표기관 개인이 아닌 법인만이 책임의 귀속주체가 되는 것이 원칙이다**(대표기관의 고의·과실에 따른 채무불이행책임의 주체는 법인으로 한정된다).

2. 불법행위책임(제35조 제1항)

(1) 적용법조

① 법인의 대표기관의 불법행위에 대해 법인은 제756조가 아닌 제35조 제1항에 의하여 책임을 진다. 그러나 대표기관이 아닌 단순한 피용자의 불법행위에 대해 법인은 제756조에 의해 책임을 진다.

② 제35조 제1항은 비법인 사단의 경우에도 유추적용

(2) 요건

① 대표기관의 행위 → 대표권 없는 이사✗, 이사의 대리인✗ / **등기 여부 불문 : 실질적 운영 · 사실상 대표○**

② 직무관련성 : 외형이론 및 제한 → ⅰ) **주관적 목적**(대표자 개인의 사리를 도모) · **법령위반 불문**하고 **외관상 · 객관적**으로 직무에 관한 행위라고 인정할 수 있는 것이라면 민법 제35조 제1항의 직무에 관한 행위에 해당, ⅱ) 다만 대표자의 행위가 직무에 관한 행위에 해당하지 아니함을 **피해자** 자신이 **알았거나 또는 중대한 과실로 인하여 알지 못한 경우**에는 비법인사단에게 **손해배상책임을 물을 수 없다**.

③ 대표기관 자신의 불법행위의 성립(제750조)

(3) 효과

① 법인은 피해자에게 무과실 손해배상책임을 진다. 다만 피해자에게 과실이 있다면 법원은 과실상계의 법리에 좇아 손해배상의 책임 및 그 금액을 정함에 있어 이를 참작

② 이사 기타 대표자도 그 자신의 제750조의 손해배상책임을 면하지 못하며, 법인과 부진정연대채무의 관계

Set 09 비법인 사단

1. 조합과의 구별

비법인 사단이 되기 위해서는 ① 의사결정기관 및 집행기관인 대표자를 두는 등의 조직행위, ② 기관의 의결이나 업무집행방법이 다수결의 원칙에 의하여 행하여지며, ③ 구성원의 가입, 탈퇴 등으로 인한 변경에 관계없이 단체 그 자체가 존속되고, ④ 단체로서의 주요사항이 확정되어 있어야 한다.

2. 법률관계

① 법인격 전제로 하는 것을 제외하고는 법인에 관한 규정은 유추적용

② 총유재산에 관한 소송은 **비법인 사단의 명의로 사원총회의 결의를 거쳐** 하거나 또는 그 구성원 **전원**이 당사자가 되어 **필수적 공동소송**의 형태로 할 수 있을 뿐이며, **구성원 개인은 당사자가 될 수 없다**. 이는 **보존행위**로서 소를 제기하는 경우에도 **마찬가지**이다.

③ 비법인 사단이 사원총회의 결의 없이 제기한 소송은 부적법하다.

④ 주택조합의 대표자가 **제276조**를 **위반**하여 총유물인 건물을 처분한 행위에 관하여는 민법 **제126조의 표현대리**에 관한 규정이 **준용**될 **여지**가 **없다**.

3. 종중관련

(1) 고유 의미의 종중

① 종중이라 함은 종족의 **자연발생적 집단**으로서 특별한 조직행위를 필요로 하는 것이 아니며, 반드시 특정한 명칭의 사용 및 서면화된 종중규약이 있어야 하거나 종중의 대표자가 계속하여 선임되어 있는 등 조직을 갖추어야 하는 것도 아니다.

② 공동선조의 후손 중 특정 지역 거주자나 지파 소속 종중원만으로 조직체를 구성하여 활동하고 있다면 이는 본래의 의미의 종중으로는 볼 수 없고, 종중 유사의 권리능력 없는 사단이 될 수 있을 뿐이다.

③ 종중총회는 통지가 가능한 모든 종중원에게 개별적으로 소집통지 → 구두 또는 전화 可, 다른 종중원이나 세대주를 통해서 可 / But 지파 또는 거주지별 대표자에게 총회소집을 알리는 것만으로는 충분하지 않다. 한편 규약이나 관행에 의하여 매년 일정한 날에 일정한 장소에서 정기적으로 종중원들이 집합하여 종중의 대소사를 처리하기로 되어 있는 경우에는 소집절차가 필요하지 않다.

④ 일부 종원에게 소집통지를 하지 않고 개최된 종중총회의 결의는 원칙적으로 효력이 없고, 이는 그 결의가 통지 가능한 종원 중 과반수의 찬성을 얻은 것이라 하여 달리 볼 수 없다. 다만 나중에 적법하게 소집된 종중총회에서 추인하면 처음부터 유효하게 된다.

⑤ 종중재산의 분배에 관한 종중총회의 결의 내용이 현저하게 불공정하거나 선량한 풍속 기타 사회질서에 반하는 경우 또는 종원의 고유하고 기본적인 권리의 본질적인 내용을 침해하는 경우 그 결의는 무효이다. 따라서 종중 토지 매각대금의 분배에 관한 **종중총회의 결의가 무효인 경우**, 종원은 그 결의의 무효확인 등을 소구하여 승소판결을 받은 후 **새로운 종중총회**에서 공정한 내용으로 **다시 결의**하도록 함으로써 그 권리를 구제받을 수 있을 뿐이고 새로운 종중총회의 결의도 거치지 아니한 채 종전 총회결의가 무효라는 사정만으로 **곧바로 종중을 상대로 하여 스스로 공정하다고 주장하는 분배금의 지급을 구할 수는 없다**.

(2) 종중 유사단체

① 종중 유사단체는 **사적 자치의 원칙** 내지 결사의 자유에 따라 그 구성원의 자격이나 가입조건을 자유롭게 정할 수 있음이 원칙이다. 따라서 그러한 종중 유사단체의 회칙이나 규약에서 공동선조의 후손 중 **남성만으로 그 구성원을 한정**하고 있다 하더라도 특별한 사정이 없는 한 이는 사적 자치의 원칙 내지 결사의 자유의 보장범위에 포함되고, 위 사정만으로 그 회칙이나 규약이 양성평등 원칙을 정한 헌법 제11조 및 민법 **제103조를 위반하여 무효라고 볼 수는 없다**.

② **종중 유사의 권리능력 없는 사단은** 반드시 총회를 열어 성문화된 규약을 만들고 정식의 조직체계를 갖추어야만 비로소 단체로서 성립하는 것이 아니라, 실질적으로 공동의 목적을 달성하기 위하여 공동의 재산을 형성하고 일을 주도하는 사람을 중심으로 **계속적**으로 **사회적인 활동을 하여 온 경우**에는 이미 그 무렵부터 **단체로서의 실체가 존재한다**고 하여야 한다.

③ 계속적으로 공동의 일을 수행하여 오던 일단의 사람들이 어느 시점에 이르러 비로소 창립총회를 열어 조직체로서의 실체를 갖추었다면, 그 **실체로서의 조직을 갖추기 이전부터 행한 행위나 또는 그때까지 형성한 재산은** 다른 특별한 사정이 없는 한 **모두** 이 사회적 **실체로서의 조직에게 귀속**되는 것으로 봄이 타당하다.

4. 교회

① 법인 아닌 사단의 구성원들의 집단적 탈퇴로써 사단이 2개로 분열되고 분열되기 전 사단의 재산이 분열된 각 사단들의 구성원들에게 각각 총유적으로 귀속되는 결과를 초래하는 형태의 **법인 아닌 사단의 분열은 허용되지 않는다.**

② 법인 아닌 사단에 관한 **민법의 일반 이론 적용** → 제277조 · 동일성 유무로 판단(제42조 - 정관변경 규정 참조) : 소속 교단에서의 탈퇴 내지 소속 교단의 변경은 사단법인 정관변경에 준하여 의결권을 가진 교인 2/3 이상의 찬성에 의한 결의를 필요로 하고, 그 **결의요건을 갖추어 소속 교단을 탈퇴**하거나 다른 교단으로 변경한 경우에 종전 교회의 실체는 이와 같이 교단을 탈퇴한 교회로서 존속하고 **종전 교회 재산은 위 탈퇴한 교회 소속 교인들의 총유로 귀속**된다.

③ 교회가 그 실체를 갖추어 법인 아닌 사단으로 성립한 경우에 교회의 대표자가 교회를 위하여 취득한 권리의무는 교회에 귀속되나, 교회가 아직 실체를 갖추지 못하여 법인 아닌 사단으로 성립하기 전에 설립의 주체인 개인이 취득한 권리의무는 법인 아닌 사단인 교회가 성립하기 전의 단계에서 **설립 중의 회사의 법리**를 **유추적용할 수**는 **없다.**

④ 회의 대표자가 권한 없이 행한 교회 재산의 처분행위(제276조 위반 행위)에 대하여는 민법 **제126조의 표현대리에 관한 규정**이 **준용되지 아니한다.**

Set 10 권리의 객체

1. 물건

① 제사주재자는 우선적으로 망인의 공동상속인들 사이의 **협의**에 의해 정하되, **협의가 이루어지지 않는 경우**에는 제사주재자의 지위를 인정할 수 없는 특별한 사정이 있지 않는 한 **피상속인의 직계비속 중 남녀, 적서를 불문하고 최근친의 연장자**가 **제사주재자로 우선한다**(※ 망인의 장남이 제사주재자가 되고, 공동상속인들 중 아들이 없는 경우에는 망인의 장녀가 제사주재자가 된다✗).

② 이른바 **집합물**에 대한 양도담보설정계약 → 종류, 장소 또는 수량지정 등의 방법에 의하여 **특정**되어 있으면 그 전부를 하나의 재산권으로 보아 유효한 담보권의 설정 인정

2. 부동산

① 사회통념상 독립한 건물(최소한의 기둥과 지붕, 주벽이 이루어진 때)이라고 볼 수 있는 미완성 건물을 인도받아 완공한 경우, 원시취득자는 원래의 건축주이다.

② 수목은 원칙적으로 토지의 구성부분으로 부합하고 토지의 소유자는 식재된 입목의 소유권을 취득한다. 따라서 토지와 독립하여 거래의 객체로 하기 위해서는 **입목등기**를 하거나 **명인방법**을 갖추어야 한다.

3. 종물

(1) 요건

① 종물은 독립한 물건으로 주물 그 자체의 **경제적 효용**과 직접 관계가 없는 물건은 종물이 아니다. → 유류저장탱크, 호텔 각 방실의 TV 등은 종물✗

② 원칙적으로 주물과 종물은 모두 **동일**한 **소유**자에 속하여야 한다. 다만 종물이 주물 소유자의 소유가 아니어도 타인의 권리를 해하지 않는 범위 내에서 종물에 관한 제100조가 적용된다.

(2) 효과

1) 처분의 수반성(제100조 제2항)

① **임의규정**

② 전유부분만에 대해 내려진 가압류결정의 효력은 특별한 사정이 없는 한 종된 권리인 그 대지사용권에까지 미친다(종속적 일체불가분성).

2) 종물이론의 유추적용

① 종된 권리가 물권이라면 물권취득의 공시방법을 갖추어야 한다.

② **건물에 대한 저당권의 효력은 건물의 종된 권리인 지상권에도 미치므로 경락인은 등기 없이 지상권**도 **취득**하고, 이 **건물을 제3자에 양도한 때**에는 건물과 함께 지상권도 양도한 것으로 봄이 상당하며 이때 경락인으로부터 건물을 양수한 자는 **등기를 하여야** 건물소유권 및 **지상권**을 **취득**하게 된다.

③ 저당권은 법률에 특별한 규정이 있거나 설정행위에 다른 약정이 있는 경우를 제외하고 그 저당 부동산에 부합된 물건과 종물 이외에까지 그 효력이 미치는 것이 아니므로, 토지에 대한 경매절차에서 그 지상 건물을 토지의 부합물 내지 종물로 보아 경매법원에서 저당 토지와 함께 경매를 진행하고 경락허가를 하였다고 하여 그 건물의 소유권에 변동이 초래될 수 없다.

4. 사용이익

건물을 사용함으로써 얻는 이득은 **과실**에 **준**하여 보아야 하므로 선의로 건물을 점유하고 있던 자는 과실을 취득(제201조 제1항에 의하여 선의의 점유자는 과실을 취득한다)하고 부당이득반환의무는 발생하지 않는다.

Set 11 법률행위의 해석

구분	자연적 해석	규범적 해석	보충적 해석
개념	당사자가 **실제 일치**하여 이해한 경우에는 그 의미대로 효력을 인정 → **오표시 무해의 원칙** 적용	합리적인 상대방 입장에서 판단	이미 성립한 법률행위의 내용에 흠결이 있는 경우 당사자의 '가정적 의사'를 통하여 그 흠결을 보충하는 해석방법
판례상 적용례	목적물 지번에 관한 당사자 쌍방의 공통하는 착오 – 甲, 乙이 모두 A토지를 계약목적으로 삼았으나 계약서에 B토지를 잘못 표기한 경우에도 쌍방당사자의 의사합치가 있는 이상 A토지에 관하여 매매계약이 성립하며, 만약 B토지에 관해 이전등기가 경료되었다면 이는 원인 없이 경료된 것으로 무효이다.	어떠한 의무를 부담하는 내용의 기재가 있는 문면에 "최대한 노력하겠습니다"라고 기재되어 있는 경우, 특별한 사정이 없는 한 당사자가 위와 같은 문구를 기재한 객관적인 의미는 문면 그 자체로 볼 때 그러한 의무를 법적으로는 부담할 수 없지만 사정이 허락하는 한 그 이행을 사실상 하겠다는 취지로 해석함이 상당하다.	계약당사자 쌍방의 공통하는 동기착오의 문제 – 흠결을 보충하여 법률행위의 수정가능성 살펴 수정이 안 되면 취소可

※ [**보충**] – ① **처분문서**는 그 성립의 진정함이 인정되는 이상 법원은 그 기재 내용을 부인할 만한 분명하고도 수긍할 수 있는 반증이 없으면 처분문서에 **기재된 문언대로 의사표시의 존재와 내용을 인정**하여야 한다. ② 하나의 법률관계를 둘러싸고 각기 다른 내용을 정한 여러 개의 계약서가 순차로 작성되어 있는 경우 여러 개의 계약서에 따른 법률관계 등이 명확히 정해져 있지 않다면 각각의 계약서에 정해져 있는 내용 중 **서로 양립할 수 없는 부분**에 관해서는 **원칙적으로 나중에 작성된 계약서에서 정한 대로 계약 내용이 변경되었다고 해석하는 것이 합리적이다.**

Set 12 반사회적 법률행위 – 제103조

1. 일반적 기준

민법 제103조에 의하여 무효로 되는 반사회질서행위는 ① **법률행위의 목적인 권리의무의 내용**이 선량한 풍속 기타 사회질서에 위반하는 경우뿐만 아니라, ② 그 내용 자체는 반사회질서적인 것이 아니라고 하여도 **법률적으로** 이를 **강제하거나** 그 법률행위에 **반사회질서적인 조건 또는 금전적 대가가 결부**됨으로써 반사회질서적 성질을 띠게 되는 경우 및 ③ **표시되거나 상대방에게 알려진** 법률행위의 **동기**가 반사회질서적인 경우를 포함한다.

2. 구체적으로 문제되는 경우

(1) 반사회질서 행위로서 무효로 인정되는 경우

① 이중매매는 제2매수인이 매도인의 **배임행위**에 '적극가담'하는 경우 / But 상대방이 **배임행위에 해당할 수 있음을 알거나 알 수 있었다 하더라도** 그러한 사정만으로 그 계약을 **반사회적 법률행위에 해당한다고 보아 무효라고 할 수는 없다.**

② 진실의 증언 → 대가의 내용이 통상적으로 용인될 수 있는 수준을 초과하는 경우
허위의 증언 → 급부의 상당성 여하를 불문하고 무효

③ 변호사의 성공보수약정 ┬ 형사사건 : 무효O, 단 종래 이루어진 보수약정은 무효✗
└ 민사사건 : 무효✗

④ 행정기관에 진정서를 제출하여 상대방을 궁지에 빠뜨린 다음 이를 취하하는 조건으로 거액의 급부를 제공받기로 약정한 경우

(2) 반사회질서 행위에 해당하지 않는 경우

① **제108조, 세금면탈 목적, 강제집행면탈 목적, 부동산실명법 위반**

② 법률행위 성립과정에서 불법적 방법이 사용된 데 불과한 때(**강박**)

③ 매매계약체결 당시에 정당한 대가를 지급하고 목적물을 매수하는 계약을 체결하였다면, 비록 그 후 목적물이 범죄행위로 취득된 것을 알게 되었다고 하더라도, 그러한 사유만으로 당초의 매매계약에 기하여 목적물에 대한 소유권이전등기를 구하는 것이 민법 제103조의 공서양속에 반하는 행위라고 단정할 수 없다.

3. 효과

① 절대적 무효 → **선의 제3자 보호**✗(부동산의 이중매매가 반사회적 법률행위에 해당하는 경우 당해 부동산을 제2매수인으로부터 다시 취득한 제3자는 설사 제2매수인이 당해 부동산의 소유권을 유효하게 취득한 것으로 믿었더라도 이중매매계약이 유효하다고 주장할 수 없다), 무효행위의 추인✗, 무효행위의 전환✗

② **제746조**의 불법원인급여O → **어떤 형식의 소구금지 : 소유권에 기한 물권적 청구**✗

4. 부동산 이중매매

(1) 법률관계

이중매매의 효력	제1매수인 vs 제2매수인	제1매수인 vs 매도인
무효	① 제214조✗ ② 제750조O / But **원상회복청구**✗ ③ 제406조 **채권자취소권**✗ ④ 제404조 **채권자대위권**O	매매계약에 기한 소유권이전등기청구O

유효	① 제214조 ✗ ② 제750조 ✗ ③ 제406조 **채권자취소권** ✗ ④ 제404조 **채권자대위권** ✗	이행불능에 기한 ① 해제, ② 원상회복청구 및 전보배상청구, ③ 대상청구

(2) 반사회적 무효론의 확대 · 적용

1) 매도 후 증여행위에 적극가담한 행위

2) 점유취득시효완성후 원소유자의 처분행위에 적극가담한 행위

3) 명의수탁자의 처분행위에 적극가담한 행위

4) 이중으로 임대차계약을 체결한 경우

Set 13 불공정한 법률행위 - 제104조

1. 요건 → 무효를 주장하는 자가 주장 · 증명책임

① 급부 vs 반대급부 불균형 → **증여계약 : 적용** ✗ (∵ 성질상 공정성 논의 ✗)

② 궁박 · 경솔 또는 무경험 ┬ **어느 하나 구비**로 족함
├ 궁박 : **정신적 곤궁**O
└ 代 ┬ 궁박 - 본인 기준
　　└ 경솔 · 무경험 - 대리인 기준

③ 상대방의 알고 이용하려는 의사(**악의**)

④ 법률행위가 현저하게 공정을 잃었다고 하여 궁박 · 경솔 또는 무경험 추정 ✗

2. 판단시기 : 법률행위시

사후에 외부적 환경의 급격한 변화로 인하여 계약당사자 일방에게 큰 손실이 발생하고 상대방에게는 그에 상응하는 큰 이익이 발생할 수 있는 **구조**라고 하여 그 계약이 당연히 불공정한 계약에 해당한다고 말할 수 없다.

3. 효과

① 절대적 무효 → 선의 제3자 보호 ✗, 무효행위의 추인 ✗

② 경매 : 적용 ✗

※ 제104조와 제138조 무효행위의 전환

① 부제소합의 역시 특별한 사정이 없는 한 무효

② **무효행위의 전환에 관한 민법 제138조 적용O** → 당사자 쌍방이 위와 같은 무효를 알았더라면 대금을 다른 액으로 정하여 매매계약에 합의하였을 것이라고 예외적으로 인정되는 경우에는, 그 매매대금을 적정한 금액으로 감액하여 매매계약의 유효성 인정

Set 14 흠 있는 의사표시

※ 논증구도

Ⅰ. 유형(사유) ——→ Ⅱ. 요건 ——→ Ⅲ. 효과 : 당사자간 / 제3자 보호

1. 비진의 표시(제107조)

(1) 요건

① 진의 : **표의자 생각O, 진정으로 마음속에서 바라는 사항을 뜻하는 것X → 재산을 강제로 빼앗긴 경우**라도 증여하기로 하였으므로 **진의가 없다고 할 수 없다.**

② 사퇴 → 회사의 지시·강요·방침 : 비진의O → 실질적으로 해고

③ **명의대여** : Ex) 甲(명·대) —— 乙(명·차) ~~대출계약~~▶A은행

- 기본 : 비진의·통정허위표시X ∴ 유효
- 예외 : **'양해' → 통정허위표시O** ∴ 무효 → **보증의사X**

④ **대리권 남용** - 제107조 제1항 단서 유추적용

(2) 효과

당사자간 ① 원칙적으로 표시된 대로 효력이 생기되, ② 상대방이 표의자의 진의 아님을 알았거나 알 수 있었을 경우에는 무효

(3) 적용범위

공법상 행위, 소송행위에는 적용X(이하 흠 있는 의사표시에서 공통)

2. 통정허위표시(제108조)

(1) 요건

비진의 표시 + 통모(합의O ∴ 단순히 알고 있는 것만으로는 부족)

(2) 효과

1) 당사자

① 무효 - **채권자취소권의 대상O, 부당이득반환청구O**

② 법률효과를 침해하는 것처럼 보이는 위법행위나 채무불이행이 있다고 하여도 법률효과의 침해에 따른 손해는 없는 것이므로 그 **손해배상**을 **청구할 수**는 **없다**(∵ 당초부터 법률효과✗ - 손해✗).

③ 은닉행위(Ex. 증여) - 그 법률행위의 요건을 구비하는 한 유효

2) 제3자 보호

① [**제3자**] - **당사자 및 포괄승계인 이외의 자**로서 허위표시에 의하여 외형상 형성된 법률관계를 토대로 **실질적으로 새로운 법률상 이해관계**를 맺은 자

② [**보호범위**] - 선의 : 선의이면 족하고 **무과실**은 **요건**이 **아니다**. 선의는 추정

③ [**효과**] - 선의의 제3자에게는 허위표시의 당사자뿐만 아니라 그 누구도 허위표시의 무효를 가지고 대항하지 못하고, 선의의 제3자에 대한 관계에서는 유효한 것으로 그가 믿은 외관대로 효력이 있다.

※ 주의 판례

1. 전득자 포함

실제로는 전세권설정계약을 체결하지 아니하였으면서도 임대차계약에 기한 임차보증금반환채권을 담보할 목적으로 임차인과 임대인 사이의 합의에 따라 임차인 명의로 전세권설정등기를 경료한 경우, 위 전세권설정계약이 통정허위표시에 해당하여 무효라 하더라도 선의의 제3자로서 보호될 수 있는 법률상 이해관계는 위 전세권설정계약의 당사자를 상대로 하여 **직접 법률상 이해관계를 가지는 경우 외에도** 그 법률상 이해관계를 바탕으로 하여 **다시** 위 전세권설정계약에 의하여 형성된 법률관계와 **새로이 법률상 이해관계를 가지게 되는 경우**도 **포함** + **엄폐물의 법칙**

2. 채권의 가장양도의 채무자

채무자가 양수인에게 채무를 이행✗ - 제3자✗

3. 가장채무의 보증인

보증채무자로서 그 **채무까지 이행한 경우** 구상권 취득에 관한 법률상 이해관계를 가지게 되었다고 봄이 상당하므로 제3자O

4. 파산관재인

① 파산채권자 전체의 공동의 이익을 위하여 직무를 행하게 된 파산관재인은 **제3자O**

② 선의·악의도 파산관재인 **개인의 선의·악의**를 **기준✗**, **총파산채권자를 기준O** → 파산채권자 모두가 악의로 되지 않는 한 파산관재인은 선의의 제3자라고 할 수밖에 없다.

5. 담보가등기

소외인 (A)가 부동산의 매수자금을 피고 (C)로부터 차용하고 담보조로 가등기를 경료하기로 약정한 후 채권자들의 강제집행을 우려하여 소외인 (B)에게 가장양도한 후 피고 (C)앞으로 가등기를 경료케 한 경우에 있어서 피고 (C)는 형식상은 가장 양수인으로부터 가등기를 경료받은 것으로 되어 있으나 실질적인 새로운 법률원인에 의한 것이 아니므로 **통정허위 표시에서의 제3자로 볼 수 없다**. 그러나 **실체관계에 부합하는 등기**로서 **유효**이므로 피고 (C)명의 가등기의 말소를 구할 수 없다.

6. 가장가등기

통정 허위표시를 원인으로 한 부동산에 관한 가등기 및 그 가등기에 기한 본등기로 인하여 丙의 소유권이전등기가 말소된 후 다시 그 본등기에 터잡아 丁이 부동산을 양수하여 소유권이전등기를 마친 경우, 丙은 선의의 제3자인 丁에 대하여는 그 각 가등기 및 본등기의 원인이 된 각 허위표시가 무효임을 주장할 수 없고, 따라서 丁에 대한 관계에서는 그 각 허위표시가 유효한 것이 된다.

(3) 민법 제108조 제2항의 유추적용론

乙이 甲으로부터 부동산에 관한 담보권설정의 대리권만 수여받고도 그 부동산에 관하여 자기 앞으로 소유권이전등기를 하고 이어서 丙에게 그 소유권이전등기를 경료한 경우, 丙은 乙을 甲의 대리인으로 믿고서 위 등기의 원인행위를 한 것도 아니고, 甲도 乙 명의의 소유권이전등기가 경료된 데 대하여 이를 **통정·용인하였거나** 이를 **알면서 방치하였다고 볼 수 없다면** 이에 민법 **제126조나 제108조 제2항**을 **유추할 수**는 **없다**.

3. 착오로 인한 의사표시(제109조)

(1) 요건 – ① 법률행위 <u>내</u>용에 관한 착오 + ② <u>중</u>요부분 + ③ <u>중</u>과실이 없을 것

1) 법률행위 내용에 관한 착오

① 착오가 있다고 하려면 법률행위를 할 당시에 실제로 없는 사실을 있는 사실로 잘못 깨닫거나 아니면 실제로 있는 사실을 없는 것으로 잘못 생각하듯이 의사표시자의 <u>인식과</u> 그러한 <u>사실의 어긋나는 경우</u>라야 한다.

② 장래 미필적 **사실** : 착오O (Ex. 양도소득세) / 장래 미필적 사실의 **발생** : 착오✗

③ 성질의 착오 : 동기의 착오

i) 단순동기의 착오 → 동기가 상대방에게 **표시**되어 법률행위의 **해석상 계약내용으로 인정O**
동기를 의사표시의 내용으로 삼기로 하는 <u>**합의 불요**</u>

ⅱ) 유발된 동기의 착오 → **표시여부 불문**

ⅲ) 쌍방 공통된 동기의 착오 → 보충적 해석 + 가정적 의사에 의한 수정 시도 : 실패시 취소

↳ 실제 의사 또는 주관적 의사✗

객관적으로 추인되는 정당한 이익조정의사O

2) 중요부분

① 판단 : 이중적 기준 → 표의자 + 보통 일반인

② 구체적 ┬ 긍정 例 : ⅰ) 양도소득세, ⅱ) (토지)**현황 · 경계**

└ 부정 例 : ⅰ) 목적물 시가, ⅱ) **경제적 손실**✗, ⅲ) 임대차계약상 목적물의 소유

3) 중과실이 없을 것

① 보통 요구되는 주의의무의 현저한 결여 → 가짜 골동품 사안 : 중과실✗

② 매수인이 대출을 받아 잔금을 지급하기로 한 **잔금지급 방법이나 계획**은 매매계약의 **중요부분**✗

③ 중과실이 있다는 점에 대한 입증책임은 상대방이 부담

④ 상대방이 표의자의 착오를 **알면서** 이를 **이용한 경우**라면 표의자에게 **중대한 과실이 있더라도** 표의자는 그 의사표시를 **취소할 수 있다**.

4) 취소배제사유가 부존재

당사자의 합의로 민법 제109조 제1항의 적용 배제 可

(2) 효과

1) 착오취소자의 신뢰이익배상책임

민법 제109조에서 중과실이 없는 착오자의 착오를 이유로 한 의사표시의 취소를 허용하고 있는 이상, 취소한 것이 위법하다고 할 수는 없다고 함으로써 **경과실 있는 착오자의 불법행위로 인한 손해배상책임**을 **부정**

2) 사기취소와의 관계 - 신원보증서류 사안

① 기명날인의 착오는 이른바 표시상의 착오에 해당 → 민법 제110조 제2항의 규정을 적용할 것이 아니라, **착오에 의한 의사표시에 관한 법리만**을 **적용**

② 연대보증약정을 한 사실이 없다는 주장은 연대보증약정을 착오를 이유로 취소한다는 의사표시에 해당(묵시적 취소의 의사표시)

3) 하자담보책임과의 관계 - 김홍도 산수화 사안

착오로 인한 취소 제도와 매도인의 하자담보책임 제도는 **취지가 서로 다르고 요건과 효과**도 **구별**되므로, 매수인은 매도인의 **하자담보책임이 성립하는지와 상관없이 착오**를 이유로 매매계약을 **취소할 수 있다**.

4) 화해계약과의 관계

화해의 목적인 분쟁에 관해서는 착오를 주장하지 못한다. 그러나 분쟁 이외의 사항이나 당사자의 자격에 착오가 있는 때에는 취소할 수 있다(제733조).

5) 해제와 착오취소의 관계 - 이중효 법리의 확장

매도인이 매수인의 중도금 지급채무 불이행을 이유로 매매계약을 적법하게 해제한 후라도 매수인으로서는 착오를 이유로 취소권을 행사하여 매매계약 전체를 무효로 돌릴 수 있다.

6) 소취하 합의의 취소 가부

소취하 합의의 의사표시 역시 민법 제109조에 따라 법률행위의 내용의 중요 부분에 착오가 있는 때에는 취소할 수 있다.

4. 사기 · 강박에 의한 의사표시(제110조)

(1) 요건

① 부작위에 의한 기망O (**고지의무** : 근거 - 신의칙 - Ex. 쓰레기 매립장, 공동묘지 사안)

② 제3자의 사기 · 강박 ┬ 당사자 : 대리인 등 **상대방**과 **동일**시 - **제3자✗** ∴ 제110조 제1항
└ 단순 피용자 · 사용자책임관계 - 제3자O ∴ 제110조 제2항
Ex) ⅰ) 제3자를 위한 계약의 제3자
ⅱ) 보증계약의 주채무자

(2) 효과

1) 취소

① 당사자 사기 · 강박의 경우 취소, 다만 강박의 경우 의사결정의 자유가 완전히 박탈된 경우에는 무효

② 제3자의 사기 · 강박의 경우 상대방이 제3자의 사기나 강박을 알았거나 알 수 있었을 때에 한하여 취소

③ 보호되는 제3자에는 취소의 의사표시 전에 이해관계를 맺은 자 및 취소의 의사표시 후 말소등기 전에 이해관계를 맺은 제3자도 포함

2) 담보책임과의 관계

기망에 의하여 하자 있는 권리나 물건에 관한 매매가 성립한 경우 매수인은 사기에 의한 취소권과 하자담보책임을 **선택적**으로 **주장**할 수 있다.

3) 불법행위에 기한 손해배상책임과의 관계

사기에 의한 취소권을 행사한 경우, 그 법률행위가 동시에 불법행위를 구성하는 때에는 취소의 효과로 생기는 부당이득반환청구권과 불법행위로 인한 손해배상청구권은 **경합**하여 **병존**하는 것이므로 채권자는 어느 것이라도 **선택**하여 **행사**할 수 있지만, **중첩적으로 행사할 수는 없다**.

Set 15 의사표시의 효력발생

① 도달이라 함은 사회관념상 채무자가 통지의 내용을 알 수 있는 객관적 상태에 놓여졌다고 인정되는 상태를 지칭한다고 해석되므로, 채무자가 이를 현실적으로 수령하였다거나 그 통지의 내용을 알았을 것까지는 필요로 하지 않는다.

※ 예외적 발신주의
• **제**한능력자 또는 **무**권대리인의 상대방의 최고에 대한 확답(제15조, 제131조) • **사**원총회의 소집통지(제71조) 등 • 채무**인**수의 승낙 여부 최고에 대한 채권자 확답(제455조 제2항) • **격**지자간 계약성립시기에 있어 청약에 대한 승낙(제531조) ★ 〈주의〉 단, 채권양도의 통지나 승낙, 제3자를 위한 계약에 있어 제3자의 승낙 여부 최고에 대한 확답 (제540조)은 도달주의 적용

② 의사표시의 상대방이 의사표시를 받은 때에 제한능력자인 경우에는 의사표시자는 그 의사표시로써 대항할 수 없다. 다만, 그 상대방의 법정대리인이 의사표시가 도달한 사실을 안 후에는 그러하지 아니하다(제112조).

Set 16 법률행위의 대리

※ 논증구도
Ⅰ. 유형(사유) → 유권/무권대리 확정 → **Ⅱ. 표현대리 성부 / 무권대리 추인**
[대리행위 판단 [대리권 **발**생/**범**위 · 제한/**소**멸
[제125조, 제126조, 제129조 [추인(제130조, 제132조, 제133조)

1. 대리행위 여부 등

(1) 판단 – 현명주의(제114조, 제115조)

타인권리 : 자기명의 or 타인명의 → 법률행위 해석 : **자연적 해석**(행위자와 상대방의 의사가 일치한 경우에는 그 일치한 의사대로 계약의 당사자 결정) 후 **규범적 해석**(제115조 단서)

Ex) ① **위임장 제시 사안** – 타인권리매매✗, **대리행위O**

② **본인사칭(기망), 타인의 성명모용** – **대리행위**✗ → 제126조 **표현대리 성립 · 적용**✗
단, **기본대리권 존재시** 제126조 **유추적용**

※ [**보충**] – [**대리와 사자의 구별**] : 본인에게 효력이 발생할 의사표시의 내용을 스스로 결정하여 상대방과의 관계에서 자신의 이름으로 법률행위를 하는 대리인과 달리 '사자'는 본인이 완성해 둔 의사표시의 단순한 전달자에 불과하지만, 대리인도 본인의 지시에 따라 행위를 하여야 하는 이상(민법 제116조 제2항), 법률행위의 체결 및 성립 여부에 관한 최종적인 결정권한이 본인에게 유보되어 있다는 사정이 대리와 사자를 구별하는 결정적 기준이나 징표가 될 수는 없고, 결국 그 구별은 의사표시 해석과 관련된 문제로 처리된다.

(2) 대리행위의 하자

① 의사표시의 효력이 의사의 흠결, 사기, 강박 또는 어느 사정을 알았거나 과실로 알지 못한 것으로 인하여 영향을 받은 경우에 그 사실의 유무는 대리인을 표준으로 하여 결정한다(제116조).

Ex) ⅰ) 대리인이 사기・강박 → 제110조 제1항O / 제110조 제2항✗

ⅱ) 이중매매의 경우 배임행위에 적극가담 → 대리인 기준

ⅲ) 제104조 → 궁박은 본인을 표준 / 경솔・무경험은 대리인을 표준

ⅳ) 대리인이 한 법률행위의 사해의사 판단 → 수익자의 사해의사의 유무는 대리인 기준

② **강행규정**에 **위반**(Ex. **국토법**, **제276조 위반**)한 경우 **표현대리의 법리 적용**✗

2. 유권/무권대리의 확정 – 임의대리 중심

(1) 대리권 발생 – 수권행위

성질 : 상대방 있는 단독행위 → 상대방은 대리인에 한정

(2) 대리권 범위・제한

1) 범위

① 수권행위 해석 → 불분명 : 제118조 보충

② 매매계약의 대리권에는 ⅰ) 중도금・잔금의 수령권한O, 포괄적 대리권에는 매매대금지급기일 연기권한O → 대리인이 수령한 경우 본인에게 전달하지 않은 경우에도 본인에게 효과귀속(제114조) ∴ **계약해제시 원상회복의무**도 대리인이 아니라 **본인 부담**

③ 특별한 사정이 없는 한 계약관계를 **해제할 권한 등 일체의 처분권과 상대방의 의사를 수령할 권한**이나 **채무면제**의 권한✗

2) 제한

① 각자대리 원칙 → 친권공동행사(제909조 : 의사결정의 공동 → 위반시 제920조의2), ② 자기계약・쌍방대리의 금지(제124조 → 특칙 : 제64조, 제921조)

(3) 대리권 소멸

① 공통 : 제127조(사 / 사・성・파), ② 임의대리 개별 : 제128조(원인관계 종료, 수권행위 철회)

3. 대리권 남용

(1) 법적 구성 – 요건 및 효과

① 배임적 대리행위에 대하여 민법 **제107조 제1항 단서**를 **유추적용**하여, 원칙적으로 대리인의 배임행위인 경우에도 대리의사는 존재하므로 대리행위로서 유효하지만, 예외적으로 대리인의 **배임행위를 상대방이 알았거나 알 수 있었을 때**에는 그 대리행위는 **무효**

② **제107조 제2항**의 규정을 **유추적용**하여 선의의 제3자에 대하여는 누구도 그와 같은 사정을 들어 대항할 수 없으며, **제3자가 악의라는 사실에 관한 주장ㆍ증명책임은 무효를 주장하는 자**에게 있다.

(2) 적용범위

① 대리권 남용의 법리는 법정대리권 남용(Ex. **친권남용**)의 경우에도 적용하여 본인인 제한능력자를 보호하는 것이 타당하고, ② 표현대리가 성립한 경우에도 대리권 남용의 항변은 인정된다.

Set 17 표현대리 – 외관법리

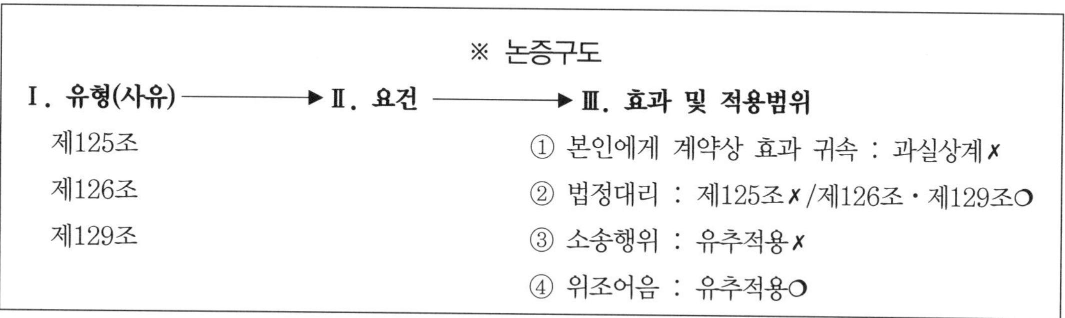
※ 논증구도

Ⅰ. 유형(사유) ⟶ **Ⅱ. 요건** ⟶ **Ⅲ. 효과 및 적용범위**

제125조
제126조
제129조

① 본인에게 계약상 효과 귀속 : 과실상계✗
② 법정대리 : 제125조✗/제126조ㆍ제129조○
③ 소송행위 : 유추적용✗
④ 위조어음 : 유추적용○

1. 근거와 본질

표현대리에 있어서는 대리권이 없음에도 불구하고 법률이 특히 거래상대방 보호와 거래안전유지를 위하여 본래 무효인 무권대리행위의 효과를 본인에게 미치게 한 것으로서 **표현대리가 성립된다고 하여 무권대리의 성질이 유권대리로 전환되는 것은 아니고, 양자의 구성요건 해당사실, 즉 주요사실은 다르다고 볼 수밖에 없으니 유권대리에 관한 주장 속에 무권대리에 속하는 표현대리의 주장이 포함되어 있다고 볼 수 없다.**

2. 第125조 표현대리

① 대리권수여의 표시 + 대리권의 범위 내에서 + **표시의 통지를 받은 상대방과 대리행위** + 상대방의 선의·무과실

② 사회통념상 대리권을 추단할 수 있는 **명칭이나 직함 등의 사용**을 **승낙 또는 묵인**한 경우에도 대리권 수여의 표시가 있은 것으로 본다.

③ 대리행위는 통지를 받은 상대방과의 사이에서 행하여져야 한다(상대방과의 일치).

3. 第126조 표현대리

(1) 요건

기본대리권의 존재 + 권한을 넘은 대리행위(월권행위) + 믿은 데 정당한 이유(선의·무과실)

(2) 기본대리권의 존재

① **현재 대리권**을 가진 자가 그 권한을 넘은 경우에 성립하는 것이지, 과거에 이미 가졌던 대리권을 넘은 경우에까지 성립하는 것은 아니다. **다만 제129조에 의하여 표현대리**로 인정되는 경우에 그 표현대리의 **권한을 넘는 대리행위가 있을 때**에는 **제126조에 의한 표현대리**가 **성립**할 수 있다.

② 기본대리권과 권한을 넘은 대리행위가 **동종**이거나 **유사**할 **필요**는 **없다**.

③ 일상가사대리권, 법정대리권(→ Ex. 한정치산자의 후견인이 친족회의 동의 없이 피후견인의 부동산을 처분한 사안), 복대리권, 공법상의 권리, 제125조·제129조의 표현대리권은 기본대리권에 해당O

(3) 월권행위

① **사술**을 써서 위와 같은 대리행위의 표시를 하지 아니하고 단지 **본인의 성명**을 **모용**하여 **자기가 마치 본인인 것처럼 기망**하여 본인 명의로 직접 법률행위를 한 경우에는 특별한 사정이 없는 한 위 법조 소정의 **표현대리**는 **성립될 수 없다**. (따라서) 처가 제3자를 남편으로 가장시켜 관련 서류를 위조하여 남편 소유의 부동산을 담보로 금원을 대출받은 경우, 남편에게 민법 제126조 소정의 표현대리책임은 성립하지 않는다.

② 강행규정 위반의 대리행위이어서는 안 된다.

(4) 상대방의 선의·무과실

대리행위 당시를 기준으로 하여 모든 사정을 객관적으로 관찰하여 판단하여야 하고, 대리행위 성립 후의 사정은 고려할 것이 아니다.

4. 第129조 표현대리

① 대리권의 소멸은 선의의 제3자에게 대항하지 못한다. 그러나 제3자가 과실로 인하여 그 사실을 알지 못한 때에는 그러하지 아니하다.

② 대리권이 소멸된 후 종전의 대리권의 범위를 초과하여 대리행위를 한 경우에는 제126조가 적용될 수 있다.

5. 적용범위

① 법정대리에 적용 여부 - 제125조 적용✗ / 제126조와 제129조 적용O

② 소송행위에 적용 여부 - 일체 유추적용✗

Set 18 협의의 무권대리

1. 본인의 추인 및 추인거절권(제130조, 제132조, 제133조)

(1) 의의

추인은 무권대리행위 있음을 알고 그 행위의 효과를 자기에게 귀속시키도록 하는 단독행위(형성권)

(2) 행사(방법)

① 추인의 **상대방**은 **무권대리인**뿐만 아니라 **무권대리행위의 상대방**에 대하여도 할 수 있고, 무권대리행위로 인한 권리 또는 법률관계의 **승계인**도 **포함**

② 그러나 무권대리인에게 한 추인의 의사표시는 상대방이 알 때까지는 상대방에게 대항할 수 없다(제132조). 따라서 **본인이 무권대리인에게 추인을 하고 상대방이 이를 알지 못한 경우**에 **상대방은** 그때까지 민법 **제134조에 의한 철회를 할 수 있**고, 또 무권대리인에게 추인이 있었음을 주장할 수도 있다.

③ 추인은 명시적이든 **묵시적**이든 묻지 않는다. 따라서 변제, 변제수령, 기한유예의 요청은 묵시적 추인으로 인정된다. 다만 장기간 형사고소하지 않은 단순 부작위만으로는 묵시적 추인을 인정할 수 없다.

④ **일부**에 대하여 **추인**을 하거나 그 **내용을 변경하여 추인**을 하였을 경우에는 **상대방의 동의**를 얻지 못하는 한 무효이다.

(3) 효과

추인이 있으면 무권대리행위는 계약시에 **소급**하여 그 효력이 생긴다(제133조 본문). 그러나 제3자의 권리를 해하지 못한다(제133조 단서). 여기서 **제3자**라 함은 **배타적 권리를 취득한 자**(→ Ex. ① **부동산의 경우 등기**, ② **채권양도의 경우 확정일자 있는 통지나 승낙 구비**)를 말한다.

※ [**보충**] - [**대리인이 수권범위를 넘어서 대리행위를 한 경우 무권대리행위의 유효범위**] : 근저당권설정행위가 무권대리행위에 해당한다 할지라도 본인으로부터 수여받은 대리권의 범위 내

인 금 2,000만원의 한도 내에서는 본인한테 유효하게 그 효력이 미치고, 수권의 범위를 넘은 부분만 무효이다(수권범위를 넘어서 한 대리행위가 무권대리에 해당하더라도, 수권범위에서는 대리권의 범위 내에 속하는 것이어서 본인에게 그 효력이 미친다).

(4) 상속과 추인거절권

1) 무권대리인이 본인을 상속

무권대리인은 **제135조 제1항**의 규정에 의하여 매수인에게 부동산에 대한 소유권이전등기를 이행할 의무가 있으므로, 자신의 매매행위가 무권대리행위여서 무효였다는 이유로 **소유권이전등기의 말소를 청구**하는 것은 금반언의 원칙이나 **신의성실의 원칙**에 **반**하여 허용될 수 없다.

2) 본인이 무권대리인을 상속

채권자가 채무자 소유의 부동산에 대하여 강제경매신청을 하여 자녀들 명의로 이를 경락받았다면 그 소유자는 경락인인 자녀들이라 할 것이므로, **채권자가 그 후 채무자와 사이에 채권액의 일부를 지급받고 자녀들 명의의 소유권이전등기를 말소하여 주기로 합의**하였다 하더라도 이는 **일종의 타인의 권리의 처분행위에 해당**하여 비록 양자 사이에서 위 합의는 유효하고 채권자는 자녀들로부터 위 부동산을 취득하여 채무자에게 그 소유권이전등기를 마쳐주어야 할 의무를 부담하지만, 자녀들은 **원래 부동산의 소유자로서 채무자에 대하여 그 이행에 관한 아무런 의무가 없고 이행을 거절할 수 있는 자유**가 있었던 것이므로, 채권자의 사망으로 인하여 자녀들이 상속지분에 따라 채권자의 의무를 상속하게 되었다고 하더라도 그들은 신의칙에 반하는 것으로 인정할 만한 특별한 사정이 없는 한 원칙적으로 위 합의에 따른 **의무의 이행**을 **거절할 수 있다**.

2. 상대방의 최고권 · 철회권

① 무권대리의 상대방은 상당한 기간을 정하여 본인에게 추인 여부의 확답을 최고할 수 있고, 본인이 확답을 발하지 않으면(발신주의) 추인을 거절한 것으로 본다(제131조).

② **선의의 상대방**에게만 철회권이 인정되고(제134조), 상대방이 **유효한 철회를 하면** 무권대리행위는 **확정적으로 무효가 되어** 그 후에는 본인이 무권대리행위를 **추인할 수 없다**. 한편 상대방이 대리인에게 대리권이 없음을 알았다는 점에 대한 주장 · 입증책임은 철회의 효과를 다투는 본인에게 있다.

3. 무권대리인의 상대방에 대한 책임(제135조)

(1) 성질

무권대리인의 상대방에 대한 책임은 **무과실책임**으로서 무권대리행위가 **제3자의 기망이나 문서위조 등 위법행위로 야기되었다고 하더라도 책임은 부정되지 아니한다**.

(2) 요건

① 대리인이 대리권을 증명할 수 없을 것 + ② 대리인이 본인의 추인을 얻지 못하고 표현대리가 성립하지 않을 것 + ③ **무권대리인**이 **행위능력자**일 것 + ④ **상대방**은 **선의 · 무과실**일 것 → 상대방의 악의 또는 과실에 대한 입증책임은 무권대리인에게 있다.

(3) 효과

① 상대방은 계약의 이행 또는 손해배상청구 중 하나를 선택하여 행사(선택채권)

② 상대방이 계약의 이행을 선택한 경우 무권대리인은 본인이 상대방에게 부담하였을 것과 같은 내용의 채무를 이행할 책임이 있다. 따라서 위 계약에서 채무불이행에 대비하여 손해배상액의 예정에 관한 조항을 둔 때에는 특별한 사정이 없는 한 무권대리인은 조항에서 정한 바에 따라 산정한 손해액을 지급하여야 하고, 이 경우에도 손해배상액의 예정에 관한 민법 제398조가 적용된다.

③ 계약의 이행 또는 손해배상청구권의 **소멸시효의 기산점**은 상대방이 **선택권을 행사할 수 있는 때**로부터 진행하고, 선택권을 행사할 수 있는 때는 **대리권의 증명 또는 본인의 추인을 얻지 못한 때**라고 본다.

Set 19 복대리(제120조 ~ 제123조)

1. 성질

복대리인이란 대리인 자신의 이름으로 선임한 본인의 대리인

2. 임의대리인의 복임권과 책임

① 임의대리인의 경우 본인의 승낙이 있거나 부득이한 사유가 있는 때가 아니면 복대리인을 선임하지 못한다.

② **아파트 또는 오피스텔 분양업무**는 그 성질상 분양 위임을 받은 수임인의 능력에 따라 그 분양사업의 성공 여부가 결정되는 사무로서, 본인의 **명시적인 승낙 없이는 복대리인의 선임이 허용되지 않는다.**

③ 임의대리인은 본인에 대하여 그 선임감독에 관한 책임을 부담하나, 대리인이 본인의 지명에 의하여 복대리인을 선임한 경우는 그 부적임 또는 불성실함을 알고 본인에게 대한 통지나 그 해임을 태만한 때가 아니면 책임이 없다.

④ 법정대리인은 그 책임으로 복대리인을 선임할 수 있다. 그러나 부득이한 사유로 인한 때에는 선임감독에 관한 책임만 있다.

3. 복대리와 표현대리

복대리행위에 대해서도 상대방이 복대리인을 **대리권**을 가진 대리인으로 **믿었고** 또한 그렇게 **믿은 데에 정당한 이유 또는 과실이 없다면 제125조 · 제126조 · 제129조**의 **표현대리**가 **성립**한다.

Set 20 무효

1. 일부무효(제137조)

법률행위의 일부분이 무효인 때에는 그 전부를 무효로 한다. 그러나 ① 법률행위의 **일체성**, ② 법률행위의 **분할가능성**, ③ 무효부분이 없더라도 법률행위를 하였을 것이라는 **가정적 의사**가 인정되는 경우에는 일부만 무효가 된다. → 일부취소의 경우는 명문규정이 없으나 일부무효법리가 적용O

2. 무효행위의 전환(제138조)

① 무효행위의 전환이 인정되기 위해서는 ⅰ) 원래 성립한 법률행위는 무효이고, ⅱ) 다른 법률행위의 요건을 구비하여야 하며, ⅲ) 당사자가 원래의 법률행위의 무효를 알았더라면 다른 법률행위를 할 것을 의욕하였으리라는 **가정적 의사**가 존재하여야 한다.

② ⅰ) **타인의 자**를 입양하기 위하여 데려다 기르면서 자기의 子로 **출생신고**를 한 경우 **입양신고의 효력**을 인정하고, ⅱ) **상속포기**가 민법 제1019조 제1항 소정의 기간을 초과한 후에 신고된 것이어서 상속포기로서의 효력이 없더라도 **상속재산의 협의분할**이 이루어진 것으로 인정할 수 있다.

3. 무효행위의 추인(제139조)

(1) 방식

추인은 **묵시적**으로도 가능하나, 묵시적 추인을 인정하기 위해서는 본인이 그 행위로 처하게 된 법적 지위를 충분히 이해하고 그럼에도 진의에 기하여 그 행위의 결과가 자기에게 귀속된다는 것을 승인한 것으로 볼 만한 사정이 있어야 할 것이므로, 당사자가 **이전의 법률행위가 존재함을 알고 그 유효함을 전제로 하여 이에 터 잡은 후속행위를 하였다고 해서 그것만으로** 이전의 법률행위를 **묵시적으로 추인하였다고 단정할 수는 없고**, 묵시적 추인을 인정하기 위해서는 이전의 법률행위가 **무효임**을 **알거나** 적어도 무효임을 **의심하면서**도 그 행위의 **효과**를 자기에게 **귀속**시키도록 하는 **의사로 후속행위를 하였음**이 **인정**되어야 할 것이다.

(2) 효과

① 무효인 법률행위는 추인하더라도 유효하게 되지 않음이 원칙이다. 다만 당사자가 무효임을 알고 추인한 때에는 **그때부터** 새로운 법률행위를 한 것으로 본다(소급효✗).

② 따라서 **무효인 가등기**를 유효한 등기로 **전용**키로 한 약정은 **그때부터 유효**하고 이로써 위 가등기가 소급하여 유효한 등기로 전환될 수 없다.

③ 다만 **신분행위**의 **추인**에는 신분관계의 안정을 위해 **소급효**가 인정된다(제139조 적용배제).

(3) 적용범위 및 한계

① 취소한 법률행위는 처음부터 무효인 것으로 간주되므로 **취소할 수 있는 법률행위가 일단 취소된 이상** 그 후에는 **취소할 수 있는 법률행위의 추인✗ / 무효인 법률행위의 추인O**

② 강행법규 위반이나 반사회질서(제103조) 또는 불공정한 법률행위(제104조)의 경우 추인✗

4. 토지거래허가와 유동적 무효

(1) 확정적 무효

1) 사유

① **처음부터 허가를 배제하거나 잠탈하는 내용의 계약인 경우**(→ 허가의 배제・잠탈행위에는 토지거래허가가 필요한 계약을 허가가 필요하지 않은 것에 해당하도록 계약서를 허위로 작성하는 행위뿐만 아니라, 정상적으로는 토지거래허가를 받을 수 없는 계약을 허가를 받을 수 있도록 계약서를 허위로 작성하는 행위도 포함된다), ② 제3자에게 낙찰되어 소유권이전등기의무가 이행불능이 된 경우, ③ 매매의 목적물이 수용됨에 따라 객관적으로 허가가 날수 없음이 분명해진 경우에는 확정적 무효이다. ④ 그러나 일정한 기간 안에 토지거래허가를 받기로 약정한 경우 그 약정기간이 경과하였다는 사정만으로 곧바로 매매계약이 확정적으로 무효가 된다고 할 수 없다.

2) 효과

① 확정적으로 무효로 됨에 **귀책사유가 있는 자**라고 하더라도 **무효**를 **주장**하는 것이 **신의칙에 反✗**, ② **확정적 무효가 된 경우** 비로소 **계약금**의 **부당이득반환청구**가 **가능**

(2) 확정적 유효

① 허가를 받은 경우(소급 유효), **허가구역의 지정이 해제된 경우**, 허가구역지정**기간**이 **만료**된 경우 확정적 유효. ② 허가구역의 지정이 해제되면 확정적 유효로 되므로 그 후 재지정되었다고 하더라도 다시 허가를 받아야 하는 것은 아니다.

(3) 유동적 무효

1) 계약상 책임

① 허가를 받기 전에는 **물권적 효력은 물론 채권적 효력**도 발생하지 아니하여 **무효**이므로, ② **계약상의 이행청구**도 **할 수 없고, 채무불이행을 이유로 계약을 해제하거나 손해배상을 청구할 수 없다**. ③ 나아가 **허가조건부 소유권이전등기청구**도 **인정되지 않으며**, ④ **대금지급채무의 불이행을 이유로 협력의무의 이행을 거절할 수 없다**.

2) 계약금 관련

① **부당이득반환청구 → 확정적**으로 **무효**가 되었을 때 비로소 인정

② **제565조의 해약금해제** ┬ **계약의 일반법리 ∴ 유동적 무효 상태**에서도 **가능**
└ **허가를 받은 사정만으로 이행착수✗ ∴ 해약금해제 가능**
허가신청협력의무의 이행을 구하는 소 : 승소판결 – 이행착수✗

3) 허가신청절차 협력청구권

① **허가신청협력의무 인정**(위반시 손해배상청구O), ② 채권자대위권의 피보전권리 · 피대위권리 인정, ③ 그러나 **협력의무의 불이행을 이유로** 일방적으로 유동적 무효의 상태에 있는 **거래계약 자체**를 **해제할 수는 없다**.

4) 기타 쟁점

① **토지와 지상건물**을 **일괄매매**한 경우 매수인이 토지에 관한 당국의 거래허가가 없으면 건물만 이라도 매수하였을 것이라고 볼 수 있는 특별한 사정이 인정되는 경우를 제외하고는 토지에 대한 매매거래허가를 받기 전의 상태에서는 **지상건물에 대하여도 그 거래계약 내용에 따른 이행청구 내지 채무불이행으로 인한 손해배상청구를 할 수 없다**.

② **최초매도인과 최종매수인을 당사자로 하는 토지거래허가를 받아** 최초매도인으로부터 최종매수인으로의 **직접 이전등기**가 **경료**된 경우에도 그들 사이에는 적법한 토지거래허가가 없으므로 **무효**이다.

※ 무권리자의 처분행위

1. 무권대리와의 구별 – 당사자 결정론

무권리자의 처분행위는 무권리자 스스로 계약의 당사자로 결정된다는 점에서, 본인이 계약의 당사자로 되는 무권대리인의 행위와 구별된다.

2. 무권리자 처분행위의 효력

① 무권리자의 채권행위는 타인의 권리매매에 해당하고 민법은 제569조 이하에서 타인의 권리매매가 유효함을 전제로 매도인의 담보책임을 규정하고 있으므로, 무권리자의 매매계약 자체, 즉 채권행위는 효력이 있다. ② 그러나 물권행위는 효력이 없다.

3. 거래상대방의 보호

(1) 제126조 · 제108조 제2항의 유추적용 여부

통정 · 용인하였거나 이를 알면서 방치하였다고 볼 수 없다면 민법 제126조나 제108조 제2항을 유추할 수 없다.

(2) 무권리자 처분행위의 추인

가) 근거 · 방법 · 상대방

① 권리자는 추인함으로써 권리자 본인에게 위 처분행위의 효력이 발생함은 **사적 자치의 원칙**에 비추어 당연하고, ② **추인**은 명시적으로뿐만 아니라 **묵시적**인 방법으로도 가능하며, ③ 그 의사표시는 **무권리자나** 그 **상대방 어느 쪽에 하여도 무방**하다.

나) 효과

① [**소급효**] – 무권리자의 처분을 추인하면 무권대리에 대해 본인이 추인을 한 경우와 당사자들 사이의 이익상황이 유사하므로, 무권대리의 추인에 관한 **제130조, 제133조** 등을 무권리자의 추인에 **유추 적용**할 수 있다. 따라서 추인하면 원칙적으로 그 계약의 효과가 계약을 체결했을 때에 **소급**하여 권리자에게 귀속된다.

② [**부당이득반환청구**] – 무권리자에 의한 처분행위를 권리자가 추인한 경우에 **권리자는 무권리자에 대하여 무권리자가 처분행위로 인하여 얻은 이득의 반환을 청구할 수 있다.**

Set 21 취소

1. 취소권자(제140조)

취소할 수 있는 법률행위는 제한능력자, 착오로 인하거나 사기 · 강박에 의하여 의사표시를 한 자, 그의 대리인 또는 승계인만이 취소할 수 있다.

2. 방법

(1) 단독적 의사표시(제142조)

① 법률행위의 직접 상대방에게 취소함이 원칙이므로 **전득자**는 취소의 **상대방**이 **아니다.**

② **묵시적**으로 가능 → 매도인이 **사기를 이유로** 매수인에 대해 그 등기의 말소를 구하는 경우 **등기말소청구**에는 매매계약 **취소의 의사표시**가 **포함**된 것으로 볼 수 있다(법률행위의 취소를 당연한 전제로 한 소송상의 이행청구나 이를 전제로 한 이행거절 가운데는 취소의 의사표시가 포함되어 있다).

(2) 일부취소(일부무효이론과 궤를 같이 함)

① 일체로서의 법률행위의 일부에 취소사유가 있더라도 ⅰ) 그 **법률행위**가 **가분적**이거나 그 **목적물**의 일부가 **특정**될 수 있고, ⅱ) 그 나머지 부분이라도 이를 유지하려는 당사자의 **가정적 의사**가 인정되는 경우 그 **일부만**의 **취소**도 **가능**하다 할 것이고, 그 일부의 취소는 법률행위의 일부에 관하여 효력이 생긴다.

② 매매계약 체결시 **토지의 일정 부분을 매매 대상에서 제외시키는 특약**을 한 경우, 이는 매매계약의 대상 토지를 특정하여 그 일정 부분에 대하여는 매매계약이 체결되지 않았음을 분명히 한 것으로써 그 부분에 대한 어떠한 법률행위가 이루어진 것으로는 볼 수 없으므로, **그 특약만을 기망에 의한 법률행위로서 취소할 수는 없다**.

③ 채권자와 연대보증인 사이의 연대보증계약이 **주채무자의 기망**에 의하여 체결되어 **적법하게 취소**되었으나, 그 보증책임이 **금전채무**로서 채무의 성격상 **가분적**이고 연대보증인에게 보증한도를 일정 금액으로 하는 **보증의사**가 있었으므로, 연대보증인의 연대보증계약의 **취소는** 그 **일정 금액을 초과하는 범위 내**에서만 **효력**이 생긴다.

3. 효과(제141조)

① 취소된 법률행위는 처음부터 무효인 것으로 본다. 다만, **제한능력자**는 그 행위로 인하여 받은 **이익이 현존하는 한도**에서 상환할 책임이 있다. → **의사무능력**의 경우 **유추적용O**

② **경력허위 사안** → 근로계약의 취소의 의사표시 이후 **장래**에 관하여만 근로계약의 효력 소멸

4. 취소권의 소멸

(1) 추인(제143조, 제144조)

① 추인이 있으면 취소할 수 있는 행위는 더 이상 취소할 수 없고 확정적으로 유효하게 된다.

② 취소할 수 있는 행위의 추인은 ⅰ) 취소의 원인이 소멸한 후이어야 하고, ⅱ) 취소할 수 있는 행위임을 알아야 한다.

(2) 법정추인(제145조)

법정추인은 ① **취소원인**이 **소멸**한 **후**에, ② 이의를 유보하지 않고, ③ 법정추인 사유가 있어야 한다. 일반적인 추인과 달리 취소할 수 있는 행위임(취소권의 존재)을 알 필요가 없으며 추인의 의사도 필요 없다.

(3) 제척기간의 경과(제146조)

① 취소권은 **추인할 수 있는 날**로부터 **3년 내**에, **법률행위를 한 날**로부터 **10년 내**에 행사하여야 한다.

② '**추인할 수 있는 날**'이란 취소의 원인이 종료되어 취소권행사에 관한 장애가 없어져서 취소권자가 취소의 대상인 법률행위를 **추인할 수도 있고 취소할 수도 있는 상태가 된 때**를 의미한다.

③ 제척기간으로서 **재판상 · 재판 외 행사기간**이고, 그 도과 여부는 당사자의 주장과 관계없이 법원이 **직권**으로 조사

④ 취소의 효과로 발생하는 부당이득반환청구권은 취소권을 행사한 때로부터 따로 소멸시효가 진행한다.

Set 22 조건 · 기한

1. 조건

(1) 구별

1) 동기와 구별

조건은 법률행위의 효력의 발생 또는 소멸을 **장래**의 **불확실한 사실**의 성부에 의존케 하는 법률행위의 부관으로서 당해 법률행위를 구성하는 의사표시의 일체적인 내용을 이루는 것이므로 **조건의사와 그 표시**(묵시적 표시 가능)가 **필요**하며, 조건의사가 있더라도 그것이 **외부에 표시되지 않으면** 법률행위의 **동기**에 **불과**할 뿐이다.

2) 불확정기한과 구별

① **부관에 표시된 사실이 발생하지 않으면 채무를 이행하지 않아도 된다**고 보는 것이 합리적인 경우에는 **조건**으로 보아야 한다. 그러나 ② 부관에 표시된 **사실이 발생한 때에는 물론이고** 반대로 **발생하지 않는 것이 확정된 때에도 채무를 이행하여야 한다**고 보는 것이 합리적인 경우에는 표시된 사실의 발생 여부가 확정되는 것을 **불확정기한**으로 정한 것으로 보아야 한다. ③ 도급계약의 당사자들이 '**수급인이 공급한 목적물을 도급인이 검사하여 합격하면**(검수), 도급인은 수급인에게 **보수를 지급한다.**'고 정한 경우 도급인의 수급인에 대한 보수지급의무와 **동시이행관계**에 있는 수급인의 목적물 인도의무를 **확인**한 것에 불과하고, '**검사 합격**'은 법률행위의 효력 발생을 좌우하는 **조건이 아니라** 보수지급시기에 관한 **불확정기한**이다.

(2) 내용

① 조건성취의 효력은 소급하지 않고 그 **성취된 때**로부터 법률효과가 발생하거나 소멸하는 것이 원칙이다. 그러나 제3자의 권리를 해하지 않는 한 **당사자의 의사표시로 소급효**를 **허용**할 수 있다(제147조).

② 조건부권리가 침해된 경우 조건부권리자는 제148조에 기하여 조건의 성취를 전제로 **손해배상청구**를 하거나, 제150조의 요건을 갖춘 경우 **조건성취의제**를 **주장**할 수 있다. 고의에 의한 경우만이 아니라 **과실에 의한 경우**에도 신의성실에 반하여 조건의 성취를 방해한 때에 **해당**한다. 이 경우 **조건이 성취된 것으로 의제되는 시점은** 이러한 **신의성실에 반하는 행위가 없었더라면 조건이 성취되었으리라고 추산되는 시점**이다.

③ 조건이 선량한 풍속 기타 사회질서에 위반한 것인 때에는 그 법률행위는 무효로 한다(제151조). 따라서 **부부관계의 종료를 해제조건으로 하는 증여계약**은 그 **조건만**이 **무효**인 것이 **아니라, 증여계약 자체**(그 법률행위 전부)가 **무효**이다.

④ 조건이 법률행위의 당시 **이미 성취한 것**(기성조건)인 경우에는 그 조건이 정지조건이면 조건 없는 법률행위로 하고 **해제조건**이면 그 법률행위는 **무효**로 한다. 반면 조건이 법률행위의 당시

에 **이미 성취할 수 없는 것**(불능조건)인 경우에는 그 조건이 해제조건이면 조건 없는 법률행위로 하고 **정지조건**이면 그 법률행위는 **무효**로 한다(제151조 - ※ 기해무/불정무).

⑤ ⅰ) 정지조건부 법률행위에 해당한다는 사실, 즉 **정지조건의 존재사실은** 그 법률효과의 발생을 **다투려는 자**에게 **주장・입증**책임이 있고, **정지조건의 성취사실은** 그러한 **권리를 취득하고자 하는 측에서 주장・증명**하여야 한다. ⅱ) 반면, 해제조건이 있는 경우 그 해제조건의 존재와 성취사실 모두 그 법률효과의 소멸을 주장하려는 자에게 주장・입증책임이 있다.

2. 기한

(1) 내용

① 기한이 도래한 때로부터 법률행위의 효력이 발생(시기)・소멸(종기)하고, 당사자의 약정으로 **소급효**를 **인정할 수 없다**.

② 기한의 이익이 당사자 일방만을 위하여 존재하는 경우(채무자의 이익을 위한 것으로 추정)에는 상대방에 대한 의사표시로써 임의로 포기할 수 있다. 그러나 기한의 이익이 상대방을 위하여서도 존재하는 경우에는 상대방의 손해를 배상하고 포기할 수 있다.

(2) 기한이익상실의 특약

1) 유형 및 이행지체

기한이익상실의 특약에는 ① 그 내용에 의해 일정한 **사유**가 **발생**하면 채권자가 별도의 청구를 하지 않더라도 당연히 기한의 이익이 상실되어 **이행기가 도래**(이행지체 발생)하는 '정지조건부 기한이익상실의 특약'과 ② 일정한 **사유가 발생한 후** 채권자의 통지나 청구 등 **채권자의 의사표시**를 기다려 비로소 **이행기**가 **도래**(이행지체 발생)하는 '형성권적 기한이익상실의 특약'이 존재할 수 있는데, 특별한 사정이 없는 한 **형성권적 기한이익 상실의 특약**으로 **추정**한다.

2) 소멸시효 기산일

① **정지조건부 기한이익상실의 특약**의 경우 일정한 사유가 발생한 때, 즉 **조건성취시**부터 **소멸시효**가 **진행**한다. ② 반면 **형성권적 기한이익 상실의 특약**이 있는 할부채무의 경우 1회의 불이행이 있더라도 **각 할부금**에 대해 그 **각 변제기**의 **도래시마다** 그 때부터 **순차로 소멸시효**가 **진행**하고, 채권자가 특히 **잔존 채무 전액의 변제를 구하는 취지의 의사를 표시한 경우**에 한하여 **전액**에 대하여 그 때부터 **소멸시효**가 **진행**한다.

Set 23 소멸시효의 완성

※ 논증구도		
Ⅰ. 소멸시효 완성 →	Ⅱ. 중단 / 포기 →	Ⅲ. 새로운 2차 소멸시효
(주·대·기·기간)	(근·사·효력(인·물)·발생)	(주·대·기·기간)

1. 소멸시효 완성의 요건

소멸시효의 요건은 ① 권리가 소멸시효에 걸리는 권리이고(대상적격), ② 권리를 행사할 수 있음에도 불구하고 행사하지 않아야 하며(기산점), ③ 권리불행사의 상태가 일정기간 계속되어야 한다(시효기간의 경과).

2. 주체 - 시효원용권자

직접수익자로 한정→ Ex) ① 저당부동산·담보가등기 부동산의 제3취득자O, 물상보증인O
② **피보전권리** ┬ 채권자대위권 - 제3채무자✗
└ 채권자취소권 - 수익자O

※ [**비교**] (**후순위 담보권자**) - **후순위 담보권자는 선순위 담보권의 피담보채권 소멸로 직접 이익을 받는 자에 해당하지 않아 선순위 담보권의 피담보채권에 관한 소멸시효가 완성되었다고 주장할 수 없다**(∵ 담보권의 순위가 상승하고 이에 따라 피담보채권에 대한 배당액이 증가하는 것은 반사적 이익에 불과).

3. 대상권리

(1) 소유권에 기한 물권적 청구권

① **명의신탁의 해지**로 인한 소유권이전등기청구권이나 말소등기청구권은 **소멸시효의 대상**✗
② **매매계약의 합의해제**에 따른 매도인의 원상회복청구권은 **소멸시효의 대상**✗

(2) 등기청구권

1) 미등기 매수인의 매매계약에 기한 소유권이전등기청구권

① **매수인**이 토지를 인도받아 사용·수익(점유)하고 있는 경우 **소멸시효로 소멸**✗
② **매수인이** 부동산을 인도받아 이를 사용·수익하다가 '보다 적극적인 권리행사의 일환'으로 타인에게 그 부동산을 처분하고 **점유를 승계해 준 경우**에도 **소멸시효로 소멸**✗

2) 점유취득시효완성으로 인한 소유권이전등기청구권

① 토지에 대한 **취득시효 완성**으로 인한 소유권이전등기청구권은 그 토지에 대한 **점유가 계속**되는 한 **시효로 소멸**✗

② 그러나 **취득시효가 완성된 점유자가 점유를 상실**한 경우 **시효로 소멸O**

(3) 명의신탁

1) 3자간 등기명의신탁에서 명의신탁자의 매도인에 대한 소유권이전등기청구권

미등기매수인의 법리는 마찬가지로 적용 ∴ 목적 부동산을 인도받아 **점유**하고 있는 **명의신탁자의 매도인에 대한 소유권이전등기청구권**은 **시효로 소멸x**

2) 계약명의신탁의 경우 명의신탁자의 명의수탁자에 대한 부당이득반환청구권에 기한 등기청구권

(부동산 실권리자명의 등기에 관한 법률 시행 전)**명의신탁자**가 당해 부동산의 회복을 위해 **명의수탁자에 대해 가지는 소유권이전등기청구권**은 성질상 부당이득반환청구권으로서 10년의 기간이 경과함으로써 **시효로 소멸O** (∵ 소멸시효가 진행되지 않는다고 본다면 부동산실명법을 위반한 명의신탁자의 권리를 보호하여 주는 결과로 되어 관련 법률의 취지에 反)

4. 기산점(제166조)

(1) '권리를 행사할 수 있는 때'의 의미

권리행사에 법률상의 장애사유가 없는 경우O / **사실상 장애x** → 권리의 존재나 권리행사의 가능성을 알지 못하였거나 알지 못함에 있어서의 과실유무 등은 시효진행에 영향을 미치지 아니한다

(경매절차에서 채무자에게 교부할 잉여금을 공탁한 경우에는 권리를 행사할 수 있는 공탁일부터 소멸시효기간이 진행하고, 부동산경매절차에서 채무자에 대한 송달이 공시송달의 방법으로 이루어짐으로써 채무자가 경매진행 사실 및 잉여금의 존재에 관하여 사실상 알지 못하였다고 하더라도 소멸시효기간이 진행한다).

(2) 변론주의의 적용

소멸시효의 기산일은 변론주의의 적용대상이므로, 법원은 **당사자가 주장하는 기산일**을 **기준**으로 소멸시효를 **계산**하여야 한다.

(3) 구체적 사안

1) 일반론

① 확정기한부 채권은 이행기가 **도래**한 때부터 진행, ② 불확정기한부 채권은 객관적으로 기한이 **도래**한 때부터 진행, ③ 기한의 정함이 없는 채권은 **채권성립시**(권리발생시)부터 진행한다.

2) 손해배상청구권

가) 채무불이행에 기한 손해배상청구권

채무불이행이 **성립**한 때부터 진행 → Ex) 이행불능시

나) 불법행위에 기한 손해배상청구권

① **3년**의 소멸시효 – '**손해 및 가해자를 안 날**'이라 함은 **불법행위의 요건사실**을 **안 때**로 가해행위와 손해의 발생 사이에 인과관계가 있다는 것까지도 알 것을 要

※ [**비교**] – 법인의 대표자가 가해자에 가담하여 법인에 대하여 공동불법행위가 성립하는 경우에는 단지 그 **대표자가 그 손해 및 가해자를 아는 것만으로는 부족**하고, 적어도 **법인의 이익을 정당하게 보전할 권한을 가진 다른 임원 등**이 손해배상청구권을 행사할 수 있을 정도로 이를 **안 때**에 위 단기시효가 진행

② **10년**의 소멸시효 – '**불법행위를 한 날**'이란 **현실적**으로 **손해**가 **발생**한 때를 의미

3) 계속적 계약관계

각별・개별적으로 진행 → 의사의 치료비채권 : 퇴원시✗, 외상대금채권 : 거래종료일✗

4) 동시이행항변권이 붙은 채권

매매대금청구권은 그 **이행기 도래시**부터 소멸시효가 진행

5) 임치물반환청구권

특별한 사정이 없는 한 임치물반환청구권의 소멸시효는 **임치계약이 성립하여 임치물이 수치인에게 인도된 때부터 진행**하는 것이지, 임치인이 **임치계약을 해지한 때부터 진행한다고 볼 수 없다**(∵ 임치인은 언제든지 계약을 해지하고 임치물의 반환을 구할 수 있는 것).

6) 위임인의 수임인이 취득한 권리에 대한 이전청구권

위임사무로 수임인 명의로 취득한 권리에 관한 위임인의 이전청구권의 소멸시효는 **위임계약이 종료된 때부터 진행하게 된다**(∵ 그 이전 시기는 위임계약이 종료된 때).

5. 기간의 경과(제162조~제165조)

(1) 변론주의의 적용 여부

어떤 시효기간이 적용되는지에 관한 주장은 사실에 관한 주장이 아니라 단순히 법률의 해석이나 적용에 관한 의견 표명 → 변론주의가 적용✗ ∴ 법원은 당사자의 주장에 구속되지 않고 직권으로 판단

(2) 시효기간

1) 일반채권

① 일반채권의 소멸시효는 10년이다.

② 다만 상행위로 인한 일반채권의 소멸시효는 5년(상법 제64조 본문) → 당사자 일방에 대하여만 상행위에 해당하는 경우 적용O, 기본적 상행위뿐만 아니라 보조적 상행위도 포함O / but 급부 자체의 반환을 구하는 것이 아니거나 신속한 해결의 필요성이 인정되지 않는 경우라면 10년의 민사소멸시효기간이 적용된다. 따라서 ⅰ) **근로계약상 보호의무 위반**에 따른 근로자의 손해배상청구권은 특별한 사정이 없는 한 **10년의 민사소멸시효기간**이 **적용**되고, ⅱ) **상행위인 계약의 무효로 인한 부당이득반환청구권**이라도 급부 자체의 반환을 구하는 것이 아니거나 **신속한 해결 필요성이 인정되지 않는 경우**라면 특별한 사정이 없는 한 상법 제64조는 적용되지 않고 **10년의 민사소멸시효기간**이 **적용**

2) 3년의 단기소멸시효기간

가) 이자 기타 1년 이내의 기간으로 정한 금전 또는 물건의 지급을 목적으로 한 채권

① 1년 이내의 기간으로 정한 채권이란 **1년 이내**의 **정기적으로 지급되는 채권**을 의미하지 변제기가 1년 이내의 채권이라는 의미는 아님

② **지연손해금**은 1년 이내의 기간으로 정한 이자에 해당되지 않으며 본래의 원본채권과 동일성을 유지하므로 **원본채권에 적용되는 소멸시효기간**에 따름

나) 도급받은 자 등의 공사에 관한 채권

① 도급받은 공사의 공사대금채권뿐만 아니라 그 **공사에 부수되는 채권**도 **포함**

② **저당권설정청구권**은 공사대금채권을 담보하기 위하여 저당권설정등기절차의 이행을 구하는 **채권적 청구권**으로서 **공사에 부수되는 채권**에 해당하므로 **소멸시효기간**은 **3년**이고, 건물신축공사에서 하수급인의 수급인에 대한 저당권설정청구권은 특별한 사정이 없는 한 **수급인이 건물의 소유권**을 **취득한 때**부터 **시효진행**

다) 생산자 및 상인이 판매한 생산물 및 상품의 대가

상법 제64조 단서에 따라 **상인이 판매한 상품의 대가**는 3년의 단기소멸시효

라) 변호사, 변리사, 공증인, 공인회계사 및 법무사의 직무에 관한 채권

① 세무사와 같이 그들의 직무와 유사한 직무를 수행하는 다른 자격사의 직무에 관한 채권에 대하여는 민법 제163조 제5호가 유추적용된다고 볼 수 없다.

② 세무사를 상인이라고 볼 수 없고, 세무사의 직무에 관한 채권이 상사채권에 해당한다고 볼 수 없으므로, 세무사의 직무에 관한 채권에 대하여는 민법 제162조 제1항에 따라 10년의 소멸시효가 적용된다.

3) 1년의 단기소멸시효기간에 걸리는 채권

① 숙박료, 음식료 채권, 연예인의 임금채권

② 노역인의 임금채권 → But 임금채권의 상대방이 가지는 반대채권은 원칙으로 돌아가 10년의 소멸시효기간이 적용된다.

4) 재판의 확정과 시효기간의 연장

가) 제165조의 의의

① 민법 제165조의 규정은 10년보다 장기의 소멸시효기간을 10년으로 단축한다는 의미✗, 본래 소멸시효의 대상이 아닌 권리가 확정판결을 받음으로써 10년의 소멸시효에 걸린다는 의미✗

② **지급명령**에서 확정된 채권도 **10년**으로 소멸시효기간 **연장O**

나) 인적 범위

주채무자에 대한 **시효중단의 효력**은 당연히 **보증인에게**도 **미침**(제440조). 그러나 **채권자와 주채무자 사이의 판결 등에 의해 채권이 확정되어 그 소멸시효가 10년으로 되었다 할지라도** 채권자와 연대보증인 사이에 있어서는 위 확정판결 등은 그 시효기간에 대하여는 아무런 영향이 없고, **연대보증채무의 소멸시효기간은 여전히 종전의 소멸시효기간에 따른다.**

※ [비교] (**유치목적물의 매수인**) – **유치권이 성립된 부동산의 매수인**은 **직접적인 이익을 받는 자**에 해당하므로 소멸시효의 완성을 원용할 수 있는 지위에 있다고 할 것이나, 매수인은 유치권자에게 채무자의 채무와는 별개의 독립된 채무를 부담하는 것이 아니라 단지 채무자의 채무를 변제할 책임을 부담하는 점 등에 비추어 보면, **유치권의 피담보채권의 소멸시효 기간이 확정판결 등에 의하여 10년으로 연장된 경우 매수인은** 그 채권의 소멸시효기간이 연장된 효과를 부정하고 **종전의 단기소멸시효기간을 원용할 수**는 **없다**.

6. 시효완성의 효과(제167조, 제183조)

(1) 절대적 소멸

시효완성의 사실로서 채무는 **당연**히 **소멸**하고, 다만 소멸시효의 이익을 받는 자가 소멸시효 이익을 받겠다는 뜻을 항변하지 않는 이상 그 의사에 반하여 재판할 수 없을 뿐이다.

(2) 시효완성효과의 시기・범위

① 소멸시효는 그 **기산일**에 **소급**하여 효력이 생긴다. 다만 **시효소멸하는 채권이 그 소멸시효가 완성하기 전에 상계할 수 있었던 것이면 채권자는 상계를 할 수 있다**(제495조).

② 주된 권리의 소멸시효가 완성한 때에는 **종속된 권리**에 그 **효력**이 **미친다**. 하나의 금전채권의 원금 중 일부가 변제된 후 나머지 원금에 대하여 소멸시효가 완성된 경우, **가분채권인 금전채권의 성질상 변제로 소멸한 원금 부분과 소멸시효 완성으로 소멸한 원금 부분을 구분하는 것**이 **가능**하고, 이 경우 원금에 종속된 권리인 이자 또는 지연손해금 역시 변제로 소멸한 원금 부분에서 발생한 것과 시효완성으로 소멸한 원금 부분에서 발생한 것으로 구분하는 것이 가능하므로, **소멸시효 완성의 효력은 소멸시효가 완성된 원금 부분으로부터 그 완성 전에 발생한 이자 또는 지연손해금에는 미치나, 변제로 소멸한 원금 부분으로부터 그 변제 전에 발생한 이자 또는 지연손해금에는 미치지 않는다**.

Set 24 소멸시효의 중단

1. 청구

(1) 의미 및 근거

① 청구란 권리자가 그의 권리를 주장하여 행사하는 것을 말하고, 권리자가 권리를 주장하여 권리 위에 잠자는 것이 아님을 표명한 때에는 소멸시효는 중단(권리행사설)

② **채권을 행사하는 방법**에는 채무자에 대한 **직접적인 이행청구 외에도** 변제의 수령이나 상계, 소송상 청구 및 항변으로 채권을 주장하는 경우 등 **채권이 가지는** 다른 **여러 가지 권능**을 **행사**

하는 것도 **포함**된다. 따라서 **임차인이 임대차 종료 후 동시이행항변권을 근거로 임차목적물을 계속 점유하는 것**은 임대인에 대한 **보증금반환채권에 기초한 권능을 행사한 것**으로서 **소멸시효**가 **진행하지 않는다**. 다만 이러한 소멸시효 진행의 예외는 어디까지나 임차인이 임대차 종료 후 목적물을 적법하게 점유하는 기간으로 한정되고, 임차인이 목적물을 점유하지 않거나 동시이행항변권을 상실하여 정당한 점유권원을 갖지 않는 경우에 대해서까지 인정되는 것은 아니다.

(2) 재판상 청구 – 사유 및 시효중단의 효력 범위와 발생시기

1) 종류

가) 소의 종류

① 재판상 청구는 민사소송이기만 하면 족하고 소의 종류는 묻지 아니한다. 따라서 이행의 소, 확인의 소, 형성의 소, 본소·반소 등 모두 시효중단의 효력이 있다.

② **기본적 법률관계를 기초로 하여 재판의 형식으로 주장하는 경우 또는 그 권리를 기초로 하거나 그것을 포함하여 형성된 후속 법률관계에 관한 청구를 하는 경우에도** 그로써 **권리 실행의 의사를 표명한 것으로 볼 수 있을 때**에는 **포함**

나) 지급명령신청

① 지급명령신청은 본질적으로 소의 제기와 다르지 않으므로 '재판상의 청구'에 **지급명령신청**도 **포함**

② 지급명령 사건이 채무자의 이의신청으로 소송으로 이행되는 경우에 지급명령에 의한 **시효중단의 효과는 지급명령**을 **신청한 때**에 발생

2) 채권양도의 대항요건 구비 전 양도인 또는 양수인의 재판상 청구

① 채권양도 후 대항요건이 구비되기 전의 양도인은 채무자에 대한 관계에서는 여전히 채권자의 지위에 있으므로 채무자를 상대로 재판상의 청구를 할 수 있고, 이 경우 **양도인이 제기한 소송 중에 채무자가 채권양도의 효력을 인정하는 등의 사정으로** 인하여 **양도인의 청구가 기각**됨으로써 민법 제170조 제1항에 의하여 시효중단의 효과가 소멸된다고 하더라도, **양수인이 그로부터 6월 내에 채무자를 상대로 재판상의 청구 등을 하였다면** 민법 제169조 및 제170조 제2항에 의하여 **양도인의 최초의 재판상 청구로 인하여 시효중단O**

② 채무자를 상대로 재판상의 청구를 한 채권의 양수인을 '권리 위에 잠자는 자'라고 할 수 없는 점 등에 비추어 보면, 비록 **대항요건을 갖추지 못한 채권의 양수인이 채무자를 상대로 재판상의 청구**를 하였다면 이는 소멸시효 중단사유인 **재판상 청구**에 **해당O**

3) 인수참가와 시효중단

인수참가인의 청구를 기각하는 판결을 선고하여 그 판결이 확정된 경우에는 원고가 제기한 최초의 재판상 청구로 인한 시효중단의 효력은 소멸한다(제170조 제1항). 다만 소송탈퇴 후 잔존하는 소송에서 내린 판결은 탈퇴자에 대하여도 그 효력이 미치므로(민사소송법 제82조 제3항, 제80조

단서), **인수참가인에 대한 청구기각판결이 확정된 날부터 6개월 내에 탈퇴한 원고가 다시 탈퇴 전과 같은 재판상의 청구 등을 한 때**에는 **탈퇴 전에 원고가 제기한 재판상의 청구로 인하여 발생한 시효중단의 효력은 그대로 유지**된다(제170조 제2항).

4) 일부청구와 시효중단 범위

① 일부청구는 나머지 부분에 대한 시효중단의 효력이 없으나, 청구의 대상으로 삼은 채권 중 일부만을 청구한 경우에도 그 취지로 보아 채권 전부에 관하여 판결을 구하는 것으로 해석되는 경우에는 그 동일성의 범위 내에서 그 전부에 관하여 시효중단의 효력이 발생

② 소장에서 청구의 대상으로 삼은 채권 중 **일부**만을 **청구**하면서 소송의 진행경과에 따라 **장차 청구금액을 확장할 뜻을 표시하고** 당해 소송이 종료될 때까지 '**실제로 청구금액**을 **확장한 경우**'에는 소제기 당시부터 채권 전부에 관하여 판결을 구한 것으로 해석되므로, 이러한 경우에는 **소제기 당시부터 채권 전부에 관하여** 재판상 청구로 인한 **시효중단**의 **효력**이 **발생**

③ 소장에서 청구의 대상으로 삼은 채권 중 **일부**만을 **청구**하면서 소송의 진행경과에 따라 **장차 청구금액을 확장할 뜻을 표시하였으나** 당해 소송이 종료될 때까지 '**실제로 청구금액을 확장하지 않은 경우**'에는 소송의 경과에 비추어 볼 때 채권 전부에 관하여 판결을 구한 것으로 볼 수 없으므로, **나머지 부분에 대하여는** 재판상 청구로 인한 **시효중단의 효력**이 **발생하지 아니한다**. 그러나 이 경우 **최고**에 의해 권리를 행사하고 있는 상태가 지속되고 있는 것으로 보아야 하고, 채권자는 당해 소송이 종료된 때부터 6월 내에 민법 **제174조**에서 정한 조치를 취함으로써 나머지 부분에 대한 소멸시효를 중단시킬 수 있다.

5) 채무자와 제3채무자 사이의 시효중단의 효력과 추심채권자의 지위

① 채무자가 제3채무자를 상대로 금전채권의 이행을 구하는 소를 제기한 후 채권자가 위 금전채권에 대하여 압류 및 추심명령을 받아 제3채무자를 상대로 추심의 소를 제기한 경우, **채무자가** 권리주체의 지위에서 **한 시효중단의 효력은 추심채권자에게도 미친다**.

② 채무자가 제3채무자를 상대로 제기한 금전채권의 이행소송이 압류 및 추심명령으로 인한 당사자적격의 상실로 각하되더라도, 위 이행소송의 계속 중에 피압류채권에 대하여 채무자에 갈음하여 당사자적격을 취득한 **추심채권자가** 위 **각하판결이 확정된 날로부터 6개월 내에 제3채무자를 상대로 추심의 소를 제기하였다면, 채무자가 제기한 재판상 청구로 인하여 발생한 시효중단의 효력은** 추심채권자의 추심소송에서도 **그대로 유지**된다.

6) 승소확정판결 후 시효중단을 위한 재소의 이익 유무와 그 방식 및 법원의 조치

가) 재소의 이익 유무

① 확정된 승소판결에는 기판력이 있으므로 **승소확정판결을 받은 당사자**가 그 상대방을 상대로 다시 승소확정판결의 전소와 동일한 청구의 소를 제기하는 경우 그 **후소는 권리보호의 이익이 없어 부적법**하다. ② 그러나 **예외적으로** 확정판결에 의한 채권의 **소멸시효기간인 10년의 경과가 '임박'한 경우**에는 그 **시효중단을 위한 소는 소의 이익**이 **있다**.

나) 방식 – 새로운 방식의 확인소송의 허용 여부

권리 위에 잠자는 것이 아님을 표명한 것으로 볼 수 있는 때에는 널리 시효중단사유로서 재판상의 청구에 해당하는 것으로 해석하여 왔으므로 **후소의 형태**로서 항상 **전소와 동일한 이행청구만**이 시효중단사유인 **'재판상의 청구'에 해당한다고 볼 수는 없고**, 시효중단을 위한 **후소로서** 이행소송 외에 **'재판상의 청구가 있다'는 점에 대하여 확인을 구하는 형태의 '새로운 방식의 확인소송'**이 **허용**되고, 채권자는 두 가지 형태의 소송 중 **선택**하여 제기할 수 있다

다) 후소 법원의 판단

후소 법원으로서는 그 **확정된 권리**를 주장할 수 있는 **모든 요건이 구비되어 있는지 여부**에 관하여 **다시 심리할 수 없다.** 다만 전소의 변론종결 후에 발생한 변제, 상계, 면제 등과 같은 채권소멸사유는 후소의 심리대상이 된다. 따라서 채무자인 피고는 후소 절차에서 위와 같은 사유를 들어 항변할 수 있고 심리 결과 그 주장이 인정되면 법원은 원고의 청구를 기각하여야 한다. 이는 채권의 소멸사유 중 하나인 소멸시효 완성의 경우에도 마찬가지이다. 따라서 **후소가 전소 판결이 확정된 후 10년이 지나 제기되었다 하더라도 곧바로 소의 이익**(시효중단을 구할 이익)**이 없다고 하여 소를 각하해서는 아니 되고,** 채무자인 피고의 항변에 따라 원고의 채권이 **소멸시효 완성으로 소멸하였는지**에 관한 본**안판단**을 하여야 한다.

7) 응소와 시효중단

가) 요건

① 시효를 주장하는 자(채무자)가 원고가 되어 소를 제기한 데 대하여 + ② 피고로서 응소하여 그 소송에서 적극적으로 권리를 주장하고 + ③ 그것이 법원에 의해 받아들여진 경우

나) 물상보증인이 제기한 저당권말소등기청구에서 채권자 겸 저당권자의 응소

물상보증인은 채권자에 대하여는 아무런 채무도 부담하고 있지 아니하므로, **물상보증인**이 그 피담보채무의 부존재 또는 소멸을 이유로 제기한 **저당권설정등기 말소등기절차이행청구소송**에서 **채권자 겸 저당권자가 청구기각의 판결을 구하고 피담보채권의 존재를 주장하였다고 하더라도** 이로써 직접 채무자에 대하여 **재판상 청구**를 **한 것으로 볼 수**는 **없다.**

다) 시효중단의 효력 발생시기

① 응소행위로 인한 시효중단의 효력은 피고가 현실적으로 권리를 행사하여 응소한 때에 발생한다.

② 한편, 권리자인 피고가 응소하여 권리를 주장하였으나 그 소가 각하되거나 취하되는 등의 사유로 본안에서 그 권리주장에 관한 판단 없이 소송이 종료된 경우에도 민법 **제170조 제2항**을 **유추적용**하여 그때부터 6월 이내에 재판상의 청구 등 다른 시효중단조치를 취하면 **응소시**에 **소급하여 시효중단의 효력 인정**

8) 채권자대위권의 행사

① 채권자대위권 행사의 효과는 채무자에게 귀속되는 것이므로 채권자대위권의 행사시 **채무자의 제3채무자에 대한 채권**이 **시효중단**되고, 그 **중단의 효과**는 **채무자**에게 생긴다.

② 원고가 채권자대위권에 기해 청구를 하다가 당해 피대위채권 자체를 양수하여 양수금청구로 소를 변경한 경우, 이는 청구원인의 교환적 변경으로서 채권자대위권에 기한 구 청구는 취하된 것으로 보아야 하나, 양 청구는 동일한 소송물에 관한 권리의무의 특정승계가 있을 뿐 그 **소송물**은 **동일**한 점, 시효중단의 효력은 **특정승계인**에게도 미치는 점(민법 제169조), 원고를 '**권리 위에 잠자는 자**'로 **볼 수 없는 점** 등에 비추어 볼 때, **당초**의 **채권자대위소송으로 인한 시효중단의 효력**이 **소멸하지 않는다**.

9) 시효중단의 효력 범위

가) 인적 범위

① 시효중단의 효력은 **당사자** 및 그 **승계인** 사이에서만 발생한다(제169조). 여기서 **당사자라 함은 중단행위에 관여한 당사자**를 가리키고 시효의 대상인 권리 또는 청구권의 당사자는 아니며, **승계인**이라 함은 시효중단에 관여한 당사자로부터 중단의 효과를 받는 권리 또는 의무를 그 **중단 효과 발생 이후에 승계한 자**를 뜻하고 포괄승계인은 물론 **특정승계인**도 이에 **포함**된다.

② 다음의 경우 시효중단의 효력이 미치는 인적 범위가 확대된다. ① 물상보증인 재산에 대한 압류는 이를 채무자에게 통지하여야 채무자에 대해서도 시효가 중단된다(제176조). ② 연대채무자 중 1인에 대한 이행청구는 **다른 연대채무자**에게도 효력이 있다(제416조). ③ 주채무자에 대한 시효중단은 **보증인**에게도 미친다(제440조).

나) 물적 범위

① 소송물 그 자체에 국한하지 않고 재판상 청구를 통해 권리를 행사한 것으로 볼 수 있는 경우에까지 확대하는 경향

② **저당권의 행사**는 **피담보채권의 시효중단사유✗**, But 저당권설정청구권의 행사는 피담보채권의 시효중단사유O

10) 시효중단의 효력 발생시기

① 재판상의 청구가 시효중단의 효력을 발생하는 시기는 '**소를 제기한 때**'이다(민소법 제265조).

② 재판상의 청구가 있더라도 소의 각하・기각・취하된 경우에는 그로부터 6월 내에 다시 재판상의 청구 등을 하여야 시효중단의 효력이 있다(제170조).

③ 재판상 청구로 중단된 때에는 재판이 확정된 때로부터 다시 새로운 시효기간이 진행한다(제178조 제2항).

(3) 최고

① **채권자가 채무자의 제3채무자에 대한 채권을 압류 또는 가압류한 경우**에 채무자에 대한 **채권자의 채권에 관하여 시효중단의 효력**이 **생긴다**고 할 것이나(주 – 채무자에 대한 통지를 전제로 함 ; 제176조), 압류 또는 가압류된 **채무자의 제3채무자에 대한 채권**에 대하여는 **확정적인 시효중단의 효력**이 생긴다고 할 수 **없다**.

② 다만 채무자의 제3채무자에 대한 채권에 관하여 **압류 및 추심명령을 받아 그 결정이 제3채무자에게 송달이 되었다면** 거기에 소멸시효 중단사유인 **최고로서**의 **효력**을 **인정**하여야 한다.

③ **최고를 여러 번 거듭**하다가 재판상청구 등을 한 경우에 시효중단의 효력은 **항상 최초의 최고시에 발생하는 것이 아니**라 **재판상청구 등을 한 시점을 기준으로** 하여 이로부터 소급하여 **6월 이내에 한 최고시**에 **발생**한다.

④ 소송고지의 요건이 갖추어진 경우에 그 소송고지서에 고지자가 피고지자에 대하여 채무의 이행을 청구하는 의사가 표명되어 있으면 민법 제174조에 정한 시효중단사유로서의 최고의 효력이 인정된다. **소송고지에 의한 최고의 경우**에는 민사소송법 제265조를 유추적용하여 당사자가 **소송고지서를 법원에 제출한 때**(고지서가 상대방에게 도달한 때가 아님)에 **시효중단의 효력**이 **발생**한다.

2. 압류 · 가압류 · 가처분

(1) 제176조

① **채권자가 물상보증인에 대하여** 그 피담보채권의 실행으로서 **임의경매**를 **신청**한 경우 바로 채무자에 대해서 시효중단되지 않는다. ② 이 경우 경매법원이 **경매개시결정**을 하고 **채무자에게** 그 결정이 **송달**되거나 또는 경매기일이 통지된 경우에는 시효의 이익을 받는 **채무자는** 민법 **제176조**에 의하여 당해 피담보채권의 **소멸시효 중단**의 **효과**를 **받는다**. 이때 경매개시결정이나 경매기일 통지서는 공시송달의 방법이 아닌 **교부송달의 방법**으로 주채무자에게 송달되어야만 한다.

(2) 압류 · 가압류와 압류 및 추심명령

① 채권자가 채무자의 제3채무자에 대한 채권을 압류 또는 가압류한 경우에 채권자의 채무자에 대한 채권에 관하여는 시효중단의 효력이 생기나, 압류 또는 가압류된 채무자의 제3채무자에 대한 채권에 대하여는 이러한 확정적인 시효중단의 효력이 생기지 않는다.

② 다만, 채권압류 및 추심명령이 제3채무자에게 송달되면 채무자의 제3채무자에 대한 채권에 대하여 최고로서의 효력이 인정되므로, 이때로부터 6월 내에 재판상 청구 등을 한 사실을 입증하면 채권압류 및 추심명령 송달시에 시효중단의 효력이 있었음을 주장할 수 있다.

③ 부동산경매절차에서 집행력 있는 집행권원의 정본을 가진 채권자가 하는 배당요구는 압류에 준하는 것으로서 배당요구에 관련된 채권에 관하여 소멸시효를 중단하는 효력이 있다.

(3) 가압류와 시효중단

① 가압류로 인한 시효중단의 효력이 언제 발생하는지에 관해서는 명시적 규정이 없다. 이 경우 가압류에 관해서도 위 **민사소송법 제265조 규정을 유추적용**하여 '재판상의 청구'와 유사하게 **가압류를 신청한 때 시효중단의 효력**이 **생긴다**고 보아야 한다(가압류명령이 제3채무자에게 송달된 때에 가압류의 효력이 발생한다는 점과 구별).

② **가압류에 의한 시효중단의 효력**은 **가압류의 집행보전의 효력이 존속하는 동안**은 **계속**된다. 또한 민법 제168조에서 가압류와 재판상의 청구를 별도의 시효중단사유로 규정하고 있는 데 비추어 보면, **가압류의 피보전채권에 관하여 본안의 승소판결이 확정되었다고 하더라도 가압류에 의한 시효중단의 효력이 이에 흡수되어 소멸된다고 할 수도 없다.**

③ 가압류에 의한 시효중단은 채권자가 가압류집행에 의하여 권리행사를 계속하고 있다고 볼 수 있는 **가압류등기가 말소된 때** 그 중단사유가 종료되어, **그때부터 새로 소멸시효**가 **진행**한다.

(4) 임차권등기의 압류·가압류 등에 준하는 효력 인정 여부

임차권등기는 담보적 기능을 주목적으로 하므로 채무자의 일반재산에 대한 **보전처분의 성질**을 가진다고 볼 수는 **없다**. 그렇다면 임차권등기명령에 따른 임차권등기에는 민법 제168조 제2호에서 정하는 소멸시효 중단사유인 **압류 또는 가압류, 가처분에 준하는 효력**이 있다고 볼 수 **없다**.

3. 승인

① 소멸시효 중단사유인 채무의 승인은 시효이익을 받을 **당사자**나 **대리인만** 할 수 있으므로, **이행인수인이** 채권자에 대하여 채무자의 **채무를 승인하더라도** 다른 특별한 사정이 없는 한 **시효중단 사유가 되는 채무승인의 효력**은 **발생하지 않는다.**

※ [**비교**] – **면책적 채무인수**는 시효중단사유인 **승인**에 **해당**하므로 채무인수일로부터 새로이 진행한다.

② 소멸시효의 진행이 개시된 이후에만 가능하고 그 이전에 승인을 하더라도 시효가 중단되지는 않는다. 또한 현존하지 아니하는 **장래의 채권**을 **미리 승인**하는 것은 채무자가 그 권리의 존재를 인식하고서 한 것이라고 볼 수 없어 **허용되지 않는다.**

※ [**비교**] – 진료계약을 체결하면서 "입원료 기타 제요금이 체납될 시는 병원의 법적 조치에 대하여 아무런 이의를 하지 않겠다."고 약정하였다 하더라도, 이로써 **그 당시 아직 발생하지도 않은 치료비 채무의 존재를 미리 승인하였다고 볼 수는 없다.**

③ 채무승인은 소멸시효의 완성으로 채권을 상실하게 될 자 또는 그 대리인에 대하여 상대방의 권리 또는 자신의 채무가 있음을 알고 있다는 뜻을 표시함으로써 성립하며(∴ 피의자신문조서에 채무의 일부를 승인하는 의사가 표시되어 있다고 하더라도 승인✗), 그 표시의 방법은 명시적이건 **묵시적**이건 불문한다. 이 경우 채무자가 권리 등의 법적 성질까지 알고 있거나 권리 등의 발생원인을 특정하여야 할 필요는 없다. 시효완성 전에 채무의 일부를 변제한 경우에는 그 수액에 관하여 다툼이 없는 한 모든 채무에 대한 승인으로서 시효중단의 효과가 발생한다.

Set 25 시효이익의 포기(제184조)

1. 요건

① 처분능력과 처분권은 있어야 하고, **시효완성사실을 알면서** 시효완성으로 인한 법적 이익을 받지 않겠다고 하는 **효과의사**를 **표시**하여야 한다. → ⅰ) **시효완성 후** 소멸시효 중단사유에 해당하는 **채무의 승인이 있었다 하더라도** 그것만으로는 **곧바로 소멸시효 이익의 포기**라는 의사표시가 있었다고 **단정할 수 없다**. ⅱ) 상계항변이 먼저 이루어지고 그 후 대여금채권의 소멸을 주장하는 소멸시효항변이 있었던 경우에, **상계항변** 당시 채무자인 피고에게 수동채권인 대여금채권의 **시효이익을 포기하려는 효과의사가 있었다고 단정할 수 없다**.

② 채무자가 시효완성 후 채무의 승인을 한 때에는 시효완성의 사실을 **알고** 그 이익을 **포기**한 것으로 **추정**할 수 있다.

③ 시효이익의 포기는 보통의 의사표시와 같이 명시적 또는 **묵시적**으로 할 수 있고 재판 외에서도 가능 → 시효완성 후에 **변제기한의 유예요청**이나 채무의 **일부변제** 또는 **채무의 승인**을 한 경우 시효이익의 포기O

④ 원금채무에 관하여는 소멸시효가 완성되지 아니하였으나 이자채무에 관하여는 소멸시효가 완성된 상태에서 채무자가 채무를 **일부 변제**한 때에는 액수에 관하여 다툼이 없는 한 **원금채무에 관하여 묵시적으로 승인**하는 한편 **이자채무에 관하여 시효완성의 사실을 알고 그 이익을 포기한 것으로 추정** → 채무자의 변제가 채무 전체를 소멸시키지 못하고 당사자가 변제에 충당할 채무를 지정하지 아니한 때에는 민법 **제479조**, **제477조**에 따른 법정변제충당의 순서에 따라 **충당**

2. 효과

① 시효이익의 포기는 다른 사람에게는 영향을 미치지 않는다(상대적 효력). 따라서 **주채무자가 시효이익을 포기하더라도 보증인이나 물상보증인에게는 그 효과가 미치지 않는다**.

② 소멸시효 이익의 포기는 상대적 효과가 있을 뿐이어서 다른 사람에게는 영향을 미치지 아니함이 원칙이나, **소멸시효 이익의 포기** 당시에는 권리의 소멸에 의하여 직접 이익을 받을 수 있는 이해관계를 맺은 적이 없다가 **나중에** 시효이익을 이미 포기한 자와의 법률관계를 통하여 **비로소 시효이익을 원용할 이해관계를 형성한 자는** 이미 이루어진 **시효이익 포기의 효력**을 **부정할 수 없다**.

③ 채무자가 소멸시효 완성 후에 채권자에 대하여 채무를 승인함으로써 그 시효의 이익을 포기한 경우에는 그때부터 새로이 소멸시효가 진행한다.

Set 26 소멸시효의 항변과 신의칙 위반

① 객관적으로 채권자가 권리를 행사할 수 없는 장애사유가 있었다면 채무자가 소멸시효 완성을 주장하는 것은 신의성실의 원칙에 반하는 권리남용으로서 허용될 수 없다.

② 채무자가 소멸시효 완성 후 시효를 원용하지 아니할 것 같은 태도를 보여 권리자로 하여금 이를 신뢰하게 하였고, 채권자가 그로부터 권리행사를 기대할 수 있는 상당한 기간 내에 자신의 권리를 행사하였다면, 채무자가 소멸시효 완성을 주장하는 것은 신의성실 원칙에 반하는 권리남용으로 허용될 수 없다.

③ 기존회사가 채무를 면탈하기 위하여 기업의 형태・내용이 실질적으로 동일한 신설회사를 설립한 경우, 기존회사에 대한 소멸시효가 완성되지 않은 상태에서 신설회사가 기존회사와 별도로 자신에 대하여 소멸시효가 완성되었다고 주장하는 것은 별개의 법인격을 갖고 있음을 전제로 하는 것이어서 신의성실의 원칙상 허용될 수 없다.

Set 27 제척기간

1. 기간의 성질 – 행사방법

① 원칙적으로 재판상・재판외 행사기간이지만, ② **점유보호청구권**(제204조 제3항, 제205조 제2항), **채권자취소권**(제406조), **이혼시 재산분할청구권**(제839조의2 제3항), **상속회복청구권**(제999조)은 **출소기간**이다.

2. 제척기간 준수 여부

① **해지권**을 **재판상 행사**하는 경우에는 그 소장 부본이 피고에게 도달할 때에 비로소 해지권 행사의 효력이 발생한다 할 것이어서, 해지의 의사표시가 담긴 **소장 부본이 제척기간 내에 피고에게 송달**되어야만 해지권자가 **제척기간 내에 적법하게 해지권을 행사하였다**고 할 것이다.

② **기산점은** 특별한 사정이 없는 한 원칙적으로 **권리가 발생한 때**이고, 당사자 사이에 **매매예약 완결권을 행사할 수 있는 시기를 특별히 약정한 경우에도** 그 제척기간은 **당초 권리의 발생일로부터** 10년간의 기간이 경과되면 만료되는 것이지, 그 기간을 넘어서 그 약정에 따라 권리를 행사할 수 있는 때로부터 10년이 되는 날까지로 연장된다고 볼 수 없다.

3. 제척기간과 소멸시효기간의 관계

① 매도인에 대한 하자담보에 기한 손해배상청구권에 대하여는 민법 제582조의 제척기간이 적용되고, 이는 법률관계의 조속한 안정을 도모하고자 하는 데에 취지가 있다. 그런데 **하자담보에**

기한 매수인의 손해배상청구권은 권리의 내용 · 성질 및 취지에 비추어 **민법 제162조 제1항의 채권 소멸시효의 규정**이 **적용**(채권적 청구권으로 소멸시효의 대상)되고, **민법 제582조의 제척기간 규정으로 인하여 소멸시효 규정의 적용이 배제된다고 볼 수 없다**.

② 이때 **소멸시효**는 다른 특별한 사정이 없는 한 매수인이 매매 **목적물을 인도받은 때**(불분명한 경우 부동산을 인도받았을 것으로 보이는 소유권이전등기일)부터 **진행**하여, **10년의 기간**이 경과하면 하자담보책임에 기한 손해배상청구권은 소멸한다.

PART

02

채권총론 핵심 암기사항

PART

02 채권총론 핵심 암기사항

Set 01 보호의무

공중접객업인 숙박업을 경영하는 자가 투숙객과 체결하는 **숙박계약은** 숙박업자가 고객에게 숙박을 할 수 있는 객실을 제공하여 고객으로 하여금 이를 사용할 수 있도록 하고 고객으로부터 그 대가를 받는 일종의 **일시사용을 위한 임대차계약**으로서, **숙박업자는** 고객에게 위험이 없는 안전하고 편안한 객실 및 관련 시설을 제공함으로써 고객의 **안전**을 **배려**하여야 할 **보호의무**를 부담하며, 이러한 의무는 숙박계약의 특수성을 고려하여 **신의칙상 인정되는 부수적인 의무**로서 숙박업자가 이를 위반하여 고객의 생명·신체를 침해하여 투숙객에게 손해를 입힌 경우 **불완전이행으로 인한 채무불이행책임을 부담**하고, 이 경우 피해자로서는 구체적 보호의무의 존재와 그 위반 사실을 주장·입증하여야 하며 **숙박업자로서는** 통상의 채무불이행에 있어서와 마찬가지로 그 채무불이행에 관하여 **자기에게 과실이 없음을 주장·입증하지 못하는 한 그 책임을 면할 수는 없다.**

Set 02 종류채권

1. 특정의 방법(제375조 제2항)

(1) 채무자의 이행에 필요한 행위의 완료

① [**지참채무**] : 채권자의 주소지에서 **현실제공** / 다만 채권자가 미리 **수령거절**한 경우 목적물을 분리하고 **구두제공**(변제준비의 완료를 통지하고 그 수령을 최고)

② [**추심채무**] : 목적물을 분리하고 **구두제공**

(2) 지정권의 행사

① 지정권자의 지정권 행사에 의하여 특정

② [**제한종류채권**] : 선택채권의 **선택권 이전**(제381조) **준용**

2. 특정의 효과

① **특정 전 채무자의 조달의무** ∴ 급부위험(물건위험) - 채무자

② 특정 후 특정물채권으로 변하므로 급부위험은 채권자에게 이전

Set 03 금전채권 - 금전채무의 불이행에 관한 특칙(제397조)

1. 유형 · 요건상 특칙

① **이행불능** x

② 채무자는 과실 없음을 항변하지 못한다(제397조 제2항). 즉, 채무자는 **무과실책임**

③ 채권자는 **손해발생**을 **증명**할 **필요**가 **없다**. 다만 손해가 발생하였다는 **주장**은 **필요**(∵ 변론주의)

2. 효과상 특칙

(1) 지연손해금의 산정

1) 약정지연손해금(손해배상액의 예정)

① **이행지체**에 **대비**한 지연손해금비율의 약정 → **손해배상액 예정**을 한 것으로 봄

② **법정이율보다 낮더라도** 미리 약정한 **지연손해금률 적용**

2) 법정지연손해금

가) 변제기 이외에 약정이자를 정한 경우(약정이율에 의한 지연손해금)

① 소비대차에서 변제기 후의 이자약정(약정지연손해금)이 없는 경우 특별한 의사표시가 없는 한 변제기가 지난 후에도 **당초의 약정이자**를 **지급하기로 한 것**으로 보는 것이 당사자 의사에 부합

② 민법 **제397조 제1항 단서**(법령의 제한에 위반하지 아니한 약정이율이 있으면 그 이율에 의한다)는 ⅰ) **약정이율이 법정이율 이상인 경우**에만 **적용**되고, ⅱ) **약정이율이 법정이율보다 낮은 경우**에는 그 본문으로 돌아가 **법정이율**에 의하여 지연손해금을 정함. ⅲ) 나아가 **계약해제 시 반환할 금전에 가산할 이자**에 관하여 당사자 사이에 **약정이 있는 경우**에는 특별한 사정이 없는 한 **이행지체로 인한 지연손해금도 그 약정이율에 의하기로 하였다**고 보는 것이 당사자의 의사에 부합한다. 다만 그 **약정이율이 법정이율보다 낮은 경우**에는 약정이율에 의하지 아니하고 **법정이율에 의한 지연손해금**을 청구할 수 있다

나) 변제기만 정하고, 지연손해금에 대한 아무런 약정이 없는 경우(법정이율에 의한 지연손해금)

지연손해금에 대한 아무런 약정이 없다면 연 5%의 민사법정이율에 의한 법정지연손해금(제379조).

(2) 지연배상에 대한 이행지체

금전채무의 불이행으로 인한 지연배상채무는 **이행기의 정함이 없는 채무**이므로, 채무자는 **확정된 지연손해금채무**에 대하여 채권자로부터 **이행청구를 받은 때로부터 지체책임**을 부담

Set 04 이자채권

지분적 이자채권은 원본채권에 대하여 어느 정도 **독립성**을 갖고 있으므로, ① 원본채권과 **별도로** 변제할 수 있으며 **시효**로 인하여 **소멸**되기도 한다. ② 또한 이미 변제기에 도달한 이자채권은 원본채권과 분리하여 양도할 수 있으므로 **원본채권이 양도된 경우** 이미 변제기에 도달한 이자채권은 원본채권의 양도 당시 그 이자채권도 양도한다는 의사표시가 없는 한 **당연**히 **양도되지는 않는다**. ③ 다만 **원본채권**이 **소멸시효 완성**으로 소멸하는 경우에는 **함께 소멸**한다(제167조, 제183조).

Set 05 제3자의 채권침해

1. 불법행위의 성립 여부

제3자에 의하여 채권이 침해되었다는 사실만으로 바로 불법행위가 성립하지는 않고, **제3자가** 채권자를 해친다는 사정을 **알면서**도 법규를 위반하거나 선량한 풍속 그 밖의 **사회질서를 위반하는 등 위법한 행위**를 하여 채권의 실현을 방해하는 등으로 채권자의 이익을 침해한 경우 **불법행위 성립O**

2. 방해배제청구의 가부

임차권등기가 원인 없이 말소된 때에는 **방해배제청구**를 **할 수 있다**.

Set 06 채무불이행책임

※ 논증구도

Ⅰ. 유형(사유) →	**Ⅱ. 요건** →	**Ⅲ. 효과**
1. 이행지체	1. 공통요건	1. 공통효과
2. 이행불능	① 귀책사유	① 손해배상책임
3. 불완전이행	② 위법성	② 해제
4. 이행거절	2. 개별요건	2. 개별효과
5. 채권자지체		이행불능 – 대상청구

1. 이행지체

(1) 요건

1) 채무의 존재 + 이행기의 도래(제387조)

① 확정기한부 채무

- 원칙 : 도래(다음날) → **가압류 : 제3채무자의 지체책임 – 도래**(다음날)
- 예외 : 지시채권 · 무기명채권 : 증서제시 + 이행청구

② 불확정기한부 채무 – **안**(다음날)

③ 기한의 정함이 없는 채무

- 원칙 : **청**구(다음날)
- 예외 : 소비대차 – 상당기간 경과시
- 주의
  - ① 부당이득반환의무 – 청구(다음날)
  - ② 확정된 지연손해금채무에 대한 지체책임 – 청구(다음날)
  - ③ **불법행위에 기한 손해배상채무 – 불법행위 성립시**
  - ④ **기한의 정함이 없는 채권양도** – 양수금청구 소송계속 중 양도통지 **양도통지 도달 다음날**
  - ⑤ **압류 · 추심명령에 따른 제3채무자 – 추심금 청구**를 **받은 다음날**

2) 채무의 이행이 가능함에도 이행하지 아니할 것(금전채무 : 이행불능 인정✗)

3) 채무자의 귀책사유

① 채무자의 고의 · 과실을 요구한다. 법정대리인 · 이행보조자의 고의 · 과실은 채무자의 고의 · 과실로 의제된다(제391조).

> ※ 이행보조자의 고의 · 과실
>
> 1. 이행보조자
>
> **채무자의 의사 관여 아래** 채무의 **이행행위에 속하는 활동**을 하는 사람이면 충분하고 반드시 채무자의 **지시 또는 감독을 받는 관계**에 있어야 하는 것은 **아니다**. 따라서 그가 채무자에 대하여 **종속적인 지위**에 있는지, **독립적인 지위**에 있는지는 **상관없다**.
>
> 2. 효과
>
> 이행보조자는 ① 계약의 당사자가 아니므로 채무불이행책임✗, ② 다만 불법행위의 요건을 갖춘 경우에는 불법행위책임O

② 채무불이행의 객관적 사실에 대해서는 채권자가 입증책임을 부담하지만, 그 **귀책사유에 관한 입증책임**은 **채무자**에게 있다(귀책사유가 없다는 점에 대한 입증책임). 단, 금전채무불이행에 있어서는 과실 없음을 항변하지 못한다(제397조 제2항).

4) 위법성

채무불이행을 정당화하는 사유인 유치권(제320조), 동시이행항변권(제536조)이 존재하는 경우라면 이행지체의 위법성은 조각

※ 동시이행항변권의 존재효 – 이행지체의 저지효

1. 지체저지효 – 당연효

쌍무계약에서 쌍방의 채무가 **동시이행관계에 있는 경우** 일방의 채무의 이행기가 도래하더라도 상대방 채무의 이행제공이 있을 때까지는 그 채무를 이행하지 않아도 **이행지체의 책임을 지지 않는 것이고**, 이와 같은 효과는 이행지체의 책임이 없다고 주장하는 자가 **반드시 동시이행의 항변권을 행사하여야만 발생하는 것은 아니다**.

2. 동시이행항변권의 상실 – 계속적 이행제공 필요

쌍무계약의 당사자 일방이 **먼저 한 번 현실의 제공을 하고**, 상대방을 수령지체에 빠지게 하였다고 하더라도 그 **이행의 제공이 계속되지 않는 경우**는 과거에 이행의 제공이 있었다는 사실만으로 상대방이 가지는 **동시이행의 항변권**이 **소멸하는 것**은 **아니므로**, 일시적으로 당사자 일방의 의무의 이행 제공이 있었으나 곧 그 이행의 제공이 중지되어 더 이상 그 제공이 계속되지 아니하는 기간 동안에는 상대방의 의무가 **이행지체 상태에 빠졌다고 할 수**는 **없다**.

(2) 효과

손해배상청구(제390조, 제395조 – 지연배상 원칙, 예외적 전보배상), 계약해제(제544조)

2. 이행불능

(1) 요건

1) 채무의 존재 + 후발적 불능

가) 불능의 판단

사회통념상의 불능으로서 채권자가 채무자의 이행 실현을 기대할 수 없는 경우

나) 해당 여부

① [**이중매매**] → 부동산을 이중매매하고 매도인이 그 중 1인에게 **먼저 소유권이전등기를 해준 경우**에는 **특별한 사정이 없는 한** 다른 1인에 대한 소유권이전등기의무는 **이행불능O**

② [**채무담보를 위한 소유권이전등기**] → 부동산소유권이전등기 의무자가 그 부동산에 관하여 제3자 앞으로 비록 채무담보를 위하여 소유권이전등기를 경료하였다고 할지라도 그 의무자가 채무를 **변제할 자력이 없는 경우**에는 특단의 사정이 없는 한 그 소유권이전등기의무는 **이행불능O**

③ [**목적물의 가압류**] → 매매목적물에 대하여 가압류집행이 된 사정으로 매매에 따른 소유권이전등기의무의 **이행불능**✗

④ [**임대인의 소유권상실**] → 임대인이 소유권을 상실하였다는 이유만으로 임차목적물을 사용·수익케 할 의무가 **불능**하게 된 것이라고 **단정**✗

⑤ [**타인권리 매매 · 증여**] → 매매나 증여의 대상인 권리가 타인에게 귀속되어 있다는 이유만으로 채무자의 계약에 따른 의무가 **이행불능**✗

⑥ [**매도인이 원소유자에 대하여 가지는 소유권이전등기청구권에 대한 가압류**] → 매도인의 원소유자에 대하여 가지는 소유권이전등기청구권이 가압류되어 있거나 처분금지가처분이 있는 경우에는 그 가압류 또는 가처분의 해제를 조건으로 하여서만 소유권이전등기절차의 이행을 명받을 수 있는 것이어서, 매도인이 그 **가압류 또는 가처분 집행을** 모두 **해제할 수 없는 무자력의 상태**에 있다고 인정되는 경우에는 매도인의 소유권이전등기의무는 **이행불능**O

⑦ [**강박에 의한 매매 + 소유권이전등기의 말소등기의무**] → 피고(乙)가 원고(甲)를 강박하여 그에 따른 하자 있는 의사표시에 의하여 부동산에 관한 소유권이전등기를 마친 다음 타인(丙)에게 매도하여 소유권이전등기까지 마친 경우, **원고**(甲)가 그 부동산의 **전득자**(丙)를 **상대**로 제기한 **소유권이전등기 말소등기청구소송**에서 **패소로 확정되면** 그 때에 피고(乙)의 소유권이전등기 말소등기의무는 **이행불능**O

2) 귀책사유

3) 위법성

쌍무계약에서 대가적 의미의 채무가 동시이행관계에 있었다 하더라도 채무자의 급부의무가 이행불능이 되었으므로 **동시이행항변권을 소멸시키기 위해**서 **이행제공**은 **필요하지 않다**.

(2) 효과

1) 공통효과

손해배상청구(제390조 – 전보배상), 계약해제(제546조 – 최고 불요)

※ 물권적 청구권의 이행불능으로 인한 전보배상청구의 가부
등기말소청구권 등의 물권적 청구권은 그 권리자인 소유자가 **소유권**을 **상실**하면 이제 그 발생의 **기반이 아예 없게 되어 더 이상 그 존재 자체가 인정되지 아니하는 것**이므로, 소유자가 그 후에 소유권을 상실함으로써 이제 등기말소 등을 청구할 수 없게 되었다면, 등기말소 등 의무자에 대하여 그 의무의 **이행불능을 이유로** 민법 **제390조**상의 **손해배상청구권**을 가진다고 할 수 **없다**.

2) 대상청구권

가) 인정 여부

명문의 규정은 없으나 **해석상** 이를 **부정할 이유 없다**.

나) 요건

① ⅰ) 물건 또는 권리의 **급부**를 **목적**으로 하는 **채무**(계약상 채무에 한✗)의 **후발적 불능** + ⅱ) 채무자가 **대상**(代償) 취득 + ⅲ) **인과관계**의 존재 + ⅳ) **귀책사유 불문**

② **기존 채무 : 유효 · 성립**함을 전제 → **확정적**으로 **무효**가 된 경우 **인정**✗(Ex. 국토법 사안)

다) 효과 – 계약관계의 연장

① [**자신채무의 이행 가능**] → 당사자 일방이 대상청구권을 행사하려면 상대방에 대하여 반대급부를 이행할 의무가 있는바, 이 경우 당사자 일방의 **반대급부**도 그 전부가 **이행불능**이 되면 상대방에 대하여 **대상청구권 행사**✗

② [**채권적 청구권**] → 상대방에 대한 대상의 청구 또는 대상의 양도청구의 방법으로 행사O, 대상의 **직접 청구**는 **허용**✗, **자신이 수령권자라는 확인을 소구**✗ / But **어떤 사유로 채권자가 직접** 자신의 명의로 대상청구의 대상이 되는 보상금을 **지급받았다고 하더라도** 이로써 채무자에 대한 관계에서 바로 **부당이득이 되는 것**은 **아니다**.

③ [**범위**] → 매수인은 특별한 사정이 없는 한 **전부에 대하여** 대상청구권을 **행사**할 수 있는 것이고, 인도의무의 이행불능 당시 매수인이 **지급하였거나 지급하기로 약정한 매매대금 상당액의 한도 내로 그 범위가 제한된다고 할 수 없다**(무제한설).

라) 채권자취소권과 관계

신용보증기금 A가 甲 주식회사를 상대로 제기한 **사해행위취소소송에서 원물반환으로 근저당권설정등기의 말소를 구하여 승소판결이 확정**되었는데, 그 후 해당 부동산이 **관련 경매사건에서** 담보권 실행을 위한 경매절차를 통하여 **제3자에게 매각**된 사안에서, 위와 같이 부동산이 담보권 실행을 위한 경매절차에 의하여 매각됨으로써 확정판결에 기한 甲 회사의 **근저당권설정등기 말소등기절차의무가 이행불능된 경우**, 신용보증기금 A는 **대상청구권 행사로서** 甲 회사가 말소될 근저당권설정등기에 기한 근저당권자로서 지급받은 **배당금의 반환**을 **청구**할 수 있다.

3. 불완전이행

(1) 요건

1) 불완전급부

① 이행행위 + ② 이행이 불완전 + ③ 귀책사유 · 위법성

2) 부수적 의무 · 보호의무의 위반

(2) 효과

① [**불완전 급부**] → 완전이행이 가능한 경우 채권자는 완전이행청구권 또는 추완청구권, 손해배상청구권을 행사할 수 있고, 채권자가 상당한 기간을 정하여 그 이행을 최고하여도 채무자가 이행을 하지 않은 때에는 채권자는 계약을 해제할 수 있다. 그러나 완전이행이 불가능한 경우라면 최고를 하지 않고 곧 계약 해제 가능

② [**부수적 의무 · 보호의무 위반**] → 손해배상을 청구할 수 있다. 그러나 **계약해제**는 **원칙적으로 인정되지 않고**, **예외적으로** 특약 또는 계약의 목적을 달성할 수 없는 경우 등에 한하여 **가능**

4. 이행거절

(1) 인정 여부

계약상 채무자가 계약을 **이행하지 아니할 의사**를 **명백히 표시**한 경우에 채권자는 신의성실의 원칙상 **이행기 전**이라도 이행의 **최고 없이** 채무자의 **이행거절을 이유로** 계약을 **해제**하거나 채무자를 상대로 **손해배상**을 **청구**할 수 있다.

(2) 요건

1) 일반론

① 채무이행이 가능할 것 + ② 이행거절의 의사표시를 명백히 할 것 + ③ 객관적으로 채무자의 임의이행을 기대할 수 없을 것 + ④ 이행거절의 의사표시가 위법할 것

2) 해당 여부

① **묵시적** 이행거절 **가능**(거절의사가 정황상 분명하게 인정되어야 함) → 매수인이 매도인과 사이의 매매계약에 의한 잔대금지급기일에 잔대금을 지급하지 못하여 그 **지급의 연기를 수차 요청**하였다는 것만으로는 **이행거절의 의사를 명백히 한 것**✗

② 채무자가 계약의 불성립이나 계약의 무효를 주장하는 경우, **계약에 없는 채무의 이행을 구하는 경우**, **수령거절의 의사가 명백**한 경우가 이에 해당한다.

(3) 효과

① 최고 필요 없이 전보배상청구 가능 → 이행거절 당시 목적물의 시가 상당액

② 계약해제의 경우 이행지체 시의 계약해제와 비교할 때 계약해제의 요건 완화 → **최고 및 자기채무의 이행제공 불요 · 이행기의 도래 여부와 관계없이 계약해제 가능**

③ 이행거절의 의사표시가 **적법**하게 **철회**된 경우 상대방으로서는 **자기채무의 이행을 제공**하고서 **상당한 기간을 정**하여 이행을 **최고**한 후가 아니면 채무불이행을 이유로 계약을 해제할 수 없다.

5. 채권자지체

(1) 법적 성격 및 요건

① 채권자지체(제400조)는 채무의 내용인 급부가 실현되기 위하여 채권자의 수령 그 밖의 협력행위가 필요한 경우에, 채무자가 채무의 내용에 따른 이행제공을 하였는데도 채권자가 수령 그 밖의 협력을 할 수 없거나 하지 않아 급부가 실현되지 않는 상태에 놓이면 성립한다.

② 채권자지체의 성립에 **채권자의 귀책사유**는 **요구되지 않는다**.

(2) 효과

① 민법은 채권자지체의 효과로서 채권자지체 중에는 채무자는 고의 또는 중대한 과실이 없으면 불이행으로 인한 모든 책임이 없고(제401조), 이자를 지급할 의무가 없으며(제402조), 채권자지체로 인한 목적물의 보관 또는 변제 비용의 증가액은 채권자가 부담(제403조), 나아가 채권자의 수령지체 중에 당사자 쌍방의 책임 없는 사유로 채무를 이행할 수 없게 된 때에는 채무자는 상대방의 이행을 청구할 수 있다(제538조 제1항).

② 채권자지체가 성립하는 경우 그 효과로서 원칙적으로 채권자에게 **민법 규정에 따른 일정한 책임이 인정되는 것 외**에, 채무자가 채권자에 대하여 **일반적인 채무불이행책임과 마찬가지로 손해배상이나 계약 해제를 주장할 수는 없다.**

③ 그러나 계약 당사자가 **명시적・묵시적**으로 채권자에게 급부를 **수령할 의무** 또는 채무자의 급부이행에 **협력할 의무**가 있다고 **약정**한 경우, 또는 구체적 사안에서 **신의칙상** 채권자에게 위와 같은 **수령의무나 협력의무가 있다고 볼 특별한 사정이 있다고 인정되는 경우**(추상적・일반적 판단✗, 종합적으로 고려해서 개별적으로 판단)에는 **그러한 의무 위반에 대한 책임이 발생할 수 있다.**

④ 이와 같이 채권자에게 **계약상 의무로서 수령의무나 협력의무가 인정되는 경우**, 그 수령의무나 협력의무가 이행되지 않으면 계약 목적을 달성할 수 없거나 채무자에게 계약의 유지를 더 이상 기대할 수 없다고 볼 수 있는 때에는 **채무자는 수령의무나 협력의무 위반을 이유로 계약**을 **해제**할 수 있다.

Set 07 손해배상

1. 손해배상청구

(1) 주체

간접적 피해자 - 명문의 규정 등 특별한 사정이 없는 한 손해배상청구권✗

※ [**비교**]

① 재개발조합의 대표기관의 직무상 불법행위로 조합에게 과다한 채무를 부담하게 함으로써 재개발조합이 손해를 입고 결과적으로 **조합원**의 경제적 이익이 침해되는 손해와 같은 **간접적인 손해**는 민법 **제35조에서 말하는 손해의 개념에 포함되지 아니한다.**

② 숙박계약의 당사자가 아닌 그 투숙객의 **근친자**는 숙박계약상의 **채무불이행을 이유로 위자료를 청구할 수는 없다.**

(2) 손해의 종류

① 손해3분설 → 재산상 적극적 손해 + 재산상 소극적 손해(일실이익, 휴업손해) + 정신상 손해

② **이행이익의 손해**(채무가 제대로 이행되었을 경우에 채권자가 얻게 될 이익, Ex) 전부・일부타인 권리매매 사안)와 **신뢰이익의 손해**(계약이 불성립 내지 무효가 된 경우 계약의 유효를 믿었음으로 인하여 받은 손해, Ex) 계약교섭의 부당파기 사안)

2. 손해배상의 방법・범위

① **금전배상의 원칙** → 특별한 사정이 없는 한 불법행위자에 대하여 **원상회복청구**✗

② 채무불이행과 상당한 인과관계가 있는 손해만을 배상범위로 한다(상당인과관계). → 도급인이 그가 분양한 아파트의 하자와 관련하여 구분소유자들로부터 손해배상청구를 당하여 그 하자에 대한 손해배상금 및 이에 대한 지연손해금을 지급한 경우, **그 지연손해금은 도급인이 '자신의 채무'의 이행을 지체함에 따라 발생한 것에 불과하므로** 특별한 사정이 없는 한 **수급인의 도급계약상의 채무불이행과 상당인과관계가 있는 손해라고 볼 수는 없다.** 이러한 경우 도급인으로서는 구분소유자들의 손해배상청구와 상관없이 수급인을 상대로 위 하자에 대한 손해배상금(원금)의 지급을 청구하여 그 이행지체에 따른 지연손해금을 청구할 수 있을 뿐이다.

③ ⅰ) 통상손해(Ex. 불법점유시 임료 상당액, 이행불능 당시의 시가 상당액) → 특별한 사정이 없는 한 그 종류의 채무불이행이 있으면 사회일반의 거래관념 또는 사회일반의 경험칙에 비추어 통상 발생하는 것으로 생각되는 범위의 손해로 예견가능성 不要

ⅱ) 특별손해(Ex. 전매차익, 물가등귀, 매매대금의 잔금 지체로 인한 양도소득세 증가분) → 당사자들의 개별적, 구체적 사정에 따른 손해로 특별한 사정에 대한 예견가능성 要

※ [비교] (**매매대금의 잔금 지체로 인한 양도소득세 증가분**) – 매수인의 잔금지급 지체로 인하여 계약을 해제하지 아니한 매도인이 지체된 기간 동안 입은 손해 중 그 미지급 잔금에 대한 법정이율에 따른 이자 상당의 금액은 통상손해라고 할 것이지만, 그 사이에 **매매대상 토지의 개별공시지가가 급등하여 매도인의 양도소득세 부담이 늘었다고 하더라도 그 손해는** 사회일반의 관념상 매매계약에서의 잔금지급의 이행지체의 경우 통상 발생하는 것으로 생각되는 범위의 **통상손해라고 할 수는 없고, 이는 특별한 사정에 의하여 발생한 손해에 해당한다.**

※ 목적물 멸실・훼손

1. **재산상 적극적 손해**(통상손해) 2. **재산상 소극적 손해**(통상손해) 3. **정신상 손해**(특별손해)

수리 ┬ 可 ┬ 원칙 : 수리비 ↳ 휴업손해
│ └ 예외 : 수리비 〉 교환가치
│ ↳ 경제적 수리불능
│ ∴ 교환가치
└ 不可 : 교환가치(시가) – 건물의 시가에는 건물의 철거비용은 포함✗

---

3. 손해배상액의 산정

(1) 산정의 기준시기

① [**이행불능**] → 이행불능 당시

② [**이행지체의 경우 전보배상**] → 주류는 '최고 후 상당기간이 경과'시

③ [**이행거절**] → 이행거절 당시

(2) 과실상계(제396조)

1) 요건

① **손해배상책임** + ② 채권자의 **과실** 존재 ┬ 신의칙・공동생활상 요구되는 **'약한 의미의 부주의'**
├ 피해자측 과실이론 – **신분상・생활관계상 일체관계**
└ 공동불법행위 – 개별적 평가✗ / **전체적 평가O**

2) 효과

① 과실 유무・정도 – 직권・재량 : 사실심 전권사항

② **필수적 참작** → ※ [**일부청구와 과실상계**] : 손해의 **전액**에서 과실비율에 의한 감액

3) 적용 범위 및 한계 등

가) 본래급부의 청구

① 본래의 급부청구, ② **표현대리**가 성립하는 경우, ③ **보증채무**의 이행청구 → **적용✗**

나) 계약의 해제에 따른 원상회복청구

부당이득반환청구의 성질 → 과실상계 **적용・준용✗**

다) 법정무과실책임

과실상계 규정이 **준용될 수는 없다 하더라도 공평**의 원칙상 **잘못**을 **참작**

라) 확대손해

손해의 **확대**에 대해 과실이 있는 경우에도 과실상계O, 피해자의 **심인적 요인 내지 체질적 소인으로** 인해 **손해**가 **확대**된 경우에도 과실상계법리 유추적용O

마) 신의칙상의 한계

① 상대방이 착오에 빠진 사실을 알면서도 이를 이용하거나 피해자의 **부주의를 이용**하여 **고의의 불법행위**를 한 경우 **과실상계✗** → Ex) 사기, 횡령 등

② 그러나 불법행위자 중 **그러한 사유가 없는 다른 불법행위자**의 경우 **과실상계O** → Ex) 피용자의 고의에 의한 불법행위로 사용자책임을 지는 경우

바) 타제도와의 관계

① **과실상계**를 한 **후 손익상계**

※ [**비교**] (**손익상계로 인한 공제 여부**) – ⅰ) 손익상계에 의하여 공제하여야 할 이익의 범위는 배상하여야 할 손해의 범위와 마찬가지로 손해배상책임의 원인인 불법행위와 상당인

과관계가 있는 것에 국한된다. (따라서) **교통사고의 피해자가 사고로 상해를 입은 후에도 계속하여 종전과 같이 직장에 근무하여 종전과 같은 보수를 지급받고 있다 하더라도** 그와 같은 보수가 사고와 상당인과관계가 있는 이익이라고 볼 수 없으므로 **그 보수액을 손해배상액에서 공제할 수 없다.** ii) **아파트의 건축으로 인하여 이 사건 토지의 지가가 상승하였다고 하더라도** 그것은 이 사건 손해배상책임의 원인이 되는 피고의 **일조방해와는 아무런 관계가 없는 이익으로서 손익상계에 의하여 공제하여야 할 이익으로 볼 수 없다.**

② 손해배상 예정액의 감경의 경우 **채권자의 과실** 등을 들어 **따로 감경**할 **필요 없다.**

4. 손해배상액의 예정

Set 08 손해배상액의 예정(제398조)

1. 요건 – 손해배상 예정액 청구

(1) 성립요건

① 기본채권의 유효・성립(채무존재) + ② 채무불이행 전 약정

(2) 손해배상 예정액 청구요건

1) 채무불이행사실의 존재

2) 귀책사유 요부

채무자는 채권자와 채무불이행에 있어 채무자의 귀책사유를 묻지 아니한다는 약정을 하지 아니한 이상 자신의 **귀책사유가 없음을 주장・입증**함으로써 예정배상액의 지급**책임**을 **면**할 수 있다(귀책사유 필요설).

3) 현실적 손해발생 요부

채무불이행으로 인한 손해배상액이 예정되어 있는 경우 채권자는 채무불이행 사실만 증명하면 **손해의 발생・손해액**을 **증명하지 아니하고도** 예정배상액을 **청구**할 수 있다(손해발생 불요설).

2. 효과

(1) 예정배상액의 청구 및 배상액의 범위

① 실손해가 예정액보다 크다는 것을 증명하더라도 별도의 손해배상청구는 할 수 없다.

② 통상손해는 물론 **특별손해**까지도 예정액에 **포함O**

(2) 예정배상액의 감액 · 증액

① 손해배상의 예정액이 부당히 과다한 경우에 법원은 직권으로 적당히 감액할 수 있다(제398조 제2항). 그 기준시점은 **사실심 변론종결 당시**를 기준으로 모든 사정을 종합적으로 고려 / But **단지 예정액 자체가 크다든가 계약체결 시부터 계약해제 시까지의 시간적 간격이 짧다든가 하는 사유**만으로는 **부족**하다.

② 감액된 부분은 **처음부터 무효**

③ 채권자의 과실 등을 들어 따로 감경할 필요는 없다.

④ 민법 제398조 제2항은 **강행법규**이므로 **사전에 배제하는 내용의 약정**은 **허용되지 아니한다.**

※ [비교] (**제398조 제2항의 법원의 직권감액의 한계**) - ⅰ) **손해배상액 예정이 없더라도 채무자가 당연히 지급의무를 부담하여 채권자가 받을 수 있던 금액보다 적은 금액으로 감액하는 것**은 손해배상액 예정에 관한 약정자체를 전면 부인하는 것과 같은 결과가 되기 때문에 **감액의 한계를 벗어나는 것이다.** ⅱ) 감액사유에 대한 사실인정이나 그 비율을 정하는 것은 원칙적으로 사실심의 전권에 속하는 사항이지만, 그것이 **형평의 원칙에 비추어 현저히 불합리하다고 인정되는 경우**에는 위법한 것으로서 **허용되지 않는다.**

3. 적용범위

(1) 불법행위에의 적용 여부

계약 당시 당사자 사이에 손해배상액을 예정하는 내용의 약정이 있는 경우에는 그것은 계약상의 채무불이행으로 인한 손해액에 관한 것이고, 이를 그 계약과 관련된 **불법행위상의 손해까지 예정한 것이라고는 볼 수 없다.**

(2) 일방적 손해배상액 예정

일방 손해배상액 예정의 약정은 **유효**하며, 이 경우 손해배상액 예정의 약정을 하지 않은 당사자가 손해배상액 예정의 약정이 있었음을 주장하며 **자신에게도 적용된다고 주장할 수 없다.**

4. 계약금 · 위약금

(1) 계약금

① 계약금은 **해약금**의 성질을 갖고(제565조), **위약금의 약정**은 **손해배상액의 예정**으로 **추정**한다(제398조).

② **계약금 약정만**으로는 민법 제398조 제4항의 **손해배상액 예정으로서의 성질을 당연히 가질 수는 없고, 위약금 약정**(Ex. 배액상환 및 포기(몰수)약정)**이 있는 경우**에 한하여 **손해배상액 예정으로서의 성질을 갖는다 →** 해약금의 성질 + 손해배상액 예정의 성질 겸유

(2) 위약금

① 위약금이 위약벌로 해석되기 위해서는 특별한 사정이 주장・증명되어야 한다. 일단 **위약벌**로 증명되면 손해배상액 예정의 규정이 적용되지 않으므로, ① 법원이 **직권**으로 **감액**할 수 **없**으며, ② **별도의 손해**를 증명해서 손해배상을 **청구**할 수 있다. 다만 민법 **제103조**가 적용되어 그 정도가 과도하여 **공서양속**에 **반**하는 경우 그 **전부 또는 일부**가 **무효O**

② 위약금 약정이 **손해배상액의 예정과 위약벌의 성격을 함께 가지는 경우** 특별한 사정이 없는 한 법원은 당사자의 주장이 없더라도 **직권**으로 민법 제398조 제2항에 따라 위약금 전체 금액을 기준으로 **감액**할 수 있다.

Set 09 채권자대위권

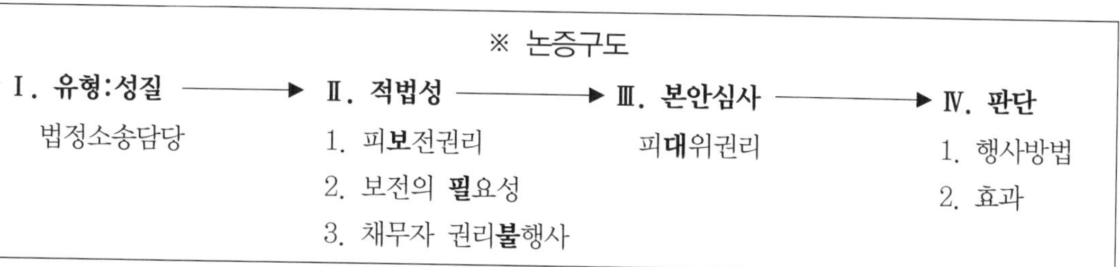
※ 논증구도

Ⅰ. **유형:성질** → Ⅱ. **적법성** → Ⅲ. **본안심사** → Ⅳ. **판단**

Ⅰ. 유형:성질	Ⅱ. 적법성	Ⅲ. 본안심사	Ⅳ. 판단
법정소송담당	1. 피**보**전권리	피**대**위권리	1. 행사방법
	2. 보전의 **필**요성		2. 효과
	3. 채무자 권리**불**행사		

1. 법적 성질 – 법정소송담당

채권자가 자기 이름으로 채무자의 권리(피대위권리)를 행사 ┬ 당사자적격 : **보・필・불** → 흠 : 각하
└ 소송물 : **대** → 흠 : 청구기각

2. 적법성 – 당사자적격

(1) 피보전채권의 존재

① **특정채권O** / 청구권 포함 → 물권적 청구권O

② 채권자의 채권(피보전채권)은 채무자의 제3채무자에 대한 권리(피대위채권)보다 먼저 성립되어 있을 필요 없다.

③ 이행기 도래要, 단 보전행위・법원허가 있으면 이행기 전 可

④ 이혼으로 인한 재산분할청구권은 협의 또는 심판에 의하여 구체적 내용이 형성되기 전✗

⑤ 제3채무자에게 대항할 수 있는 것임을 要✗

※ 주의 판례

1. 채권자대위소송과 계약명의신탁 사안

제3채무자는 ① 채무자가 채권자에 대하여 가지는 항변권이나 **형성권** 등과 같이 **권리자에 의한 행사를 필요로 하는 사유를 들어** 채권자의 채무자에 대한 권리가 인정되는지 여부를 **다툴 수 없지만**, ② 채권자의 채무자에 대한 권리의 발생**원인**이 된 법률**행위가 무효라거나 위 권리가 변제 등으로 소멸하였다는 등의 사실**을 주장하여 채권자의 채무자에 대한 권리가 인정되는지 여부를 **다투는 것은 가능** → 명의신탁약정・위임약정・반환약정 : 무효

※ [**비교**] – 제3채무자는 ① 피대위채권이 시효로 소멸되었음을 주장할 수 있으나, ② 피보전채권이 시효로 소멸했다는 주장을 할 수는 없다(∵ 직접수익자✗).

2. 채권자가 채무자를 상대로 피보전권리에 관해 제기한 소송에서 승소확정판결 받은 후 채권자대위소송을 제기한 사안

채권자가 채무자를 상대로 그 보전되는 청구권에 기한 이행청구의 소를 제기하여 승소판결이 확정되고 채권자가 그 확정판결에 기한 청구권을 피보전채권으로 하여 제3채무자를 상대로 채권자대위소송을 제기한 경우, **제3채무자는** 채권자와 채무자 사이에 확정된 그 **청구권의 존재**를 **다툴 수 없다**(∵ 승소확정판결에 의하여 피보전채권의 존재는 입증된 것).

3. 국토법 사안

피보전권리의 취득이 강행법규에 위반되어 무효라고 볼 수 있는 경우 등에는 확정판결에도 불구하고 채권자대위소송의 '**제3채무자에 대한 관계**'에서는 **피보전권리**가 **존재하지 아니한다**고 보아야 한다. 이는 '확정판결 또는 그와 같은 효력이 있는 재판상 화해조서 등이 재심이나 준재심으로 취소되지 아니하여 채권자와 채무자 사이에서는 그 판결이나 화해가 무효라는 주장을 할 수 없는 경우'라 하더라도 마찬가지이다. → **허가를 배제하거나 잠탈하는 내용**으로 매매계약이 체결된 경우에는 **강행법규**를 **위반**한 경우로서 그러한 계약은 체결된 때부터 **확정적**으로 **무효**이다. 계약체결 후 **허가구역 지정이 해제**되거나 허가구역 지정기간 만료 이후 재지정을 하지 아니한 경우라 하더라도 이미 **확정적으로 무효로 된 계약이 유효로 되는 것**이 **아니다**.

(2) 보전의 필요성

① 채권자가 보전하려는 권리(피보전권리)와 대위하여 행사하려는 채무자의 권리(피대위권리)가 **밀접**하게 **관련**되어 있고 채권자가 채무자의 권리를 대위하여 행사하지 않으면 **자기 채권의 완전한 만족을 얻을 수 없게 될 위험**이 있어 채무자의 권리를 대위하여 행사하는 것이 자기 채권의 현실적 이행을 **유효・적절**하게 확보하기 위하여 필요한 경우 → **통상 무자력**을 **의미**

② 금전채권의 경우 ⅰ) [**원칙**] - 채무자의 **무자력 필요**, / ⅱ) [**예외**] - 임차인의 가옥명도가 선이행되어야 할 필요가 있는 **임대차보증금반환청구권**의 **양수인**이 임대인의 임차목적물인도청구권을 대위행사하는 경우, **대변제청구권**을 갖는 **수임인**이 위임인의 채권을 대위행사하는 경우 **무자력 요건**✗

③ 특정채권을 보전하는 경우 무자력✗

④ **물권적 청구권**에 대하여도 채권자대위권에 관한 민법 제404조의 규정과 위와 같은 법리가 적용될 수 있다. 즉, **토지소유권에 근거하여** 그 토지상 건물의 임차인을 상대로 건물에서의 퇴거를 청구할 수 있었더라도 이와 같은 **퇴거청구를 할 수 있었다는 사정이** 채권자대위권의 행사요건인 채권**보전의 필요성**을 **부정할 사유가 될 수 없다**.

※ 주의 판례

1. 채권자의 공동상속인의 지분초과 사안

공동상속인은 자신의 지분 범위 내에서만 채무자의 제3채무자에 대한 소유권이전등기의 말소등기청구권을 대위행사할 수 있고, **지분**을 **초과하는 부분**에 관하여는 채무자를 대위할 **보전의 필요성**이 **없다**.

2. 채권자가 채무자를 상대로 피보전권리에 관해 제기한 소송에서 패소확정판결 받은 후 채권자대위소송을 제기한 사안

채권자가 채무자를 상대로 소유권이전등기절차이행의 소를 제기하였으나 패소확정판결을 받았다면 위 판결의 **기판력**으로 말미암아 <u>채권자로서는 더 이상 소유권이전등기청구를 할 수 없게 되었다 할 것이므로</u> 채권자로서는 채권자대위권을 행사함으로써 위 소유권이전등기청구권을 **보전할 필요**가 **없다**.

(3) 채무자의 권리불행사

① **채무자 : 권리행사 → 유리·불리 불문**하고 **채권자대위권**✗

② **채무자 : 권리불행사 →** 채무자의 **동의 불문**·채무자의 **의사에 반**하여도 **채권자대위권**○

※ 주의 판례

1. 채무자의 패소판결확정 후 채권자대위권 행사 사안

채권자가 대위권을 행사할 당시 이미 채무자가 그 권리를 재판상 행사하였을 때에는 설사 패소의 확정판결을 받았더라도 채권자는 채무자를 대위하여 채무자의 권리를 행사할 **당사자적격**이 **없다**.

2. 비법인사단의 총유재산에 관한 소가 사원총회 결의의 흠결로 각하된 후 채권자대위권 행사 사안

비법인사단인 채무자 명의로 제3채무자를 상대로 한 소가 제기되었으나 사원총회의 결의 없이 총유재산에 관한 소가 제기되었다는 이유로 각하판결을 받고 그 판결이 확정된 경우에는 **채무자가 스스로** 제3채무자에 대한 **권리를 행사한 것으로 볼 수 없다**.

3. 본안심사 – 피대위권리의 존재

(1) 대위가 불가능한 권리(행사상 일신전속권 등)

① 계약의 **청약이나 승낙**은 피대위권리✗

② 후견인이 민법 제950조 제1항 각호의 행위를 하면서 친족회(현 후견감독인)의 동의를 얻지 아니한 경우의 **취소권**은 피대위권리✗

③ **채권양도의 통지**는 피대위권리✗ / But 양수인의 대리는 가능

④ **개개의 소송행위** - Ex) 상소의 제기, 재심의 소 제기는 피대위권리✗

⑤ **유류분반환청구권**은 유류분권리자에게 그 **권리행사의 확정적 의사**가 있다고 **인정되는 경우가 아니라면** 채권자대위권의 **목적이 될 수 없다**.

(2) 대위가 가능한 권리

① **해제권**, 조합원의 **조합탈퇴권**(성질상 조합계약의 해지권), 취소권, 상계권, 등기신청권

② **이행인수에서 채무자의 인수인에 대한 청구권**

③ 채권자대위권 및 채권자취소권

※ 공유물분할청구권

1. 보전의 필요성 인정 여부

① 보전의 필요성은 채권자가 채무자의 권리를 대위하여 행사하지 않으면 자기 채권의 완전한 만족을 얻을 수 없게 될 위험이 있어 채무자의 권리를 대위하여 행사하는 것이 자기 채권의 현실적 이행을 유효・적절하게 확보하기 위하여 필요한지 여부를 기준으로 판단하여야 하고, 채권자대위권의 행사가 채무자의 자유로운 재산관리행위에 대한 부당한 간섭이 되는 등 특별한 사정이 있는 경우에는 보전의 필요성을 인정할 수 없다.

② 채권자가 자신의 '**금전채권**'을 보전하기 위하여 채무자를 대위하여 '**부동산에 관한**' **공유물분할청구권**을 행사하는 것은, **책임재산의 보전과 직접적인 관련이 없어** 채권의 현실적 이행을 **유효・적절**하게 확보하기 위하여 필요하다고 보기 **어렵고** 채무자의 자유로운 재산관리행위에 대한 **부당한 간섭**이 되므로 **보전의 필요성**을 **인정할 수 없다**.

2. 피대위권리 인정 여부

① 공유물분할청구권은 공유관계에서 수반되는 형성권으로서 공유자의 일반재산을 구성하는 재산권의 일종이다. 따라서 **공유물분할청구권도 채권자대위권의 목적이 될 수 있다.**

② **그러나 대위행사를 허용하면 여러 법적 문제가 야기되는 경우 극히 예외적인 경우가 아니라면 금전채권자는 부동산에 관한 공유물분할청구권을 대위행사할 수 없다**고 보아야 한다. 이는 채무자의 공유지분이 다른 공유자들의 공유지분과 함께 근저당권을 공동으로 담보하고 있고, 근저당권의 피담보채권이 채무자의 공유지분 가치를 초과하여 채무자의 공유지분만을 경매하면 남을 가망이 없는 경우(주 – 이른바 무잉여 경매)에도 마찬가지이다.

(3) 제3채무자의 항변

1) 대위의 통지 전

① 채권자는 채무자 자신이 주장할 수 있는 사유의 범위 내에서 주장할 수 있을 뿐 자기와 제3채무자 사이의 독자적인 사정에 기한 사유를 주장할 수는 없다.

② 반면 제3채무자는 채무자에 대하여 가지는 **피대위권리 상의 모든 항변사유**(Ex. 무효, 취소, 동시이행항변)로 채권자에게 **대항**할 수 있다.

③ **그러나 제3채무자가 채권자에 대해 가지고 있는 사유**나 **채무자가 채권자에게 주장할 수 있는 사유**를 가지고는 **항변할 수 없다.**

2) 대위권행사의 통지와 처분금지효(제405조)

가) 대위권행사의 통지

채권자가 채무자의 권리를 행사할 때에는 채무자에게 대위의 통지를 해야 하나, 보전행위의 경우에는 통지할 필요가 없다.

나) 처분금지효

대위**통지**를 받은 **후**에는 채무자가 그 권리를 **처분**하여도 이로써 **채권자에게 대항하지 못한다**(제405조 제2항). 채권자대위권행사의 방해를 금지하자는 데에 취지 ∴ **채무자**가 대위권행사를 **알게 된 경우**에도 **마찬가지**이다.

다) 금지되는 처분행위 해당 여부

① **합의해제**, **채무의 면제**, **채권의 포기**, **채권양도** 등으로 채권자에게 **대항할 수 없다.**

※ 주의 판례

1. 해제

① [**합의해제**] – 채권자대위권의 행사 사실을 알게 된 이후에 그 부동산에 대한 매매계약을 합의해제함으로써 채권자대위권의 객체인 그 부동산의 소유권이전등기청구권을 소멸시켰다 하더라도 이로써 **채권자에게 대항할 수 없다.**

② [**법정해제**] – 채무자가 자신의 채무불이행을 이유로 매매계약이 해제되도록 한 것을 두고 민법 **제405조 제2항**에서 말하는 '**처분**'에 **해당한다고 할 수 없다**. 따라서 채무자가 채권자대위권행사의 통지를 받은 후에 채무자의 채무불이행을 이유로 제3채무자가 매매계약을 해제한 경우 제3채무자는 그 계약해제로써 대위권을 행사하는 **채권자에게 대항할 수 있다**. 다만 형식적으로는 채무자의 채무불이행을 이유로 한 계약해제인 것처럼 보이지만 실질적으로는 채무자와 제3채무자 사이의 합의에 따라 계약을 해제한 것으로 볼 수 있거나, 채무불이행을 이유로 하는 계약해제인 것처럼 외관을 갖춘 것이라는 등의 특별한 사정이 있는 경우에는 계약해제로써 채권자에게 대항할 수 없다.

2. 다른 채권자의 피대위채권에 대한 (가)압류 및 전부명령

(1) (가)압류

피대위채권이 변제 등으로 소멸하기 전이라면 채무자의 다른 채권자는 이를 **압류·가압류할 수 있다**(유효).

(2) 전부명령

민법 제405조 제2항에 따라 채무자는 피대위채권을 양도하거나 포기하는 등 채권자의 대위권 행사를 방해하는 처분행위를 할 수 없는데, 다른 채권자가 피대위채권에 대하여 전부명령을 받는 것도 가능하다고 하면, 민법 제405조 제2항의 취지에 반하게 된다. 따라서 **피대위채권에 대한 전부명령은** 특별한 사정이 없는 한 **무효**이다.

3. 대위채권자의 추심권능 내지 변제수령권능에 대한 압류명령 등의 효력

대위채권자의 제3채무자에 대한 추심권능 내지 변제수령권능은 자체로서 독립적으로 처분하여 환가할 수 있는 것이 아니어서 압류할 수 없는 성질의 것이고, 따라서 추심권능 내지 변제수령권능에 대한 압류명령 등은 **무효**이다.

② **채무자의 변제수령**은 **처분행위라 할 수 없고** 같은 이치에서 채무자가 그 명의로 **소유권이전등기를 경료하는 것 역시 처분행위라고 할 수 없으므로** 소유권이전등기청구권의 대위행사 후에도 채무자는 그 명의로 소유권이전등기를 경료하는 데에 **아무런 지장이 없다**.

4. 판단

(1) 행사방법

① 채권자는 자기의 이름으로 **재판 외**에서의 행사도 **가능**

② **금전이나 동산·부동산의 인도**를 대위행사하는 경우에 채권자는 **직접 자기에게 인도할 것**을 **청구**할 수 있다.

③ 그러나 **부동산에 관한 이전등기청구**를 대위행사하는 경우에는 항상 **채무자에게로의 이전등기만**을 **청구**할 수 있을 뿐이다. 다만 **등기말소청구의 경우**에는 **직접 대위채권자에게 그 이행을 하도록 명하였다고 하여 무슨 위법이 있다고 할 수 없다.**

④ **채무자가 제3채무자에게 채권의 양도를 구할 수 있는 권리를 가지고 있고, 채권자가 채무자의 위 권리를 대위행사하는 경우**에는 채권자의 직접 청구를 인정할 예외적인 사유가 없으므로, **원칙으로 돌아가 채권자는 제3채무자에 대하여 채무자에게 채권양도절차를 이행하도록 청구하여야 하고, 직접 자신에게 채권양도절차를 이행하도록 청구할 수 없다**(∵ 제3채무자에 대하여 채무자에게 채권을 양도하는 절차를 이행하도록 하면 그 채권이 바로 채무자에게 귀속하게 되어 별도로 급부의 수령이 필요하지 않을 뿐만 아니라, 만약 제3채무자가 직접 채권자에게 채권을 양도하는 절차를 이행하도록 하면 그 채권은 채권자에게 이전된다고 볼 수밖에 없어 대위행사의 효과가 채무자가 아닌 채권자에게 귀속하게 되기 때문).

(2) 효과

1) 실체법상 효과

① 채권자대위권행사의 실체법상 효과는 **직접 채무자**에게 **귀속** → 소멸시효 중단의 효과 역시 채무자에게 생긴다.

② 채권자와 채무자 사이에는 일종의 법정위임관계 → 채권자가 대위권을 행사하는 과정에서 비용을 지출한 경우에는 제688조를 유추적용하여 그 비용의 상환을 청구할 수 있다.

2) 소송법상 효과

가) 중복제소

어느 유형이든 전소와 후소는 실질적으로 동일소송이므로 모두 중복소송에 해당한다.

나) 기판력

민사소송법 제218조 제3항 → **어떠한 사유**로 인하였든 적어도 채권자대위권에 의한 소송이 제기된 사실을 **채무자**가 **알았을 때**(Ex. 증인 or 통지 등)에는 그 판결의 효력이 채무자에게 **미친다**고 보아야 한다. 이때 채무자에게도 기판력이 미친다는 의미는 ① 채권자대위소송의 **소송물인 피대위채권의 존부**에 관하여 채무자에게도 **기판력**이 **인정**된다는 것이고, ② 채권자대위소송의 **소송요건인 피보전채권의 존부**에 관하여 당해 소송의 당사자가 아닌 채무자에게 **기판력**이 **인정된다는 것**은 **아니다.** 따라서 채권자가 채권자대위권을 행사하는 방법으로 제3채무자를 상대로 소송을 제기하였다가 채무자를 대위할 피보전채권이 인정되지 않는다는 이유로 소각하 판결을 받아 확정된 경우 그 판결의 기판력이 채권자가 채무자를 상대로 피보전채권의 이행을 구하는 소송에 미치는 것은 아니다.

Set 10 채권자취소권

※ 논증구도			
Ⅰ. 유형:성질 →	**Ⅱ. 적법성** →	**Ⅲ. 본안심사** →	**Ⅳ. 판단**
고유한 권리	1. **피**고적격	1. **피**보전권리	1. 행사방법
	2. **대**상적격	2. 사**해**행위	2. 효과
	3. **기**간준수	3. **사**해의사	

1. 법적 성질

자신의 실체법상 **고유한 권리**를 행사하는 경우로서, ① 사해행위를 취소하고 채무자로부터 일탈한 재산의 반환을 청구하는 권리(=형성소송 및 이행소송의 병합)라고 본다. 사해행위 취소의 소와 원상회복청구의 소는 서로 소송물과 쟁점을 달리하는 **별개의 소**로서 양자가 반드시 동시에 제기되어야 하는 것은 아니고 별개로 제기될 수 있다. 또한 ② 사해행위의 취소는 수익자・전득자로부터 일탈한 재산의 반환을 청구하는 데 필요한 범위에서 채권자와 수익자 또는 전득자와의 관계에서만 **상대적**으로 **무효**일 뿐이다. 따라서 ③ 사해행위취소의 소는 **수익자 또는 전득자만**이 **피고**가 될 수 있으며, **기판력**은 소의 **당사자 사이에서만 미친다**.

2. 적법성

(1) 피고적격

수익자 또는 전득자만 피고적격○, **채무자**는 **피고적격x**

(2) 대상적격(청구적격)

채무자와 수익자간 법률행위○, 수익자와 전득자간 법률행위x

(3) 기간준수

1) 성질

① 채권자가 취소원인을 안 날로부터 1년, 법률행위 있은 날로부터 5년 내에 제기(제406조 제2항)

② “**취소원인을 안 날**”이라 함은 채무자가 채권자를 해함을 알면서 사해행위를 하였다는 사실을 알게 된 날을 의미한다. 즉, 단순히 **채무자가 재산의 처분행위를 한 사실을 아는 것만으로는 부족**하고, 구체적인 **사해행위**의 존재를 알고 나아가 **채무자**에게 **사해의사**가 있었다는 사실까지 알 것을 要

③ **제소기간**(출소기간)이므로 **직권**으로 조사하여 그 기간이 도과된 후에 제기된 사해행위취소의 소는 부적법한 것으로 각하

2) 적용범위

① **전득자**에 대한 **관계**에서도 제406조 제2항에서 정한 기간 안에 사해행위의 취소를 구하지 않으면 아니 된다.

② 제406조의 제척기간은 **사해행위취소의 소**에만 **적용**된다. 따라서 원상회복청구가 민법 제406조의 기간이 경과한 후에 제기된 경우에도 사해행위취소의 소가 민법 제406조의 기간 내에 제기되었다면 적법하다.

3) 판단

① 채권자가 사해행위의 취소를 청구하면서 그 보전하고자 하는 채권을 교환하거나 사해행위의 법률적 평가와 관련하여 증여 또는 변제로 달리 주장하는 것은 그 사해행위취소권을 이유 있게 하는 공격방법에 관한 주장을 변경하는 것일 뿐이지 소송물 또는 청구 자체를 변경하는 것이 아니므로 소의 변경이라 할 수 없다. 따라서 소제기시를 기준으로 제척기간 도과 여부를 판단하여야 한다.

② 채권자가 채무자의 **채권자취소권**을 **대위행사** 하는 경우, 제소기간은 **대위의 목적으로 되는 권리의 채권자인 채무자**를 **기준**으로 하여 그 준수 여부를 가려야 한다.

③ 사해행위가 있은 후 채권자가 취소원인을 알면서 피보전채권을 양도하고 양수인이 그 채권을 보전하기 위하여 채권자취소권을 행사하는 경우에는, 채권의 **양도인**이 취소원인을 **안 날**을 **기준**으로 제척기간 도과 여부를 판단하여야 한다.

④ <u>가등기의 등기원인인 법률행위와 본등기의 등기원인인 법률행위가 명백히 다른 것이 아닌 한</u>, 가등기 및 본등기의 원인행위에 대한 사해행위 취소 등 청구의 제척기간의 기산일은 **가등기의 원인행위**가 사해행위임을 안 때이다.

⑤ 법인의 대표자의 불법행위로 인한 법인의 대표자에 대한 손해배상청구권을 피보전권리로 하여 법인이 채권자취소권을 행사하는 경우, 제척기간의 기산점인 '취소원인을 안 날'이란 법인의 이익을 정당하게 보전할 권한을 가진 다른 대표자, 임원 등이 안 때를 의미한다.

4) 증명책임

제척기간의 도과에 관한 입증책임은 채권자취소소송의 상대방

3. 본안심사 – 요건

(1) <u>피</u>보전채권의 존재

1) 존재

① 이행기 도래 불문, 대항가부 불문

※ [비교] (**대항요건을 갖추지 못한 채권양수인**) – **채권자의 채권이 사해행위 이전에 성립되어 있는 이상 그 채권이 양도된 경우**에도 그 양수인이 채권자취소권을 행사할 수 있고, 이 경우 **채권양도의 대항요건을 사해행위 이후에 갖추었더라도 채권양수인이 채권자취소권을 행사하는 데 아무런 장애사유가 될 수 없다.**

② **정지조건부 채권**이라 하더라도 이를 피보전채권으로 하여 채권자취소권 행사 **가능**

2) 종류

① 금전채권이어야 하며, **특정채권**(Ex. 특정물에 대한 소유권이전등기청구권)을 **보전**하기 위하여 **채권자취소권을 행사할 수 없다**.

② 부동산의 제1양수인은 자신의 소유권이전등기청구권 보전을 위하여 양도인과 제3자 사이에서 이루어진 이중양도행위에 대하여 채권자취소권을 행사할 수 없다.

3) 성립시기

① [**원칙**] – **사해행위 전**에 이미 **발생**

② [**예외**] – ⅰ) 사해행위 당시에 **이미** 채권성립의 **기초되는 법률관계**가 **성립** + ⅱ) 그 법률관계에 의해 채권이 성립되리라는 **고도의 개연성** + ⅲ) 실제로 가까운 장래에 그 **개연성**이 **현실화**되어 채권이 성립된 경우 → '채권성립의 기초가 되는 법률관계'는 **사실관계 포함**

↳ Ex) ① 계약교섭의 상당 진행O

② 신용카드가입계약✗

③ 계속적인 물품거래관계가 존재하였다는 사정✗

(2) 사해행위

1) 의미

① 채무자의 재산상 법률행위 + 책임재산의 감소・심화 + 무자력

② **채무초과상태**를 **판단**할 때 **소극재산은 원칙적으로 사해행위가 있기 전에 발생되어야 하지만**, 사해행위 당시 **이미 채무 성립의 기초가 되는 법률관계가 성립**되어 있고 가까운 장래에 그 법률관계에 기초하여 **채무가 성립되리라는 고도의 개연성**이 있으며 실제로 가까운 장래에 그 **개연성이 현실화되어 채무가 성립**되었다면, 그 채무도 채무자의 **소극재산**에 **포함**된다. 여기에서 채무 성립의 기초가 되는 법률관계에는 당사자 사이의 약정에 의한 법률관계에 한정되지 않고 채무 성립의 개연성이 있는 준법률관계나 사실관계 등도 포함된다. 따라서 당사자 사이에 채권 발생을 목적으로 하는 **계약의 교섭이 상당히 진행되어 계약체결의 개연성이 고도로 높아진 단계도 여기에 포함될 수 있다**.

③ **처음부터 책임재산**으로서 **기능**하지 **못**하는 재산의 처분인 경우에는 **사해행위**✗

④ 채무자의 재산처분행위가 사해행위가 되는지는 **처분행위 당시**를 **기준**으로 판단하여야 하며, 설령 **재산처분행위**가 **정지조건부인 경우**(Ex. 부도가 나서 사업을 폐지하는 경우를 정지조건으로 하여 채권을 양도하는 경우)라 하더라도 특별한 사정이 없는 한 **마찬가지**이다.

⑤ 채무자의 **무자력**은 **사해행위 당시**를 **기준**으로 하나, **사실심 변론종결시까지 계속**되어야 한다. 따라서 처분행위 당시에는 채권자를 해하는 것이었다고 하더라도 그 후 채무자가 **자력**을 **회복**하여 사해행위취소권을 행사하는 사실심의 변론종결 시에는 채권자를 해하지 않게 된 경우에는 책임재산 **보전의 필요성**이 **없**어지게 되어 **채권자취소권**이 **소멸**하는 것으로 보아야 할 것인바, 그러한 **사정변경이 있다는 사실**은 채권자취소소송의 **상대방**이 **증명**하여야 한다.

2) 구체적 해당 여부

가) 일반적 기준

유일한 재산, 채무초과 상태, 통모(공모) - 사해행위성 적극

나) 구체적 사안

① [**통정허위표시에 의한 법률행위**] → 채권자취소권의 **대상O**

② [**수개의 재산처분행위**] → **하나의 행위로 보아야 할 특별한 사정이 없는 한, 일련의 행위**를 **일괄**하여 그 전체의 사해성 여부를 **판단**할 것이 **아니라 각 행위마다** 그로 인하여 무자력이 초래되었는지 여부에 따라 사해성 여부를 **판단**

③ [**채권양도의 통지**] → **채권양도행위가 사해행위에 해당하지 않는 경우**에 양도**통지**가 **따로** 채권자취소권 행사의 **대상✗**

④ [**변제**] → 일부의 채권자와 **통모**하여 다른 채권자를 해할 의사를 가지고 변제를 한 경우가 **아닌 한 원칙적**으로 **사해행위✗**

⑤ [**대물변제**] → **이미 채무초과의 상태**에 빠져 있는 채무자가 그의 **유일한 재산**인 부동산을 채권자들 가운데 어느 한 사람에게 대물변제로 제공하는 행위는 다른 특별한 사정이 없는 한 다른 채권자들에 대한 관계에서 **사해행위O**

⑥ [**임차권설정행위**] → 주택임대차보호법 제8조의 **소액보증금**에 해당하는 **임차권설정**의 경우는 일종의 법정담보물권을 부여하는 것이므로 **사해행위O**

⑦ [**가등기에 기한 본등기**] → **가등기의 원인인 법률행위와 본등기의 원인인 법률행위가 명백히 다른 것이 아닌 한**, 사해행위 요건의 구비 여부는 **가등기**의 **원인**인 법률**행위 당시**를 기준으로 판단O

⑧ [**소멸시효이익의 포기행위**] → 채무자가 소멸시효 완성 후에 한 소멸시효이익의 포기행위는 소멸하였던 채무가 소멸하지 않았던 것으로 되어 결과적으로 채무자가 부담하지 않아도 되는 채무를 새롭게 부담하게 되는 것이므로 채권자취소권의 대상인 **사해행위O**

※ [**비교**] - 매매예약에 따른 예약 완결권이 **제척기간 경과**가 **임박**하여 소멸할 예정인 상태에서 **제척기간을 연장하기 위하여 새로 매매예약을 하는 행위**는 채무자가 부담하지 않아도 될 채무를 새롭게 부담하게 되는 결과가 되므로 채권자취소권의 대상인 **사해행위**가 될 수 있다.

⑨ **명의신탁**

ⅰ) [**유효한 명의신탁**] → 명의신탁자는 명의수탁자에 대하여 신탁해지를 하고 신탁관계의 종료 그것만을 이유로 하여 소유 명의의 이전등기절차의 이행을 청구할 수 있음은 물론, 신탁해지를 원인으로 하고 소유권에 기해서도 그와 같은 청구를 할 수 있는데, 이와 같이 명의신탁관계가 종료된 경우 **신탁자의 수탁자에 대한 소유권이전등기청구권은 신탁자의 일반채권자들에게 공동담보로 제공되는 책임재산**이 된다. 그런데 신탁자가 유효한

명의신탁약정을 해지함을 전제로 신탁된 부동산을 제3자에게 직접 처분하면서 수탁자 및 제3자와의 합의 아래 중간등기를 생략하고 수탁자에게서 곧바로 제3자 앞으로 소유권이전등기를 마쳐 준 경우 이로 인하여 신탁자의 책임재산인 수탁자에 대한 소유권이전등기청구권이 소멸하게 되므로, 이러한 **신탁자의 법률행위**는 신탁자의 일반채권자들을 해하는 행위로서 **사해행위O**

ii) [**양자간 등기명의신탁**] → 명의신탁약정에 의하여 이루어진 **수탁자 명의의 소유권이전등기**는 **원인무효**로서 말소되어야 하고, **부동산은 여전히 신탁자의 소유로서 신탁자의 일반채권자들의 공동담보에 제공되는 책임재산**이 된다. 따라서 채무자인 신탁자가 직접 자신의 명의 또는 수탁자의 명의로 제3자와 매매계약을 체결하는 등 신탁자가 실질적 당사자가 되어 법률행위를 하는 경우 이러한 **신탁자의 법률행위**는 신탁자의 일반채권자들을 해하는 행위로서 **사해행위O**

※ [**비교**] - 명의수탁자인 채무자 명의의 소유권이전등기가 무효인 경우에는 그 부동산은 채무자의 소유가 아니기 때문에 이를 **채무자인 수탁자의 일반 채권자들의 공동담보에 공하여지는 책임재산이라고 볼 수 없으므로**, 채무자가 위 부동산에 관하여 제3자와 근저당권설정계약을 체결하고 나아가 그에게 근저당권설정등기를 마쳐주었다 하더라도 채무자의 일반 채권자들을 해하는 **사해행위✗**

iii) [**3자간 등기명의신탁**] → 채무자가 채무초과상태에서 매수한 부동산의 등기명의를 아들에게 신탁하고 이에 따라 소유권이전등기를 마친 경우, 위 명의신탁약정은 공동담보인 금전을 출연하여 그 대가(부동산)를 매수하고도 공동담보재산으로 편입시키지 않은 것이 되어 **사해행위**에 **해당**하고, 채권자는 수익자 및 전득자를 상대로 소유권이전등기의 말소를 구하고 매도인을 상대로 채무자를 대위하여 소유권이전등기절차의 이행을 구할 수 있다.

iv) [**계약명의신탁**] → 신탁자가 수탁자에 대하여 **매수대금 상당의 부당이득반환채권**만을 가지는 경우에는 그 **부동산은 신탁자의 일반채권자들의 공동담보에 제공되는 책임재산이라고 볼 수 없고**, 신탁자가 위 부동산에 관하여 제3자와 매매계약을 체결하는 등 신탁자가 실질적인 당사자가 되어 처분행위를 하고 소유권이전등기를 마쳐주었다고 하더라도 그로써 신탁자의 책임재산에 감소를 초래한 것이라고 할 수 없으므로, 신탁자의 일반채권자들을 해하는 **사해행위✗**

⑩ [**근저당권이 설정된 부동산의 처분행위**] → 일반 채권자들의 공동담보로 되는 **책임재산은** 채권최고액을 한도로 **실제 부담하고 있는 피담보채권액을 뺀 나머지 부분**이다. 따라서 **근저당권의 피담보채권액과 채권최고액이 모두 부동산 가격을 초과하는 때에는** 일반 채권자들의 공동담보로 되는 책임재산이 없으므로 부동산의 양도는 **사해행위✗**

⑪ [**공동저당**] → i) (**모두 채무자 소유 부동산**) : 공동저당권이 설정되어 있는 경우 책임재산을 산정할 때 각 부동산이 부담하는 피담보채권액은 특별한 사정이 없는 한 민법 **제368조**

의 규정 취지에 비추어 공동저당권의 목적으로 된 **각 부동산의 가액에 비례**하여 **공동저당권의 피담보채권액**을 **안분한 금액**이다. / ⅱ) (**채무자 소유 부동산 + 물상보증인 소유 부동산**) : **일부는 채무자의 소유**이고 **다른 일부는 물상보증인**의 **소유**인 경우에는, ㉠ 특별한 사정이 없는 한 **채무자 소유의 부동산에 관한 피담보채권액은 「공동저당권의 피담보채권액 전액」**으로 봄이 상당하고, ㉡ 물상보증인이 민법 **제481조**, **제482조**의 규정에 따른 **변제자대위**에 의하여 채무자 소유의 부동산에 대하여 저당권을 행사할 수 있는 지위에 있는 점 등을 고려할 때, 물상보증인이 채무자에 대하여 구상권을 행사할 수 없는 특별한 사정이 없는 한, **물상보증인 소유의 부동산이 부담하는 피담보채권액은** 공동저당권의 피담보채권액에서 **채무자 소유의 부동산이 부담하는 피담보채권액을 제외한 나머지**이다. ㉢ **이러한 법리는 하나의 공유부동산 중 일부 지분이 채무자의 소유이고, 다른 일부 지분이 물상보증인의 소유인 경우에도 마찬가지로 적용**된다.

⑫ [**가압류된 부동산의 처분행위**] → 사해행위 당시 어느 부동산이 가압류되어 있다는 사정은 **채권자 평등의 원칙**상 채권자의 공동담보로서 그 부동산의 가치에 아무런 영향을 미치지 아니하므로, **가압류가 된 여부나 그 청구채권액의 다과에 관계없이** 그 **부동산 전부에 대하여 사해행위**가 **성립**하고, 따라서 사해행위 후 수익자 또는 전득자가 그 가압류 청구채권을 변제하거나 채권액 상당을 해방공탁하여 가압류를 해제시키거나 또는 그 집행을 취소시켰다 하더라도, 법원이 사해행위를 취소하면서 원상회복으로 원물반환 대신 가액배상을 명하여야 하거나, 다른 사정으로 가액배상을 명하는 경우에도 그 변제액을 공제할 것은 아니다.

⑬ [**제666조의 저당권설정청구**] → 수급인이 사실상 목적물로부터 공사대금을 **우선적**으로 **변제**받을 수 있도록 하는 데 그 취지가 있고, 신축건물의 도급인이 민법 **제666조**가 정한 수급인의 저당권설정청구권의 행사에 따라 공사대금채무의 담보로 그 건물에 **저당권을 설정하는 행위**는 특별한 사정이 없는 한 **사해행위**✗

※ [**비교**] – **공사대금채권**이 **양도**되는 경우 **저당권설정청구권도** 이에 **수반**하여 **함께 이전**된다고 봄이 타당하고, 신축건물의 수급인으로부터 **공사대금채권을 양수받은 자의 저당권설정청구**에 의하여 신축건물의 도급인이 그 건물에 **저당권**을 **설정**하는 행위 역시 다른 특별한 사정이 없는 한 **사해행위**✗

⑭ **이혼시 재산분할**

ⅰ) [**재산분할협의**] → 재산분할이 상당한 정도를 벗어나는 **과대**한 재산분할이라고 볼 만한 특별한 사정이 있다면 **사해행위**로서 채권자취소권의 대상이 되고, 이 경우 **취소되는 범위**는 그 **상당한 부분**을 **초과하는 부분**에 한정된다.

ⅱ) [**재산분할청구권의 포기**] → **협의 또는 심판에 의하여 구체화되지 않은 재산분할청구권**은 채무자의 책임재산에 해당하지 아니하고, 이를 **포기**하는 행위 또한 채권자취소권의 **대상**✗

⑮ **상속**

i) [**상속재산분할협의**] → 채무초과 상태에 있는 채무자가 **상속재산의 분할협의를 하면서 상속분에 관한 권리를 포기한 경우**, 상속재산의 분할결과가 구체적 상속분에 상당하는 정도에 **미달**하는 과소한 경우 **사해행위**로서 채권자취소권의 대상이 되고, 이 경우 **취소되는 범위**는 그 **미달**하는 **부분**에 한정하여야 한다.

ii) [**상속포기**] → 상속의 포기는 상속인으로서의 지위 자체를 소멸하게 하는 행위로서 **순전한 재산법적 행위와 같이 볼 것이 아니**므로 민법 제406조 제1항에서 정하는 "재산권에 관한 법률행위"에 해당하지 아니하여 사해행위취소의 **대상**✗

⑯ [**유증포기**] → 유증을 받을 자는 유언자의 사망 후에 **언제든지** 유증을 승인 또는 **포기**할 수 있으므로, 채무초과 상태에 있는 채무자라도 자유롭게 유증을 받을 것을 포기할 수 있고 유증을 받을 자가 이를 포기하는 것은 사해행위 취소의 **대상**✗

(3) 사해의사

1) 채무자의 사해의사

채무자의 사해의사는 채권자가 증명책임 → 채무자가 자기의 **유일한 재산**인 부동산을 매각하여 소비하기 쉬운 금전으로 바꾸거나 타인에게 무상으로 이전하여 주는 행위는 특별한 사정이 없는 한 채권자에 대하여 **사해행위**가 된다고 볼 것이므로 **채무자의 사해의사**는 **추정**(일응의 추정)

2) 수익자・전득자의 사해의사

① 수익자・전득자 **스스로** 사해의사 없음을 증명책임

② 전득자의 악의를 판단함에 있어서는 단지 전득자가 **전득행위 당시 채무자와 수익자 사이의 법률행위의 사해성**을 **인식**하였는지 여부로 판단

4. 판단

(1) 행사

1) 방법

채권자는 자신의 이름으로 재판상 소를 제기하는 방법으로 행사 ∴ 소송상 공격방어방법으로 주장✗

※ 사해행위 취소 및 원상회복을 구하는 반소의 제기 및 판단

① 사해행위취소소송은 형성의 소로서 그 판결이 확정됨으로써 비로소 권리변동의 효력이 발생하나, 민법 **제406조 제1항**은 채권자가 사해행위의 취소와 원상회복을 법원에 청구할 수 있다고 규정함으로써 사해행위취소청구에는 그 **취소판결이 미확정인 상태에서도** 그 취소의 효력을 전제로 하는 **원상회복청구**를 **병합**하여 제기할 수 있도록 **허용**하고 있다.

> ② 원고가 매매계약 등 법률행위에 기하여 소유권을 취득하였음을 전제로 피고를 상대로 일정한 청구를 할 때, **피고는 원고의 소유권 취득의 원인이 된 법률행위가 사해행위로서 취소되어야 한다고 다투면서, 동시에 반소로써** 그 소유권 취득의 원인이 된 법률행위가 사해행위임을 이유로 법률행위의 취소와 원상회복으로 원고의 소유권이전등기의 말소절차 등의 이행을 구하는 것도 **가능**하다.
>
> ③ 원고의 본소 청구에 대하여 피고가 본소 청구를 다투면서 사해행위의 취소 및 원상회복을 구하는 반소를 적법하게 제기한 경우, 사해행위의 취소 여부는 반소의 **청구원인**임과 동시에 본소 청구에 대한 **방어방법**이자, 본소 청구인용 여부의 **선결문제**가 될 수 있다. 그 경우 법원이 반소 청구가 이유 있다고 판단하여, 사해행위의 취소 및 원상회복을 명하는 판결을 선고하는 경우, 비록 **반소 청구에 대한 판결이 확정되지 않았다고 하더라도,** 원고의 소유권 취득의 원인이 된 법률행위가 취소되었음을 전제로 원고의 **본소 청구를 심리하여 판단할 수 있다**고 봄이 타당하다. 그때에는 반소 사해행위취소 판결의 확정을 기다리지 않고, 반소 사해행위취소 판결을 이유로 원고의 **본소 청구**를 **기각**할 수 있다.

2) 취소의 범위

① 원칙적으로 자신의 채권액을 초과하여 취소권을 행사할 수는 없고, ② 이때 채권자의 채권액에는 사해행위 이후 **사실심 변론종결 시까지** 발생한 **이자**나 **지연손해금**이 **포함**된다.

3) 원상회복의 방법

가) 원물반환의 원칙

① 원상회복의 방법으로 부동산에 있어서는 **등기말소청구**를 하는 것이 원칙이나, 진정명의 회복을 원인으로 수익자 명의의 등기의 말소를 구하는 **대신** 수익자를 상대로 채무자 앞으로 **직접 소유권이전등기절차**를 **이행**할 것을 **구**할 수도 있다. 동산에 있어서는 채권자 자신에게 직접 인도할 것을 청구할 수도 있다.

② **채무자의 수익자에 대한 채권양도가 사해행위로 취소되는 경우**, 수익자가 제3채무자에게서 아직 채권을 추심하지 아니한 때에는, 채권자는 사해행위취소에 따른 원상회복으로서 **수익자가 제3채무자에게 채권양도가 취소되었다는 취지의 통지를 하도록 청구할 수 있다**.

③ 원물반환이 불가능하거나 현저히 곤란한 경우에는 가액반환으로 한다.

나) 예외적 가액반환

① [**청구취지 포함**] → 사해행위를 **전부 취소**하고 **원상회복**을 구하는 채권자의 **주장 속**에는 사해행위를 **일부 취소**하고 **가액배상**을 구하는 **취지**도 **포함**되어 있으므로, 채권자가 원상회복만을 구하는 경우에도 법원은 (청구취지의 변경이 없더라도) 가액의 배상을 명할 수 있다.

② [**선의 전득자 - 저당권**] → 사해행위 후 그 목적물에 관하여 제3자가 저당권이나 지상권 등의 권리를 취득한 경우 채권자는 수익자를 상대로 원물반환 대신 그 가액 상당의 배상을 구할 수도 있다고 할 것이나, 그렇다고 하여 채권자가 **스스로 위험이나 불이익을 감수**하면

서 **원물반환을 구하는 것까지 허용되지 아니하는 것으로 볼 것은 아니고**, 그 경우 채권자는 **원상회복 방법으로** 가액배상 대신 수익자 명의의 등기의 말소를 구하거나 수익자를 상대로 채무자 앞으로 **직접 소유권이전등기절차**를 **이행**할 것을 **구**할 수 있다.

③ [**기저당의 수익자 변제**] → 사해행위 후 변제 등에 의하여 저당권설정등기가 말소된 경우, 사해행위를 취소하여 그 부동산의 자체의 회복을 명하는 것은 **당초 일반 채권자들의 공동담보로 되어 있지 아니하던 부분까지 회복을 명**하는 것이 되어 **공평**에 **반**하는 결과가 되므로, 그 부동산의 가액에서 저당권의 피담보채무액을 공제한 잔액의 한도에서 사해행위를 취소하고 그 **가액의 배상**을 **구**할 수 있을 뿐이다.

※ [**비교**] – 사해행위 후 **수익자가 우선변제권 있는 임대차보증금 반환채무**를 **이행**한 경우, 사해행위를 취소하여 그 부동산 자체의 회복을 명하는 것은 당초 일반 채권자들의 공동담보로 되어 있지 아니하던 부분까지 회복시키는 것이 되어 공평에 반하는 결과가 되므로, 그 부동산의 가액에서 위 임대차보증금 액수를 공제한 잔액의 한도에서 사해행위를 취소하고 그 **가액의 배상**을 명할 수 있을 뿐이다.

④ [**가등기와 가등기 이전의 부기등기**] → 사해행위인 매매예약에 기하여 수익자 앞으로 가등기를 마친 후 전득자 앞으로 그 가등기 이전의 부기등기를 마치고 나아가 그 가등기에 기한 본등기까지 마쳤다 하더라도, ⅰ) 위 부기등기는 사해행위인 매매예약에 기초한 수익자의 권리의 이전을 나타내는 것으로서 위 부기등기에 의하여 **수익자로서**의 **지위**가 **소멸하지는 아니하며**, 채권자는 **수익자를 상대로** 그 사해행위인 **매매예약의 취소를 청구할 수 있다**. ⅱ) 그리고 설령 부기등기의 결과 위 **가등기 및 본등기에 대한 말소청구소송**에서 **수익자의 피고적격**이 **부정**되는 등의 사유로 인하여 **수익자의 원물반환의무인 가등기말소의무의 이행이 불가능하게 된다 하더라도 달리 볼 수 없으며**, 특별한 사정이 없는 한 **수익자는** 위 가등기 및 본등기에 의하여 발생된 채권자들의 공동담보 부족에 관하여 원상회복의무로서 **가액을 배상할 의무**를 **진다** 할 것이다.

⑤ [**원물반환청구의 승소판결확정 후 가액배상청구**] → 원상회복청구권은 사실심 변론종결 당시의 채권자의 선택에 따라 원물반환과 가액배상 중 어느 하나로 확정되며, 채권자가 일단 사해행위 취소 및 원상회복으로서 **원물반환청구**(말소등기청구)를 하여 **승소판결**이 **확정**되었다면, 그 후 어떠한 사유로 원물반환의 목적을 달성할 수 없게 되었다고 하더라도 **다시** 원상회복청구권을 행사하여 **가액배상**을 **청구할 수**는 **없다**(전소의 기판력으로 인해 권리보호의 이익이 없어 허용되지 않는다). 또한 원물반환으로서 채무자 앞으로 **직접 소유권이전등기절차**를 **이행**할 것을 **청구할 수도 없다**.

⑥ [**사용이익 · 임료상당액**] → 원상회복으로 부동산을 반환하는 경우 채무자의 책임재산은 당해 부동산이었을 뿐 수익자 또는 전득자가 그 부동산을 사용함으로써 얻은 **사용이익이나** 임차인으로부터 받은 **임료상당액**까지 채무자의 **책임재산이었다고 볼 수 없으므로** 수익자 등이 원상회복으로서 **당해 부동산을 반환하는 이외에 그 사용이익이나 임료상당액을 반환해야 하는 것은 아니다**.

⑦ [**수익자 겸 채권자의 상계 또는 안분액의 분배청구**] → ⅰ) 수익자로 하여금 자기의 채무자에 대한 반대채권으로써 **상계를 허용하는 것은** 사해행위에 의하여 이익을 받은 **수익자를 보호하고 다른 채권자의 이익을 무시하는 결과가 되어 위 제도의 취지**에 **반**하므로, 수익자가 채권자취소에 따른 원상회복으로서 가액배상을 할 때에 채무자에 대한 채권자라는 이유로 채무자에 대하여 가지는 자기의 채권과의 **상계를 주장할 수는 없다**. ⅱ) 마찬가지로 수익자가 채무자의 채권자인 경우 수익자가 가액배상을 할 때에 수익자 자신도 사해행위취소의 효력을 받는 채권자 중의 1인이라는 이유로 취소채권자에 대하여 총채권액 중 **자기의 채권에 대한 안분액의 분배를 청구하거나**, 수익자가 취소채권자의 원상회복에 대하여 총채권액 중 자기의 채권에 해당하는 **안분액의 배당요구권으로써** 원상회복청구와의 **상계를 주장하여 그 안분액의 지급을 거절할 수는 없다**.

다) 가액배상의 범위

가액배상은 ① 채권자의 **피보전채권액**, ② **목적물의 공동담보가액**, ③ 수익자·전득자가 취득한 이익 중 가장 적은 금액을 한도로 이루어진다. 이 중 (ㄱ) 채권자의 **피보전채권액은 사실심 변론종결시까지의 이자나 지연손해금**을 **포함**한다. 반면, (ㄴ) **목적물의 공동담보가액**을 산정함에 있어서는 **목적물의 가액에서 말소된 저당권의 피담보채권액은 물론이고, 말소되지 아니한 다른 저당권이 있을 경우 그 저당권의 피담보채권액까지 모두 공제하여 산정**하여야 하고, **목적물의 가액 및 피담보채권액 산정의 기준시점**은 **사실심 변론종결시**가 된다. 그리고 이러한 법리는 우선변제권이 있는 주택임차권이 설정된 경우에도 같다. 만약 설정된 담보물권이 **근저당권인 경우** 채권최고액이 아니라 변론종결 당시 **실제 피담보채권액**을 **공제**하여야 한다.

(2) 효과

1) 실체법상 효과

가) 일반재산으로 회복

① 채권자취소권 행사의 효과는 모든 채권자를 위하여 그 효력이 있다(제407조).

② **수익자가 사해행위취소 소송의 확정판결에 따른 원상회복으로 대체물 인도의무를 이행하지 않았다는 이유만으로 취소채권자가 수익자를 상대로 민법 제395조**(채무의 이행을 지체한 경우에 채권자가 상당한 기간을 정하여 이행을 최고하여도 그 기간 내에 이행하지 않은 경우 채권자는 이행에 갈음한 손해배상청구를 할 수 있다는 규정)**에 따라 이행지체로 인한 전보배상을 구할 수는 없다. 다만** 수익자의 **대체물 인도의무에 대한 강제집행이 불가능하거나 현저히 곤란하다고 평가할 수 있는 경우**에는 **전보배상을 구할 수 있다**.

③ 채무자의 법률행위가 사해행위에 해당하여 취소를 이유로 원상회복이 이루어지는 경우, 특별한 사정이 없는 한 **채무자**는 **수익자 또는 전득자에게 부당이득반환채무**를 **부담**한다.

나) 상대적 효력

사해행위의 취소와 일탈재산의 원상회복은 **채권자와 수익자 또는 전득자에 대한 관계**에 있어서만 **효력**이 **발생할 뿐**이고 **채무자가 직접 어떤 권리를 취득하는 것**이 **아니다**.

※ 주의 판례

1. 채권양도의 취소 후 채권자대위권

채무자의 수익자에 대한 **채권양도**가 **사해행위로 취소**되는 경우, 수익자가 제3채무자에게서 아직 채권을 추심하지 아니한 때에는, 채권자는 사해행위취소에 따른 원상회복으로서 수익자가 제3채무자에게 채권양도가 취소되었다는 취지의 통지를 하도록 청구할 수 있다. 이 경우 **채무자가 직접 채권을 취득하여 권리자로 되는 것은 아니므로, 채권자는 채무자를 대위하여 제3채무자에게 채권에 관한 지급을 청구할 수 없다.**

2. 법정지상권

① [**일괄매도 사안**] – **토지와 지상 건물**이 **함께 양도**되었다가 채권자취소권의 행사에 따라 그중 **건물**에 관하여만 **양도**가 **취소**되고 수익자와 전득자 명의의 **소유권이전등기**가 **말소**되었다고 하더라도, 이는 관습상 법정지상권의 성립요건인 '**동일인의 소유에 속하고 있던 토지와 지상 건물이 매매 등으로 인하여 소유자가 다르게 된 경우**'에 **해당**한다고 할 수 **없다.**

② [**건물매도 사안**] – 사해행위의 **수익자** 또는 전득자가 **건물의 소유자로서 법정지상권**을 **취득**한 **후** 채무자와 수익자 사이에 행하여진 **건물의 양도**에 대한 **채권자취소권**의 행사에 따라 수익자와 전득자 명의의 소유권이전등기가 **말소된 다음 경매**절차에서 건물이 매각되는 경우, 경매에 의하여 건물의 소유권을 이전받은 **매수인은** 특별한 사정이 없는 한 **건물의 매수취득과 함께 위 지상권도 당연히 취득한다.**

3. 강제집행을 위한 말소등기청구

① 채무자와 수익자 사이의 **부동산매매계약**이 **사해행위**로 **취소**되고 그에 따른 원상회복으로 수익자 명의의 **소유권이전등기**가 **말소**되어 채무자의 등기명의가 회복되더라도, **채무자가 직접 부동산을 취득하여 권리자가 되는 것은 아니다.**

② 따라서 **채무자가** 사해행위 취소로 등기명의를 회복한 부동산을 **제3자에게 처분하더라도** 이는 **무권리자의 처분**에 불과하여 효력이 없으므로, 채무자로부터 제3자에게 마쳐진 소유권이전등기나 이에 기초하여 순차로 마쳐진 소유권이전등기 등은 모두 원인무효의 등기로서 말소되어야 한다. 이 경우 **취소채권자나** 민법 **제407조에 따라 사해행위 취소와 원상회복의 효력을 받는 채권자는** 채무자의 책임재산으로 취급되는 부동산에 대한 **강제집행을 위하여** 원인무효 등기의 명의인을 상대로 **등기의 말소를 청구할 수 있다.**

4. 수익자의 등기부취득시효

① 부동산에 관한 소유권이전의 원인행위가 사해행위로 인정되어 취소되더라도, 그 **사해행위취소의 효과는 채권자와 수익자 사이에서 상대적으로 생길 뿐이다. 따라서** 사해행위가 취소되더라도 그 **부동산은 여전히 수익자의 소유이다.**

② 부동산에 관하여 **적법 · 유효한 등기를 하여 그 소유권을 취득한 사람**이 당해 부동산을 점유하는 경우에는 **그러한 점유는 취득시효의 기초가 되는 점유라고 할 수 없다.**
③ **사해행위취소 판결 전후 기간 동안 수익자가 부동산을 점유한 경우, 수익자의 등기부취득시효 주장을 인정하지 않은 사안이다.**

2) 소송법상 효과

① 각 채권자는 **고유**의 **권리**로서 채무자의 재산처분 행위를 취소하고 그 원상회복을 구할 수 있는 것이므로, 각 채권자가 동시 또는 이시(시기를 달리하여)에 채권자취소 및 원상회복소송을 제기한 경우 이들 소송이 **중복제소에 해당하는 것**이 **아니다.**

② **기판력은** 그 취소권을 행사한 **채권자와** 그 **상대방**인 수익자 또는 전득자와의 **상대적인 관계에서만 미칠 뿐**이다.

※ [**비교**] – 채권자가 사해행위의 취소와 함께 수익자 또는 전득자로부터 책임재산의 회복을 명하는 <u>사해행위취소의 판결을 받은 경우 수익자 또는 전득자가 채권자에 대하여 사해행위의 취소로 인한 원상회복 의무를 부담하게 될 뿐</u>, <u>채권자와 채무자 사이에서 취소로 인한 법률관계가 형성되는 것은 아니다</u>. 따라서 위와 같이 **채무자와 수익자 사이의 소송절차에서 확정판결 등을 통해 마쳐진 소유권이전등기가 사해행위취소로 인한 원상회복으로써 말소된다고 하더라도**, 그것이 **확정판결 등의 효력에 반하거나 모순되는 것이라고는 할 수 없다.**

③ **어느 한 채권자**가 동일한 사해행위에 관하여 채권자취소 및 원상회복청구를 하여 **승소판결**을 받아 그 **판결**이 **확정**되었다는 것만으로 그 후에 제기된 **다른 채권자의 동일한 청구가 권리보호의 이익이 없어지게 되는 것은 아니고**, 그에 기하여 재산이나 가액의 <u>**회복**</u>을 <u>마친 경우</u>에 <u>**비로소**</u> 다른 채권자의 채권자취소 및 원상회복청구는 그와 **중첩되는 범위 내**에서 **권리보호의 이익이 없게 된다.**

Set 11 채권양도

※ 양수금청구 논증구도

Ⅰ. 양수금청구 →	Ⅱ. 항변
1. 채권존재	1. 양도제한·금지의 항변
2. 양도계약	(1) 성질상 제한
3. 대항요건(제450조)	(2) 양도금지특약상 제한(제449조)
	(3) 법률상 제한
	2. 대항요건에 관한 항변(제451조)

1. 의의 및 법적 성질

① 채권자(양도인)와 양수인 간의 계약으로 채권자의 채권을 **채권의 동일성**을 **유지**하면서 양도인으로부터 양수인에게 이전하는 계약 → 채권의 귀속주체 변경의 효과는 원칙적으로 채권양도에 따른 처분행위 시 발생하는바, **지명채권 양수인**이 **'양도되는 채권의 채무자'**인 **경우**에는 채권양도에 따른 처분행위 시 채권과 채무가 동일한 주체에 귀속한 때에 해당하므로 민법 제507조 본문에 따라 **채권이 혼동에 의하여 소멸한다**.

② 채권의 주체를 변경시키는 **처분행위** → 처분권한 없는 경우 무권리자의 처분행위O

2. 지명채권의 양도성 – 양도의 제한

(1) 성질상 제한

1) 매매로 인한 소유권이전등기청구권의 양도 – 양도제한의 법리

매매로 인한 소유권이전등기청구권의 양도는 **이행과정**에 **신뢰관계**가 따르므로 **성질상 양도**가 **제한**된다. 따라서 통상의 채권양도와 달리 양도인의 채무자에 대한 **통지만으로는** 채무자에 대한 **대항력이 생기지 않으며, 반드시 채무자의 동의나 승낙을 받아야 대항력이 생긴다**.

※ [**비교**] – 취득시효완성으로 인한 소유권이전등기청구권은 채권자와 채무자 사이에 아무런 계약관계나 신뢰관계가 없고, 그에 따라 채권자가 채무자에게 반대급부로 부담하여야 하는 의무도 없다. 따라서 **취득시효완성으로 인한 소유권이전등기청구권의 양도의 경우**에는 매매로 인한 소유권이전등기청구권에 관한 **양도제한의 법리**가 **적용되지 않는다**.

2) 장래채권의 양도

장래의 채권도 양도 당시 **기본적 채권관계**가 어느 정도 **확정**되어 있어 그 **권리의 특정**이 **가능**하고 가까운 장래에 **발생**할 것임이 **상당 정도 기대**되는 경우에는 이를 양도할 수 있다.

3) 가압류된 채권의 양도

① 가압류된 채권도 이를 양도하는데 **아무런 제한**이 **없다** 할 것이나, 가압류된 채권을 양수받은 양수인은 그러한 가압류에 의하여 권리가 제한된 상태의 채권을 양수받는다고 보아야 할 것이고, 이는 채권을 양도받았으나 확정일자 있는 양도통지나 승낙에 의한 대항요건을 갖추지 아니하는 사이에 양도된 채권이 가압류된 경우에도 동일하다. ② 채권가압류의 **처분금지의 효력**은 본안소송에서 가압류채권자가 승소하여 채무명의를 얻는 등으로 피보전권리의 존재가 확정되는 것을 조건으로 하여 발생하는 것이므로 채권가압류결정의 **채권자가 본안소송에서 승소하는 등으로 채무명의를 취득하는 경우**에는 가압류에 의하여 권리가 제한된 상태의 채권을 양수받는 양수인에 대한 **채권양도**는 **무효**가 된다.

※ 확정일자 있는 통지에 의한 채권양도 후 (가)압류 등의 사안

1. (가)압류 · 추심명령 또는 전부명령의 효력 유무

① 채무자가 압류 또는 가압류의 대상인 채권을 양도하고 **확정일자 있는 통지 등에 의한 채권양도의 대항요건을 갖추었다면, 그 후** 채무자의 **다른 채권자가** 그 양도된 채권에 대하여 **압류 또는 가압류를 하더라도** 그 압류 또는 가압류 당시에 피압류채권은 이미 존재하지 않는 것과 같아 **압류 또는 가압류로서의 효력이 없고 그에 기한 추심명령 또한 무효이다.**

② 또한 압류된 금전채권에 대한 전부명령이 절차상 적법하게 발부되어 확정되었다고 하더라도 전부명령이 제3채무자에게 송달될 때에 피압류채권이 존재하지 않으면 전부명령도 무효이므로, **피압류채권이 전부채권자에게 이전되거나 집행채권이 변제되어 소멸하는 효과는 발생할 수 없다.**

2. 채권자취소권 행사에 따른 압류명령 등의 효력 유무

채권압류명령 등 당시 피압류채권이 이미 제3자에 대한 대항요건을 갖추어 양도되어 그 명령이 효력이 없는 것이 되었다면, **그 후의 사해행위취소소송에서 위 채권양도계약이 취소되어 채권이 원채권자에게 복귀하였다고 하더라도 이미 무효로 된 채권압류명령 등이 다시 유효로 되는 것은 아니다**(∵ 상대적 효력(무효)).

4) 전세금반환채권의 분리양도

가) 전세권 소멸 전 · 존속 중

전세권이 존속하는 동안은 전세권을 존속시키기로 하면서 전세금반환채권만을 전세권과 분리하여 **확정적**으로 **양도**하는 것은 **허용되지 않는 것이며**, 다만 전세권 존속 중에는 장래에 그 전세권이 소멸하는 경우에 전세금 반환채권이 발생하는 것을 조건으로 그 장래의 **조건부 채권**을 **양도**할 수 있을 뿐이다.

나) 전세권 소멸 후

전세권이 존속기간의 만료로 소멸한 경우이거나, 전세계약의 합의해지 또는 당사자 간의 특약에 의하여 전세권반환채권의 처분에도 불구하고 전세권의 처분이 따르지 않는 경우 등의 **특별한 사정**이 있는 때에는 채권양수인은 담보물권이 없는 **무담보의 채권**을 **양수**한 것이 된다.

5) 보증채권의 분리양도

주채권과 보증인에 대한 채권의 귀속주체를 달리하는 것은 보증채무의 **부종성**에 반하고, 주채권을 가지지 않는 자에게 보증채권만을 인정할 실익도 없기 때문에 **주채권과 분리하여 보증채권만을 양도하기로 하는 약정**은 그 **효력**이 **없다**.

6) 이혼으로 인한 재산분할청구권

협의 또는 심판에 의하여 구체적 내용이 형성되기 전까지는 범위 및 내용이 불명확・불확정하기 때문에 구체적으로 권리가 발생하였다고 할 수 없으므로, **이혼이 성립하기 전 재산분할청구권을 미리 양도하는 것은 성질상 허용되지 않는다**.

(2) 양도금지특약상의 제한

1) 선의 제3자 보호

① 민법 제449조 제2항이 채권양도 금지의 특약은 선의의 제3자에게 대항할 수 없다고만 규정하고 있어서 그 문언상 제3자의 과실의 유무를 문제삼고 있지는 아니하지만, 제3자의 **중대한 과실**은 **악의와 같이 취급**되어야 하므로, 양도금지 특약의 존재를 알지 못하고 채권을 양수한 경우에 있어서 그 **알지 못함에 중대한 과실이 있는 때**에는 악의의 양수인과 같이 양도에 의한 **채권**을 **취득할 수 없다**. 이 경우 **제3자의 악의 내지 중과실은** 채권양도 금지의 특약으로 **양수인에게 대항하려는 자**(채무자)가 이를 **주장・입증**하여야 한다.

② 민법 제449조 제2항 단서는 채권양도금지 특약으로써 대항할 수 없는 자를 '**선의의 제3자**'라고만 규정하고 있어 채권자로부터 직접 양수한 자만을 가리키는 것으로 해석할 이유는 없으므로, **악의의 양수인으로부터 다시 선의로 양수한 전득자도 위 조항에서의 선의의 제3자에 해당한다**. 또한 선의의 양수인을 보호하고자 하는 위 조항의 입법 취지에 비추어 볼 때, 이러한 **선의의 양수인으로부터 다시 채권을 양수한 전득자는 선의・악의를 불문하고 채권을 유효하게 취득한다**.

2) 사후 양도승인의 효력

① 악의 또는 중과실로 채권양수를 받은 후 채무자가 그 양도에 대하여 승낙을 한 때에는 채무자의 **사후승낙**에 의하여 **무효인 채권양도행위**가 **추인**되어 **유효**하게 되며, 이 경우 다른 약정이 없는 한 **소급효가 인정되지 않고** 양도의 효과는 **승낙시**부터 **발생**한다.

② 이른바 집합채권(Ex. 2020년~2022년까지의 물품거래 관련채권)의 양도가 양도금지특약을 위반하여 무효인 경우 채무자는 **일부 개별채권**을 **특정**하여 **추인**하는 것이 **가능**하다.

3) 압류 · 전부명령의 효력

양도금지의 특약이 있는 채권이더라도 압류 및 전부명령에 의하여 전부되는 데에는 지장이 없고, 양도금지의 특약이 있는 사실에 관하여 **집행채권자가 선의인가 악의인가는 전부명령의 효력에 영향을 미치지 못하는 것**인바, 이와 같이 양도금지특약부 채권에 대한 전부명령이 유효한 이상, 그 **전부채권자로부터 다시 그 채권을 양수한 자**가 그 특약의 존재를 **알았거나 중대한 과실로 알지 못하였다고 하더라도** 채무자는 위 특약을 근거로 삼아 채권양도의 **무효**를 **주장할 수 없다.**

(3) 법률상 제한

1) 임금채권의 양도

근로자의 임금채권은 그 양도를 금지하는 법률의 규정이 없으므로 이를 **양도할 수 있다.** 그러나 근로기준법 제36조 제1항에서 **임금직접지급의 원칙**을 규정하고 있으므로 근로자가 그 임금채권을 양도한 경우라 할지라도 **양수인은** 스스로 사용자에 대하여 임금의 지급을 **청구할 수**는 **없다.**

2) 소송목적의 양도

소송행위를 하게 하는 것을 주목적으로 채권양도 등이 이루어진 경우 그러한 채권양도는 신탁법상 무효이다.

3. 대항요건

(1) 채무자에 대한 대항요건(제450조 제1항)

1) 방법 – 통지 · 승낙

	성질	주체 및 상대방	사전 · 조건	방법
통지	관념의 통지	양도인O 양수인 – **대위X** / **대리O** → 현명(**제115조 단서**) + 위임 ※ **양도계약 : 해제 – 양수인**이 **통지**	X	민소법 송달규정 – 유추적용X
승낙	관념의 통지	채무자 → 양도인 또는 양수인 대리O	O	

※ [**비교**] (**양수인의 채권자에 대한 채권양도통지절차 이행청구의 가부**) – 양수인은 대항요건을 구비하기 위해 채권자에게 채권양도통지절차의 이행을 청구할 수 있다.

※ [**비교**] (**가장채권의 양도시 양수인의 대항요건 구비 요부**) – 채권양수인이 채무자에 대하여 **채권을 행사하기 위하여는** 지명채권 양도에 관한 **합의 이외에** 양도받은 당해 채권에 관하여 민법 **제450조 소정의 대항요건을 갖추어야 하는 것**이고, 이러한 법리는 **채권양도인과 채무자 사이의 법률행위가 허위표시인 경우에도 마찬가지로 적용된다.**

2) 효력(제451조)

가) 통지의 효력

① 채무자는 그 **통지를 받은 때까지 양도인에 대하여 생긴 사유**(Ex. 장 · 멸 · 저)로써 양수인에게 **대항**할 수 있다(제451조 제2항). 그러나 통지 후의 사유로는 양수인에게 대항할 수 없다.

② 임대인이 임대차보증금반환채권의 양도통지를 받은 후에는 임대인과 임차인 사이에 임대차계약의 갱신이나 계약기간 연장에 관하여 명시적 또는 묵시적 합의가 있더라도 그 합의의 효과는 보증금반환채권의 양수인에 대하여는 미칠 수 없다.

※ [**비교**] (**담보목적을 위한 채권의 양도담보**) – 채권양도가 다른 채무의 담보조로 이루어졌으며 또한 그 채무가 변제되었다고 하더라도, 이는 채권 양도인과 양수인 간의 문제일 뿐이고, 채무자로서는 이를 이유로 채권양수인의 양수금 청구를 거절할 수 없다.

나) 승낙의 효력 - 이의 유보 없는 승낙 : 항변권 상실

① [**취지 및 요건**] : 채무자의 이의를 보류하지 않은 승낙이라는 사실에 공신력을 주어 양수인을 보호하고 거래의 안전을 꾀하기 위한 것 → 이의 유보 없는 승낙 + **양수인 : 선의 · 무중과실**

② [**범위**] : 채권의 성립, 존속, 행사를 저지 · 배척하는 사유는 상실O, But **채권의 귀속**(Ex. 채권이 이미 타인에게 양도되었다는 사실)은 **상실** ✗

③ [**효력**] : 항변권 상실의 효력은 **채무자와 양수인 간**에서만 **발생**(상대적 효력)하며, 제3자의 권리에는 영향을 미치지 않는다. 따라서 저당권 또는 보증인에 의해 담보된 채권이 변제 등으로 소멸하였음에도 채무자가 이의를 보류하지 않고 단순승낙을 한 경우라도 채권의 소멸로 저당권 또는 보증채무는 소멸하므로, 양수인은 이러한 담보가 없는 단순채권을 취득할 뿐이다.

※ [**비교**] (**채무자가 양도되는 채권의 성립이나 소멸에 영향을 미치는 사정에 관하여 양수인에게 알리지 아니한 경우 불법행위가 성립하는지 여부**) – 채무자는 양수인이 채권의 내용 등을 실제와 다르게 인식하고 있는지까지 확인하여 위험을 경고할 의무는 없다. 따라서 채무자가 양도되는 채권의 성립이나 소멸에 영향을 미치는 사정에 관하여 양수인에게 알려야 할 신의칙상 주의의무가 있다고 볼 만한 **특별한 사정이 없는 한** 채무자가 그러한 사정을 알리지 아니하였다고 하여 **불법행위가 성립한다고 볼 수 없다**.

※ 채무자의 상계주장의 가부

1. 통지 · 승낙 전 취득채권

① **통지나 승낙 전**에 **반대채권**을 취득하였고 이미 **상계적상**에 있다면 채무자는 **상계**로써 양수인에게 **대항할 수 있다**.

② 승낙 당시 **이미 상계를 할 수 있는 원인이 있었던 경우**에는 아직 상계적상에 있지 아니하였다 하더라도 **그 후**에 **상계적상**이 생기면 채무자는 양수인에 대하여 **상계**로 **대항할 수 있다**.

2. 통지 · 승낙 후 취득채권

① 채권양도를 **승낙**한 **후**에 **취득한 채권**으로써 양수인에 대하여 **상계**로써 **대항하지 못한다.**

② 채무자의 채권양도인에 대한 자동채권이 발생하는 **기초**가 되는 **원인**이 양도 전에 **이미 성립하여 존재**하고 자동채권이 수동채권인 양도채권과 **동시이행의 관계**에 있는 경우에는, 양도통지가 채무자에게 도달하여 채권양도의 **대항요건이 갖추어진 후**에 **자동채권**이 **발생**하였다고 하더라도 채무자는 **동시이행의 항변권**을 **주장**할 수 있고, 따라서 그 채권에 의한 **상계로** 양수인에게 **대항**할 수 있다.

※ 양수인의 상계주장의 효력발생시기 – 제493조 제2항

채권양수인이 양수채권을 자동채권으로 하여 그 채무자가 채권양수인에 대해 가지고 있던 기존채권과 상계한 경우, 채권양수인은 채권양도의 대항요건이 갖추어진 때 비로소 자동채권을 행사할 수 있으므로 채권양도 전에 이미 양 채권의 변제기가 도래하였다고 하더라도 **상계의 효력은 변제기로 소급하는 것이 아니라 채권양도의 대항요건이 갖추어진 시점으로 소급한다.**

(2) 제3자에 대한 대항요건(제450조 제2항)

1) 제3자의 범위

채권에 대하여 양수인의 지위와 양립할 수 없는 법률상의 지위를 취득한 자 → 선순위의 근저당권부채권을 양수한 채권자보다 **후순위 근저당권자**는 **제3자**✗

2) 확정일자

① 확정일자란 법률상 증거력이 인정되는 증서작성일자로서 당사자가 후에 변경하지 못하는 일자

② 확정일자 없는 증서에 의한 양도통지나 승낙 후에 그 증서에 확정일자를 얻은 경우 그 일자 이후에는 제3자에 대한 대항력을 취득하고, 확정일자 제도의 취지상 원본이 아닌 **사본**에 확정일자를 갖추었다 하더라도 **대항력에** 있어서는 **아무런 차이가 없다.**

3) 우열관계

가) 제1양도는 단순 통지 또는 승낙 + 제2양도는 확정일자 있는 증서에 의한 통지 또는 승낙

① 확정일자 있는 증서에 의한 통지가 우선하므로 **제2양수인**만이 진정한 채권자로서 **우선**한다.

② 그러나 지명채권양도의 제3자에 대한 대항요건은 **양도된 채권이 존속하는 동안**에 그 채권에 관하여 양수인의 지위와 양립할 수 없는 법률상의 지위를 취득한 제3자가 있는 경우에 적용되는 것이므로, 양도된 채권이 **이미 변제 등으로 소멸**한 경우에는 그 후에 그 채권에 관한 채권압류 및 추심명령이 송달되더라도 그 **채권압류 및 추심명령**은 **무효**이고, **대항요건의 문제는 발생될 여지가 없다.**

나) 제1양도는 확정일자 있는 증서에 의한 통지 또는 승낙 + 제2양도는 단순 통지 또는 승낙

① 양도인이 지명채권을 제1양수인에게 1차로 양도한 다음 **제1양수인**이 그에 따라 **확정일자 있는 증서에 의한 대항요건을 적법하게 갖추었다면** 이로써 채권이 제1양수인에게 이전하고 **양도인은** 채권에 대한 **처분권한**을 **상실**하므로(무권리자 처분행위), 그 후 양도인이 동일한 채권을 제2양수인에게 양도하였더라도 **제2양수인**은 **채권**을 **취득할 수 없다**.

② 제2차 양도계약 후 양도인과 제1양수인이 **제1차 양도계약**을 **합의해지**한 다음 **제1양수인이** 그 사실을 채무자에게 **통지**함으로써 **채권이 다시 양도인에게 귀속하게 되었더라도** 특별한 사정이 없는 한 양도인이 처분권한 없이 한 제2차 양도계약이 채권양도로서 유효하게 될 수는 없으므로, 그로 인하여 **제2양수인**이 **당연히 채권**을 **취득**하게 된다고 볼 수는 **없다**.

다) 제1양도와 제2양도 모두 확정일자 있는 증서에 의한 통지 또는 승낙

① [**이시도달**] → 통지 또는 승낙에 붙여진 **확정일자의 선후**에 의하여 **결정**할 것이 **아니라**, 확정일자 있는 양도통지가 채무자에게 **도달**한 **일시** 또는 확정일자 있는 **승낙**의 **일시**의 **선후**에 의하여 **결정**한다(※ 양자의 선후가 결정되면 위 나)의 법리는 동일하게 적용된다).

② [**동시도달 - 동일일자 도달**은 **동시도달**로 **추정**] → 양수인 상호간에 우열이 없으므로, ⅰ) **양수인** 각자는 채무자에게 그 채권 **전액**에 대해 이행**청구**를 하고 변제를 받을 수 있으며, ⅱ) **채무자**는 **어느 누구에게**라도 **변제**하면 다른 양수인에 대한 관계에서도 면책되지만, ⅲ) **양수인 사이**에는 각 채권액에 비례하여 **안분정산**할 **의무**를 진다. ⅳ) 한편 채무자는 이중지급의 위험이 있을 수 있으므로 **변제공탁**하는 것도 가능하다.

Set 12 채무인수

※ 논증구도

Ⅰ. 유형(사유) ——→ **Ⅱ. 성립** ——→ **Ⅲ. 효과 : 법률관계**

1. 면책적 채무인수
2. 중첩적(병존적) 채무인수
3. 이행인수
4. 계약인수

1. 면책적 채무인수

(1) 성립

① [**채권자와 인수인 사이의 계약**] – 이해관계 없는 제3자는 채무자의 의사에 반하여 채무를 인수하지 못한다(제453조 제2항).

② [**채무자와 인수인 사이의 계약**] – 채권자의 승낙이 있어야 그 효력이 생긴다(제454조 제1항). → [**승낙**] : ⅰ) 채권자가 **직접 채무인수인에게 지급청구**를 하였다면 **묵시적 승낙**, ⅱ) 상당한 기간을 정하여 승낙 여부의 확답을 채권자에게 최고할 수 있고, 채권자가 그 기간 내에 **확답**을 **발송**하지 아니한 때에는 **거절한 것**으로 **본다**(제454조 제2항). ⅲ) 한편 채권자가 **승낙**을 **거절**하면 그 **이후**에는 채권자가 **다시 승낙**하여도 채무인수로서의 **효력**이 **생기지 않는다**.

③ [**채권자와 채무자 및 인수인 사이의 3면 계약**] 명문의 규정은 없지만 계약자유의 원칙상 허용된다.

(2) 효과

① 종전 채무자의 채권자에 대한 **항변**은 당연히 인수인에게 **이전**한다(제458조). 즉, 계약의 불성립·취소·무효·동시이행항변 등 종전 채무자가 가지고 있던 항변으로 채권자에게 대항할 수 있다. 그러나 계약의 취소권·해제권 그 자체는 계약당사자만 갖는 권리이므로 단순히 채무의 특정승계인에 지나지 않는 인수인에게는 이전되지 않는다.

② 채무가 인수되는 경우에 구 채무자의 채무에 대한 보증이나 제3자가 제공한 담보는 채무인수로 인하여 소멸하되, 다만 **보증인이나 제3자**(물상보증인)가 채무인수에 **동의한 경우**에 한하여 소멸하지 아니하고 신 채무자를 위하여 **존속**한다.

③ 면책적 채무인수가 있은 경우 **소멸시효 중단사유**로서 **승인**에 해당한다.

2. 중첩적 채무인수(병존적 채무인수)

(1) 면책적 채무인수와의 구별

채무의 인수에 있어서 면책적 인수인지, 중첩적 인수인지가 분명하지 아니한 때에는 이를 **중첩적으로 인수**한 것으로 본다.

(2) 성립

① 채권자·채무자·인수인의 3면 계약으로 할 수 있음은 물론, ② 채권자와 인수인이 할 수도 있는데 이 경우 면책적 채무인수와 달리 **이해관계 없는 제3자**라도 **채무자의 의사**에 **반**해서도 **할 수 있다**. 또한 ③ **채무자와 인수인**에 의해서도 가능한데 이때의 계약은 채권자를 제3자로 하는 **일종의 제3자를 위한 계약**이라고 볼 수 있다. 따라서 이 경우에는 **채권자**의 **수익의 의사표시**를 **필요**로 한다.

※ [**비교**] – 채무자와 인수인의 합의에 의한 중첩적 채무인수의 경우 채권자의 **수익의 의사표시**는 그 **계약의 성립요건이나 효력발생요건이 아니라** 채권자가 인수인에 대하여 **채권**을 **취득**하기 위한 **요건**이다.

(3) 효과

중첩적 채무인수에서 ① **인수인이** 채무자의 부탁 없이 **채권자와**의 **계약**으로 채무를 인수하는 것은 매우 드문 일이므로 채무자와 인수인은 원칙적으로 **주관적 공동관계**가 **있는 연대채무관계**에 있고, ② 인수인이 채무자의 부탁을 받지 아니하여 **주관적 공동관계가 없는 경우**에는 **부진정연대관계**에 있는 것으로 보아야 한다.

3. 이행인수

(1) 면책적·중첩적 채무인수와의 구별

① 부동산의 매수인이 매매목적물에 관한 근저당권의 피담보채무를 인수하는 한편, 그 채무액을 매매대금에서 **공제**하기로 **약정**한 경우, 특별한 사정이 없는 한 **이행인수**로 보아야 하고 면책적 채무인수로 보기 위해서는 이에 대한 채권자의 승낙이 있어야 한다.

② 나아가 중첩적 채무인수(제3자를 위한 계약)와 이행인수의 구별기준은 계약 당사자에게 제3자 또는 채권자가 계약 당사자 일방 또는 인수인에 대해 직접 채권을 취득케 할 의사가 있는지 여부에 달려 있다.

(2) 성립

이행인수의 계약 당사자는 채무자와 인수인이다.

(3) 효과

① 인수인은 채무자와의 사이에 채권자에게 채무를 이행할 의무를 부담하는데 그치고, 직접 채권자에 대하여 채무를 부담하는 것이 아니다. 따라서 **채권자는 인수인에 대해 직접 이행의 청구를 할 수 없다**.

② **다만** 채권자는 **채무자의 인수인에 대한 청구권**을 **대위행사**할 수는 있다.

※ 공제특약

1. 채무인수의 성질

① 특별한 사정이 없는 이상 매도인을 면책시키는 채무인수가 아니라 **이행인수**로 보아야 한다.

② 부동산의 매수인이 매매 목적물에 관한 **임대차보증금 반환채무** 등을 인수하는 한편, 그 채무액을 매매대금에서 **공제**하기로 **약정**한 경우, 그 인수는 특별한 사정이 없는 이상 매도인을 면책시키는 면책적 채무인수가 아니라 **이행인수**로 보아야 하고, **면책적 채무인수로 보기 위하여는 이에 대한 채권자**, 즉 **임차인의 승낙**이 **있어야 한다**.

2. 매수인의 의무

① 매수인이 채권자에게 현실적으로 변제할 의무를 부담한다고 해석할 수 없으며, 특별한 사정이 없는 한 매수인이 **매매대금에서 그 채무액을 공제한 나머지를 지급함으로써 잔금지급의무**를 **다한 것**으로 보아야 한다.

② **매도인이** 매수인의 인수채무불이행으로 말미암아 또는 임의로 **인수채무**를 **대신 변제**하였다면 그로 인한 **손해배상채무 또는 구상채무는 인수채무의 변형으로서 매매대금 지급채무에 갈음한 것의 변형**이므로 매수인의 손해배상채무 또는 구상채무와 **매도인의 소유권이전등기의무**는 대가적 의미가 있어 **이행상 견련관계**에 있다고 인정되고, 양자는 **동시이행의 관계**에 있다.

3. 인수채무불이행의 효과

(1) 매도인의 계약해제의 가부

① 매수인이 **이행인수한 채무를 현실적으로 변제하지 아니하였다 하더라도** 그와 같은 사정만으로는 매도인은 **매매계약**을 **해제할 수 없고**, 매수인이 인수채무를 이행하지 않음으로써 **매매대금의 일부를 지급하지 않은 것과 동일하다고 평가할 수 있는 특별한 사유가 있을 때 계약해제권**이 **발생**한다.

② 매매목적물에 관한 근저당권의 피담보채무를 인수한 매수인이 인수채무의 일부인 근저당권의 피담보채무의 변제를 게을리함으로써 매매목적물에 관하여 **근저당권의 실행으로 임의경매절차가 개시되고 매도인이 경매절차의 진행을 막기 위하여 피담보채무**를 **변제**하였다면, 매도인은 채무인수인에 대하여 손해배상채권을 취득하는 이외에 이 사유를 들어 **매매계약**을 **해제할 수 있다**.

(2) 저당권의 실행으로 매수인이 소유권을 상실한 경우 매도인의 제576조의 담보책임 부담 여부

매수인이 매매목적물에 관한 근저당권의 피담보채무를 인수하는 것으로 매매대금의 지급에 갈음하기로 약정한 경우에는 특별한 사정이 없는 한, 매수인으로서는 매도인에 대하여 민법 **제576조 제1항의 담보책임**을 **면제**하여 주었거나 이를 **포기**한 것으로 봄이 상당하므로, 매수인이 인수한 부분을 이행하지 않음으로써 근저당권이 실행되어 매수인이 취득한 소유권을 잃게 되더라도 민법 **제576조 소정의 담보책임**을 **부담**하게 되는 것은 **아니다**.

4. 계약인수

① 계약인수는 통상적으로 3면 계약을 통해서 이루어지나, 2인의 합의와 나머지 당사자의 동의 내지 승낙으로도 가능하고, 나머지 당사자의 동의 내지 승낙이 반드시 명시적 의사표시에 의하여야 하는 것은 아니며 묵시적 의사표시에 의하여서도 가능하다.

② 임대차계약에 있어 **임대인의 지위의 양도**는 임대인의 의무의 이전을 수반하는 것이지만 임대인의 의무는 임대인이 누구인가에 의하여 이행방법이 특별히 달라지는 것은 아니고, 임차인에게 특별히 불리하지도 않다는 점을 이유로 **임차인의 동의나 승낙은 필요 없이 임대인과 신 소유자와의 계약만으로써 그 지위의 양도를 할 수 있다**. 다만 이 경우에 공평의 원칙 및 신의성실의 원칙에 따라 **임차인이 곧 이의를 제기함으로써 승계되는 임대차관계의 구속을 면할 수 있고, 임대인과의 임대차관계도 해지할 수 있다**.

③ 인수인이 계약당사자의 지위를 그대로 승계하므로, 종래 계약관계에서 발생된 채권·채무를 비롯하여 계약으로부터 생기는 해제권·취소권 등 모든 권리와 의무 일체가 **포괄적**으로 인수인에게 **이전**된다.

④ 채권양도인과 양수인 2인만의 관여로 성립하고 효력을 발생하는 개별채권의 양도와 법적인 성질과 요건을 달리하므로, 채무자 보호를 위해 **개별채권양도에서 요구되는 대항요건**은 계약인수에서는 **별도로 요구되지 않는다**.

Set 13 변제

※ 논증구도

Ⅰ. 변제제공 ──→ **Ⅱ. 변제의 효과**

① 변제자·변제수령자
② 변제제공 방법·효과

1. 변제의 충당
2. 제3자 변제
 ┬ 채무자 vs 변제자 - 구상권·변제자대위권
 ├ 채권자 vs 변제자 - 일부변제
 └ 법정대위자 상호간

1. 변제의 제공

(1) 변제자와 변제수령자

① [**변제자**] - 채무의 변제는 원칙적으로 제3자도 할 수 있다. 다만 이해관계 없는 제3자는 채무자의 의사에 반하여 변제하지 못한다.

② [**변제수령자**] - 채권자라도 채권이 압류 또는 질권의 목적인 경우에는 변제수령권한이 없다.

③ [**표현수령권자**] - 채권의 **준점유자**(Ex. 채권의 대리인이라고 사칭한자는 채권의 준점유자에 해당하고, 인지판결이 확정되기 전의 정당한 상속인(즉 표현상속인)이 채무자에 대하여 소를 제기하고 승소판결까지 받았다면, 그러한 표현상속인에 대한 채무자의 변제는 채권의 준점유자에 대한 변제로서 적법하다. 또한 무효인 채권압류 및 전부명령을 받은 자도 준점유자에 해당한다), **영수증소지자**에 대해 선의·

무과실로 변제한 때에는 효력이 있다. 또한 이 경우 외에 변제받을 권한 없는 자에 대한 변제라도 채권자가 이익을 받은 한도에서 효력이 있다(제472조).

※ [비교] (**권한 없는 자에 대한 변제**) – ① 제472조의 '채권자가 이익을 받은' 경우에는 변제의 수령자가 진정한 채권자에게 채무자의 변제로 받은 급부를 **전달**한 경우는 물론이고, 그렇지 않더라도 무권한자의 변제수령을 채권자가 사후에 **추인**한 경우이거나 변제수령자가 변제로 받은 급부를 가지고 채권자의 자신에 대한 채무의 변제에 충당하거나 채권자의 제3자에 대한 채무를 대신 변제함으로써 **채권자의 기존 채무를 소멸**시키는 등 채권자에게 **실질적**인 **이익**이 생긴 경우를 포함한다. ② 무권한자의 변제수령을 채권자가 **추인(묵시적으로 가능)한 경우**에 채권자는 무권한자에게 **부당이득으로서** 변제받은 것의 **반환**을 **청구할 수 있다**.

(2) 변제제공의 방법 · 장소 · 시기 및 효과

① [**방법**] – 원칙적으로는 현실의 제공으로 하여야 한다. 다만 채권자가 변제받기를 거절이 있거나 채권자의 협력이 필요한 경우에는 구두제공으로 할 수 있으며, 채권자의 **수령거절**이 **명백**한 경우 등에는 **구두제공조차 필요 없다**.

② [**장소**] – 특정물의 인도채무의 경우에는 채권성립 당시에 그 물건이 있던 장소에서, 특정물 인도채무 이외의 채무의 경우에는 **지참채무**가 원칙이므로 채권자의 현주소에서 변제하여야 한다(제467조 제2항).

③ [**시기**] – 채무자는 변제기 전이라도 변제할 수 있다. 그러나 상대방의 손해는 배상하여야 한다(제468조). 즉, 채권자와 채무자 모두가 기한의 이익을 갖는 이자부 금전소비대차계약 등에 있어서, 채무자가 변제기로 인한 기한의 이익을 포기하고 변제기 전에 변제하는 경우 '변제기까지'의 약정이자 등 채권자의 손해를 배상하여야 하고, 이러한 **약정이자 등 손해액을 함께 제공하지 않으면** 채무의 내용에 따른 변제제공이라고 볼 수 없으므로, **채권자는 수령을 거절할 수 있다**. 이는 **제3자가 변제하는 경우에도 마찬가지이다**.

④ [**효과**] – 채무자는 채무불이행에 따른 책임을 면하게 되고(제461조), 쌍무계약에서 상대방은 동시이행의 항변권을 잃는다(제536조). 그러나 과거에 한 번 변제의 제공이 있었다는 사실만으로 상대방이 가지는 동시이행항변권은 소멸되지 않으므로, 이행제공은 계속되어야 한다.

(3) 변제의 증거

① 변제자는 변제를 받는 자에게 영수증을 청구할 수 있다(제474조). → 변제와 영수증교부는 동시이행관계에 있다.

② 변제자가 채무 전부를 변제한 때에는 채권증서의 반환을 청구할 수 있다(제475조). → i) 변제와 채권증서의 교부는 동시이행관계에 있지 않다. ii) **채권자가 채권증서를 채무자에게 반환하였다면** 특별한 사정이 없는 한 그 **채권은 변제 등의 사유로 소멸하였다고 추정할 수 있다**.

2. 변제의 충당

(1) 변제충당의 순서

합의에 의한 변제충당 → **비용 · 이자 · 원본**(제479조) → **지정**변제충당(제476조) → **법정변제충당**(제477조)의 순서에 의한다.

(2) 합의충당

① 변제충당에 관한 민법 제476조 내지 제479조의 규정은 **임의규정**이므로 어떤 방법으로 충당할 것인가를 **합의**로 결정할 수 있고, 위 약정에 터잡아 충당을 한 이상 채무자에 대한 의사표시와 관계없이 그 충당의 효력이 있다. → 채무자가 **약정과 달리** 특정 채무의 변제에 우선적으로 충당한다고 **지정하더라도**, 그에 대하여 채권자가 명시적 또는 묵시적으로 동의하지 않는 한, 그 지정은 효력이 없어 채무자가 **지정한 채무**가 변제되어 **소멸하는 것**은 **아니다**.

② **이미 급부를 마친 뒤에도** 기존의 충당방법을 배제하고 제공된 급부를 어느 채무에 어떤 방법으로 **다시** 충당할 것인가를 **약정**할 수도 있다.

③ 다수의 채무 중 보증인에 의하여 담보되고 있는 채무와 그렇지 않은 채무가 있는 경우에, 채권자와 채무자가 **충당의 합의를 함에 있어서 보증인이 있는 채무를 반드시 먼저 변제하여야 한다고 볼 근거가 없고**, 계약자유의 원칙에 의하여 채권자와 채무자는 제공된 급부를 어느 채무에 어떤 방법으로 충당할 것인가를 결정할 수 있다.

④ 다만 **강제경매 · 임의경매**의 경우에는 채권자와 채무자 사이에 변제충당에 관한 합의가 있었다 하더라도 그 **합의에 따른 변제충당**은 **허용될 수 없**고, 획일적으로 가장 공평타당한 충당방법인 민법 제477조 및 제479조의 규정에 의한 **법정변제충당**의 방법에 따라 충당하여야 한다.

(3) 지정충당과 그 제한

① 변제자가 1차로 지정권을 가지고, 변제자가 지정하지 아니할 때에는 변제수령자가 2차로 지정권을 가진다.

② 변제자의 지정에 변제수령자는 이의제기✗, 변제수령자의 지정에 변제자는 즉시 이의제기O

③ 그러나 **비용 · 이자 · 원본의 순서**는 채무자는 물론 채권자라고 할지라도 이와 **다르게** 일방적으로 충당의 순서를 **지정할 수**는 **없다**. 다만 당사자의 일방적인 지정에 대하여 상대방이 지체 없이 이의를 제기하지 아니함으로써 **묵시적인 합의**가 되었다고 보여지는 경우에는 그 법정충당의 순서와는 달리 충당의 순서를 인정할 수 있다.

④ 이자에는 **지연이자**도 **포함**되고, 비용 상호간, 이자 상호간, 원본 상호간에서는 제477조의 법정변제충당의 순서에 의해 충당된다.

(4) 법정충당

1) 적용

① 당사자 사이에 합의가 없거나 당사자가 변제충당을 지정하지 않은 때에 보충적으로 민법 제477조의 법정변제충당의 순서에 따라 변제충당의 효력이 발생한다.

② 민법 제477조의 법정변제충당의 순서는 채무자의 **변제제공 당시**를 **기준**으로 정하여야 한다.

2) 순서

이행기의 도래 여부 → **변제이익의 다과** → 이행기의 선후 → 채무액에 비례

> ※ 변제이익의 다과
>
> 1. 변제자 자신의 채무 > 타인에 대해 부담하는 (연대)보증채무
> 2. 보증인이 있는 채무 = 보증인이 없는 채무
>   ① 보증기간 중의 채무와 보증기간 종료 후의 채무 사이에서도 변제이익의 차이가 없다.
>   ② 물상보증인이 제공한 물적 담보가 있는 채무와 그러한 담보가 없는 채무 사이에도 변제이익의 차이가 없다.

3. 변제자대위

(1) 의의 및 취지 · 성질

① 제3자가 채무자를 위하여 변제한 경우 자기의 권리에 의하여 구상할 수 있는 범위에서 채권 및 그 담보에 관한 권리를 행사할 수 있다.

② **구상권**을 **확보**하기 위한 제도이므로, 구상권을 가지지 못하는 이상 변제자대위는 허용될 수 없다.

③ 구상권과 변제자대위권은 서로 **별개**의 독립한 **권리**(권리의 경합) → ⅰ) 대위권 불행사의 특약은 구상권에 기한 청구에는 영향이 없으며, ⅱ) 구상금에 관한 지연손해금 약정이 있더라도 이 약정은 변제자대위권을 행사하는 경우에는 적용될 수 없다.

(2) 요건

① 변제 기타의 **출재**에 의한 **채권의 만족** + **구상권 인정** + 채권자의 **승낙**(임의대위) 또는 변제할 **정당한 이익**(법정대위)

② 임의대위의 경우 대위를 주장하기 위해서는 채권양도의 대항요건을 갖추어야 한다(제480조 제2항).

③ 법정대위의 경우 채권양도의 대항요건은 요구되지 않는다.

(3) 효과

1) 변제자와 채무자 사이의 효과(제480조, 제481조, 제482조 제1항)

① 채권자의 채권 및 담보에 관한 권리(인적 담보 · 물적 담보 포함O)는 동일성을 유지한 채 법률상 당연히 변제자에게 이전되지만, 취소권 · 해제권 등과 우선회수특약에 따른 권리는 이전되지 않는다.

② 행사 범위는 **구상권의 범위 내**로 한정된다.

③ 대위할 범위에 관하여 종래 채권자가 배당요구 없이도 당연히 배당받을 수 있었던 경우에는 대위변제자는 따로 배당요구를 하지 않아도 배당을 받을 수 있다.

※ 근저당권의 (일부)대위 여부

1. 피담보채무 확정 전

근저당 거래관계가 계속되는 관계로 근저당권의 피담보채권이 확정되지 아니하는 동안에는 그 채권의 일부가 대위변제되었다 하더라도 그 **근저당권이 대위변제자에게 이전될 수 없다**.

2. 피담보채무 확정 후

근저당권에 의하여 담보되는 피담보채권이 확정되게 되면, 그 피담보채권액이 그 근저당권의 채권최고액을 초과하지 않는 한 그 근저당권 내지 그 실행으로 인한 경락대금에 대한 권리 중 그 피담보채권액을 담보하고 남는 부분은 **저당권의 일부이전의 부기등기의 경료 여부와 관계없이 대위변제자에게 법률상 당연히 이전**된다.

2) 변제자와 채권자 사이의 효과(제483조, 제485조)

① 채권의 일부에 대위변제가 있는 때에는 대위자는 그 **변제한 가액에 비례**하여 채권자와 **함께** 그 권리를 행사한다. → [**함께**] – **채권자 우위 긍정** : i) 채권자가 담보권을 행사하는 경우에만 변제자가 함께 그 권리를 행사할 수 있고, ii) 채권자는 일부 대위변제자에 대하여 **우선변제권**을 갖는다.

※ [**비교**] – 일부 대위변제자와 채권자 사이에 **변제의 순위**에 관하여 따로 **약정**을 한 경우에는 그 약정에 따라 변제의 순위가 정해진다. 따라서 ① 채권자와 일부 대위변제자들 **전부 사이**에 변제 순위나 배당금 충당에 관하여 **동일한 내용의 약정**이 있으면 **약정 내용에 따라 배당**하고, ② **채권자와 어느 일부 대위변제자 사이**에만 **우선회수특약**이 있는 경우에는 먼저 원칙적인 배당방법에 따라 채권자의 근저당권 채권최고액 범위 내에서 채권자에게 그의 잔존 채권액을 우선 배당하고, 나머지 한도액을 일부 대위변제자들에게 각 대위변제액에 비례하여 안분 배당하는 방법으로 배당할 금액을 정한 다음, **약정 당사자인 채권자와 일부 대위변제자 사이**에서 **약정 내용**을 **반영**하여 배당액을 조정하는 방법으로 배당을 하여야 한다.

② 수인이 시기를 달리하여 채권의 일부씩을 대위변제한 경우 그들은 각 일부 대위변제자로서 그 변제한 가액에 비례하여 근저당권을 준공유하고 있다고 보아야 하고, 그 **근저당권을 실행하여 배당함에 있어서는** 다른 특별한 사정이 없는 한 **각 변제채권액에 비례하여 안분 배당하여야 한다**.

③ 법정대위의 규정에 의하여 대위할 자가 있는 경우에 채권자의 고의나 과실로 담보가 상실되거나 감소된 때에는 대위할 자는 그 상실 또는 감소로 인하여 상환을 받을 수 없는 한도에서

그 책임을 면한다(제485조). 법정대위자가 면책되는지 여부 및 면책되는 범위는 "**담보가 상실 또는 감소한 시점**을 **표준시점**"으로 하여 판단한다.

※ [**비교**] – 물상보증인의 변제자대위에 대한 기대권은 민법 제485조에 의하여 보호되어, 채권자가 고의나 과실로 담보를 상실하게 하거나 감소하게 한 때에는, 특별한 사정이 없는 한 물상보증인은 그 상실 또는 감소로 인하여 상환을 받을 수 없는 한도에서 면책 주장을 할 수 있다. **채권자가 물적 담보인 담보물권을 포기하거나 순위를 불리하게 변경**하는 것은 **담보의 상실 또는 감소행위에 해당**한다. 따라서 채무자 소유 부동산과 물상보증인 소유 부동산에 공동근저당권을 설정한 채권자가 공동담보 중 채무자 소유 부동산에 대한 담보 일부를 포기하거나 순위를 불리하게 변경하여 담보를 상실하게 하거나 감소하게 한 경우, **물상보증인은 그로 인하여 상환받을 수 없는 한도에서 책임을 면한다**. 그리고 이 경우 **공동근저당권자는** 나머지 공동담보 목적물인 물상보증인 소유 부동산에 관한 경매절차에서, 물상보증인이 위와 같이 담보 상실 내지 감소로 인한 면책을 주장할 수 있는 한도에서는, **물상보증인 소유 부동산의 후순위 근저당권자에 우선하여 배당받을 수 없다**.

3) 법정대위자 상호간의 효과(제482조 제2항 각호)

가) **보증인과 제3취득자**(제1호, 제2호)

① 보증인은 미리 전세권이나 저당권의 등기에 그 대위를 부기하지 아니하면 제3취득자에 대하여 채권자를 대위하지 못한다. → [**미리**] 보증인의 **변제 후 제3취득자 등기**경료 **전**

② **제3취득자는 보증인에 대하여 채권자를 대위하지 못한다**.

> ※ 주의 판례
>
> 1. 제3취득자 권리취득 후 채무를 변제한 보증인의 대위 부기등기의 요부
>
> 민법 제482조 제2항 제1호는 보증인의 변제로 저당권 등이 소멸한 것으로 믿고 목적부동산에 대하여 권리를 취득한 제3취득자를 예측하지 못한 손해로부터 보호하기 위한 것이다. 따라서 ① **보증인이 채무를 변제한 후** 저당권 등의 등기에 관하여 **대위의 부기등기를 하지 않고 있는 동안 제3취득자**가 목적부동산에 대하여 **권리를 취득한 경우 보증인은 제3취득자에 대하여 채권자를 대위할 수 없다**. ② 그러나 **제3취득자**가 목적부동산에 대하여 **권리를 취득한 후 채무를 변제한 보증인**은 **대위의 부기등기를 하지 않고도 대위할 수 있다**고 보아야 한다. 보증인이 변제하기 전 목적부동산에 대하여 권리를 취득한 제3자는 등기부상 저당권 등의 존재를 알고 권리를 취득하였으므로 나중에 보증인이 대위하더라도 예측하지 못한 손해를 입을 염려가 없기 때문이다.

2. 물상보증인과 제3취득자 관계

물상보증인과 제3취득자 사이의 변제자대위에 관하여는 **명확한 규정**이 **없다**. 그런데 제370조와 제341조, 제482조 제2항 제5호에 비추어 **물상보증인과 보증인 사이**의 **우열**은 **인정하고 있지 아니하다**. → ① **물상보증인**이 채무를 변제하거나 담보권의 실행으로 소유권을 잃은 때에는 보증채무를 이행한 **보증인과 마찬가지로** 채무자로부터 담보부동산을 취득한 **제3자에 대하여 채권자를 대위할 수 있다**. ② **반면** 채무자로부터 담보부동산을 취득한 **제3자는** 채무를 변제하거나 담보권의 실행으로 소유권을 잃더라도 **물상보증인에 대하여 채권자를 대위할 수 없다**.

3. 제1호 · 제2호의 제3취득자에 후순위근저당권자 포함 여부

① 후순위 근저당권을 취득한 제3자는 민법 제364조에서 정한 저당권소멸청구권을 행사할 수 있는 제3취득자에 해당하지 아니하므로 후순위 근저당권자보다 보증인을 더 보호할 이유가 없다. 따라서 **후순위 근저당권자**는 **보증인에 대하여 채권자를 대위할 수 있다**고 봄이 타당하므로, 민법 **제482조 제2항 제2호의 제3취득자에 후순위 근저당권자**는 **포함되지 아니한다**. ② 한편 후순위 근저당권자는 통상 선순위 근저당권의 담보가치를 초과하는 담보가치만을 파악하여 담보권을 취득한 자에 불과하므로 보증인보다 후순위 근저당권자를 더 보호할 이유도 없다. 따라서 **보증인**은 미리 저당권의 등기에 그 **대위를 부기하지 않고서도** 저당물에 **후순위 근저당권을 취득한 제3자에 대하여 채권자를 대위할 수 있다**고 할 것이므로, 민법 **제482조 제2항 제1호의 제3자에 후순위 근저당권자**는 **포함되지 않는다**.

나) 제3취득자 상호간(제3호)

각 부동산의 가액에 비례하여 다른 제3취득자에 대하여 채권자를 대위

다) 물상보증인 상호간(제4호)

각 담보재산의 가액에 비례하여 다른 물상보증인에 대하여 채권자를 대위

라) 물상보증인과 보증인(제5호)

① 물상보증인과 보증인간에는 그 **인원수**에 비례하여 채권자를 대위한다. 그러나 물상보증인이 수인인 때에는 **보증인의 부담부분**을 **제외**하고 그 잔액에 대하여 **각 재산의 가액**에 **비례**하여 대위한다. 이 경우에 그 재산이 부동산인 때에는 **제1호의 규정**을 **준용**한다.

② 물상보증인들이 채무를 변제한 뒤 다른 물상보증인 소유부동산에 설정된 근저당권설정등기에 관하여 대위의 부기등기를 하여 두지 아니하고 있는 동안에 제3취득자가 위 부동산을 취득하였다면, 대위변제한 물상보증인들은 제3취득자에 대하여 채권자를 대위할 수 없다.

③ 보증인과 물상보증인 상호간에는 인원수에 비례하여 평등하게 대위비율을 결정하도록 규정한 것은, 특별한 사정이 없는 한 오히려 인원수에 따라 대위비율을 정하는 것이 공평하고

법률관계를 간명하게 처리할 수 있어 합리적이며 그것이 대위자의 통상의 의사 내지 기대에 부합하기 때문이다. 따라서 보증인과 물상보증인의 지위를 겸하는 자가 포함되어 있는 경우에도 동일하게 참작되어야 하므로, 민법 제482조 제2항 제4호, 제5호 전문에 의한 대위비율은 **보증인과 물상보증인의 지위를 겸하는 자**도 **1인으로 보아 산정**함이 상당하다(단일자격설 - 보증인설).

Set 14 상계

※ 논증구도

〈채무결제의 간이화기능 및 담보적 기능 vs 현실적 급부·만족을 받을 이익〉

Ⅰ. 금전지급청구 ⟶ **Ⅱ. 상계주장의 당부**

1. 요건

(1) **상**호 대립하는 동**종**채권의 존재 - 제3자 채권

(2) 쌍방채권의 **변**제기 도래

(3) 상계가 금지되어 있지 않을 것 - 상계 **허**용

1) 상계금지특약

2) 성질상 금지 - 항변권 붙은 경우

3) 법률상 금지 - 제496조, 제497조, 제498조

(4) 상계의 의사**표**시

2. 효과

1. 요건(제492조)

(1) 상호 대립하는 동종채권의 존재

1) 제3자 채권 - 자동채권·수동채권

① 자동채권은 원칙적으로 법률의 규정 등 특별한 사정이 없는 한 상계자 자신이 피상계자에 대하여 가지는 채권이어야 한다. 다만 상계할 채권이 있는 연대채무자가 상계하지 아니한 때에는 그 채무자의 부담부분에 한하여 **다른 연대채무자**가 상계할 수 있고(제418조 제2항), **보증인**은 주채무자가 채권자에 대해 가지는 채권으로 상계할 수 있다(제434조).

② 수동채권은 피상계자가 상계자에 대하여 가지는 채권이어야 하고, **피상계자가 제3자에 대해 가지는 채권과**는 **상계할 수 없다**(이를 인정한다면 피상계자가 제3자에게서 현실적 급부를 받을 이

익을 침해하기 때문). → ※ [**사안**] : 유치권이 인정되는 아파트를 경락 · 취득한 자가 아파트 일부를 점유 · 사용하고 있는 **유치권자에 대한** 임료 상당의 **부당이득금 반환채권**을 **자동채권**으로 하고 **유치권자의 종전 소유자에 대한 유익비상환채권 · 공사대금채권**을 **수동채권**으로 하여 상계의 의사표시를 한 사안에서, 상대방이 제3자에 대하여 가지는 채권을 수동채권으로 하여 **상계할 수 없다**고 보았다.

2) 동종채권

① 확정된 벌금채권을 자동채권으로 하여 국가가 사인의 국가에 대한 채권과 대등액에서 상계O

② 양 채권액이 동일할 필요는 없고, 이행지가 동일할 필요도 없다(제494조).

3) 채권의 존재 - 제495조

소멸시효가 완성된 채권이더라도 그 완성 전에 상계할 수 있었던 것이면 상계할 수 있다. → 추후 정산의 기대 · 신뢰 보호의 필요 : 매도인이나 수급인의 **담보책임을 기초로 한 손해배상채권**의 **제척기간이 지난 경우에도** 제척기간이 지나기 전 상대방의 채권과 상계할 수 있었던 경우에는 매수인이나 도급인은 민법 **제495조**를 **유추적용**해서 위 손해배상채권을 자동채권으로 해서 상대방의 채권과 **상계할 수 있다**.

※ [**비교**] - ① 민법 제495조는 자동채권의 **소멸시효 완성 전**에 **양 채권**이 **상계적상**에 이르렀을 것을 **요건**으로 한다. ② **임차인의 유익비상환채권은** 임대차계약이 **종료한 때**에 **비로소 발생**한다고 보아야 한다(제626조 제2항). 따라서 **임대차 존속 중 임대인의 구상금채권의 소멸시효가 완성된 경우**에는 위 구상금채권과 임차인의 유익비상환채권이 **상계할 수 있는 상태**에 **없었으**므로, 그 이후에 임대인이 이미 소멸시효가 완성된 구상금채권을 자동채권으로 삼아 임차인의 유익비상환채권과 **상계**하는 것은 민법 제495조에 의하더라도 **인정될 수 없다**.

(2) 쌍방 채권의 변제기 도래

① 자동채권은 반드시 변제기에 있어야 한다. ② 그러나 수동채권은 채무자인 상계자가 기한의 이익을 포기할 수 있으므로 반드시 변제기에 있을 필요는 없다.

(3) 상계가 금지되어 있지 않을 것 - 상계 허용

1) 상계금지특약

당사자가 상계를 금지하는 특약을 한 경우에는 상계를 할 수 없다. 다만 상계금지는 '선의의 제3자'에게 대항하지 못한다(제492조 제2항).

2) 성질상 금지

① 동시이행의 항변권이나 최고 · 검색의 항변권 등이 붙어 있는 채권을 자동채권으로 하여 상계할 수는 없다.

② 보증인의 **사전구상권**에는 **채무자의 담보제공청구권**(제443조)이 면책의 **항변권으로 부착**되어 있으므로, 보증인은 **사전구상권을 자동채권으로** 하여 주채무자에 대한 채무와 **상계할 수 없다**.

다만 제443조는 임의규정이므로 **주채무자가 항변권**을 **포기**한 경우에는 사전구상권을 자동채권으로 하여 **상계할 수 있고**, **항변권**을 **상실시킨 경우**에도 **상계**가 **가능**하다.

※ 동시이행의 항변권이 붙어 있는 채권의 경우 상계의 허용 여부
1. 자동채권에 항변권이 붙어 있는 경우 **상계 허용✗**(∵ 상계를 허용한다면 상계자 일방의 의사표시에 의하여 상대방의 항변권행사의 기회를 상실케 하는 결과가 되기 때문) 2. 수동채권에 항변권이 붙어 있는 경우 **상계 허용○**(∵ 상계자 스스로 항변권을 포기할 수 있기 때문) 3. 양 채권이 모두 동시이행관계 서로 현실적으로 이행하여야 할 필요가 없는 경우로서 **상계 허용○**

3) 법률상 금지

가) 고의의 불법행위로 인한 손해배상채권의 수동채권(제496조)

① **자동채권 → 상계 허용**

② **중과실**의 불법행위로 인한 손해배상채권 → **상계 허용**

③ 피용자의 고의의 불법행위로 인하여 사용자책임이 성립하는 경우 **사용자**는 자신의 고의의 불법행위가 아니라는 이유로 **제496조의 적용을 면할 수 없다**. → **상계 금지**

④ **불법행위로 인한 손해배상채권과 부당이득반환채권**이 모두 성립하여 **양 채권**이 **경합**하는 경우 피해자가 부당이득반환채권만을 청구하더라도 그 청구의 실질적 이유는 불법행위로 인한 손해배상채권을 청구하는 경우와 다를 바 없다. → **제496조를 유추적용 : 상계 금지**

⑤ 고의의 채무불이행으로 인한 손해배상채권에는 제496조가 적용되지 않지만, 예외적으로 **고의에 의한 행위가 불법행위**를 구성함과 동시에 **채무불이행**을 구성하여 **양 채권**이 **경합**하는 경우 → **제496조를 유추적용 : 상계 금지**

나) 압류금지채권의 수동채권(제497조)

다) 지급금지채권(압류 또는 가압류된 채권)**의 수동채권**(제498조)

① [**지급금지 전에 취득한 채권으로 상계**] → ⅰ) 가압류의 효력발생 당시에 **양 채권**이 **상계적상**에 있거나, ⅱ) **반대채권이** 가압류 당시에 **변제기에 이르지 않은 경우에도** 피압류채권인 수동채권의 변제기와 **동시에 또는 먼저 변제기**에 **도달**하는 경우에는 상계할 수 있다.

② [**지급금지 후에 취득한 채권으로 상계**] → ⅰ) 지급금지명령을 받은 제3채무자는 그 후에 취득한 채권을 자동채권으로 하여 상계할 수 없다. ⅱ) 그러나 제3채무자의 압류채무자에 대한 자동채권이 수동채권인 피압류채권과 **동시이행의 관계**에 있는 경우 + 자동채권이 발생한 **기초**가 되는 **원인**은 수동채권이 압류되기 전에 **이미 성립**하여 **존재**하고 있었던 것이므로

그 자동채권은 민법 제498조에 규정된 '**지급을 금지하는 명령을 받은 제3채무자가 그 후에 취득한 채권**'에 **해당하지 않으므로 상계할 수 있다.** → ※ [**사안**] : 부동산 매수인의 매매잔대금 지급의무와 매도인의 가압류등기말소의무가 동시이행관계에 있었는데, 위 가압류에 기한 강제경매절차가 진행되자 매수인이 그 채권액을 변제공탁한 경우, 매도인은 매수인에 대해 대위변제로 인한 구상채무를 부담하게 되고 이 구상채무는 가압류등기말소의무의 변형으로서 종전의 매수인의 잔대금 지급의무와 동시이행의 관계를 유지하므로, 매수인(제3채무자)의 위 구상금채권이 가압류 이후에 발생한 것이더라도 그 기초가 되는 원인은 가압류 이전에 성립하고 있었으므로, 매수인은 매매잔대금채무를 구상금채권과 상계할 수 있다.

(4) 상계의 의사표시

① 상계적상이 존재하는 경우라도 **상계의 의사표시를 하여야**만 **상계의 효력**이 **발생**한다(단독 의사표시주의). 상계의 의사표시에는 조건이나 기한을 붙이지 못한다(제493조 제1항).

② **채권의 일부 양도**가 이루어지면 특별한 사정이 없는 한 각 분할된 부분에 대하여 **독립한 분할채권**이 **성립**하므로 그 채권에 대하여 양도인에 대한 반대채권으로 상계하고자 하는 채무자로서는 양도인을 비롯한 각 분할채권자 중 **어느 누구도 상계의 상대방으로 지정하여 상계할 수 있고,** 그러한 채무자의 상계 의사표시를 수령한 분할채권자는 제3자에 대한 대항요건을 갖춘 양수인이라 하더라도 **양도인** 또는 다른 양수인**에 귀속된 부분에 대하여 먼저 상계되어야 한다거나** 각 분할채권액의 **채권 총액에 대한 비율에 따라 상계되어야 한다는 이의**를 **할 수 없다.** **→ 전부명령 동일**

2. 효과

(1) 대등액에서 소멸(제493조 제2항)

① [**소급**] – 상계의 의사표시는 각 채무가 상계할 수 있는 때(상계적상시)에 대등액에 관하여 소멸

② [**상계적상시**] – 상계적상시란 ⅰ) 양 채무의 변제기가 모두 도래한 후에 상계한 경우라면 양 채무의 변제기가 도래한 때이며, ⅱ) 자동채권만이 변제기가 도래한 상태에서 상계를 하는 경우에는 자동채권의 변제기가 도래한 시점에 상계적상이 생기고 그때 채무가 소멸한다.

③ [**상계충당**] – 제476조 내지 제479조의 변제충당의 규정 준용(제499조) → ⅰ) **상계적상시 이전에 수동채권의 변제기가 이미 도래**하여 지체가 발생한 경우에는 **상계적상 시점까지의 수동채권의 약정이자 및 지연손해금**을 **계산한 다음** 자동채권으로써 **먼저** 수동채권의 **약정이자 및 지연손해금을 소각하고 잔액을 가지고 원본을 소각**, / ⅱ) 여러 개의 자동채권이 있고 수동채권의 원리금이 자동채권의 원리금 합계에 미치지 못하는 경우에는 우선 **자동채권의 채권자**가 상계의 대상이 되는 자동채권을 **지정**할 수 있고, **다음으로 자동채권의 채무자**가 이를 **지정**할 수 있으며, 양 당사자가 모두 지정하지 아니한 때에는 법정변제충당의 방법으로 상계충당이 이루어지게 된다.

(2) 소송상 상계의 항변에 대한 소송상 상계의 재항변 가부

소송상 방어방법으로서의 **상계항변은** 통상 그 **수동채권의 존재가 확정되는 것**을 **전제**로 하여 행하여지는 일종의 **예비적 항변**으로서, ① 피고의 소송상 상계항변에 대하여 원고가 다시 피고의 자동채권을 소멸시키기 위하여 소송상 상계의 재항변을 하는 경우, 법원이 원고의 소송상 상계의 재항변과 무관한 사유로 피고의 **소송상 상계항변**을 **배척**하는 경우에는 **소송상 상계의 재항변**을 **판단**할 **필요**가 **없고**, ② 피고의 **소송상 상계항변이 이유 있다고 판단**하는 경우에는 원고의 청구채권인 수동채권과 피고의 자동채권이 상계적상 당시에 대등액에서 소멸한 것으로 보게 될 것이므로 원고가 소송상 상계의 재항변으로써 상계할 대상인 피고의 자동채권이 그 범위에서 존재하지 아니하는 것이 되어 이때에도 역시 원고의 **소송상 상계의 재항변**에 관하여 **판단**할 **필요**가 **없다**. 따라서 **피고의 소송상 상계항변에 대하여 원고가 소송상 상계의 재항변**을 하는 것은 다른 특별한 사정이 없는 한 **허용되지 않는다**.

(3) 책임제한과 상계

책임제한을 한 후의 손해배상액과 상계하여야 한다.

(4) 변론종결 후 상계권 행사와 청구이의 사유

채무자가 채무명의인 확정판결의 변론종결 전에 상대방에 대하여 상계적상에 있는 채권을 가지고 있었다 하더라도 채무명의인 확정판결의 **변론종결 후에** 이르러 **비로소 상계의 의사표시를 한 때**에는 민사소송법 제505조 제2항(현재 민사집행법 제44조 제2항)이 규정하는 '**이의원인이 변론종결 후에 생긴 때**'에 **해당**하는 것으로서, **당사자가 채무명의인 확정판결의 변론종결 전에 자동채권의 존재를 알았는가 몰랐는가에 관계없이 적법한 청구이의 사유로 된다**.

※ 물상보증인·보증인의 구상권과 상계의 제한

1. 물상보증인의 면책적 채무인수에 기한 구상권을 자동채권으로 하는 상계의 가부

물상보증인이 타인의 채무를 변제하거나 저당권의 실행으로 저당물의 소유권을 잃은 때에는 채무자에 대하여 구상권을 취득한다(제370조, 제341조). 그런데 구상권 취득의 요건인 '**채무의 변제**'라 함은 채무의 내용인 **급부**가 **실현**되고 이로써 **채권이** 그 **목적**을 **달성**하여 **소멸**하는 것을 의미하므로, **기존 채무가 동일성을 유지하면서** 인수 당시의 상태로 종래의 채무자로부터 인수인에게 **이전할 뿐 기존 채무를 소멸시키는 효력이 없는 면책적 채무인수**는 설령 이로 인하여 기존 채무자가 채무를 면한다고 하더라도 이를 가리켜 **채무가 변제된 경우**에 **해당한다고 할 수 없다**. 따라서 채무인수의 대가로 기존 채무자가 물상보증인에게 어떤 급부를 하기로 약정하였다는 등의 사정이 없는 한 **물상보증인이 기존 채무자의 채무를 면책적으로 인수하였다는 것만으로** 물상보증인이 기존 채무자에 대하여 **구상권 등의 권리를 가진다고 할 수 없다**. 따라서 이를 이유로 **상계할 수 없다**.

2. 제3채무자인 수탁보증인의 압류채무자인 주채무자에 대한 사전구상권을 자동채권으로 하는 상계의 가부

(1) 사후구상권이 발생한 경우 사전구상권이 소멸하는지 여부

수탁보증인의 사후구상권(제441조)과 사전구상권(제442조 제1항 각호)은 발생원인을 달리하고 법적 성질도 달리하는 **별개의 독립된 권리**이므로, **사후구상권이 발생한 이후에도 사전구상권은 소멸하지 아니하고 병존한다**.

(2) 상계의 성질상 제한

수탁보증인이 주채무자에 대하여 가지는 민법 제442조의 사전구상권에는 민법 제443조의 담보제공청구권이 항변권으로 부착되어 있는 만큼 이를 자동채권으로 하는 상계는 원칙적으로 허용될 수 없고, 항변권을 소멸시켜야 상계가 가능하다.

(3) 상계의 법률상 제한

채권압류명령을 받은 제3채무자가 압류채무자에 대한 반대채권을 가지고 있는 경우에 상계로써 압류채권자에게 대항하기 위하여는, 압류의 효력 발생 당시에 대립하는 양 채권이 상계적상에 있거나, 그 당시 반대채권(자동채권)의 변제기가 도래하지 아니한 경우에는 그것이 피압류채권(수동채권)의 변제기와 동시에 또는 그보다 먼저 도래하여야 한다. 이러한 법리는 채권압류명령을 받은 제3채무자이자 보증채무자인 사람이 압류 이후 보증채무를 변제함으로써 담보제공청구의 항변권을 소멸시킨 다음, 압류채무자에 대하여 압류 이전에 취득한 사전구상권으로 피압류채권과 상계하려는 경우에도 적용된다.

(4) 사전구상권으로 압류채권자에게 상계로써 대항하기 위한 요건

제3채무자가 압류채무자에 대한 사전구상권을 가지고 있는 경우에 상계로써 압류채권자에게 대항하기 위해서는, ① **압류의 효력 발생 당시** 사전구상권에 부착된 **담보제공청구의 항변권**이 **소멸하여** 사전구상권과 피압류채권이 **상계적상**에 있거나, ② **압류 당시 여전히 사전구상권에 담보제공청구의 항변권이 부착되어 있는 경우**에는 제3채무자의 **면책행위 등으로** 인해 위 **항변권을 소멸시켜** 사전구상권을 통한 **상계가 가능하게 된 때가 피압류채권의 변제기보다 먼저 도래**하여야 한다.

Set 15 다수당사자 채무관계

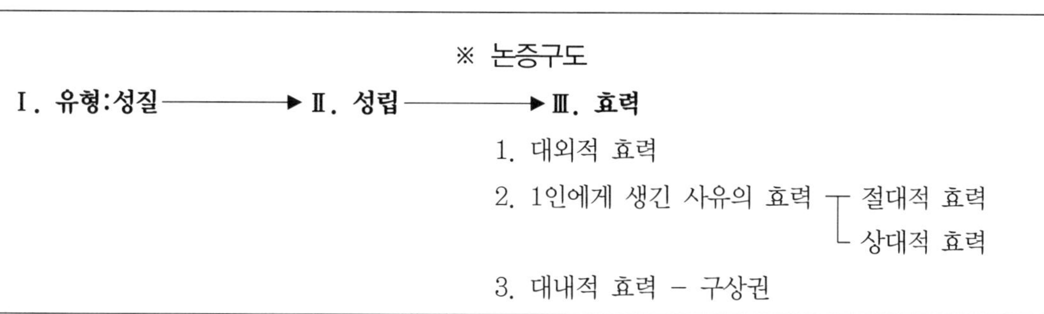
※ 논증구도

Ⅰ. 유형:성질 → Ⅱ. 성립 → Ⅲ. 효력

1. 대외적 효력
2. 1인에게 생긴 사유의 효력 ┬ 절대적 효력 └ 상대적 효력
3. 대내적 효력 - 구상권

1. 분할채무와 불가분채무

① [**분할채무의 원칙**] - 민법은 분할채권관계를 원칙으로 한다.

② [**불가분채무 해당 사안**] - i) **건물의 공유자**가 건물을 **공동임대**하고 보증금을 수령한 경우 **보증금 반환채무**는 불가분적 급부의 반환으로서 성질상 불가분채무에 해당(법정승계에 따라 임대인 지위를 공동으로 승계한 공동임대인들의 임차보증금 반환채무도 성질상 불가분채무에 해당한다), ii) **여러 사람이 공동**으로 법률상 원인 없이 타인의 재산을 사용한 경우의 **부당이득반환채무**는 특별한 사정이 없는 한 불가분적 이득의 반환으로서 불가분채무에 해당, iii) **공동상속인들의 건물철거의무**는 그 성질상 불가분채무이고 각자 그 지분의 한도 내에서 건물전체에 대한 철거의무를 지는 것이므로 공동상속인의 **일부만을 상대로 하여 건물전체의 철거를 청구할 수 있다.**

③ 불가분채무자 사이에 부담부분에 관한 특약이 있거나 특약이 없더라도 채무자의 수익비율이 다르다면 그 특약 또는 비율에 따라 부담부분이 결정된다. 따라서 불가분채무자가 변제 등으로 공동면책을 얻은 때에는 다른 채무자의 부담부분에 대하여 구상할 수 있다(∵ 제411조에서 연대채무에 관한 규정을 준용).

※ 불가분채권

1. 공동임차인의 보증금반환채권

불가분채권관계는 급부의 성질상 불가분이거나(Ex. 건물의 인도・자동차의 인도 등) 또는 당사자의 **약정**(의사표시)에 의해 불가분으로 한 때에 성립한다.

2. 불가분채권의 효력

(1) 대외적 효력

각 채권자는 모든 채권자를 위하여 **전부**의 **이행을 청구할 수 있고, 채무자는** 모든 채권자를 위하여 각 채권자에게 **전부를 이행할 수 있다**(제409조 후문).

(2) 1인의 채권자에게 생긴 사유의 효력

① 제409조 규정에 의하여 모든 채권자에게 효력이 있는 사항을 제외하고는 불가분채권자 중 1인의 행위나 1인에 관한 사항은 다른 채권자에게 효력이 없다(제410조).

② 즉 이행청구, 이행청구에 의한 시효중단 및 이행, 변제의 제공은 다른 채권자에 대해서 효력이 미친다.

③ 그러나 청구와 이행에 따른 효과 이외의 사유는 다른 채권자에게 그 효력이 없다.

④ 따라서 불가분채권자들 중 1인을 집행채무자로 한 압류 및 전부명령이 이루어지면 그 불가분채권자의 채권은 전부채권자에게 이전되지만, 그 압류 및 전부명령은 집행채무자가 아닌 **다른 불가분채권자에게 효력이 없으므로, 다른 불가분채권자의 채권의 귀속에 변경이 생기는 것은 아니다.** 따라서 **다른 불가분채권자는** 모든 채권자를 위하여 **채무자에게 불가분채권 전부의 이행을 청구할 수 있고, 채무자는** 모든 채권자를 위하여 **다른 불가분채권자에게 전부를 이행할 수 있다.**

3. 대내적 효력

불가분채권 전부의 변제를 받은 채권자는 다른 채권자에 대하여 내부관계의 비율에 따라 그의 이익을 분급해야 한다(제410조 제2항 참조). 그 분급의 비율은 채권자 사이의 합의 또는 특별한 사정이 없는 한 균등한 것으로 추정된다.

2. 연대채무

(1) 성질

채무의 복수성·독립성 + 주관적 공동관계O

(2) 성립

약정 / 법률 → ① 공동차주 또는 공동임차인의 연대채무(제616조, 제654조), ② 상사채무(제57조)

(3) 효력

1) 대외적 효력

채권자는 어느 연대채무자에 대하여 또는 동시나 순차로 모든 연대채무자에 대하여 채무의 전부나 일부의 이행을 청구할 수 있다(제414조).

2) 1인에게 생긴 사유의 효력

가) 절대적 효력 사유

① [**일체형**] : **대**물변제, **변**제, **공**탁, 경**개**, 이행**청**구(시효중단), 채권자**지**체, **상**계(제418조 제1항)

② [**부담부분형**] : 채무**면**제, **소**멸시효 완성, 혼**동**, 다른 연대채무자의 **상**계(제418조 제2항)

※ 채무의 일부면제(제419조)

1. 부담부분 < 잔존 채무액

연대채무자 중 1인이 채무 일부를 면제받는 경우에 그 연대채무자가 지급해야 할 잔존 채무액이 부담부분을 초과하는 경우에는 그 연대채무자의 **부담부분**이 **감소한 것**은 **아니므로** 다른 연대채무자의 채무에도 영향을 주지 않아 **다른 연대채무자**는 채무 **전액**을 **부담**하여야 한다.

2. 부담부분 > 잔존 채무액

일부 면제에 의한 피면제자의 잔존 채무액이 부담부분보다 적은 경우에는 **차액**(부담부분 - 잔존 채무액)**만큼** 피면제자의 **부담부분**이 **감소**하였으므로, 차액의 범위에서 면제의 절대적 효력이 발생하여 **다른 연대채무자의 채무**도 **차액만큼 감소**한다.

나) 상대적 효력 사유

무효, 취소, 이행청구 외의 시효중단사유(Ex. 압류·가압류·승인), 채권양도에 있어서의 대항요건, 확정판결의 기판력 등

※ 경매신청 등에 따른 시효중단

1. 연대채무자 1인의 소유 부동산에 대하여 경매신청

채권자가 연대채무자 1인의 소유 부동산에 대하여 **경매신청**을 한 경우, 이는 **최고**로서의 효력을 가지고 있고, 연대채무자에 대한 이행청구는 **다른 연대채무자**에게도 **효력**이 있으므로, 채권자가 6월 내에 다른 연대채무자를 상대로 재판상 청구를 하였다면 그 다른 연대채무자에 대한 채권의 소멸시효가 중단되지만, 이로 인하여 중단된 시효는 위 경매절차가 종료된 때가 아니라 재판이 확정된 때로부터 새로 진행된다.

2. 연대채무자 1인의 소유 부동산에 대한 경매개시결정

채권자의 신청에 의한 경매개시결정에 따라 연대채무자 1인의 소유 부동산이 **압류**된 경우, 이로써 위 채무자에 대한 채권의 소멸시효는 중단되지만, **압류에 의한 시효중단의 효력은 다른 연대채무자에게 미치지 아니하**므로, 경매개시결정에 의한 시효중단의 효력을 다른 연대채무자에 대하여 주장할 수 없다.

3) 대내적 효력 - 구상권

① 어느 연대채무자가 **변제 기타 자기의 출재**로 **공동면책**이 된 때에는 다른 연대채무자의 **부담부분**에 대하여 구상권을 행사할 수 있다(제425조). → 자기의 부담부분을 넘은 **초과출재**는 **필요✗**

② 부담부분이란 연대채무자의 내부적 관계에 있어서 각자가 그의 출재로 분담하기로 되어 있는

비율로서, 부담부분은 균등한 것으로 추정되나(제424조), 연대채무자 사이에 부담부분에 관한 **특약이 있거나** 특약이 없더라도 **채무의 부담과 관련하여 각 채무자의 수익비율이 다르다면 특약 또는 비율에 따라 부담분이 결정된다**.

③ 구상권은 출재액 및 면책된 날 이후의 법정이자 및 피할 수 없는 비용 기타의 손해배상을 포함한다(제425조).

④ 구상권의 제한 - 사전·사후 통지의 해태(제426조)

Set 16 부진정연대채무

1. 성질

채무의 복수성·독립성 + 주관적 공동관계✗

2. 성립

① [**일반적**] - **발**생원인 상이 / **동**일한 경제적 목적을 가진 채무로서 서로 **중**첩되는 부분에 관하여는 일방의 채무가 변제 등으로 소멸하면 타방의 채무도 소멸하는 관계

② [**구체적**] - i) 법인의 불법행위책임과 그 이사 기타 대표자 개인의 책임(제35조 제1항), ii) 피용자의 불법행위로 인한 배상의무와 사용자의 배상의무(제756조), iii) 공동불법행위자의 배상의무(제760조), iv) 임치물을 부주의로 도난당하거나 훼손당한 경우에 수치인의 **채무불이행책임**과 절취자나 훼손자의 **불법행위책임**, v) **직접점유자와 간접점유자**의 점유·사용으로 인한 **부당이득의 반환의무**, vi) **설계용역계약상의 채무불이행으로 인한 손해배상채무와 공사도급계약상의 채무불이행으로 인한 손해배상채무**, vii) **미등기건물의 원시취득자와 사실상의 처분권자**(미등기건물의 양수인)**의 토지소유자에 대하여 부담하는 부당이득반환의무** 등

3. 효력

(1) 대외적 효력

채권자는 어느 채무자에 대하여 또는 동시나 순차로 모든 연대채무자에 대하여 채무의 전부나 일부의 이행을 청구할 수 있다.

(2) 1인에게 생긴 사유의 효력

1) 절대적 효력 사유

가) 일반론

채권만족사유인 **대**물변제, **변**제, **공**탁은 절대적 효력O

※ 부진정연대채무자 1인의 일부변제

1. 동액 또는 소액의 채무자가 일부변제한 경우 다액의 채무가 소멸하는 범위

① 공동불법행위자로서 타인에게 손해를 연대하여 배상할 책임이 있는 경우 그 불법행위자들의 **손해배상 채무액**이 **동일**한 경우에는 불법행위자 1인이 그 손해액의 **일부**를 **변제**하면 절대적 효력으로 인하여 **다른 불법행위자의 채무**도 **변제금 전액**에 해당하는 부분이 **소멸**한다.

② 불법행위자의 피해자에 대한 과실비율이 달라 배상할 손해액의 범위가 달라지는 경우에는 누가 그 채무를 변제하였느냐에 따라 소멸되는 채무의 범위가 달라지는데, **적은 손해액을 배상할 의무가 있는 자**가 불법행위의 성립 이후에 손해액의 **일부**를 **변제**한 경우에는 **많은 손해액을 배상할 의무 있는 자의 채무**는 그 **변제금 전액**에 해당하는 부분이 **소멸**한다. 이 경우 **변제된 금액은 소액채무자가 다액채무자와 공동으로 부담하는 부분에 관하여 민법의 변제충당의 일반원칙에 따라 지연손해금, 원본의 순서로 변제에 충당되고**, 변제는 절대적 효력을 발생하므로 이로써 **다액 채무자의 채무도 지연손해금과 원금이 같은 범위에서 소멸하게 된다**.

2. 다액의 채무자가 일부변제한 경우 소액의 채무가 소멸하는 범위

① 금액이 다른 채무가 서로 부진정연대 관계에 있을 때 **다액채무자**가 **일부 변제**를 하는 경우 그 변제로 인하여 **먼저 소멸하는 부분**은 당사자의 의사와 채무 전액의 지급을 확실히 확보하려는 부진정연대채무 제도의 취지에 비추어 볼 때 **다액채무자가 단독으로 채무를 부담하는 부분**으로 보아야 한다.

② 이러한 법리는 **사용자**의 손해배상액의 범위가 피해자의 과실을 참작하여 과실상계를 한 결과 타인에게 직접 손해를 가한 피용자 자신의 손해배상액과 달라졌는데 다액채무자인 피용자가 손해배상액의 일부를 변제한 경우에 적용되고, **공동불법행위자**들의 피해자에 대한 과실비율이 달라 손해배상액의 범위가 달라졌는데 다액채무자인 공동불법행위자가 손해배상액의 일부를 변제한 경우에도 **적용**된다.

나) 상계

① 부진정연대채무자 중 1인이 자신의 채권자에 대한 반대채권으로 **상계**를 한 경우에도 채권은 변제, 대물변제, 또는 공탁과 동일하게 현실적으로 만족을 얻어 그 목적을 달성하는 것이므로, 상계로 인한 채무소멸의 효력은 소멸한 채무 전액에 관하여 **다른 부진정연대채무자에 대하여 미친다**.

② 부진정연대채무자 중 1인이 채권자와 **상계계약**을 체결한 경우에도 **마찬가지**이다.

③ 상계 내지 상계계약이 이루어질 당시 **다른 부진정연대채무자의 존재**를 **알았는지 여부**는 **상관없다**.

④ 부진정연대채무자 사이에는 **고유의 의미**에 있어서의 **부담부분**이 **존재하지 아니하므로** 그 존재를 전제로 하는 민법 **제418조 제2항**은 부진정연대채무에는 **적용되지 아니한다**.

2) 상대적 효력 사유

절대적 효력 사유 외의 사유는 상대적 효력 → Ex) 채권포기, 채무면제, 소멸시효, 시효중단, 시효이익의 포기 등

(3) 대내적 효력 - 구상권

① [**인정 여부**] - **형평의 원칙상 일정한 부담부분**이 있을 수 있으며, 그 부담부분은 각자의 고의 및 **과실의 정도**에 따라 **정**하여지는 것으로서 부진정연대채무자 중 1인이 자기의 부담부분 이상을 변제하여 공동의 면책을 얻게 하였을 때에는 다른 부진정연대채무자에게 그 부담부분의 비율에 따라 **구상권**을 **행사할 수 있다**.

② [**성질**] - 손해배상채권과 구상권은 별개의 독립한 권리이므로, 손해배상채무의 면제가 구상의무를 면제하는 효과까지 있는 것은 아니다. 따라서 자신의 **채무를 면제받았다는 것을 이유로 구상의무의 이행을 거절할 수는 없다. 다른 공동불법행위자에 대한 손해배상청구권이 시효소멸한 후에 구상권을 행사하는 경우**도 **마찬가지**이다.

③ [**요건**] - **초과출재 필요** → 구상권이 성립하려면 자신의 부담부분 이상(넘는)을 변제하여 공동의 면책을 얻게 하여야 한다.

④ [**제한**] - 연대채무에 있어서 변제에 관해 채무자 상호간에 **통지의무**를 인정하고 있는 민법 **제426조의 규정**을 **유추적용** ✗

⑤ [**소멸**] - **소멸시효** : **공동면책행위를 한 때**(현실로 손해배상금을 지급한 때)로부터 **10년**의 기간

⑥ [**다수당사자 구상의무관계**] - ⅰ) [**분할채무 원칙**] : 공동불법행위자 중 1인에 대하여 구상의무를 부담하는 다른 공동불법행위자가 수인인 경우에는 특별한 사정이 없는 이상 그들의 구상권자에 대한 채무는 이를 부진정연대채무로 보아야 할 근거는 없으며, 오히려 다수당사자 사이의 분할채무의 원칙이 적용되어 각자의 부담부분에 따른 분할채무로 봄이 상당하다. / ⅱ) [**예외적 부진정연대채무**] : **구상권자**인 공동불법행위자측에 **과실이 없는 경우**, 즉 내부적인 부담부분이 전혀 없는 경우에는 이와 달리 그에 대한 수인의 구상의무 사이의 관계를 부진정연대관계로 봄이 상당하다.

Set 17 보증채무

※ 논증구도

Ⅰ. 유형:요건 ⟶	Ⅱ. 주요 항변
〈보증채무의 이행청구:보증한도액〉	1. 주채무에 관한 항변 ┬ 장 / └ 멸
① 주채무의 존재	
② 보증계약의 체결	2. 보증채무에 관한 항변 ┬ 장 / ├ 멸 / └ 저
+	
〈보증채무 자체의 지연손해금〉	

1. 성질

(1) 복수성 · 독립성(별개의 독립한 채무)

① 보증채무 자체의 이행지체로 인한 지연손해금은 보증한도액과는 별도로 부담한다.

② 이 경우 주채무에 관하여 약정된 연체이율이 보증채무에 당연 적용✗ → 특별한 약정이 있으면 그에 따르고, 특별한 약정이 없는 경우라면 그 거래행위의 성질에 따라 상법 또는 민법에서 정한 법정이율에 의한다.

③ 보증채무 자체의 이행확보를 위하여 위약금 기타 손해배상액의 예정을 할 수 있다(제429조 제2항).

(2) 부종성[성립상 · 존속상, 내용상(제430조, 제433조, 제434, 제435조), 이전상]

① 주채무가 성립되지 않았거나 무효 · 취소에 의하여 소멸된 때에는 보증채무도 불성립 또는 소멸한다.

② 주채무가 소멸시효 완성으로 소멸된 경우에는 보증채무도 그 채무 자체의 시효중단에 불구하고 부종성에 따라 당연히 소멸된다.

③ **주채권**이 **이전**되면 원칙적으로 **보증채권**도 **함께 이전**되고, **보증채권만의 분리양도**는 부종성에 반하여 **인정되지 않는다**.

④ **채권양도의 대항요건**은 **주채권의 이전에 관해 구비하면 족**하고, 별도로 보증채권에 관해 대항요건을 갖출 필요는 없다.

(3) 보충성

최고 · 검색의 항변권(제437조) → 배제특약, 연대보증의 경우 인정✗

2. 성립 및 내용 – 보증계약

(1) 당사자

① 보증계약 체결의 당사자는 채권자와 보증인이고, 주채무자는 당사자가 아니다.

② **주채무자로부터 사기를 당한 경우는 제3자의 사기에 해당한다**(제110조 제2항).

(2) 보증의사

① 보증은 그 의사가 보증인의 기명날인 또는 서명이 있는 서면으로 표시되어야 효력이 발생하지만, 보증의 의사가 전자적 형태로 표시된 경우에는 효력이 없다(제428조의2 제1항). 다만 보증인이 보증채무를 이행한 경우에는 그 한도에서 이러한 방식의 하자를 이유로 보증의 무효를 주장할 수 없다(제428조의2 제3항).

② 보증인의 서명은 타인이 보증인의 이름을 대신 쓰는 방법으로는 허용되지 않지만, **보증인의 기명날인**은 **타인**이 이를 **대행**하는 방법으로 하여도 **무방하다**.

③ 작성된 서면에 반드시 '**보증인**' 또는 '**보증한다**'라는 **문언의 기재**가 있을 것이 **요구되지**는 **않는다**.

(3) 채권자의 정보제공의무와 통지의무 등(제436조의2)

① 제436조의2에 따르면 채권자는 보증계약을 체결할 때 보증계약의 체결 여부 또는 그 내용에 영향을 미칠 수 있는 주채무자의 채무 관련 신용정보를 보유하고 있거나 알고 있는 경우에는 보증인에게 그 정보를 알려야 한다고 규정함으로써 채권자의 정보제공의무 등을 인정하고 있다.

② 반면, 물상보증인은 주채무자의 자력에 대하여 조사한 다음 계약을 체결할 것인지 여부를 스스로 결정해야 하므로, **채권자가 물상보증인에게 주채무자의 신용 상태를 고지할 신의칙상 의무는 존재하지 않는다**.

(4) 보증채무의 내용

1) 보증한도액

① 보증채무는 주채무의 이자, 위약금, 손해배상 기타 주채무에 종속한 채무를 포함한다(제429조).

② 보증인의 부담이 주채무의 목적이나 형태보다 중한 때에는 주채무의 한도로 감축한다(제430조).

③ 보증계약 후 보증인의 동의 없이 주채무의 내용이 변경된 경우 그 변경된 내용이 보증인에게 불리하게 된다면 이는 보증인에게 영향이 없다. → 보증계약 체결 후 **채권자가 보증인의 승낙 없이** 주채무자에 대하여 **변제기**를 **연장**하여 준 경우, 그것이 반드시 보증인의 책임을 가중하는 것이라고는 할 수 없으므로 원칙적으로 **보증채무에 대하여**도 그 **효력**이 **미친다**.

④ 주채무에 관한 계약의 해제·해지에 의한 원상회복의무 및 손해배상의무도 보증채무에 의하여 담보되는 범위에 속한다.

2) 보증채무 자체의 지연손해금

① 보증채무의 독립성상 보증채무 자체의 이행확보를 위하여 위약금 기타 손해배상액의 예정을 할 수 있다(제429조 제2항).

② 보증채무는 주채무와는 별개의 채무이기 때문에 **보증채무 자체의 이행지체로 인한 지연손해금**은 **보증한도액과**는 **별도**로 **부담**하고, 이 경우 보증채무의 연체이율에 관하여 특별한 약정이 있으면 그에 따르고, 특별한 약정이 없는 경우라면 그 거래행위의 성질에 따라 상법 또는 민법에서 정한 법정이율에 따라야 할 것이고, **주채무에 관하여 약정된 연체이율**이 **당연**히 여기에 **적용되는 것**은 **아니다**.

3. 효력

(1) 대외적 효력

1) 채권자의 이행청구

채권자는 주채무자와 보증인에게 동시에 또는 순차로 전부나 일부의 이행을 청구할 수 있다.

2) 보증인의 채권자에 대한 항변

가) 주채무자의 항변권 행사

① 보증인은 주채무자의 항변으로 채권자에게 대항할 수 있고, **주채무자의 항변포기**는 보증인에게 **효력**이 **없다**(제433조).

② **주채무**가 **시효로 소멸**한 때에는 **보증인도** 그 **시효소멸**을 **원용**할 수 있다. 또한 **주채무자가 시효의 이익을 포기하더라도 보증인에게는 그 효력이 없다.**

※ [비교] – ① **보증채무**에 대한 **소멸시효**가 **중단**되었다고 하더라도 이로써 **주채무에 대한 소멸시효가 중단되는 것은 아니고, 주채무가 소멸시효 완성으로 소멸된 경우**에는 **보증채무**도 그 채무 자체의 시효중단에 불구하고 부종성에 따라 **당연**히 **소멸**된다. ② **주채무**에 대한 **소멸시효**가 **완성**되어 보증채무가 소멸된 상태에서 **보증인이 보증채무를 이행하거나 승인하였다고 하더라도**, 주채무자가 아닌 보증인의 행위에 의하여 **주채무에 대한 소멸시효 이익의 포기 효과가 발생된다고 할 수 없으며, 보증인은** 여전히 주채무의 시효소멸을 이유로 **보증채무의 소멸을 주장할 수 있다.**

③ 보증인은 **주채무자의 채권에 의한 상계**로 채권자에게 **대항**할 수 있다(제434조).

※ [비교] – 채권자가 주채무자에 대하여 상계적상에 있는 자동채권을 상계하지 않았다고 하여 이를 이유로 보증채무자가 보증한 채무의 이행을 거부할 수 없으며 나아가 보증채무자의 책임이 면책되는 것도 아니다.

나) 채무이행의 거절

① 주채무자가 채권자에 대하여 **취소권 또는 해제권이나 해지권이 있는 동안**은 보증인은 채권자에 대하여 채무의 **이행**을 **거절**할 수 있다(제435조).

② 채권자가 보증인에게 채무의 이행을 청구한 때에는 보증인은 **주채무자의 변제자력이 있는 사실 및 그 집행이 용이할 것**을 **증명**하여 먼저 주채무자에게 청구할 것과 그 재산에 대하여 집행할 것을 항변할 수 있다. 그러나 보증인이 주채무자와 연대하여 채무를 부담한 때에는 그러하지 아니하다(제437조).

(2) 주채무자 또는 보증인에 관하여 생긴 사유의 효력

1) 주채무자에 관하여 생긴 사유의 효력

① 주채무자에 관하여 생긴 사유는 **원칙적**으로 부종성에 의해 보증인에게 그 **효력**을 **미친다**(절대적 효력). 다만 주채무자의 **항변권 포기**나 **시효연장효**(제165조)는 보증에게 **효력**이 **없다.**

② 보증인의 출연행위 당시에는 주채무가 유효하게 존속하고 있었다 하더라도 그 후 **주계약이 해제되어 소급적으로 소멸**하는 경우에는 **보증인은** 변제를 수령한 채권자를 상대로 이미 이행한 급부를 **부당이득**으로 **반환청구할 수 있다.**

③ **주채무자에 대한 시효의 중단**은 보증인에 대하여 그 **효력**이 **있다**(제440조). 따라서 시효중단사유가 **압류, 가압류 및 가처분**이라고 하더라도 이를 **보증인에게 통지하여야 비로소 시효중단의 효력이 발생하는 것은 아니다.** 또한 실질적으로는 보증의 성격을 가지고 보증계약과 같은 효과를 목적으로 하는 **보증보험계약에도 주채무자에 대한 시효중단의 효과에 관한 민법 제440조가 준용된다.**

④ 그러나 중단된 이후의 시효기간까지 당연히 보증인에게도 그 효력을 미치는 것은 아니므로 **채권자와 주채무자 사이의 판결 등에 의해 채권이 확정**되어 그 **소멸시효가 10년으로 되었다 할지라도**, 위 당사자 이외의 채권자와 연대보증인 사이에 있어서는 위 확정판결 등은 그 시효기간에 대하여는 아무런 영향도 없고, 채권자의 연대보증인의 **연대보증채권의 소멸시효기간**은 **여전히** **종전의 소멸시효기간**에 따른다.

※ [**비교**] – 보증채무는 주채무와는 **별개의 독립한 채무**이므로 보증채무와 주채무의 소멸시효기간은 **채무의 성질에 따라 각각 별개**로 정해진다. 그리고 주채무자에 대한 확정판결에 의하여 민법 제163조 각 호의 단기소멸시효에 해당하는 **주채무의 소멸시효기간이 10년으로 연장된 상태**에서 주채무를 **보증한 경우**, 특별한 사정이 없는 한 보증채무에 대하여는 민법 **제163조 각 호의 단기소멸시효가 적용될 여지가 없고**, **성질에 따라** 보증인에 대한 채권이 민사채권인 경우에는 10년, 상사채권인 경우에는 5년의 **소멸시효기간**이 **적용**된다.

2) 보증인에 관하여 생긴 사유

보증인에 관하여 생긴 사유는 **원칙적**으로 주채무자에게 그 **효력**이 **없다**(상대적 효력). 다만, 채권을 만족시키는 사유(Ex. 대물변제 · 변제 · 공탁 · 상계)는 당연히 주채무자에게 절대적 효력을 갖는다.

(3) 대내적 효력 – 보증인의 구상권

1) 수탁 · 비수탁 보증인의 차이점과 공통점

	수탁보증인	비수탁보증인
종류	사전구상권○ + 사후구상권○	사전구상권✗ / 사후구상권○
범위	연대채무 준용	주채무자 의사 ┬ 反✗ – 당시 받은 이익 한도 └ 反○ – 현존 이익 한도
통지	① 주채무자가 면책한 경우 – 수탁보증인에 대해서만 사후통지 要 ② 보증인이 면책한 경우 – 부탁여하에 관계없이 주채무자에게 사전 · 사후 통지 要	

2) 수탁보증인의 구상권

가) 사후구상권

주채무자의 부탁으로 보증인이 된 자가 과실 없이 변제 기타의 출재로 주채무를 소멸하게 한 때에는 주채무자에 대하여 구상권이 있다(제441조).

나) 사전구상권

① 민법 제442조 제1항의 각 호의 사유(Ex. 재 · 파 · 5 · 도)가 있는 경우에 인정된다.

② 사전구상권의 범위에는 채무의 원본과 이미 발생한 이자 및 지연손해금, 피할 수 없는 비용 기타의 손해액이 포함되며, 보증인은 자신이 부담할 것이 확정된 채무 전액에 대하여는 구

상할 수 있으나, 면책비용에 대한 법정이자나 채무의 원본에 대한 장래 도래할 이행기까지의 이자 등을 청구하는 것은 사전구상권의 성질상 허용될 수 없다.

③ 주채무자의 보호를 위하여 주채무자는 보증인에게 배상하는 경우에 자기를 면책하게 하거나 자기에게 담보를 제공할 것을 보증인에게 청구할 수 있다(제443조).

※ [비교] (**담보제공청구의 면책의 항변권**)– ① 민법 제442조의 **사전구상권**에는 민법 제443조의 **담보제공청구권이 항변권으로 부착**되어 있는 만큼 이를 **자동채권으로** 하는 **상계**는 **허용될 수 없으며, 다만** 민법 **제443조는 임의규정**으로서 주채무자가 사전에 담보제공청구권의 항변권을 **포기한 경우**에는 보증인은 사전구상권을 자동채권으로 하여 주채무자에 대한 채무와 **상계할 수 있다**. ② 주채무자는 수탁보증인이 민법 제442조에 정한 바에 따라 주채무자에게 사전구상의무 이행을 구하면 민법 제443조 전단을 근거로 수탁보증인에게 담보의 제공을 구할 수 있고, 그러한 **담보제공이 있을 때까지 사전구상의무 이행을 거절할 수 있다**. 만약 ⅰ) 수탁보증인이 주채무자의 담보제공청구에 응하여 구상금액에 상당한 담보를 특정하여 제공할 의사를 표시한다면 **법원은** 주채무자가 수탁보증인으로부터 그 특정한 **담보를 제공받음과 동시에 사전구상의무를 이행하여야 한다고 판결**하여야 하지만, ⅱ) 수탁보증인이 주채무자의 담보제공청구를 거절하거나 구상금액에 상당한 담보를 제공하려는 의사를 표시하지 않는다면 **법원은** 수탁보증인의 **사전구상금 청구를 기각하는 판결**을 하여야 한다.

3) 수인의 주채무자 중 1인을 위하여 보증인이 된 경우

① 어느 연대채무자나 어느 불가분채무자를 위하여 보증인이 된 자는 다른 연대채무자나 다른 불가분채무자에 대하여 그 부담부분에 한하여 구상권이 있다(제447조).

② **어느 부진정연대채무자를 위하여 보증인이 된 자가 채무를 이행한 경우**에는 **다른 부진정연대채무자에 대하여도 직접 구상권을 취득하게 되고**, 그와 같은 구상권을 확보하기 위하여 **채권자를 대위하여 채권자의 다른 부진정연대채무자에 대한 채권 및 그 담보에 관한 권리를 구상권의 범위 내에서 행사할 수 있다**.

③ 그러나 민법 **제447조**는 어느 연대채무자나 어느 불가분채무자를 위하여 보증인이 된 자의 다른 연대채무자나 다른 불가분채무자에 대한 구상권에 관한 규정에 불과하므로 **연대채무자 모두를 위하여 물상보증인이 된 자가 그 연대채무자의 1인에 대하여 구상권을 행사하는 경우에는 적용될 여지가 없다**. → 결국 어느 연대채무자에게나 출연액 전부에 대하여 구상권을 갖는다.

4. 특수한 형태의 보증채무

(1) 연대보증

① 연대보증인이라고 할지라도 주채무자에 대하여는 보증인에 불과하므로 연대채무에 관한 면제의 절대적 효력을 규정한 민법 제419조의 규정은 주채무자와 보증인 사이에는 적용되지 아니하는 것이니, **채권자가 연대보증인에 대하여** 그 **채무**의 일부 또는 전부를 **면제**하였다 하더라도 그 면

제의 효력은 **주채무자에 대하여 미치지 아니한다**. 또한 수인의 연대보증인이 있는 경우, 연대보증인들 사이에 연대관계의 특약이 있는 경우가 아니면 **채권자가 연대보증인의 1인에 대하여 채무**의 전부 또는 일부를 **면제**하더라도 **다른 연대보증인에 대하여**는 그 **효력**이 **미치지 아니한다**.

② 어느 연대보증인이 자기의 **부담부분**을 **넘은 변제**를 한 때에는 구상권을 행사할 수 있다.

③ 연대보증인 가운데 한 사람이 자기의 부담부분을 초과하여 변제하였을 때에는 다른 연대보증인에 대하여 구상을 할 수 있는데, 다만 다른 연대보증인 가운데 이미 자기의 부담부분을 변제한 사람에 대하여는 구상을 할 수 없으므로 그를 제외하고 아직 자기의 부담부분을 변제하지 아니한 사람에 대하여만 구상권을 행사하여야 한다. → ⅰ) [**주체**] : 구상권을 행사할 수 있는 연대보증인인지 여부는 당해 **변제시**를 **기준**으로 판단하고, ⅱ) [**상대방**] : 이미 자기의 부담부분을 변제함으로써 위와 같은 구상권 행사의 대상에서 제외되는 다른 연대보증인인지 여부도 원칙적으로 구상의 기초가 되는 **변제 당시** 그 연대보증인의 부담부분을 **기준**으로 판단하여야 한다.

④ 수인의 연대보증인이 주채무자의 채무를 일정한 한도에서 보증하기로 하는 이른바 **일부보증**을 한 경우, **연대보증인 중 1인**이 **변제**로써 주채무를 감소시켰다고 하더라도 **주채무의 남은 금액이 다른 연대보증인의 책임한도를 초과하고 있다면** 그 다른 연대보증인으로서는 그 한도금액 전부에 대한 **보증책임이 그대로 남아 있어** 위의 채무변제로써 **면책된 부분**이 **전혀 없다**고 볼 수밖에 없고, 따라서 이러한 경우에는 채무를 변제한 위 연대보증인이 그 채무의 변제를 내세워 보증책임이 그대로 남아 있는 다른 연대보증인에게 **구상권**을 **행사할 수 없다**.

(2) 계속적 보증

① 일반적으로 계속적 거래의 도중에 매수인을 위하여 **보증의 범위와 기간의 정함이 없이 보증인이 된 자**는 특별한 사정이 없는 한 **계약일 이후에 발생되는 채무뿐 아니라 계약일 현재 이미 발생된 채무**도 **보증**하는 것으로 보는 것이 상당하다.

② ⅰ) **보증한도액이 정해진** 계속적 보증계약의 경우 **보증인이 사망**하였다 하더라도 보증계약이 당연히 종료되는 것은 아니고 특별한 사정이 없는 한 **상속인들이 보증인의 지위**를 **승계한다**고 보아야 할 것이나, ⅱ) **보증기간과 보증한도액의 정함이 없는** 계속적 보증계약의 경우에는 보증인이 사망하면 **보증인의 지위**가 **상속인에게 상속된다고 할 수 없고, 다만 기왕에 발생된 보증채무만**이 **상속**된다.

③ ⅰ) **회사의 이사**라는 지위에서 **부득이** 회사와 제3자의 **계속적 거래**로 인한 채무에 대해 **연대보증**인이 된 자가 그 후 **퇴사하여 이사의 지위를 떠난 때**는, 보증계약 성립 당시의 **사정에 현저한 변화**가 생긴 경우로서 **보증계약**을 **해지할 수 있다**. ⅱ) 그러나 회사의 이사가 **채무액과 변제기**가 **특정**되어 있는 회사 채무에 대하여 **보증계약을 체결한 경우**에는 계속적 보증이나 포괄근보증의 경우와는 달리 **이사직 사임**이라는 **사정변경을 이유로** 보증인인 이사가 일방적으로 **보증계약**을 **해지할 수 없다**.

PART

03

채권각론 핵심 암기사항

PART

03 채권각론 핵심 암기사항

Set 01 계약의 성립

1. 청약

① 청약은 승낙만 있으면 곧 계약이 성립하는 구체적・확정적 의사표시 要 → 청약의 유인과 구별

② 광고는 일반적으로 청약의 유인에 불과하지만 내용이 명확하고 확정적이며 광고주가 광고의 내용대로 계약에 구속되려는 의사가 명백한 경우에는 이를 청약으로 볼 수 있다.

③ 계약의 청약은 이를 철회하지 못하는 구속력이 있다(제527조). 다만 청약이 상대방에게 도달하기 전 또는 청약시 철회권을 유보한 경우에는 이를 철회할 수 있다.

2. 승낙

① 청약자가 연착통지를 했다면 계약은 불성립하고(제528조), 연착된 승낙은 새로운 청약으로 볼 수 있다(제530조).

② 승낙자가 청약에 대하여 조건을 붙이거나 변경을 가하여 승낙한 때에는 그 청약의 거절과 동시에 새로 청약한 것으로 본다(제534조).

③ 격지자간의 계약은 승낙의 통지를 발송한 때에 성립한다(제531조).

3. 합의 – 청약과 승낙의 합치

① 계약이 성립하기 위하여는 그 본질적 사항이나 중요 사항에 관하여 구체적으로 의사의 합치가 있거나 적어도 장래 구체적으로 특정할 수 있는 기준과 방법 등에 관한 합의는 있어야 한다.

② 매매계약의 경우, ⅰ) 매매계약 체결 당시에 반드시 **매매목적물과 대금**을 **구체적으로 특정할 필요는 없지만**, ⅱ) 적어도 매매계약의 당사자인 **매도인과 매수인이 누구인지는 구체적으로 특정**되어 있어야만 성립할 수 있다.

③ 매매계약이 성립하였다고 보기에 충분한 합의가 있었음에도 법원이 매매계약 성립을 부정하고 별도의 본계약이 체결되어야 하는 매매예약에 불과하다고 단정할 것은 아니다.

Set 02 계약체결상의 과실책임(제535조)

1. 요건

① **원시적 · 객관적 · 전부불능**으로서 무효일 것, ② 상대방이 손해를 입었을 것, ③ 배상책임을 지는 일방 당사자의 고의(악의) · 과실, ④ 상대방의 선의 · 무과실을 요건으로 한다.

2. 효과

(1) 손해배상청구권의 발생

일방 당사자는 상대방이 그 계약의 유효를 믿었음으로 인하여 받은 손해(=신뢰이익)를 배상하여야 하는데, 다만 그 배상액은 계약이 유효함으로 인하여 생길 이익액(=이행이익)을 넘지 못한다.

(2) 부당이득반환청구와의 관계

계약 당시에 **이미 채무의 이행**이 **불가능**했다면 특별한 사정이 없는 한 채권자가 이행을 구하는 것은 허용되지 않고, **이미 이행한 급부는** 법률상 원인 없는 급부가 되어 **부당이득**의 법리에 따라 **반환청구할 수 있으며**, 나아가 민법 제535조에서 정한 **계약체결상의 과실책임**을 **추궁할 수 있다**.

3. 제535조의 확대운용에 관한 논의

(1) 계약교섭의 부당파기

1) 법적 구성 및 요건

① 어느 일방이 교섭단계에서 계약이 확실하게 체결되리라는 **정당한 기대 내지 신뢰**를 **부여**하여, ② 상대방이 그 **신뢰**에 따라 **행동**하였음에도, ③ **상당한 이유 없이 계약의 체결**을 **거부**하여 손해를 입혔다면 이는 신의성실의 원칙에 비추어 볼 때 **계약자유 원칙의 한계를 넘는 위법한 행위**로서 **불법행위**를 **구성**한다.

2) 효과 – 손해배상의 범위

① 계약체결을 신뢰한 상대방이 입게 된 상당인과관계 있는 손해로서 계약이 유효하게 체결된다고 믿었던 것에 의하여 입었던 손해, 즉 **신뢰손해**에 **한정**한다.

② 신뢰손해란 예컨대 그 계약의 성립을 기대하고 지출한 **계약준비비용**과 같이 그러한 **신뢰가 없었더라면 통상 지출하지 아니하였을 비용상당의 손해○** / 아직 계약체결에 관한 확고한 신뢰가 부여되기 이전 상태에서 계약교섭의 당사자가 **계약체결이 좌절되더라도 어쩔 수 없다고 생각하고 지출한 비용**, 예컨대 경쟁입찰에 참가하기 위하여 지출한 제안서, 견적서 작성비용 등은 여기에 **포함✗**

③ 당사자 중 일방이 계약의 성립을 기대하고 **이행을 위하여 지출한 비용**은 이행의 착수가 상대방의 적극적인 요구에 따른 것이고, 이행에 들인 비용의 지급에 관하여 이미 계약교섭이 진행되고 있었다는 등의 **특별한 사정이 있는 경우에 한하여 배상받을 손해에 해당한다**.

④ **정신적 고통**에 대한 손해에 대하여는 **별도로 배상**을 **구할 수 있다**.

(2) 계약의 불성립

계약이 의사의 불합치로 성립하지 아니한 경우, 그로 인하여 손해를 입은 당사자가 상대방에게 부당이득반환청구 또는 불법행위로 인한 손해배상청구를 할 수 있는지는 별론으로 하고, 민법 **제535조를 유추적용**하여 계약체결상의 과실로 인한 **손해배상청구**를 **할 수**는 **없다.**

(3) 표의자의 경과실에 의한 착오취소

민법 제109조에서 중과실이 없는 착오자의 착오를 이유로 한 의사표시의 취소를 허용하고 있는 이상, 그러한 착오취소가 위법하다고 할 수는 없으므로 **불법행위**로 인한 **손해배상책임 인정✗**

Set 03 동시이행의 항변권(제536조)

1. 요건

(1) 동일한 **쌍**무계약으로부터 발생한 **대**가적 채무의 존재

① **별개의 약정**에 기한 채무 상호간은 **동시이행의 관계✗**

② '**주된 급부의무**' 상호간 **동시이행의 관계O** → 부동산 매매의 경우에는 매도인의 소유권이전등기의무 및 목적물인도의무와 매수인의 잔대금지급의무가 동시이행관계

③ 하나의 계약 혹은 그 계약에 추가된 약정으로 둘 이상의 **민법상의 전형계약** 등이 **포괄**되어 있고, 이에 따른 당사자 사이의 여러 권리의무가 동일한 경제적 목적을 위하여 서로 밀접하게 연관되어 있는 경우에는 당사자 일방의 여러 의무가 포괄하여 상대방의 여러 의무와 사이에 대가관계에 있다고 인정되는 한, 이러한 **당사자 일방의 여러 의무와 상대방의 여러 의무**는 **동시이행의 관계O**

④ **채권양도**·채무인수는 당사자 변경에도 불구하고 채권·채무의 동일성이 유지되므로 **동시이행항변권O**

⑤ 일방의 채무가 이행불능 또는 계약해제 등으로 인해 그에 갈음한 **손해배상채무**로 변경되어도 본래의 급부와 동일성이 유지된다고 보아 **동시이행항변권O**

⑥ 부동산매매계약과 함께 **이행인수계약**이 이루어진 경우, 손해배상채무 또는 구상채무는 인수채무의 변형으로서 매매대금지급채무에 갈음한 것의 변형이므로 **매수인의 손해배상채무 또는 구상채무와 매도인의 소유권이전등기의무**는 대가적 의미가 있어 이행상 견련관계에 있다고 인정되고 양자는 **동시이행의 관계O**

⑦ **금전채권에 대한 압류 및 추심명령이 있는 경우**, 이로 인하여 채무자가 제3채무자에 대하여 가지는 채권이 추심채권자에게 이전되거나 귀속되는 것은 아니므로, **추심채무자로서는 제3채무자에 대하여 피압류채권에 기한 동시이행 항변권O**

⑧ 당사자가 부담하는 각 채무가 쌍무계약에서 고유의 대가관계에 있는 채무가 아니더라도, 양 채무가 동일한 법률요건으로부터 생겨서 대가적 의미가 있거나 공평의 관점에서 보아 견련적으로 이행시킴이 마땅한 경우에는 동시이행의 항변권O → **비쌍무계약**에 확장 **적용O**

⑨ 계약의 **무효·취소로 인한 부당이득반환의무** 상호간은 **동시이행의 관계O**

(2) 쌍방의 채무가 변**제**기에 있을 것

① 당사자 일방이 상대방보다 **선이행의무**를 지는 경우에는 **동시이행의 항변권✗** / But ⅰ) 선이행채무를 지고 있는 당사자라도 상대방의 채무가 아직 이행기에 이르지 않았지만 이행기에 이행될 것인지 여부가 현저히 불확실하게 된 경우에는 상대방의 이행이 확실하게 될 때까지 선이행의무의 이행을 거절할 수 있다(제536조 제2항의 불안의 항변권 인정). ⅱ) 선이행의무자가 이행하지 않는 동안에 **상대방의 채무도 변제기가 도래한 경우**에는 선이행의무자라도 **동시이행의 항변권**을 **행사O**

② 매수인이 매매의 목적이 된 부동산을 명도받기 전에 잔대금을 먼저 지급하기로 약정한 매매의 경우에, 매수인이 잔대금지급채무를 이행하지 아니하였다고 하더라도 매매계약이 해제되지 아니한 상태에서 **부동산의 명도기일이 지날 때까지 부동산이 명도되지 아니하였다면, 그때부터는 매수인의 잔대금지급채무와 매도인의 부동산명도의무는 동시이행의 관계에 있게 된다.**

③ 매수인이 **선이행의무 있는 중도금**을 지급하지 않았다 하더라도 계약이 해제되지 않은 상태에서 매도인의 **소유권이전등기의무**의 **기일**이 도과하였다면, 다른 특별한 사정이 없는 한 **매수인의 중도금 및 잔대금의 지급과** 매도인의 **소유권이전등기 소요서류의 제공**은 **동시이행관계**에 있다 할 것이어서 **그 때부터는** 매수인은 **중도금을 지급하지 아니한 데 대한 이행지체의 책임을 지지 아니한다.**

※ [**비교**] – 매수인이 선이행하여야 할 중도금 지급을 하지 아니한 채 잔대금지급일을 경과한 경우에는 매수인의 **중도금 및** 이에 대한 **지급일 다음 날부터 잔대금지급일까지의 지연손해금**과 **잔대금의 지급채무는** 매도인의 **소유권이전등기의무와** 특별한 사정이 없는 한 **동시이행관계**에 있다.

(3) 상대방이 자기 채무의 이행 또는 이행의 제공을 하지 않고 청구할 것(**단**순이행청구)

> ※ 주의 판례
>
> 1. 매도인의 **동**의를 얻어 미등기매수인이 임대차계약 후 매매계약의 해제 사안
>
> 건물매수인이 아직 건물의 소유권을 취득하지 못한 채 매도인의 동의를 얻어 제3자에게 임대하였으나 매수인(임대인)의 채무불이행으로 매도인이 매매계약을 해제하고 임차인에게 건물의 명도를 구하는 경우 임차인은 매도인에 대한 관계에서 건물의 전차인의 지위와 흡사하다 할 것인바, **임차인의 건물명도의무**와 **매수인(임대인)의 보증금반환의무**는 **동시이행관계✗**

2. 근저당권 실행을 위한 경매의 무효 사안

근저당권 실행을 위한 경매가 무효로 되어 채권자(근저당권자)가 채무자를 대위하여 낙찰자에 대한 소유권이전등기 말소청구권을 행사하는 경우, **채권자가 낙찰자에 대하여 부담하는 배당금 반환채무와 낙찰자가 채무자에 대하여 부담하는 소유권이전등기 말소의무는 서로 이행의 상대방을 달리하는 것으로서, 두 채무는 동시이행의 관계**✗

3. 국토법 사안

국토이용관리법(현행 부동산 거래신고 등에 관한 법률)상 매도인의 **토지거래계약허가 신청절차**에 **협력할 의무**와 토지거래허가를 받으면 매매계약 내용에 따라 매수인이 이행하여야 할 **매매대금 지급의무** 등 사이에는 **동시이행관계**✗ → 매도인으로서는 **협력의무의 이행**을 **거절**✗

4. 부수적 의무

쌍무계약에 있어서 상대방의 부수적 사항에 관한 의무위반만을 이유로 해서는 자기의 채무이행을 거절할 수 있는 동시이행의 항변권✗

5. 도급과 동시이행관계

(1) 수급인의 하자담보책임(하자보수의무 · 손해배상의무)과 도급인의 공사대금채무

① 도급계약에 있어서 완성된 목적물에 하자가 있는 때에 도급인의 수급인에 대한 **하자보수청구권 · 손해배상청구권**은 수급인의 **보수지급청구권**과 **동시이행의 관계**O

② 하자확대손해로 인한 수급인의 손해배상채무와 도급인의 공사대금채무도 동시이행관계O

③ **기성고에 따라 공사대금**을 **분할**하여 지급하기로 약정한 경우라도 특별한 사정이 없는 한 **하자보수의무와 동시이행관계에 있는 공사대금지급채무는** 당해 하자가 발생한 부분의 **기성공사대금**에 **한정**✗

(2) 도급인의 지체상금채권과 수급인의 공사대금채권

공사도급계약상 도급인의 **지체상금채권**과 수급인의 **공사대금채권**은 특별한 사정이 없는 한 **동시이행의 관계**✗

6. 처분금지가처분 사안

부동산에 관한 매매계약을 체결한 후 매수인 앞으로 소유권이전등기를 마치기 전에 매수인으로부터 그 부동산을 다시 매수한 제3자의 처분금지가처분신청으로 매매목적부동산에 관하여 가처분등기가 이루어진 상태에서 매도인과 매수인 사이의 매매계약이 해제된 경우, **매수인의 가처분등기의 말소**와 **매도인의 대금반환의무**는 **동시이행의 관계**✗

7. 피담보채무의 변제와 저당권설정등기말소의무

소비대차 계약에 있어서 채무의 담보목적으로 저당권 설정등기를 경료한 경우에 채무자의 **채무변제**는 **저당권설정등기 말소등기**에 앞서는 **선이행의무로 동시이행 관계✗**

※ [**비교**] – 말소되지 않은 근저당권등기가 남아 있는 부동산을 매매하는 경우, **매도인의 소유권이전등기의무 및 근저당권설정등기말소의무**와 **매수인의 대금지급의무**는 **동시이행의 관계O** → 가압류등기 등이 있는 부동산의 매매계약에 있어서 매도인의 소유권이전등기의무와 아울러 가압류등기의 말소의무도 매수인의 대금지급의무와 동시이행 관계O

8. 임대차계약과 동시이행관계

① 임대차계약의 기간이 만료된 경우에 임차인이 **임차목적물**을 **인도할 의무**와 임대인이 **보증금** 중 연체차임 등 당해 임대차에 관하여 인도시까지 생긴 모든 채무를 청산한 나머지를 **반환할 의무**는 **동시이행의 관계O**

② 임차인의 임차목적물 명도의무와 임대인의 보증금 반환의무는 동시이행의 관계에 있다 하겠으므로, 임대인의 동시이행의 항변권을 소멸시키고 임대보증금 반환 지체책임을 인정하기 위해서는 임차인이 임대인에게 임차목적물의 명도의 이행제공을 하여야만 한다 할 것이고, **임차인이 임차목적물에서 퇴거하면서 그 사실을 임대인에게 알리지 아니한 경우**에는 **임차목적물의 명도의 이행제공이 있었다고 볼 수는 없다.**

③ 토지 임차인의 지상건물에 대한 매수청구권이 행사된 경우 **임차인의 건물명도 및 그 소유권이전등기의무**와 **토지 임대인의 건물대금지급의무**는 **동시이행의 관계O** → 임차인이 건물에 대한 명도와 소유권이전등기를 마쳐주지 아니하였다면 임대인에게 그 매매대금에 대한 지연손해금을 구할 수 없다.

④ 임차권등기는 임차인으로 하여금 대항력이나 우선변제권을 유지하도록 해 주는 담보적 기능만을 주목적으로 하는 점 등에 비추어 볼 때, 임대인의 **임대차보증금의 반환의무**가 임차인의 **임차권등기 말소의무보다 먼저 이행되어야 할 의무**로서 **동시이행의 관계✗**

9. 기타

① 최초 매도인과 중간 매수인, 중간 매수인과 최종 매수인 사이에 순차로 매매계약이 체결되고 이들 간에 중간생략등기의 합의가 있은 후에 최초 매도인과 중간 매수인 간에 **매매대금**을 **인상**하는 **약정**이 체결된 경우, **최초 매도인은 인상된 매매대금이 지급되지 않았음을 이유로 최종 매수인 명의로의 소유권이전등기의무의 이행을 거절할 수 있다.**

② 부동산의 매매계약시 그 부동산의 양도로 인하여 매도인이 부담할 **양도소득세(부가가치세 포함)를 매수인이 부담하기로 하는 약정이 있는 경우, 매도인의 소유권이전등기의무와 매수인의 양도소득세액 제공의무는 동시이행의 관계에 있다.**

2. 효과

(1) 청구저지효(=행사효과) – 이행거절권능

① [**변론주의**] – 상대방의 채무 이행이 있기까지 자신의 채무 이행을 거절할 수 있는 권리 → 청구저지효는 **항변권**을 **행사해야만** 그 **효력**이 **발생**하고, 항변권자의 원용이 없으면 법원은 항변권의 존재를 고려하지 않으므로 원고승소판결을 하게 된다.

※ [**비교**] – 피고인 채무자가 항변권을 행사한 경우 법원은 원고의 반대의사가 없는 한 상환이행판결을 하더라도 처분권주의에 반하지 않는다.

② [**범위**] – **매수인이 매도인을 상대로 매매목적 부동산 중 일부에 대해서만 소유권이전등기의무의 이행을 구하고 있는 경우**에도 매도인은 특별한 사정이 없는 한 **그 매매잔대금 '전부'에 대하여 동시이행의 항변권을 행사할 수 있다**. 즉, 매도인은 특별한 사정이 없는 한 그 비율에 해당하는 매매잔대금 **일부**에 한하여만 동시이행의 항변권을 행사할 수 있는 것이 **아니다**.

③ [**권리남용**] – 동시이행항변권의 요건을 갖춘 경우에도, 그 행사가 주로 자기 채무의 이행만을 회피하기 위한 수단이라고 보여지는 경우에는 권리남용으로서 배척되어야 한다.

(2) 지체저지효(=존재효과 : 당연효)

① 쌍무계약에서 쌍방의 채무가 동시이행관계에 있는 경우 일방의 채무의 이행기가 도래하더라도 상대방 채무의 이행제공이 있을 때까지는 그 채무를 이행하지 않아도 이행지체의 책임을 지지 않는 것이며, 이와 같은 (지체저지)**효과**는 **이행지체의 책임이 없다고 주장하는 자**가 **반드시 동시이행의 항변권을 행사하여야만 발생하는 것**은 **아니다**.

② 쌍무계약의 당사자 일방이 먼저 **한번 현실의 제공**을 하고 상대방을 수령지체에 빠지게 하였다 하더라도 그 **이행의 제공이 계속되지 않는 경우**는 상대방이 가지는 **동시이행의 항변권**이 **소멸하는 것**은 **아니**므로, 이행제공이 계속되지 아니하는 기간 동안에는 상대방의 의무가 이행지체 상태에 빠졌다고 할 수는 없고, 이행지체를 전제로 하는 손해배상청구도 할 수 없다.

(3) 기타 부수효

1) 상계금지효

① 동시이행항변권이 붙어 있는 채권을 자동채권으로 상계하지 못한다(제492조 제1항 단서). ② 그러나 이를 수동채권으로 하여 상계하는 것은 무방하다. ③ 또한 양 채권이 서로 동시이행의 관계에 있는 경우에도 상계는 허용된다.

2) 점유의 불법 여부와 부당이득반환의무의 문제

① 임대차 종료 후 임차인의 **동시이행 항변권에 기한** 임차목적물의 **점유**는 **불법점유라 할 수 없어** 그로 인한 **손해배상책임**은 **인정** ✗

② 사용 · 수익으로 인하여 **실질적**으로 얻은 **이익**이 있으면 **부당이득**으로서 **반환**하여야 한다. **다만** 임차인이 임대차계약 종료 이후에도 임차건물부분을 **계속 점유하기는 하였으나 이를 사용 · 수익하지 아니하여 실질적인 이득을 얻은 바 없는 경우**에는 그로 인하여 임대인에게 손해가 발생하였다 하더라도 임차인의 **부당이득반환의무**는 **성립될 여지**가 **없다**.

Set 04 위험부담

1. 성질

① 민법은 제537조에서 원칙적으로 채무자위험부담주의를 채택하고 있으며, 제538조에서 예외적으로 채권자위험부담주의를 채택

② 제537조와 제538조는 임의규정이므로 당사자의 특약으로 달리 정할 수 있다.

2. 원칙 - 채무자위험부담주의(제537조)

(1) 요건

① **쌍**무계약에서 + ② 후발적 **불**능 + ③ **쌍**방 당사자의 귀책사유 없는 경우

(2) 효과

① 채무자는 급부의무를 면함과 더불어 **반대급부**도 **청구하지 못한다**.

② 이미 이행한 급부는 법률상 원인 없는 급부가 되어 **부당이득반환청구**를 할 수 있다.

※ [**비교**] – ① 쌍무계약에서 계약 체결 후에 당사자 쌍방의 귀책사유 없이 채무의 이행이 불가능하게 된 경우 채무자는 급부의무를 면함과 더불어 반대급부도 청구하지 못하므로, 쌍방 급부가 없었던 경우에는 계약관계는 소멸하고, 이미 이행한 급부는 법률상 원인 없는 급부가 되어 부당이득의 법리에 따라 반환청구할 수 있다. 한편 ② 계약 당시에 이미 채무의 이행이 불가능했다면 특별한 사정이 없는 한 채권자가 이행을 구하는 것은 허용되지 않고, 이미 이행한 급부는 법률상 원인 없는 급부가 되어 부당이득의 법리에 따라 반환청구할 수 있으며, 나아가 민법 제535조에서 정한 계약체결상의 과실책임을 추궁하는 등으로 권리를 구제받을 수 있다.

3. 예외 – 채권자위험부담주의(제538조)

(1) 요건

1) '채권자의 책임 있는' 사유로 인한 불능

'채권자의 책임 있는 사유'란 채무불이행에 있어서 채무자의 귀책사유와 같은 개념은 아니고, 이행불능을 초래한 데에 대한 **신의칙상 비난**받을 수 있는 경우를 의미한다.

2) '채권자지체' 중에 '쌍방의 책임 없는' 사유로 인한 불능

채권자가 변제를 받지 아니할 의사가 확고하여 구두의 제공조차 필요 없는 경우라고 하더라도, 이는 그로써 채무자가 채무불이행책임을 면한다는 것에 불과하고, 민법 **제538조 제1항 제2문 소정**의 '채권자의 수령지체 중에 당사자 쌍방의 책임 없는 사유로 이행할 수 없게 된 때'에 **해당하기 위해서**는 **현실 제공이나 구두 제공**이 **필요**하다.

(2) 효과

① 채무자는 자신의 급부의무를 면하고 채권자에 대해 **반대급부**를 **청구할 수 있다**.

② 사용자의 근로자에 대한 해고가 무효인 경우, 근로자는 근로계약관계가 유효하게 존속함에도 불구하고 사용자의 귀책사유로 인하여 근로 제공을 하지 못한 셈이므로 민법 제538조 제1항에 의하여 그 기간 중에 근로를 제공하였을 경우에 받을 수 있는 반대급부인 임금 전부의 지급을 청구할 수 있다.

Set 05 제3자를 위한 계약

1. 성립 - 요건

(1) 기본계약의 유효・성립

(2) 제3자 약관의 존재(수익조항의 존재)

① 요약자와 낙약자 간 계약의 내용으로 **제3자에게 직접 권리를 취득하게 하는 약정**(합의)의 **존재**
→ 불분명 : 의사해석 문제

② 계약의 당사자가 제3자에 대하여 가진 채권에 관하여 그 **채무**를 **면제**하는 계약도 제3자를 위한 계약에 준하는 것으로서 **유효O**

③ 제3자를 위한 계약에 있어서 낙약자의 제3자에 대한 급부의 내용에는 제한이 없어 낙약자가 제3자에 대하여 가지는 청구권을 행사하지 않도록 하는 것도 급부에 해당하고, 이 경우 제3자는 낙약자의 청구에 대해 **청구권불행사의 합의(부제소특약)가 있었다는 항변권을 행사할 수 있다**.

(3) 제3자(수익자)의 존재

수익자는 계약체결 당시에 확정・현존하고 있을 필요는 없으므로 태아나 설립 중 법인을 수익자로 하는 것도 가능

2. 효과

(1) 수익자에 대한 효력

1) 수익의 의사표시

① **수익의 의사표시**는 제3자를 위한 계약의 **성립요건이나 유효요건**이 **아니고**, 제3자의 **권리취득 요건**일 뿐이다.

② 수익의 의사표시는 명시적으로뿐만 아니라 **묵시적**으로도 할 수 있다.

③ 낙약자는 상당한 기간을 정하여 계약의 이익의 향수 여부의 확답을 제3자에게 최고할 수 있고, 낙약자가 그 기간 내에 확답을 받지 못한 때에는 제3자가 계약의 이익을 받을 것을 거절한 것으로 본다(제540조).

2) 수익의 의사표시 후의 제3자의 지위

① 제3자의 권리가 생긴 후에는 당사자는 이를 (임의로) 변경·소멸시키지 못한다(제541조).

② **낙약자의 채무불이행**이 있는 경우 수익자는 **손해배상청구권○**, 계약**해제권이나** 계약해제에 따른 **원상회복청구권✗**

③ 제3자를 위한 계약에서의 제3자는 일반적으로 계약해제시 보호되는 민법 **제548조 제1항 단서**의 **제3자**에 **해당✗**

※ [**비교**] – 제3자를 위한 계약에서도 **낙약자와 요약자 사이의 법률관계**(기본관계)**에 기초하여** 수익자가 요약자와 **원인관계**(대가관계)를 **맺음으로써** 해제 전에 **새로운 이해관계를 갖고** 그에 따라 **등기·인도 등을 마쳐 권리를 취득하였다면**, 수익자는 민법 제548조 제1항 단서에서 말하는 계약해제의 소급효가 제한되는 **제3자**에 **해당**한다.

(2) 요약자에 대한 효력

① 제3자가 낙약자에 대해 직접 급부의 이행을 청구할 수 있음은 물론이고, **요약자도** '제3자를 위한 계약의 당사자'로서 원칙적으로 제3자의 권리와는 별도로 **낙약자에 대하여** 제3자에게 **급부를 이행할 것을 요구할 수 있는 권리**를 **가진다**. 이때 낙약자가 요약자의 이행청구에 응하지 아니하면 특별한 사정이 없는 한 요약자는 낙약자에 대하여 제3자에게 급부를 이행할 것을 소로써 구할 이익이 있다.

② 수익자의 권리가 확정된 이후에도 **낙약자의 채무불이행**이 있는 경우에 **요약자는** 낙약자로 하여금 제3자에게 손해배상할 것을 청구할 수 있고, **수익자의 동의 없이 일방적으로 그 계약을 해제할 수 있다**.

③ 제3자를 위한 계약관계에서 **낙약자와 요약자 사이**의 법률관계(기본관계)를 이루는 **계약**이 **해제된 경우** 그 계약관계의 청산은 계약의 당사자인 낙약자와 요약자 사이에 이루어져야 하므로, 특별한 사정이 없는 한 **낙약자는 제3자를 상대로 계약해제에 기한 원상회복 또는 부당이득을 원인으로 반환을 구할 수 없다**.

(3) 낙약자에 대한 효력

① 낙약자는 수익자에 대하여 이행할 의무를 진다. 이 경우 낙약자는 **기본계약에 기한 항변으로** 그 계약의 이익을 받을 **제3자에게 대항할 수 있다**(제542조).

② 요약자와 제3자(수익자) 사이의 법률관계(대가관계)의 효력은 제3자를 위한 계약 자체는 물론 기본관계의 성립이나 효력에 영향을 미치지 아니하므로, ⅰ) **낙약자는 대가관계에 기한 항변으로 수익자에게 대항하지 못하고**, ⅱ) **요약자도 대가관계의 부존재나 효력의 상실을 이유로** 자신이 기본관계에 기하여 **낙약자에게 부담하는 채무의 이행**을 **거부할 수 없다**.

Set 06 계약의 해제 - 법정해제권 일반과 기타 해제사유

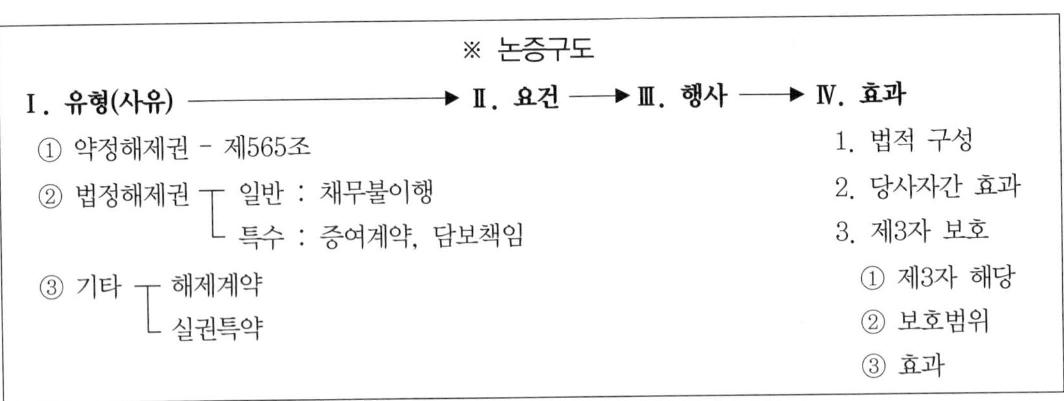

1. 이행지체에 의한 해제

(1) 해제권의 발생(제544조 · 제545조)

① [**요건**] - 이행**지**체의 성립(무 · 도 · 가 · 귀 · 법) + **상**당기간 정한 최고 + **최고**기간 내 이행✗

② [**위법성**] - 채무자가 동시이행항변권을 가지는 경우에는 지체저지효(존재효과)가 인정되므로 반대채무의 이행 또는 이행제공을 하여 상대방을 이행지체에 빠뜨려야 하는데, 해제권을 행사하기 위해서는 **이행제공이 계속될 필요는 없고 한 번의 이행제공으로 족하다**(일시적 이행제공). 다만 상대방이 최고기간 내에 이행 또는 이행의 제공을 하면 해제권은 소멸하는 것이므로, 상대방의 이행을 수령하고 자신의 채무를 이행할 수 있는 정도의 준비는 하여야 한다. → [**이행준비의 정도**] : 준비태세를 갖추고 있는 것만으로는 부족하고, 그 시기와 구체적인 상황에 따라 **신의성실의 원칙**에 어긋나지 않게 **상대방의 태도(준비)에 상응한 이행의 준비**를 하면 족하다.

③ [**최고**] - ⅰ) 기간을 정하지 않은 최고를 한 때에도 상당한 기간이 경과하면 해제권 발생, ⅱ) 과다최고인 경우에도 그 **진의**가 본래의 급부범위에서 이행을 청구한 것이라면, 본래의 급부범

위 내에서 최고로서 유효, iii) **정기행위 · 채무자의 명백한 이행거절**의 경우에는 **최고 불필요** (※ 이행불능의 경우도 최고 불필요)

(2) 행사(제543조 · 제547조)

① [**해제의 의사표시**] – i) 상대방에 대한 의사표시로써 한다. ii) 해제의 의사표시에는 조건 또는 기한을 붙이지 못한다. 다만 최고를 하면서 최고기간 내에 이행하지 않으면 당연히 해제된 것으로 본다고 한 것은 **최고기간 내의 불이행**을 **정지조건**으로 하는 **해제의 의사표시**로서, 이 경우는 상대방을 특별히 불리하게 하는 것이 아니므로 **유효**하다. iii) **소제기로써 계약해제권을 행사한 후 그 뒤 그 소송을 취하하였다 하여도** 해제권은 형성권이므로 **그 행사**(주 – 해제권 행사)**의 효력에는 아무런 영향을 미치지 아니한다**. 즉, 소취하의 소급효에 의하여 해제권도 처음부터 행사하지 않았던 것으로 볼 수는 없다.

② [**행사상 불가분성**] – 당사자의 일방 또는 쌍방이 수인인 경우에는 계약의 해지나 해제는 그 전원으로부터 또는 전원에 대하여 하여야 한다.

(3) 효과(제548조 · 제549조 · 제551조)

1) 법적 구성

[**소급 소멸**] → [**직접효과**] : 우리 법제가 물권행위의 독자성과 무인성을 인정하고 있지 않는 점과 민법 제548조 제1항 단서가 거래안정을 위한 특별규정이란 점을 생각할 때, 계약이 해제되면 그 계약의 이행으로 변동이 생겼던 **물권은 말소등기 없이 당연히 그 계약이 없었던 원상태로 복귀 · 매도인 당연 소유권 복귀** → 회복자의 원상회복청구권은 소유권에 기한 물권적 청구권의 성질 : 시효대상✗

2) 당사자간의 효과

가) 원상회복의무

① [**성질**] – **부당이득반환의무** → 반환범위에 관해 **제748조 · 제201조 적용✗**, **제548조**가 **특칙**으로 **적용O** ∴ **이익의 현존 여부나 상대방의 선의 · 악의를 불문하고 받은 이익의 전부를 반환**

② [**내용**]

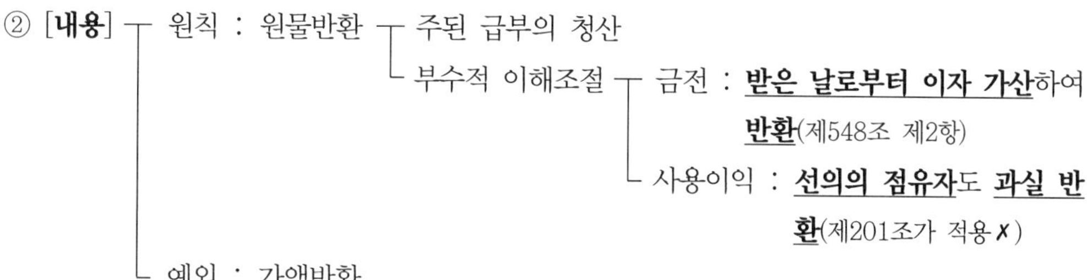

※ 이자 가산의무

1. 성질

부당이득반환의 성질O / 반환의무의 이행지체로 인한 **지연손해금**이 **아니므로, 동시이행의 관계**에 있는지 여부와는 **관계없이 법정이자를 부가하여 지급**하여야 한다.

2. 계약해제로 인한 원상회복의무가 이행지체에 빠진 경우

① **원상회복의무가 이행지체에 빠진 이후**의 기간에 대해서는 부당이득반환의무로서의 이자가 아니라 반환채무에 대한 **지연손해금**이 **발생**하게 되므로 거기에는 **지연손해금율**이 **적용**되어야 한다. 그 지연손해금율에 관하여도 당사자 사이에 별도의 약정이 있으면 그에 따라야 할 것이고, 설사 그것이 법정이율보다 낮다 하더라도 마찬가지이다.

② 계약해제 시 반환할 금전에 **가산할 이자**에 관하여 당사자 사이에 **약정이 있는 경우**에는 특별한 사정이 없는 한 **이행지체로 인한 지연손해금도 그 약정이율에 의하기로 하였다고 보는 것이 당사자의 의사**에 **부합**한다. **다만** 그 **약정이율이 법정이율보다 낮은 경우**에는 약정이율에 의하지 아니하고 **법정이율에 의한 지연손해금**을 **청구**할 수 있다.

③ [**과실상계**] – 과실상계 **적용✗** · 과실상계에 준하여 권리의 내용이 **제한✗**

④ [**대리**] – 계약상 채무의 불이행을 이유로 계약이 해제된 경우, **해제로 인한 원상회복의무**는 **대리인이 아니라** 계약의 당사자인 **본인**이 **부담**한다. 이는 본인이 대리인으로부터 그 수령한 급부를 현실적으로 인도받지 못하였다거나 해제의 원인이 된 계약상 채무의 불이행에 관하여 대리인에게 책임 있는 사유가 있다고 하여도 다른 특별한 사정이 없는 한 마찬가지이다.

나) 손해배상

① 계약의 해지 또는 해제는 손해배상의 청구에 영향을 미치지 아니한다(제551조). 따라서 계약해제가 되어도 채무불이행에 따른 손해배상청구는 여전히 할 수 있다.

② 손해배상을 청구하는 경우 이행이익의 배상을 구하는 것이 원칙이고, 다만 신뢰이익의 배상도 구할 수 있지만 그 범위는 이행이익을 초과할 수 없다 → 통상적으로 지출되는 비용은 통상손해로, 초과하여 지출되는 비용은 특별손해로 배상을 구할 수 있다.

③ 손해배상의 예정이 있는 경우 예정액으로 배상

다) 동시이행

계약당사자가 부담하는 원상회복의무뿐만 아니라 손해배상의무도 함께 동시이행의 관계O

3) 제3자의 보호(제548조 제1항 단서)

가) 제3자 해당 여부

제3자란 **해제된 계약으로부터 생긴 법률적 효과를 기초로** 하여 **해제된 계약의 목적물**에 대해 **새로운 이해관계**를 가졌을 뿐 아니라 **등기 · 인도 등**으로 **완전한 권리**를 취득한 자를 말한다.

※ 주의 판례

1. 무허가건물관리대장에 소유자로 등재된 자

미등기 무허가건물의 매수인은 소유권이전등기를 마치지 않는 한 건물의 소유권을 취득할 수 없고, 소유권에 준하는 관습상의 물권이 있다고도 할 수 없으며, 현행법상 사실상의 소유권을 인정하기도 어렵다. 또한 무허가건물관리대장에 소유자로 등재되었다는 사실만으로는 무허가건물에 관한 소유권을 취득하는 효력이 없다. 따라서 무허가건물관리대장에 소유자로 등재되었다고 하더라도 건물에 관하여 완전한 권리를 취득한 것으로 볼 수 없으므로 민법 제548조 제1항 단서에서 규정하는 **제3자**에 **해당✗**

2. 소유권이전청구권 보전을 위한 가등기를 마친 자

매수인과 매매예약을 체결한 후 그에 기한 소유권이전청구권 보전을 위한 가등기를 마친 사람도 제548조 제1항 단서에서 말하는 **제3자**에 **해당O**

3. 채권의 양수인, 채권의 압류 · 전부채권자

① 계약상의 **채권을 양수한 자**나 그 **채권 자체를 압류 또는 전부한 채권자**는 여기서 말하는 **제3자**에 **해당✗**

② 계약이 해제된 경우 계약해제 이전에 해제로 인하여 소멸되는 **채권을 양수한 자는** 계약해제의 효과에 반하여 자신의 권리를 주장할 수 없음은 물론이고, 나아가 특단의 사정이 없는 한 **채무자로부터 이행받은 급부**를 **원상회복하여야 할 의무**가 **있다.**

③ 계약이 해제되기 이전에 계약상의 **채권을 양수하여** 이를 피보전권리로 하여 **처분금지가처분결정을 받은 채권자**도 **제3자**에 **해당✗**

4. 목적물의 가압류채권자

해제된 계약에 의하여 채무자의 책임재산이 된 계약의 목적물을 가압류한 가압류채권자는 제548조 제1항 단서에서 말하는 **제3자**에 **해당O**

5. 대항력을 갖춘 임차인

건물을 매수하여 소유권을 취득하였다가 계약해제로 인하여 소유권을 상실하게 된 임대인으로부터 그 계약이 해제되기 전에 주택을 임차받아 주택의 인도와 주민등록을 마침으로써 주택임대차보호법 제3조 제1항에 의한 **대항요건을 갖춘 임차인**은 민법 제548조 제1항 단서의 규정에 따라 계약해제로 인하여 권리를 침해받지 않는 **제3자**에 **해당O** → 임차인은 자신의 임차권을 새로운 소유자에게 대항할 수 있고, 이 경우 **계약해제로 소유권을 회복한 제3자는** 주택임대차보호법 제3조 제4항에 따라 **임대인의 지위**를 **승계**한다(법정승계).

6. 해제된 계약의 목적물과 관계없는 이해관계인

토지를 **매도**하였다가 대금지급을 받지 못하여 그 **매매계약**을 **해제**한 경우에 있어 그 **토지 위에 신축된 건물의 매수인**은 위 계약해제로 권리를 침해당하지 않을 **제3자**에 **해당**✗

7. 가등기에 기한 본등기

가등기는 본등기의 순위를 보전하는 효력이 있어 후일 가등기에 기한 본등기가 마쳐진 때에는 가등기 후 본등기 전에 이루어진 중간처분은 실효되는 것이므로, 매매계약해제시 원상회복방법으로 매도인에게 소유권이전등기를 하기로 하는 약정에 따른 청구권을 보전하기 위한 가등기가 된 경우에도 그 가등기 후 본등기 전에 된 제3자 명의의 소유권이전등기는 후일 가등기에 기한 본등기가 마쳐지면 말소를 면할 수 없다 할 것인바, 민법 제548조 제1항 단서의 규정과는 직접적으로 관련이 없는 것이다

나) 보호범위

① '**해제의 의사표시**가 있기 **전**'에 이해관계를 맺은 자는 **선의·악의를 불문**하고 **보호**

② '**해제의 의사표시**가 있은 **후**'에 이해관계를 갖게 된 제3자는 **선의인 경우에 한**하여 **보호** → **제3자가 악의**라는 사실의 **주장·입증책임**은 계약**해제를 주장하는 자**에게 있다.

다) 효과

해제 주장✗ – 유효로 취급

(4) 해제된 계약의 부활

계약이 해제된 후에 계약당사자의 일방이 이의 없이 그 계약목적물을 받거나 대금에 대한 약정이자나 일부변제를 수령한 경우, 당사자간에 해제된 계약을 부활시키는 (묵시적인) 약정이 있는 것으로 봄이 상당하다.

2. 이행불능에 의한 해제

① [**요건**] – 채**무**의 유효·성립·존재(존속) + **후**발적 **불**능 + 채무자의 **귀**책사유 + 위**법**성

② [**위법성**] – 상대방의 잔대금지급의무가 매도인의 소유권이전등기의무와 **동시이행관계에 있다고 하더라도**, 매도인의 소유권이전등기의무가 이행불능이 되어 이를 이유로 매매계약을 해제함에는 그 **이행의 제공**은 **필요하지 않다**.

※ [**주의**] – 채무자가 이행해야 할 본래 채무가 **이행불능이라는 이유로 계약을 해제하려면** 그 이행불능의 대상이 되는 채무자의 **본래 채무가 유효하게 존속하고 있어야 한다**. 따라서 본래 채권이 시효로 인하여 소멸하였다면 **제167조**에 의해 그 채권은 그 기산일에 소급하여 더는 존재하지 않는 것이 되어 채권자는 그 권리의 이행을 구할 수 없는 것이고, 이와 같이 **본래**

채권이 유효하게 존속하지 않는 이상 본래 채무의 불이행을 이유로 계약을 해제할 수 없다고 보아야 한다. 결국 채무불이행에 따른 해제의 의사표시 당시에 이미 채무불이행의 대상이 되는 **본래 채권이 시효가 완성되어 소멸하였다면**, 채무자가 소멸시효의 완성을 주장하는 것이 신의성실의 원칙에 반하여 허용될 수 없다는 등의 특별한 사정이 없는 한, **채권자는 채무불이행**(주 – 이행불능) **시점이 본래 채권의 시효 완성 전인지 후인지를 불문하고** 그 **채무불이행을 이유로 한 해제권 및 이에 기한 원상회복청구권을 행사할 수 없다.**

3. 불완전이행에 의한 해제

① [**주된 급부의무 위반**] – 완전이행이 가능하면 상당한 기간을 정하여 완전이행을 최고한 후에 최고 기간 내에 완전이행이 없으면 해제권이 발생하고, 완전이행이 불가능하면 이행의 최고 없이도 곧바로 해제권이 발생한다.

② [**부수적 의무 위반**] – **원칙적**으로 **해제권**이 **인정되지 않는다.** 다만 그 불이행으로 인하여 채권자가 계약을 달성할 수 없는 경우 또는 특별한 약정이 있는 경우에는 예외적으로 해제권이 인정될 수 있다.

4. 이행거절에 의한 해제

① [**인정 여부**] – ⅰ) 계약상 채무자가 계약을 이행하지 아니할 의사를 명백히 표시한 경우에 채권자는 신의성실의 원칙상 **이행기 전**이라도 자기채무의 **이행제공이나 이행의 최고 없이** 채무자의 이행거절을 이유로 계약을 **해제**하거나 채무자를 상대로 손해배상을 청구할 수 있다(※ 이행지체시의 계약해제와 비교할 때 계약해제의 요건이 완화). ⅱ) **매수인이** 잔대금지급기일에 잔대금을 지급하지 못하여 그 **지급의 연기를 수차 요청하였다는 것만으로**는 그 **채무를 이행하지 아니할 의사를 명백히 한 것으로는 볼 수 없다.**

② [**묵시적 이행거절**] – 거절의사가 **정황상 분명**하게 인정되어야 한다. 즉, 계약 당시나 계약 후의 여러 사정을 종합하여 묵시적 이행거절의사를 인정하기 위하여는 분명한 거절의 의사가 명백하고 종국적으로 표시되어야 한다.

③ [**이행거절의 철회 후 해제**] – **이행거절**의 의사표시가 적법하게 **철회**된 경우, 상대방으로서는 **자기 채무의 이행**을 **제공**하고 **상당한 기간**을 **정**하여 이행을 **최고**한 후가 아니면 채무불이행을 이유로 계약을 해제할 수 없다.

5. 채권자지체로 인한 해제

채권자지체가 성립하는 경우 그 효과로서 원칙적으로 채권자에게 **민법 규정에 따른 일정한 책임**(제401조, 제402조, 제403조, 제538조 제1항)**이 인정되는 것 외**에, 채무자가 채권자에 대하여 **일반적인 채무불이행책임과 마찬가지로 손해배상이나 계약해제를 주장할 수는 없다.**

6. 사정변경의 원칙에 의한 해제

계약성립 당시 당사자가 예견할 수 없었던 **현저한 사정의 변경**이 발생하였고 그러한 사정의 변경이 해제권을 취득하는 당사자에게 **책임 없는 사유**로 생긴 것으로서, 계약내용대로의 구속력을 인정한다면 신의칙에 현저히 반하는 결과가 생기는 경우에 계약준수 원칙의 예외로서 인정되는 것이고, 여기에서 말하는 사정이라 함은 계약의 기초가 되었던 **객관적인 사정으로서**, 일방 당사자의 **주관적 또는 개인적인 사정**을 **의미하는 것**은 **아니다**.

7. 해제계약(합의해제)

(1) 성립 – 요건

① 청약과 승낙이라는 서로 대립하는 의사표시가 합치될 것(합의)을 요건으로 하며, 이와 같은 합의는 명시적인 경우뿐만 아니라 **묵시적**으로도 이루어질 수 있다.

② 묵시적인 합의해제를 한 것으로 인정되려면 계약이 체결되어 그 일부가 이행된 상태에서 당사자 쌍방이 **장기간**에 걸쳐 나머지 의무를 이행하지 아니함으로써 이를 **방치한 것만**으로는 **부족**하고, 당사자 쌍방에게 **계약을 실현할 의사가 없거나 계약을 포기할 의사**가 **있다**고 볼 수 있을 정도에 이르러야 한다.

(2) 효과

1) 법적 구성

계약은 소급적으로 소멸 → 매수인에게 이전되었던 **소유권**은 **당연히 매도인에게 복귀** : 매도인의 원상회복청구권은 소유권에 기한 물권적 청구권 ∴ 소멸시효의 대상✗

2) 당사자간 효과

① [**이자 가산의무**] – 해제에 관한 민법 <u>제548조 제2항의 규정</u>은 <u>적용</u>✗ ∴ **이자 가산의무**✗

② [**손해배상청구**] – **채무불이행으로 인한 손해배상청구**✗ / But 상대방에게 **손해배상**을 하기로 **특약**하거나 손해배상청구를 유보하는 의사표시를 하였다면 **이에 따른 손해배상청구**는 **가능** → 이와 같은 특약이나 의사표시가 있었는지는 합의해제 당시를 기준으로 판단하여야 하는데, <u>원래 계약상의 위약금이나 손해배상에 관한 약정</u>이 <u>당연히 합의해제의 경우</u>에까지 <u>적용되는 것 아님</u>

3) 제3자 보호

제548조 제1항 단서는 제3자 보호를 위해 **유추적용**된다. 따라서 계약의 합의해제에 있어서도 제3자의 권리를 해할 수 없다.

(3) 합의해제의 실효

① 합의해제는 원계약을 소멸시키는 것으로서 원계약의 소멸로 그 효과는 완결되고 <u>합의해제 자체의 이행의 문제는 발생할 여지가 없으므로</u>, 채무불이행을 이유로 <u>**합의해제 자체**</u>를 <u>**해제할 수**</u>는 <u>**없다**</u>.

② 다만 매매계약을 합의해제한 후 그 합의해제를 무효화시키고 **해제된 계약을 다시 부활시키는 약정**은 계약자유의 원칙상 적어도 당사자 사이에서는 **가능**하다.

8. 실권특약(자동해제조항)

(1) 계약의 당연 실효 여부

1) 계약금의 경우

매도인이 위약시에는 계약금의 배액을 배상하고 매수인이 위약시에는 지급한 계약금을 매도인이 취득하고 계약은 자동적으로 해제된다는 조항은, 위약 당사자가 상대방에 대하여 계약금을 포기하거나 그 배액을 배상하여 계약을 해제할 수 있다는 **해제권 유보조항**이라 할 것이고, **최고나 통지 없이 해제할 수 있다는 특약이라고 볼 수 없다**.

2) 중도금의 경우

매수인이 중도금을 약정한 일자에 지급하지 아니하면 그 계약을 무효로 한다고 하는 특약이 있는 경우, 매수인이 약정한 대로 중도금을 지급하지 아니하면 (해제의 의사표시를 요하지 않고) 그 불이행 자체로써 계약은 그 일자에 **자동적으로 해제**된 것이라고 보아야 한다.

3) 잔금의 경우

① 매수인이 잔대금 지급기일까지 그 대금을 지급하지 못하면 그 계약이 자동적으로 해제된다는 취지의 약정이 있더라도 특별한 사정이 없는 한 매수인의 잔대금 지급의무와 매도인의 소유권이전등기의무는 **동시이행의 관계**에 있으므로, 매도인이 잔대금 지급기일에 소유권이전등기에 필요한 서류를 준비하여 매수인에게 알리는 등 이행의 제공을 하여 **매수인으로 하여금 이행지체에 빠지게 하였을 때**에 **비로소** **자동적으로** 매매계약이 **해제**된다고 보아야 하고, 매수인이 그 약정 기한을 도과하였더라도 이행지체에 빠진 것이 아니라면 대금 미지급으로 계약이 자동해제된 것으로 볼 수 없다.

② 다만 ⅰ) 매도인이 소유권이전등기에 필요한 서류를 갖추었는지 여부를 묻지 않고 매수인의 지급기일 도과사실 자체만으로 계약을 실효시키기로 특약을 하였다거나, ⅱ) 매수인이 수회에 걸친 채무불이행에 대하여 잔금 지급기일의 연기를 요청하면서 새로운 약정기일까지는 반드시 계약을 이행할 것을 확약하고 불이행시에는 매매계약이 자동적으로 해제되는 것을 감수하겠다는 내용의 약정을 한 특별한 사정이 있다면, 매수인이 잔금 지급기일까지 잔금을 지급하지 아니함으로써 그 매매계약은 자동적으로 실효된다.

(2) 제3자 보호

실권특약부 매매계약이 그 특약에 의하여 소급적으로 실효되는 경우, **제548조 제1항 단서**는 제3자 보호를 위해 **유추적용**된다.

Set 07 증여

1. 성질

무상·계약 ┬ 제104조 적용✗(∵ 공정성 여부를 논할 성질✗)
└ 담보책임 - 원칙 : ✗ / 예외 : 하자나 흠결을 알고 고지하지 아니한 때○

2. 특유한 해제

(1) 유형(사유)

1) 서면에 의하지 않은 증여(제555조)

① [**서면**] - ⅰ) [**형식 불문**] : 증여의사가 서면에 나타나 있으면 충분 ∴ 서면의 문언 자체는 증여계약서가 아닌 매도증서로 되어 있다고 하더라도 **증여의사**를 **인정**할 수 있으면 제555조의 서면에 해당, / ⅱ) [**시기 불문**] : 서면의 작성시기에 대하여는 법률상 아무런 제한이 없으므로 증여계약이 성립한 당시에는 서면이 작성되지 않았더라도 **그 후** 계약이 존속하는 동안 **서면**을 **작성**한 때에는 **그때부터**는 서면에 의한 증여로서 당사자가 임의로 이를 **해제할 수 없다**.

② [**제척기간**] - 제척기간의 **적용을 받지 않는 특수한 철회**로서, **10년이 경과한 후**에 이루어졌다 하더라도 원칙적으로 **적법**하다.

③ [**착오취소**] - 서면에 의한 출연이더라도 민법 총칙규정에 따라 출연자가 **착오**에 기한 의사표시라는 이유로 상대방 없는 단독행위인 재단법인에 대한 출연행위를 **취소할 수 있다**.

2) 수증자의 망은행위(제556조)

① [**제556조 제1항 제1호의 범죄행위**] - 중대한 배은망덕(행위) 고려 → 반드시 수증자가 범죄행위로 형사처벌을 받을 필요는 없다.

② [**제556조 제1항 제2호의 부양의무**] - 제974조에 규정되어 있는 **직계혈족** 및 그 **배우자** 또는 **생계를 같이 하는 친족 간**의 **부양의무**를 가리키는 것으로서, **당사자 사이의 약정에 의한 부양의무는** 여기에 **해당하지 않는다**.

③ [**제척기간**] - 해제원인 있음을 안 날로부터 6개월이 경과한 때에는 소멸

3) 사정변경에 의한 해제(제557조)

증여계약 후 재산상태의 현저히 변경 + 이행으로 생계에 중대한 영향 미치는 경우

(2) 효과(제558조)

① 증여에 특유한 해제(제555조, 제556조, 제557조)는 **이미 이행한 부분**에 대하여 **영향**을 **미치지 않는다**.

② 이미 이행된 부분에 대하여는 해제권을 행사할 수 없으며, 원상회복을 청구할 수 없다는 의미

③ **부동산 증여**에 있어 이행이 되었다 함은 그 부동산의 **인도만**으로써는 **부족**하고 그에 대한 **소유권이전등기절차까지 마친 것**을 **의미**한다. 다만 증여자의 의사에 기하지 아니한 원인무효의 등기가 마쳐진 경우에는 증여계약의 적법한 이행이 있다고 볼 수 없다.

④ **당사자 사이의 약정에 의한 부양의무를 위반한 경우 · 부담부 증여에서 부담의 불이행을 이유로 한 해제의 경우**에는 **적용✗**

3. 특수한 증여

(1) 부담부 증여

① 상대 부담 있는 증여에 대하여는 본절의 규정 외에 쌍무계약에 관한 규정을 적용(제561조)
→ 부담부 증여에도 민법 제3편 제2장 제2절(제554조부터 제562조까지)의 **증여에 관한 일반 조항들이 그대로 적용**되므로, **증여의 의사가 서면으로 표시되지 않은 경우 각 당사자는 원칙적으로 민법 제555조에 따라 부담부 증여계약을 해제할 수 있다.**

② But ⅰ) [**증여자 불이행 + 수증자 부담의 이행**] : **서면에 의하지 않은 증여임을 이유로 증여계약의 전부 또는 일부를 해제할 수는 없다.** 왜냐하면 부담부 증여에서는 이미 이행한 부담 역시 제558조에서의 '이미 이행한 부분'에 포함되기 때문이다. / ⅱ) 반면 [**증여자 이행 + 수증자 부담의 불이행**] – **이미 이행되어 있다 하더라도 증여자는 계약을 해제하고 원상회복을 청구할 수 있으며**, 이 경우 **민법 제555조와 제556조 제2항이나 제558조는 적용되지 아니한다.**

(2) 사인증여

① 사인증여에는 유증에 관한 규정을 준용한다(제562조).

② 다만, 사인증여는 계약임에 반하여 유증은 단독행위이므로 **유증의 방식**에 관한 민법 제1065조 내지 제1072조는 **적용되지 않으며**, **포괄적 유증**을 받은 자는 상속인과 동일한 권리 의무가 있다고 규정하고 있는 민법 제1078조도 **준용되지 않는다.**

③ 그러나 **유증의 철회**에 관한 민법 제1108조 제1항(유증의 효력이 발생하기 전에 언제든지 철회 가능)은 사인증여에 **준용된다.** 사인증여에서도 최종적인 의사를 존중할 필요가 있기 때문이다.

Set 08 매매의 예약 – 일방예약 추정

1. 예약완결권

(1) 양도성

예약완결권은 가등기할 수 있고, 재산권의 성질도 있어 **양도할 수 있다.** 예약완결권이 가등기되어 있는 경우라면 **가등기에 대한 부기등기의 형식**으로 경료할 수 있다.

(2) 행사기간 – 제척기간

① 당사자가 계약에서 정한 때에는 그에 따른다. 약정이 없으면 예약의무자는 상당한 기간을 정하여 최고할 수 있고, 그 기간 내에 **확답**을 **받지 못한 때**에는 **예약은 효력**을 **잃는다**(제564조).

② 당사자 사이에 그 **행사기간을 약정한 때**에는 그 **약정기간 내**에, 그러한 **약정이 없는 때**에는 그 예약이 성립한 때로부터 **10년 내**에 이를 행사하여야 한다.

③ 그러나 **기산일**은 예약성립시, 즉 **권리가 발생한 때이고** 당사자 사이에 **달리 약정할 수 없다.** 즉, 당초 권리의 발생일로부터 10년간의 기간이 경과되면 만료되는 것이지 그 기간을 넘어서 그 **약정에 따라 권리를 행사할 수 있는 때로부터 10년이 되는 날까지로 연장된다고 볼 수 없다.**

2. 매매예약상 가등기권자가 수인인 경우의 행사방법

① 종래 판례는 준공유 관계에 기한 처분행위라는 이유로 필수적 공동소송으로서 복수채권자 전원이 매매예약완결권을 행사하여야 한다거나 권리자 중 한 사람은 자신의 지분에 관하여 단독으로 그 가등기에 기한 본등기를 청구할 수 있다고 하여 혼선이 야기되었다.

② 이에 변경 판례는 수인의 채권자가 공동으로 매매예약완결권을 가지는 관계인지 아니면 채권자 각자의 지분별로 별개의 독립적인 매매예약완결권을 가지는 관계인지는 **매매예약의 내용에 따라야 하고**, 매매예약에서 그러한 내용을 명시적으로 정하지 않은 경우에는 채권자별 구체적인 지분권의 표시 여부 및 그 지분권 비율과 피담보채권 비율의 일치 여부, 가등기담보권 설정의 관행 등을 종합적으로 고려하여 판단하여야 하며, **채권자가 각자의 지분별로 별개의 독립적인 매매예약완결권을 갖는 것으로 보이는 경우, 채권자 중 1인**은 **단독으로** 이 사건 담보목적물 중 이 사건 지분에 관하여 **매매예약완결권을 행사할 수 있고**, 이에 따라 단독으로 이 사건 지분에 관하여 **가등기에 기한 본등기절차의 이행을 구할 수 있다**고 하였다. 이와 달리 매매예약의 내용이나 매매예약완결권 행사와 관련한 당사자의 의사와 관계없이 언제나 수인의 채권자가 공동으로 매매예약완결권을 가진다고 보고, 매매예약완결의 의사표시도 수인의 채권자 전원이 공동으로 행사하여야 한다는 취지의 판결 등은 변경하였다.

Set 09 계약금(계약) – 해약금 : 해약금에 의한 해제(일종의 약정해제권)

1. 요건(제565조)

(1) **계**약금계약의 성립 – 금전 기타 물건을 계약금 등 명목으로 교부할 것 : 요물계약

① 계약금계약은 금전 기타 유가물의 교부를 요건으로 하므로 당사자가 **계약금의 일부만**을 먼저 **지급**하고 잔액은 나중에 지급하기로 약정하거나 **계약금 전부를 나중에 지급하기로 약정한 경우** 계약금계약은 성립하지 아니하므로 당사자가 **임의로 주계약**을 **해제할 수**는 **없다.**

② 설령 계약금 일부만 지급된 경우 수령자가 매매계약을 해제할 수 있다고 하더라도 **해약금의 기준**이 되는 금원은 '**실제 교부받은 계약금**'이 **아니라** '**약정 계약금**'이라고 봄이 타당하므로, 매도인이 계약금의 일부로서 지급받은 금원의 배액을 상환하는 것으로는 매매계약을 해제할 수 없다.

(2) 당사자 사이에 **다**른 약정이 없을 것

① 제565조의 해약권은 당사자 간에 다른 약정이 없는 경우에 한하여 인정되는 것이고, 만일 **당사자가 위 조항의 해약권을 배제하기로 하는 약정**을 하였다면 더 이상 그 **해제권**을 **행사할 수 없다**.

② **위약금 약정이 있더라도** 특별한 사정이 없는 한 그 **계약금은** 민법 제398조 제1항 소정의 **손해배상액의 예정의 성질을 가질 뿐만 아니라** 민법 제565조 소정의 **해약금의 성질도 가진다**(병존긍정설).

(3) 당사자 **일**방의 이행착수 전까지

1) 당사자 일방의 의미

어느 일방을 **지칭**하는 것이고 **상대방이라 국한하여 해석할 것**이 **아니**므로, 비록 상대방인 매도인이 매매계약의 이행에는 전혀 착수한 바가 없다 하더라도 **매수인이 중도금을 지급하여 이미 이행에 착수한 이상 매수인**도 민법 제565조에 의하여 계약금을 포기하고 매매계약을 **해제할 수 없다**.

2) 이행에 착수할 때까지

가) 이행착수의 의미

① [**일반론**] – 이행의 착수란 단순히 이행의 준비를 하는 것만으로는 부족하고, **채무의** 이행행위의 **일부**를 행하거나 이행에 **필요한 전제행위**를 하는 것을 말한다.

② [**구체적 사안**] – ⅰ) 중도금의 지급O, 매수인이 **중도금 및 잔금 중 일부를 적법하게 변제공탁**한 경우O, 매수인이 잔대금을 준비하고 매도인에 대하여 등기소에 동행할 것을 촉구O / 반면 ⅱ) **토지거래허가를 받은 사정**만으로는 아직 **이행착수✗**, **토지거래허가협력의무의 이행을 구하는 소송**을 제기하여 1심에서 **승소판결**을 받은 것만으로도 **이행착수✗**, 매도인이 매수인에 대하여 **매매잔대금의 지급을 구하는 소송을 제기**한 것만으로는 **이행착수✗**

나) 이행기 전 이행의 착수

① [**원칙적 허용**] – **이행기 전 이행착수**는 **원칙**적으로 **가능**하다.

② [**예외적 불허**] – **매도인이** 제565조에 의하여 계약을 해제한다는 의사표시를 하고 일정한 기한까지 **해약금의 수령**을 **최고**하며 기한을 넘기면 **공탁**하겠다고 **통지**를 한 이상 중도금 지급기일은 매도인을 위하여서도 기한의 이익(주 – 이행기 전에 이행을 불허할 이익)이 있다고 보는 것이 옳고, 따라서 이 경우에는 **매수인이 이행기 전에 이행에 착수할 수 없는 특별한 사정이 있는 경우에 해당**하여 매수인은 매도인의 의사에 반하여 이행할 수 없다고 보는 것

이 옳으며, **매수인이 이행기 전에**, 더욱이 매도인이 정한 해약금 수령기한 이전에 일방적으로 **이행에 착수하였다고 하여도 매도인의 계약해제권 행사에 영향을 미칠 수 없다**.

※ [**비교**] – 매매계약의 체결 이후 시가 상승이 예상되자 매도인이 구두로 구체적인 금액의 제시 없이 매매대금의 증액을 요청 → 이행착수✗ + 이행기 전의 이행착수가 불허되는 사정✗

(4) 교부자는 포기하고 수령자는 **배**액 상환

① 계약금 해제는 통고로써 즉시 효력을 발생하고 나중에 계약금 배액의 상환의무만 지는 것이 아니라 **매도인이 수령한 계약금의 배액을 매수인에게 상환하거나 적어도 그 이행제공을 하지 않으면 계약을 해제할 수 없다**.

② 배액의 제공만 있으면 충분하고, 상대방이 이를 수령하지 않는다고 하여 **공탁**까지 할 **필요**는 **없다**.

2. 효과

① 원상회복의무나 채무불이행을 원인으로 하는 손해배상의무는 발생하지 않는다.

② 약정해제권의 유보는 채무불이행으로 인한 법정해제권의 성립에 아무런 영향을 미칠 수 없다.

Set 10 매매의 효력

1. 매도인의 재산권이전의무와 매수인의 대금지급의무(제568조)

① 자동차관리법령의 문언・내용과 체계 등에 비추어 보면, 자동차 양수인이 양도인으로부터 자동차를 인도받고서도 등록명의의 이전을 하지 않는 경우 양도인은 자동차관리법 제12조 제4항에 따라 양수인을 상대로 소유권이전등록의 인수절차 이행을 구할 수 있다. 그러나 자동차가 전전 양도된 경우 중간생략등록의 합의가 없는 한 양도인은 전전 양수인에 대하여 직접 양수인 명의로 소유권이전등록의 인수절차 이행을 구할 수 없다.

② 매매목적물에 가압류등기나 (근)저당권등기가 되어 있는 경우에는 소유권이전에 관련된 등기서류뿐만 아니라 이들 등기의 말소에 필요한 서류까지 교부 또는 제공하여야 한다.

③ 매수인의 대금지급의무와는 특약이나 관습이 없으면 동시이행관계에 있다.

2. 과실의 귀속

① 매매계약 있은 후에도 인도하지 아니한 목적물로부터 생긴 과실은 매도인에게 속한다. 매수인은 목적물의 인도를 받은 날로부터 대금의 이자를 지급하여야 한다. 그러나 대금의 지급에 대하여 기한이 있는 때에는 그러하지 아니하다(제587조).

② 매매목적물이 인도되지 아니하더라도 매수인이 **대금**을 **완제**한 때에는 그 시점 이후의 **과실은 매수인에게 귀속된다**.

③ 매매목적물이 인도되지 아니하고 또한 매수인이 **대금**을 **완제하지 아니한 때**에는 매도인의 이행지체가 있더라도 **과실**은 **매도인에게 귀속**되는 것이므로 매수인은 인도의무의 지체로 인한 손해배상금의 지급을 구할 수 없다.

※ [**비교**] - 매수인의 대금 지급의무와 매도인의 근저당권설정등기 내지 가압류등기 말소의무가 동시이행관계에 있는 등으로 매수인이 대금 지급을 거절할 정당한 사유가 있는 경우에는 매매목적물을 미리 인도받았다 하더라도 민법 제587조 규정에 의한 이자를 지급할 의무는 없다.

④ **대금의 지급기한이 있는 때**에는 대금을 전부 지급하지 아니한 채 매매목적물을 인도받았다 하더라도 **그 기한까지는 미지급대금에 대한 이자를 지급할 의무가 없다**. 또한 매수인의 대금 지급의무와 매도인의 근저당권설정등기 내지 가압류등기 말소의무가 **동시이행관계에 있는 등**으로 **매수인이 대금 지급을 거절할 정당한 사유가 있는 경우**에는 **매매목적물을 미리 인도받았다 하더라도 위 민법 규정에 의한 이자를 지급할 의무는 없다**.

3. 매도인의 담보책임

<table>
<tr><th>구분</th><th>계약해제</th><th>손해배상</th><th>대금감액청구</th><th>제척기간
- 재판상 · 재판외 행사 가능</th></tr>
<tr><td rowspan="2">권리의 전부가 타인에게 속하는 경우 (제570조)</td><td>선의 · 악의 불문</td><td>선의 → 손해배상책임의 범위는 이행이익의 배상 : 과실상계 준용 ✗, 단 참작은 가능
★ 악의의 자는 담보책임으로서 손해배상책임을 추궁할 수는 없으나, 채무불이행책임으로서 손해배상책임을 추궁할 수는 있다.</td><td>✗</td><td>✗</td></tr>
<tr><td colspan="4">[1] ① 부동산을 매수한 자가 그 소유권이전등기를 하지 아니한 채 이를 다시 제3자에게 매도한 경우나, ② 명의신탁한 부동산을 명의신탁자가 매도하는 경우에는 그것을 민법 제569조에서 말하는 '타인의 권리매매'라고 할 수는 없다. ③ 그러나 낙찰받은 부동산을 매각대금의 납부 전에 매도한 경우 그 매매계약은 민법 제569조에서 정한 타인의 권리의 매매에 해당한다.
[2] 매매위임장을 제시하고 매매계약을 체결하는 자는 특단의 사정이 없는 한 소유자를 대리하여 매매행위하는 것이라고 보아야 하고, 매매계약서에 대리관계의 표시 없이 그 자신의 이름을 기재하였다고 해서 그것만으로 그 자신이 매도인으로서 타인물을 매매한 것이라고 볼 수는 없다.
[3] 매수인이 선의이더라도 과실이 있는 경우에 손해배상의 범위를 정함에 있어서 과실상계의 규정이 준용되지 않는다 하더라도, 매수인의 과실이 참작될 수 있다.
[4] 선의의 매도인의 담보책임 → 전부불능시 적용(O) / 일부불능시 적용(✗)
① 매도인이 계약당시에 매매의 목적이 된 권리가 자기에게 속하지 아니함을 알지 못한 경우에 그 권리를 취득하여 매수인에게 이전할 수 없는 때에는 매도인은 손해를 배상하고 계약을 해제할 수 있다.
② 전항의 경우에 매수인이 계약 당시 그 권리가 매도인에게 속하지 아니함을 안 때에는 매도인은 매수인에 대하여 그 권리를 이전할 수 없음을 통지하고 계약을 해제할 수 있다.</td></tr>
</table>

<table>
<tr><td></td><td colspan="4">[5] 타인권리매매와 **사기**에 의한 의사표시 **취소**와의 관계 : **경합**
[6] 권리를 취득하여 매수인에게 이전하여야 할 매도인의 의무가 매도인의 귀책사유로 인하여 이행불능이 되었다면 **채무불이행** 일반의 규정에 좇아서 계약을 **해제**하고 **손해배상을 청구할 수 있다.**</td></tr>
<tr><td rowspan="2">권리의 일부가 타인에게 속하는 경우 (제572조)</td><td>선의</td><td>선의 → 손해액은 이행이익 상당액</td><td>선의 · 악의 불문</td><td>1년</td></tr>
<tr><td colspan="4">매매계약에서 건물과 그 대지가 계약의 목적물인데 **건물의 일부**가 **경계**를 **침범**하여 이웃 토지 위에 건립되어 있는 경우에 매도인이 그 경계 침범의 건물부분에 관한 대지부분을 취득하여 매수인에게 이전하지 못하는 때에는 매수인은 매도인에 대하여 민법 **제572조**를 **유추적용**하여 담보책임을 물을 수 있다.</td></tr>
<tr><td rowspan="2">목적물의 수량 부족, 일부멸실 (제574조)</td><td>선의</td><td>선의</td><td>선의</td><td>1년</td></tr>
<tr><td colspan="4">[1] 수량지정 매매 → 일정한 **수량**을 가지고 있다는 데 **주안**을 두고 **대금도 그 수량을 기준**으로 하여 정한 경우O : Ex. 아파트 분양계약 / 평수에 의한 계산이 하나의 표준에 지나지 아니하여 토지를 특정하고 대금을 결정하기 위한 방편이었다고 보일 때에는 수량지정 매매✗
[2] 대금감액청구는 별론으로 하고, **부당이득반환청구**나 **제535조에 기한 계약체결상의 과실책임을 물을 수는 없다.**</td></tr>
<tr><td>용익권에 의한 제한 (제575조) – 매매의 목적물이 지상권, 전세권, 지역권, 유치권, 질권, 대항력 있는 임차권에 의하여 제한되어 있는 경우</td><td>선의</td><td>선의</td><td>✗</td><td>1년</td></tr>
<tr><td rowspan="2">담보권에 의한 제한 (제576조) – 저당권, 전세권이 실행된 경우, 가등기에 기하여 본등기가 되어 버려 취득한 소유권을 잃게 된 경우</td><td>선의 · 악의 불문</td><td>선의 · 악의 불문</td><td>✗</td><td>✗</td></tr>
<tr><td colspan="4">[1] 가등기의 목적이 된 부동산을 매수한 사람이 그 뒤 **가등기에 기한 본등기**가 **경료**됨으로써 그 부동산의 소유권을 상실하게 된 때에는 매매의 목적 부동산에 설정된 저당권 또는 전세권의 행사로 인하여 매수인이 취득한 소유권을 상실한 경우와 유사하므로, 이와 같은 경우 민법 **제576조**의 규정이 **준용**된다고 보아 같은 조 소정의 담보책임을 진다고 보는 것이 상당하고 민법 **제570조에 의한 담보책임**을 진다고 할 수 **없다.** → 신뢰이익의 배상 : 매매대금 + 법정이자
[2] 가압류 목적이 된 부동산을 매수한 사람이 그 후 **가압류에 기한 강제집행**으로 부동산 소유권을 상실하게 된 경우도 **제576조**의 규정이 **준용**된다.
[3] 이행인수 – 담보책임의 면제 또는 포기로 봄이 상당</td></tr>
<tr><td>매도인의 하자담보 책임(물건의 하자 – 제580조)</td><td>선의 · 무과실</td><td>선의 · 무과실
[1] 신뢰이익의 배상에 한정
[2] 법정무과실책임 – 과실상계 준용✗, 단 매수인의 잘못 참작은 가능</td><td>✗
☆ 종류물 – 완전물급부청구권 O
→ But 공평상 제한 인정</td><td>하자 안 : 6월 – 재판상 · 재판 외 행사기간</td></tr>
</table>

	[1] 하자의 개념 - 객관적 하자 및 **주관적 하자** [2] 하자의 판단시기 - ① 특정물 : **계약성립시**, ② 종류물 : 특정시 [3] 건축목적으로 토지를 매수하였는데 건축허가를 받을 수 없어 건축이 불가능하다는 **법률상 장애**는 **물건의 하자○** [4] 폐기물 매립 사안 → **폐기물처리비용** : 매도인은 이른바 불완전이행으로서 **채무불이행으로 인한 손해배상책임**을 부담하고 **제580조 소정의 하자담보책임**과 **경합**적으로 **인정** [5] 매매목적물의 하자로 인한 확대손해 내지 2차 손해에 대한 배상책임을 지우기 위하여는 채무의 내용으로 된 하자 없는 목적물을 인도하지 못한 의무위반사실 외에 그러한 의무위반에 대하여 매도인에게 귀책사유가 인정되어야 한다. [6] 착오로 인한 취소 제도와 매도인의 하자담보책임 제도는 취지가 서로 다르고, 요건과 효과도 구별되므로, **하자담보책임이 성립하는지와 상관없이 착오를 이유로 매매계약을 취소할 수 있다**.
제척기간과 소멸시효와 의 관계	매도인에 대한 하자담보에 기한 손해배상청구권에 대하여는 민법 제582조의 제척기간이 적용되고, 이는 법률관계의 조속한 안정을 도모하고자 하는 데에 취지가 있다. 그런데 하자담보에 기한 매수인의 손해배상청구권은 권리의 내용·성질 및 취지에 비추어 민법 제162조 제1항의 채권 소멸시효의 규정이 적용되고, 민법 **제582조의 제척기간 규정으로 인하여 소멸시효 규정의 적용이 배제된다고 볼 수 없으**며, 이때 다른 특별한 사정이 없는 한 무엇보다도 매수인이 매매 **목적물을 인도받은 때부터 소멸시효**(10년)가 **진행**한다고 해석함이 타당하다.

Set 11 소유권유보부매매

소유권유보의 특약을 한 경우, 목적물의 소유권을 이전한다는 당사자 사이의 물권적 합의는 매매계약을 체결하고 목적물을 인도한 때 이미 성립하지만 대금이 모두 지급되는 것을 정지조건으로 하므로, 목적물이 매수인에게 인도되었다고 하더라도 특별한 사정이 없는 한 **매도인은** 대금이 모두 지급될 때까지 **매수인뿐만 아니라 제3자에 대하여도** 유보된 목적물의 **소유권**을 **주장**할 수 있고, 다만 대금이 모두 지급되었을 때에는 그 **정지조건이 완성**되어 **별도의 의사표시 없이 목적물의 소유권이 매수인에게 이전**된다.

Set 12 소비대차(제598조)

1. 성질 및 성립

① 원칙적으로 **무상**·편무계약 / 예외적으로 이자부 소비대차는 유상·쌍무계약

② 소비대차는 당사자 일방이 금전 기타 대체물의 소유권을 상대방에게 이전할 것을 약정하고 상대방은 그와 같은 종류, 품질 및 수량으로 반환할 것을 약정함으로써 효력이 생기는 이른바 **낙성계약**이므로, 차주가 현실로 금전 등을 수수하거나 현실의 수수가 있은 것과 같은 경제적 이익을 취득하여야만 소비대차가 성립하는 것은 아니다(요물계약✗). 반대로 당사자 일방이 상대방에게 현실로 금전 기타 대체물의 소유권을 이전하였다고 하더라도 **상대방이 같은 종류, 품질 및 수량으로 반환할 것을 약정한 경우가 아니라면** 이들 사이의 법률행위를 **소비대차라 할 수 없다**.

2. 효력

① 이자는 차주가 목적물의 인도를 받은 때로부터 계산하여야 한다(제600조).

② 이자 없는 소비대차의 당사자는 목적물의 인도 전에는 언제든지 계약을 해제할 수 있다. 그러나 상대방에게 생긴 손해가 있는 때에는 이를 배상하여야 한다(제601조).

③ 이자 있는 소비대차의 목적물에 하자가 있는 경우 대주는 차주에게 담보책임을 진다(제602조 제1항). 반면 이자 없는 소비대차는 무상이므로 원칙상 대주의 담보책임은 없으나, 대주가 그 하자를 알고 차주에게 고지하지 아니한 때에는 담보책임을 진다(제602조 제2항).

④ 반환시기의 약정이 없는 경우 차주는 언제든지 반환할 수 있으나, 대주는 상당 기간을 정하여 반환을 최고하여야 한다(제603조).

3. 대물반환의 예약과 차주의 보호

① 소비대차에 있어서 차주가 본래의 급부에 갈음하여 다른 재산권을 이전할 것을 미리 예약한 경우 그 재산의 **예약당시의 가액**이 **차용액 및 이에 붙인 이자의 합산액을 넘지 못하고**, 이를 **위반한 경우** 차주에게 불리한 것은 환매 기타 여하한 명목이라도 그 **효력**이 **없다**(제607조, 제608조).

② 제607조에서 말하는 차용액이라 함은 **소비대차계약 또는 준소비대차계약**에 의하여 차주가 반환할 **의무**가 있는 것만을 의미하는 것이므로, 전세금반환채무나 매매대금채무의 변제에 갈음한 경우에는 제607조, 제608조의 규정은 적용될 수 없다.

③ 대물변제의 경우에는 가사 그 시가가 그 채무의 원리금을 초과한다고 하더라도 민법 제607조, 제608조가 적용되지 아니한다.

④ 제607조, 제608조에 위반된 경우 대물변제의 예약으로서는 무효가 되지만, 특별한 사정이 없으면 당사자 사이에 청산절차를 밟아야 하는 약한 의미의 양도담보를 설정하기로 하는 약정으로서는 유효하다.

4. 준소비대차(제605조)

① 준소비대차(Ex. 매매계약상의 매매대금지급채무를 지고 있는 매수인이 매도인과 매매대금액을 소비대차로 한다고 약정하는 경우)는 **기존 채무**를 **소멸**시키고 **신채무**를 **성립**시키는 계약인 점에서 경개와 같지만, 경개에 있어서는 기존 채무와 신채무 사이에 동일성이 없는 반면, 준소비대차에 있어서는 원칙적으로 **동일성**이 **인정**된다는 점에 차이가 있다.

② 경개로 볼 것인가 또는 준소비대차로 볼 것인가는 일차적으로 당사자의 **의사**에 의하여 **결정**되고, 만약 당사자의 의사가 명백하지 않을 때에는 **특별한 사정이 없는 한** 동일성을 상실함으로써 채권자가 담보를 잃고 채무자가 항변권을 잃게 되는 것과 같이 스스로 불이익을 초래하는 의사를 표시하였다고는 볼 수 없으므로 **일반적**으로 **준소비대차**로 보아야 한다.

※ [**비교**] (**대환의 법적 성질**) – 현실적인 자금의 수수 없이 형식적으로만 신규대출을 하여 기존 채무를 변제하는 이른바 **대환**은 특별한 사정이 없는 한 형식적으로는 별도의 대출에 해당하나 실질적으로는 기존 채무의 변제기의 연장에 불과하므로 그 **법률적 성질은** 기존 채무가 여전히 **동일성**을 **유지**한 채 존속하는 **준소비대차**로 보아야 하며, 이 경우 채권자와 보증인 사이에 보증인의 보증책임을 면제하기로 약정을 한 경우 등 특별한 사정이 있는 경우를 제외하고는 기존 채무에 대한 **보증책임**이 **존속**된다.

③ 준소비대차계약의 당사자는 **기존 채무**의 **당사자**이어야 한다.

④ 기존 채무는 존재하여야 하고 **기존 채무가 부존재하거나 무효인 경우**에는 **준소비대차계약은 효력이 없다**. 따라서 **신채무**는 **성립하지 않는다**. → 계약상의 이자로서 **이자제한법 소정의 제한이율을 초과하는 부분은 무효이고** 이러한 제한초과의 이자에 대하여 **준소비대차계약 또는 경개계약을 체결하더라도 그 초과 부분에 대하여는 효력이 생기지 아니한다**.

⑤ 반면 **신채무가 무효이거나 취소**된 때에는 **기존 채무**는 **소멸하지 않았던 것**이 **된다**.

⑥ **소멸시효기간**은 기존 채무와 동일하지 않고 **신채무**를 **기초로** 하여 **결정** → 준소비대차계약이 상행위인 경우 새로이 발생한 채권은 상사채권으로서 5년의 상사시효의 적용O

Set 13 임대차

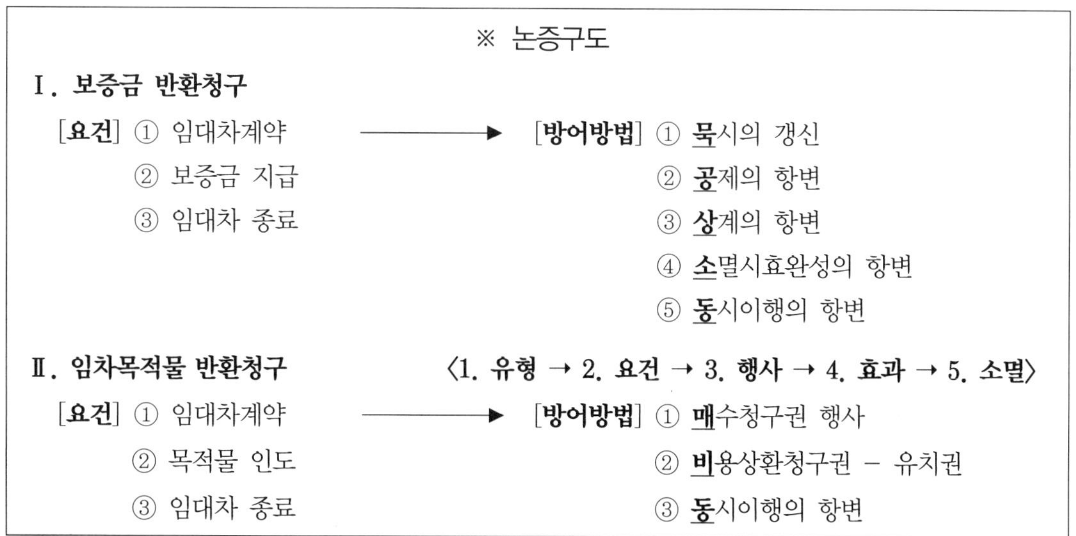

※ 논증구도

Ⅰ. 보증금 반환청구

[**요건**] ① 임대차계약 ② 보증금 지급 ③ 임대차 종료

→ [**방어방법**] ① **묵**시의 갱신 ② **공**제의 항변 ③ **상**계의 항변 ④ **소**멸시효완성의 항변 ⑤ **동**시이행의 항변

Ⅱ. 임차목적물 반환청구 〈**1. 유형 → 2. 요건 → 3. 행사 → 4. 효과 → 5. 소멸**〉

[**요건**] ① 임대차계약 ② 목적물 인도 ③ 임대차 종료

→ [**방어방법**] ① **매**수청구권 행사 ② **비**용상환청구권 – 유치권 ③ **동**시이행의 항변

1. 성립

① 임대인이 임대차 목적물에 대한 **소유권 기타 이를 임대할 권한이 없다고 하더라도** 임대차계약은 **유효**하게 **성립**한다.

② 보증금은 성립요건✗

2. 존속기간

(1) 존속기간을 정한 경우

① 최장기간의 제한✗ → 당사자들이 자유로운 의사에 따라 **임대차기간을 영구로 정한 약정**은 이를 무효로 볼 만한 특별한 사정이 없는 한 계약자유의 원칙에 의하여 **허용**된다. 또한 임대차기간의 보장은 임대인에게는 의무가 되나 임차인에게는 권리의 성격을 갖는 것이므로 **임차인으로서는 언제라도 그 권리를 포기할 수 있고, 그렇게 되면 임대차계약은 임차인에게 기간의 정함이 없는 임대차가 된다.**

② 최단기간의 보장 - 민법 규정✗ / 주임법 2년·상임법 1년

(2) 묵시의 갱신(제639조)

① [**요건**] - 기간 만료 후 계속 사용·수익 + 임대인이 상당한 기간 내에 이의✗

② [**효과**] - 종전 임대차와 동일한 조건으로 다시 임대차한 것으로 본다. 다만 그 존속기간은 기간의 약정이 없는 것으로 되어, 당사자는 제635조 규정에 의하여 해지의 통고를 할 수 있다.

③ [**주임법상 묵시의 갱신**(주임법 제6조, 제6조의2)]

i) [**요건**] - 임대인이 임대차기간이 끝나기 **6개월 전부터 2개월 전**까지의 기간에 임차인에게 갱신거절의 통지를 하지 아니하거나 계약조건을 변경하지 아니하면 갱신하지 아니한다는 뜻의 통지를 하지 아니한 경우 그 기간이 끝난 때에 **전 임대차와 동일한 조건으로 다시 임대차한 것으로 본다.** 임차인이 임대차기간이 끝나기 **2개월 전**까지 통지하지 아니한 경우에도 동일하다(주임법 제6조 - 2020.12.10. 시행). 다만 **2기의 차임액**에 달하도록 **연체**하거나 그 밖에 임차인으로서의 의무를 현저히 위반한 경우에는 **인정되지 않는다.**

ii) [**효과**] - 대항력과 우선변제권을 갖춘 임대차계약이 갱신된 경우에도 종전 보증금의 범위 내에서는 **최초 임대차계약에 의한 대항력과 우선변제권**이 그대로 **유지**된다. 또한 임대차의 존속기간은 **2년으로 하되, 임차인**은 언제든지 **해지**의 **통지**를 할 수 있고 이 경우 임대인이 그 통지를 받은 날부터 **3개월**이 지나면 계약은 해지된다(주임법 제6조의2).

iii) [**갱신요구와 갱신거절**(제6조의3)] - ㉠ 제6조에도 불구하고 임대인은 임차인이 제6조 제1항 전단의 기간 이내에 계약갱신을 요구할 경우 정당한 사유 없이 거절하지 못한다. 다만 임차인이 **2기의 차임액**에 해당하는 금액에 이르도록 차임을 **연체한 사실**이 있는 경우 등의 경우에는 **거절할 수 있다.** 임차인은 계약갱신요구권을 **1회**에 **한**하여 행사할 수 있다. 갱신되는 임대차는 전 임대차와 동일한 조건으로 다시 계약된 것으로 보고, 그 존속기간은 **2년**으로 본다. 다만 임대차의 해지에 관하여는 제6조의2를 준용하므로 **임차인**은 언제든지 **해지**를

통지할 수 있고, **3개월**이 지나면 해지의 효력이 발생한다. ㉡ **임차인이** 주택임대차보호법 제6조의3 제1항에 따라 **임대차계약의 갱신을 요구하면** 임대인에게 갱신거절 사유가 존재하지 않는 한 **임대인에게 갱신요구가 도달한 때 갱신의 효력이 발생한다. 갱신요구에 따라 임대차계약에 갱신의 효력이 발생한 경우 임차인은 제6조의2 제1항에 따라 언제든지 계약의 해지통지를 할 수 있고, 해지통지 후 3개월이 지나면 그 효력이 발생**하며, 이는 계약해지의 통지가 갱신된 임대차계약 기간이 개시되기 전에 임대인에게 도달하였더라도 마찬가지이다. ㉢ 임대인(임대인의 직계존속·직계비속을 포함한다)이 목적 주택에 실제 거주하려는 경우 갱신거절을 할 수 있는데, **실제 거주하려는 경우에 해당한다는 점**에 대한 **증명책임**은 **임대인에게 있고**, 실제 거주하려는 의사의 존재는 임대인이 단순히 그러한 의사를 표명하였다는 사정이 있다고 하여 곧바로 인정될 수는 없다. ㉣ **제3조 제4항에 의하여 임대인의 지위를 승계한 임차주택의 양수인도 그 주택에 실제 거주하려는 경우** 위 갱신거절 기간 내에 위 **제8호에 따른 갱신거절 사유를 주장할 수 있다.**

※ [비교] (상임법 사안) – **임대차기간 중 어느 때라도 차임이 3기분에 달하도록 연체된 사실이 있다면** 임차인과의 계약관계 연장을 받아들여야 할 만큼의 신뢰가 깨어졌으므로 임대인은 **계약갱신 요구**를 **거절**할 수 있고, 반드시 임차인이 계약갱신요구권을 행사할 당시에 3기분에 이르는 차임이 연체되어 있어야 하는 것은 아니다.

(3) 존속기간을 정하지 않은 경우 – 해지통고(제635조)

① 당사자는 언제든지 해지통고를 할 수 있고, 일정한 해지기간이 경과한 후에 해지의 효력이 생긴다.

② 해지기간은 부동산에 대하여는 임대인이 해지를 통고한 경우에는 6개월이고, 임차인이 해지를 통고한 경우에는 1개월 / 동산의 경우는 누가 해지통고를 하든 5일이다.

3. 효력

(1) 임대인의 의무 – 목적물을 사용·수익하게 할 의무

1) 수선의무

① [**인정**] – ⅰ) 임대인의 **귀책사유** 유무와 **관계없이 인정**, ⅱ) **임대인**이 그와 같은 하자 발생 사실을 **몰랐다거나** 반대로 **임차인이 이를 알거나 알 수 있었다**고 하더라도 **인정**된다.

② [**면제특약**] – 임대인의 수선의무는 특약에 의하여 이를 면제하거나 임차인의 부담으로 돌릴 수 있으나, 그러한 특약에서 수선의무의 범위를 명시하고 있는 등의 특별한 사정이 없는 한 통상 생길 수 있는 파손의 수선 등 소규모의 수선에 한한다.

③ [**위반 효과**] – ⅰ) 손해배상을 청구할 수 있고 임대차계약을 해지할 수 있다. ⅱ) 다만 차임지급거절이 문제되는데, 임대차계약에 있어서 목적물을 **사용수익케 할 임대인의 의무**와 **임차인의 차임지급의무**는 **상호 대응관계**에 있으므로 임대인이 목적물에 대한 수선의무를 불이행하여 임차인이 목적물을 **전혀 사용할 수 없을 경우**에는 임차인은 **차임전부**의 지급을 **거절**

할 수 있으나, 수선의무불이행으로 인하여 **부분적으로 지장**이 있는 상태에서 그 사용수익이 가능할 경우에는 그 **지장이 있는 한도 내**에서만 **차임**의 지급을 **거절**할 수 있을 뿐 그 전부의 지급을 거절할 수는 없다.

※ [**비교**] – 임대인은 목적물을 계약존속 중 사용・수익에 필요한 상태를 유지하게 할 의무를 부담하고, 이러한 의무와 관련한 임차물의 보존을 위한 비용도 임대인이 부담해야 하므로, 임차인이 필요비를 지출하면 임대인은 이를 상환할 의무가 있다. 따라서 **임대인의 필요비 상환의무**는 특별한 사정이 없는 한 **임차인의 차임지급의무**와 **서로 대응관계**에 있으므로, 임차인은 **지출한 필요비 금액의 한도**에서 **차임**의 지급을 **거절**할 수 있다.

2) 보호의무

① 통상의 임대차관계에서는 임차인의 안전을 배려하거나 도난을 방지하는 등의 보호의무 부담✗.

② 숙박계약(일시 사용을 위한 임대차)의 경우에는 고객의 안전을 배려하여야 할 보호의무 부담O

(2) 임차인의 의무

1) 차임지급의무

① [**차임증감청구**] – 민법 제628조에 의하여 장래에 대한 차임의 증액을 청구하였을 때에 당사자 사이에 협의가 성립되지 아니하여 **법원이 결정해 주는 차임**은 **증액청구의 의사표시를 한 때**에 **소급**하여 그 **효력**이 생기는 것이므로, 특별한 사정이 없는 한 증액된 차임에 대하여는 법원 결정 시가 아니라 **증액청구의 의사표시가 상대방에게 도달한 때**를 **이행기**로 보아야 한다.

② [**차임연체와 해지**] – ⅰ) 차임연체액이 **2기**의 **차임액에 달하는 때**에는 임대인은 계약을 해지할 수 있다(제640조). ⅱ) 2기는 **연속**할 **필요**가 **없으며** 연체한 차임의 '**합산액**'이 2기분에 달해야 한다. ⅲ) 제640조는 임차인을 강력하게 보호하는 반면에 임차인에게도 성실한 차임지급 의무를 이행할 것을 요구하는 취지이므로 제640조에 의한 임대차계약해지의 경우에는 계약일반의 해지의 경우와는 달리 임대인의 **최고절차**는 **필요 없다**. ⅳ) 임대인 지위가 양수인에게 승계된 경우에도 이미 발생한 연체차임채권은 따로 채권양도의 요건을 갖추지 않는 한 승계되지 않는다(법정승계✗). 따라서 **양수인이 연체차임채권을 양수받지 않은 이상 승계 이후의 연체차임액이 2기 이상의 차임액에 달하여야만** 비로소 임대차계약을 **해지**할 수 있다.

2) 선관의무・통지의무・인용의무 및 원상회복의무

① 선량한 관리자의 주의로 임차물을 보존할 의무를 부담한다(제374조, 제654조, 제615조).

② 임차물의 수리를 요하거나 임차물에 대하여 권리를 주장하는 자가 있는 때에는 임차인은 지체없이 임대인에게 이를 통지하여야 한다. 그러나 임대인이 이미 이를 안 때에는 그러하지 아니하다(제634조).

③ 임대인이 임대물의 보존에 필요한 행위를 하는 때에는 임차인은 이를 거절하지 못한다(제624조). 다만 임대인이 임차인의 의사에 반하여 보존행위를 하는 경우에 임차인이 이로 인하여 임차의 목적을 달성할 수 없는 때에는 계약을 해지할 수 있다(제625조).

④ 임차인은 임대차가 종료하면 임대차 목적물을 원상에 회복하여 반환할 의무를 부담한다(제374조, 제654조, 제615조) → **임대인의 귀책사유로** 임대차계약이 **해지**된 경우에도 **원상회복의무**를 **부담O**

⑤ 임차인은 특별한 사정이 없는 한 그가 **임차하였을 때의 상태로** 임차목적물을 **반환하면 된다**. 따라서 토지 임대 당시 이미 임차목적물인 토지에 종전 임차인 등이 설치한 가건물 기타 공작물이 있는 경우 **종전 임차인 등이 설치한 부분까지 원상회복할 의무는 없다**.

⑥ 임대차종료로 인한 **임차인의 원상회복의무에는** 임차인이 사용하고 있던 **부동산의 점유를 임대인에게 이전하는 것은 물론 임대인이 임대 당시의 부동산 용도에 맞게 다시 사용할 수 있도록 협력할 의무도 포함한다**. 따라서 임차인은 임차건물 부분에서의 영업허가에 대하여 폐업신고절차를 이행할 의무가 있다.

※ 임차건물 화재 사안 - 임차인의 손해배상책임 : 증명책임

1. **임차건물** 화재로 인한 손해배상책임

① 임대차 종료 시에 임대차 목적물을 원상회복하여 반환할 의무를 부담한다.

② 임대차 목적물이 화재 등으로 인하여 소멸됨으로써 임차인의 목적물 반환의무가 이행불능이 된 경우에, **임차인**은 그 이행불능이 자기가 **책임질 수 없는 사유로 인한 것**이라는 **증명**을 다하지 못하면 그 이행불능으로 인한 손해를 배상할 책임을 지며, 화재 등의 구체적인 발생 원인이 밝혀지지 아니한 때에도 마찬가지이다.

※ [**비교**] - 임대차계약 존속 중에 발생한 훼손이 임대인이 지배·관리하는 영역에 존재하는 하자로 발생한 것으로 추단된다면, 하자를 보수·제거하는 것은 임대차 목적물을 사용·수익하기에 필요한 상태로 유지하여야 하는 임대인의 의무에 속하고, 임차인이 하자를 미리 알았거나 알 수 있었다는 등의 특별한 사정이 없는 한, 임대인은 훼손으로 인한 목적물 반환의무의 불이행에 따른 손해배상책임을 임차인에게 물을 수 없다. 이러한 법리는 임대인이 훼손된 임대차 목적물에 관하여 수선의무를 부담하더라도 동일하게 적용된다.

2. **임차 외 건물** 부분에 발생한 손해에 대한 배상책임

① 임차인이 **보존·관리의무**를 위반하여 화재가 발생한 원인을 제공하는 등 화재 발생과 관련된 임차인의 계약상 의무 위반

② **그러한 의무 위반**과 임차 외 건물 부분의 손해 사이에 **상당인과관계**가 있으며, 임차 외 건물 부분의 손해가 의무 위반에 따라 민법 **제393조에 의하여 배상하여야 할 손해의 범위** 내에 있다는 점에 대하여 **임대인**이 **주장·증명**하여야 한다.

※ 숙박계약에서 임차건물 화재 사안

① 숙박계약은 통상의 임대차계약과는 다른 여러 가지 요소들도 포함하고 있으므로, 숙박계약에 대한 임대차 관련 법리의 적용 여부와 범위는 이러한 숙박계약의 특수성을 고려하여 개별적으로 판단하여야 한다. 숙박업자와 고객의 관계는 통상적인 임대인과 임차인의 관계와는 다르다.

② **숙박업자는** 고객에게 객실을 사용・수익하게 하는 것을 넘어서서 고객이 안전하고 편리하게 숙박할 수 있도록 시설 및 서비스를 제공하고 **고객의 안전을 배려할 보호의무를 부담한다.** 숙박업자에게는 숙박시설이나 설비를 위생적이고 안전하게 관리할 공법적 의무도 부과된다(공중위생관리법 제4조 제1항 참조). 숙박업자는 고객에게 객실을 제공한 이후에도 필요한 경우 객실에 출입하며 고객의 안전 배려 또는 객실 관리를 위한 조치를 취하기도 한다. **숙박업자가 고객에게 객실을 제공하여 일시적으로 이를 사용・수익하게 하더라도 객실을 비롯한 숙박시설에 대한 점유는 그대로 유지하는 것이 일반적이다.** 그러므로 **객실을 비롯한 숙박시설은 특별한 사정이 없는 한 숙박기간 중에도 고객이 아닌 숙박업자의 지배 아래 놓여 있다고 보아야 한다.**

③ 그렇다면 **임차인이 임대차기간 중 목적물을 직접 지배함을 전제로 한 임대차 목적물 반환의무 이행불능에 관한 법리는** 이와 전제를 달리하는 **숙박계약에 그대로 적용될 수 없다.** (따라서) **고객이 숙박계약에 따라 객실을 사용・수익하던 중 발생 원인이 밝혀지지 않은 화재로 인하여 객실에 발생한 손해는** 특별한 사정이 없는 한 **숙박업자의 부담으로 귀속된다**고 보아야 한다.

(3) 임차인의 권리

1) 목적물을 사용・수익할 권리(임차권) – 임차권의 대항력

가) 민법상 대항력 취득

① 부동산임차인이 임대차를 등기한 경우(제621조), ② 건물소유를 목적으로 한 토지임대차에서 지상건물을 등기한 경우(제622조) → 등기한 때부터 제3자에 대하여 효력이 생김

나) 주택임대차보호법상 대항력 취득

① 주택임대차는 그 등기가 없더라도 주택의 인도와 주민등록을 마친 때에는 그 다음 날(다음날 오전 0시)부터 대항력을 갖는다. 전입신고를 한 때에는 주민등록이 된 것으로 본다(주임법 제3조 제1항).

② 임차권등기명령신청에 따라 **임차권등기**가 **경료**되면, 이전의 대항력 및 우선변제권은 그대로 유지된다(주임법 제3조의3 제5항).

※ [**비교**] – ① 임대인의 임대차보증금의 반환의무가 임차인의 임차권등기 말소의무보다 먼저 이행되어야 할 의무O, ② 임차권등기가 경료된 것만으로 소멸시효 중단사유인 압류 또는 가압류, 가처분에 준하는 효력✗(∵ 담보적 기능에 불과하고 보전처분의 성질✗)

※ 주택임대차보호법상 임대차

1. 적용 범위

① [**주거용 건물**] – 주거용 건물(이하 '주택'이라 함)의 전부 또는 일부에 관한 임대차에 관하여 적용되며, 그 임차주택의 일부가 주거 외의 목적으로 사용되는 경우에도 적용된다(주임법 제2조). 그러나 비주거용 건물의 일부를 주거로 사용하는 경우에는 적용되지 않는다.

② [**판단기준 및 시기**] – ⅰ) 주거용 건물인지 비주거용 건물인지 여부는 **공부상의 표시만**을 **기준으로 할 것**이 **아니라 실제 용도**에 따라 **결정** → 구체적으로 임대차의 목적, 임대차목적물의 구조와 형태 및 임차인의 이용관계(일상생활 영위 여부) 등을 아울러 고려하여 합목적적으로 결정 ∴ 방 2개와 주방이 딸린 다방 – 주임법 적용✗, ⅱ) 임대차계약 체결 당시를 기준으로 판단 ∴ 임의로 주거용으로 개조한 사안 – 주임법 적용✗

③ [**미등기 무허가건물**] – 주임법은 임차주택이 관할관청의 허가를 받은 건물인지, 등기를 마친 건물인지 아닌지를 구별하고 있지 아니하므로 적용O

2. 대항력 취득

(1) 요건

1) 일반

① 적법・유효한 임대차 계약이 있을 것 + ② 주택의 인도와 주민등록을 마칠 것

2) 구체적

① [**적법한 임대차 계약**] – 주택의 소유자는 아니지만 적법하게 임대차계약을 체결할 수 있는 권한을 가진 임대인이 임대한 경우도 인정

※ [**주의할 사안**]

ⅰ) 유효한 명의신탁의 경우 **명의신탁자O → 임차인은** 등기부상 주택의 소유자인 **명의수탁자에 대한 관계에서도 적법한 임대차임을 주장할 수 있는 반면 명의수탁자는 임차인에 대하여 그 소유자임을 내세워 명도를 구할 수 없다.**

ⅱ) **미등기 매수인O**

ⅲ) **매각대금을 납부하지 않은 최고가매수신고인**✗

ⅳ) **기존채권을 임차보증금으로 전환**하여 체결한 임대차계약

- 원칙적 유효
- **예외적 통정허위표시로 무효** – **실제 주택을 사용・수익할 목적 없이 기존채권을 우선변제 받을 목적만**

② [**주택의 인도와 주민등록**] – **존속요건**

※ [**주의할 사안**]

i) **점유관계가 임차권을 매개로 하는 점유**임을 **제3자**가 **인식**할 수 있어야 한다.

※ [**비교**] ① 甲이 丙 회사 소유 임대아파트의 임차인인 乙(임대차기간 만료 후 乙은 丙 회사로부터 이 사건 임대아파트를 분양받기로 약정되어 있었다)로부터 아파트를 임차하여 전입신고를 마치고 거주하던 중, 乙이 丙 회사로부터 위 아파트를 분양받아 자기 명의로 소유권이전등기를 경료한 후 근저당권을 설정한 사안에서, 甲은 「**乙 명의의 소유권이전등기가 경료되는 즉시**」 임차권의 **대항력**을 **취득**하였다고 할 것이고, 乙 명의의 소유권이전등기와 위 제1순위 근저당권설정등기가 같은 날 경료되었으나, 그 접수순서에 있어 乙의 소유권이전등기가 앞서므로, 甲은 위 임차권으로써 이 사건 부동산의 낙찰인인 A에게 대항할 수 있다. / ② 반면, 甲이 1988. 8.30. 당해 주택에 관하여 자기 명의로 소유권이전등기를 경료하고 같은 해 10. 1. 그 주민등록 전입신고까지 마친 후 이에 거주하다가 1993.10.23. 乙과의 사이에 그 주택을 乙에게 매도함과 동시에 그로부터 이를 다시 임차하되(점유개정) 매매잔금 지급기일인 1993.12.23.부터는 주택의 거주관계를 바꾸어 甲이 임차인의 자격으로 이에 거주하는 것으로 하기로 약정하고 계속하여 거주해 왔으나, 위 매매에 따른 乙 명의의 소유권이전등기는 1994.3.9.에야 비로소 경료된 경우, 甲의 주민등록은 그 주택에 관하여 乙 명의의 소유권이전등기가 경료된 1994.3.9. 이전에는 임차권을 매개로 하는 점유라는 것을 인식하기 어려웠다 할 것이므로 주택임대차의 대항력 인정의 요건이 되는 적법한 공시방법으로서의 효력이 없고, 「**乙 명의의 소유권이전등기가 경료된 다음 날**」부터 **대항력**을 **취득**한다.

ii) **간접점유 포함O** / But **직접점유자**가 **주민등록**을 마친 경우에 한함

iii) **가족의 주민등록 포함O**

iv) **외국인 또는 외국국적동포의 체류지변경신고 또는 국내거소신고나 거소이전신고O** → 재외국민이 임대차계약을 체결하고 동거가족인 외국인 또는 외국국적동포가 외국인등록이나 국내거소신고 등을 한 경우도 인정

v) 임차주택을 등기부상 표시와 다르게 현관문에 부착된 호수의 표시대로 전입신고를 한 경우, 임차주택의 실제 표시와 불일치한 표시로 행해진 임차인의 주민등록은 그 임대차의 공시방법으로 유효✗

vi) 다세대주택의 경우 지번만으로는 부족하고 특정 동·호수의 명확한 표시가 있어야 하지만, 다가구용 단독주택의 경우에는 전입신고시 지번만 기재하는 것으로 충분하고 건물 거주자의 편의상 구분하여 놓은 호수까지 기재할 필요 없다.

vii) **가족과 함께** 일시적이나마 다른 곳으로 **주민등록**을 **이전**하였다면, 이는 전체적으로나 종국적으로 주민등록의 이탈이라고 볼 수 있으므로, 그 **대항력**은 그 전출 당시 **소멸**된다. / 반면 **가족의 주민등록을 그대로 둔 채** 임차인만 주민등록을 일시 다른 곳으로 옮긴 경우라면 **대항력**을 **상실하지 아니한다**.

viii) 주택임차인이 그 지위를 강화하고자 별도로 전세권설정등기를 마치더라도 주택임대차보호법상 주택임차인으로서의 우선변제를 받을 수 있는 권리와 전세권자로서 우선변제를 받을 수 있는 권리는 근거 규정 및 성립요건을 달리하는 별개의 것 → 주택임차인이 주택임대차보호법 제3조 제1항의 대항요건을 상실하면 이미 취득한 주택임대차보호법상의 대항력 및 우선변제권은 상실된다.

ix) 주택임대차보호법 제3조 제3항에 따라 법인인 임차인이 주택임대차보호법이 정한 임차인에 해당된다고 보려면, **임차인인 법인의 '직원'인 사람이 법인이 임차한 주택을 인도받고 주민등록을 마쳐야 한다**. 여기에서 말하는 '**직원**'은, **해당 법인이 주식회사라면 그 법인에서 근무하는 사람 중 법인등기사항증명서에 대표이사 또는 사내이사로 등기된 사람을 제외한 사람**을 **의미한다**고 보아야 한다. 다만 위와 같은 범위의 **임원을 제외한 직원이 법인이 임차한 해당 주택을 인도받아 주민등록을 마치고 그곳에서 거주하고 있다면 이로써 위 조항에서 정한 대항력을 갖추었다고 보아야 하고**, 그 밖에 업무관련성, 임대료의 액수, 지리적 근접성 등 다른 사정을 고려하여 그 요건을 갖추었는지를 판단할 것은 아니다.

(2) 취득시기

주택의 인도와 주민등록을 마친 다음 날(다음날 오전 0시)

(3) 대항력과 다른 권리의 겸유

① [**우선변제권과 겸유**] – 임대차관계의 존속을 주장할 수 있는 권리와 우선변제를 받을 수 있는 권리를 겸유하고 있는 경우 두 가지 권리 중 하나를 **선택**하여 **행사**할 수 있다.

② [**전세권과 겸유**] – 전세권설정계약과 계약당사자, 계약목적물 및 보증금(전세금액) 등에 있어서 동일성이 인정되는 임대차계약을 체결하면 주택임대차보호법상 대항요건을 갖추었고, 전세권자로서의 지위와 주택임대차보호법상 대항력을 갖춘 임차인으로서의 지위를 함께 가지게 된다. 이 경우 전세권자로서 배당요구를 하여 전세권이 매각으로 소멸되었다 하더라도 변제받지 못한 나머지 보증금에 기하여 대항력을 행사할 수 있고, 그 범위 내에서 임차주택의 매수인은 임대인의 지위를 승계한 것으로 보아야 한다.

다) 상가건물임대차보호법상 대항력 취득

① 상가의 인도와 사업자등록을 신청한 때에는 그 다음 날부터 대항력을 갖는다(상임법 제3조). 또한 임차권등기명령제도도 인정된다(상임법 제6조).

② 사업자등록은 대항력 또는 우선변제권의 취득요건일 뿐만 아니라 존속요건이기도 하므로, 배당요구의 종기까지 존속하고 있어야 한다.

③ 사업자등록을 마친 사업자가 **폐업한 경우**에는 그 사업자등록은 상가건물 임대차보호법이 상가임대차의 공시방법으로 요구하는 **적법한 사업자등록이라고 볼 수 없다**. 따라서 그 사업자가 폐업신고를 하였다가 다시 같은 상호 및 등록번호로 사업자등록을 하였다고 하더라도 상가건물 임대차보호법상의 대항력 및 우선변제권이 그대로 존속한다고 할 수 없다.

※ 임차권의 대항력 내용

1. 임차부동산의 양수인에 대한 효력

(1) 임대인 지위의 승계 – 법정승계

1) 의의

임대인의 지위 승계 → 양수인은 주택의 **소유권과 결합**하여 임대인의 **임대차 계약상의 권리·의무 일체**를 **법률상** 그대로 **당연승계(이전)** : **임차인**의 **동의 필요✗**

2) 임차주택의 양수인

① 원인 불문 → 매매·증여·상속·경매·계약해제 등 인정

② 건물이 무허가로 미등기인 경우 그 **미등기건물의 양수인**은 임차인과의 관계에서 **사실상 소유자**로 **양수인**에 **해당O**

③ 건물의 매도인이 매수인에게 매도하고 매수인이 이를 임대하여 그 임차인이 대항력을 갖춘 후 위 매매계약이 해제된 경우 **계약해제로 소유권을 회복한 전 소유자**도 **양수인**에 **해당O**

(2) 구체적 법률관계

1) 차임·임차권의 존속기간·비용상환청구권·부속물매수청구권

① 차임, 임차권의 존속기간도 양수인과의 사이에서 그대로 승계되므로 임차인은 양수인에게 차임을 지급하여야 하고, 임대차는 약정된 존속기간 동안 존속한다.

② 비용상환청구권과 부속물매수청구권도 양수인에 대하여 행사할 수 있다.

2) 보증금반환청구권

① [**종전 임대인 및 양수인의 지위**] – ⅰ) **양수인이 임대차보증금반환채무를 면책적으로 인수**하고, 양도인은 임대차관계에서 탈퇴하여 임차인에 대한 임대차보증금반환채무를 면하게 된다. ⅱ) 대항력을 갖춘 **임차인이 양수인**이 된 경우에도 마찬가지이므로 임차인의 **보증금반환채권**은 **혼동으로** 인하여 **소멸**하게 된다.

※ [**비교**] - 임차인이 대항력을 취득한 후에 임차주택이 양도되어 양수인이 일단 임차보증금반환채무를 부담하게 된 이상, 그 후 임차인이 주민등록을 다른 곳으로 옮겼다 하여도 양수인의 임차보증금반환채무가 소멸하는 것은 아니다.

② [**양수인의 변제**] - 주택 양수인이 임차인에게 임대차보증금을 반환하였다 하더라도, 이는 **자신의 채무**를 **변제**한 것에 불과할 뿐, **양도인의 채무를 대위변제한 것이라거나, 양도인이** 위 금액 상당의 반환채무를 면함으로써 **법률상 원인 없이 이익을 얻고 양수인**이 그로 인하여 위 금액 상당의 **손해를 입었다고 할 수 없다**.

③ [**임차인의 이의권**] - 다만 임차인이 임대인의 지위승계를 원하지 않는 경우에는, 임차인이 임차주택의 양도사실을 안 때로부터 **상당한 기간 내**에 **이의**를 제기함으로써 **승계되는 임대차관계의 구속으로부터 벗어날 수 있다**고 봄이 상당하고, 그와 같은 경우에는 양도인의 임차인에 대한 보증금 반환채무는 소멸하지 않는다.

④ [**공동임차인 중 1인의 대항력**] - 주택의 **공동임차인 중 1인이라도 대항력 요건을 갖추게 되면** 그 대항력은 임대차 전체에 미치므로, 임차 건물이 양도되는 경우 특별한 사정이 없는 한 **공동임차인에 대한 보증금반환채무 '전부'**가 임대인 지위를 승계한 **양수인에게 이전**되고 양도인의 채무는 소멸한다. 이러한 법리는 계약당사자 사이에 공동임차인의 임대차보증금 지분을 별도로 정한 경우에도 마찬가지이다.

3) 임대차보증금반환채권이 가압류된 경우 제3채무자 지위의 승계 여부

임대차보증금반환채무의 지급금지를 명령받은 제3채무자의 지위는 임대인의 지위와 분리될 수 있는 것이 아니므로, 임차인의 임대차보증금반환채권이 가압류된 상태에서 임대주택이 양도되면 **양수인은** 채권가압류의 **제3채무자의 지위**도 **승계**하고, 가압류권자 또한 임대주택의 양도인이 아니라 **양수인에 대하여만** 위 **가압류의 효력**을 **주장**할 수 있다.

※ [**비교**] - 임차인이 **임대차보증금반환채권**에 **질권**을 **설정**하고 임대인이 그 질권 설정을 승낙한 후에 임대주택이 양도된 경우, 임대인은 임대차관계에서 탈퇴하고 임차인에 대한 임대차보증금반환채무를 면하게 되며, **양수인**은 질권의 **제3채무자의 지위**를 **승계**한다.

(3) 법정승계의 배제

① 주택임대차보호법 제3조 제4항에 따라 임차주택의 양수인이 임대인의 지위를 승계하는 것은 어디까지나 임차인이 대항력을 갖추고 있는 것을 요건으로 하므로 대항력을 갖추지 못한 임차인의 경우 임차주택이 다른 사람에게 이전되었더라도 임대인이 임차보증금 반환의무를 부담하는 것이 원칙이다.

② 임차주택의 양수인에게 **대항할 수 있는 임차권자라도 스스로 임대차관계의 승계를 원하지 않을 때에는** 승계되는 **임대차관계의 구속을 면할 수 있다고 보는 것이 공평의 원칙 또는 신의성실의 원칙에 부합한다**. 따라서 원고가 이 사건 경매절차에서 현황조사를 마친 후 전출함으로써 대항력을 상실하고 피고(종전 임대인)에게 남은 임차보증금의 반환을 청구하였다고 하여 이를 두고 신의성실의 원칙에 반하는 행위라고 볼 수는 없다.

2. 제한물권자에 대한 효력

(1) 저당권자와의 관계

저당권자와의 우열관계는 저당권의 등기일과 임차권의 대항력 취득일의 선후를 기준 → 최선순위 저당권과 비교하여 우열관계 결정

(2) 용익물권자와의 관계

전세권·지상권 등의 등기일과 임차권의 대항력 취득일의 선후에 의해 우열이 정해진다.

2) 비용상환청구권(제626조)

가) 사유 및 요건

① [**필요비상환청구권**] - 임차인이 임차물의 보존에 관한 필요비를 지출한 때에는 임대인에 대하여 그 상환을 청구할 수 있다. → 임대인이 수선의무를 부담하지 않는 경우에는 인정✗

② [**유익비상환청구권**] - 임차인이 임차목적물의 객관적 가치를 증가시키기 위하여 비용을 지출한 경우에는 임대인은 임대차 종료시에 그 가액의 증가가 현존한 때에 한하여 임차인의 지출한 금액이나 그 증가액을 상환하여야 한다. 이 경우에 법원은 임대인의 청구에 의하여 상당한 상환기간을 허여할 수 있다. → 부가한 것이 독립성을 가지지 않고 건물에 부합·구성부분이 된 경우(Ex. 화장실개량, 마루교체비용, 토지 용도변경을 위한 토목공사비용, 증축·개축은 원칙적으로) 인정O

나) 행사

구분	필요비상환청구권	유익비상환청구권
당사자(주체와 상대방)	① 임차인 → 임대인 ② **대항력 있는 임차인**의 경우 법정승계에 따라 **양수인**에 대하여 비용상환청구권을 행사 / **대항력 없는 임차인**의 경우 법정승계는 인정되지 않으므로 임차인은 **종전 소유자**에게 비용상환청구를 할 수 있을 뿐이다. → 이 경우 비용상환청구의 근거는 민법 제203조 제2항✗ / 민법 제626조 제2항O	
방법	제한✗	
시기	지출 **즉시**	임대차 **종료시**
	임대인에게 목적물을 반환한 후에는 6개월 내에 행사(제척기간)	
범위	지출비용 **전액**	**지출한 금액**과 **현존하는 증가액 중** 임대인이 **선택**한 것(선택채권) → 임차인이 지출액과 현존하는 증가액 양자에 대해 주장·입증

다) 효과 - 동시이행의 항변권과 유치권

① 임차인의 차임지급의무는 임대인의 수선의무 또는 그 변형인 필요비상환의무와 동시이행의 관계(상호 대응관계)에 있다. 따라서 **임차인은 지출한 필요비 금액의 한도**에서 **차임**의 지급을 **거절**할 수 있다.

② 임차인은 비상환청구권에 기하여 **유치권**을 행사할 수 있다. 다만, 유익비의 상환에 관하여 법원으로부터 상당한 기간을 허여 받은 경우에는 유치권은 성립하지 않는다.

③ 임차인의 유익비상환채권은 임대차계약이 종료한 때에 비로소 발생하므로, 임대차 존속 중 임대인의 구상금채권의 소멸시효가 완성된 경우에는 위 구상금채권과 임차인의 유익비상환채권이 상계할 수 있는 상태에 있었다고 할 수 없다. 따라서 그 이후에 임대인이 **이미 소멸시효가 완성된 구상금채권을 자동채권으로** 삼아 임차인의 **유익비상환채권과 상계**하는 것은 민법 **제495조에 의하더라도 인정될 수 없다.**

라) 소멸 - 포기특약

제626조의 규정은 **임의규정**이므로, 이를 포기하는 당사자의 약정도 유효 → ① 임차목적물을 임대인에게 명도할 때에는 임차인이 일체 비용을 부담하여 <u>**원상복구**</u>를 하기로 <u>**약정**</u>하였다면, 이는 **유익비의 상환청구권**을 미리 **포기**하기로 한 취지의 **특약**이라고 봄이 상당하다. ② 다만 <u>계약서의 문언과는 달리 명시적・묵시적으로 일정한 범위 내의 비용에 대하여만 유익비 상환청구권을 포기하기로 약정한 취지라고 해석하는 것이 합리적이라고 인정되는 경우</u>에는 당사자의 의사에 따라 <u>그 약정의 적용 범위</u>를 <u>제한할 수 있다</u>. 따라서 임야 상태의 토지를 임차하여 대지로 조성한 후 건물을 건축하여 음식점을 경영할 목적으로 임대차계약을 체결한 경우, 비록 **임대차계약서에서는 필요비 및 유익비의 상환청구권은 그 비용의 용도를 묻지 않고 이를 전부 포기하는 것으로 기재되었다고 하더라도** 계약 당사자의 의사는 임대차 목적 토지를 대지로 조성한 후 이를 **임차 목적에 따라 사용할 수 있는 상태에서 새로이 투입한 비용만에 한정하여** 임차인이 그 **상환청구권을 포기한 것이고**, <u>대지조성비는 그 상환청구권 포기의 대상으로 삼지 아니한 취지로 약정한 것이라고 해석하는 것이 합리적이다</u>.

3) 매수청구권

가) 사유 및 요건

① **부속물매수청구권**(<u>제646조</u>)

i) <u>**건**</u>물 기타 공작물의 임대차 + 임대인의 동<u>**의**</u>를 얻거나 임대인으로부터 매수하여 + 임차목적물의 사용의 객관적 편익을 위해 <u>**부**</u>속시킨 독립한 물건 + 임대차가 <u>**종**</u>료

ii) **독립**한 물건이어야 한다(Ex. 출입문, 샤시, 전기・수도시설 등). 따라서 임차물의 <u>구성부분</u>이 된 경우에는 <u>유익비상환청구권</u>의 <u>대상</u>일 뿐이다.

iii) 임차인의 **특수목적**에 사용하기 위하여 부속된 것일 때는 부속물매수청구권의 **대상**✗ (<u>유익비상환청구도 인정</u>✗)

iv) 임차인의 **채무불이행**으로 인하여 **해지**된 경우에는 **부속물매수청구권 인정**✗

② **지상물매수청구권**(<u>제643조</u>, 제283조 제2항)

i) 건물 기타 공작물의 소유 등을 목적으로 한 <u>**토**</u>지임대차 + 임대차기간의 만료시 임차인 소유의 <u>**지**</u>상건물 등이 존재 + 임대차<u>**기**</u>간의 만료로 임차권이 소멸 + 임대인이 임차인의 계약갱<u>**신**</u>청구를 거절

ⅱ) 토지임차인의 차임연체 등 **채무불이행**으로 인해 임대차계약이 **해지**된 경우에는 **지상물 매수청구권 인정**✗

ⅲ) 기간의 약정이 없는 토지임대차계약을 **임대인**이 **해지통고**한 경우에는 계약갱신을 거절한 것이라고 할 수 있으므로, 토지임차인은 **곧바로** 지상물의 매수를 **청구**할 수 있다. 즉 **임차인의 계약갱신 청구의 유무에 불구하고 인정된다**.

ⅳ) **건물의 매수가격은** 건물 자체의 가격 외에 건물의 위치, 주변 토지의 여러 사정 등을 종합적으로 고려하여 **매수청구권의 행사 당시** 건물이 현존하는 대로의 상태에서 평가된 **시가**를 말한다. 따라서 법원은 임의로 증감하여 직권으로 매매대금을 정할 수는 없다.

※ 지상건물의 존재 – 주의 판례

〈취지 – 국민경제적 관점에서 지상 건물의 잔존 가치를 보존하고, 토지소유자의 배타적 소유권 행사로 인하여 희생당하기 쉬운 임차인을 보호하기 위한 제도임을 고려〉

① **미등기 무허가건물**O → 종전 임차인으로부터 미등기 건물을 매수하여 점유하고 있는 임차인도 可

② **임대차계약 당시 기존건물 or 임대인 동의를 얻어 신축한 것**에 **한정**✗

③ **임차인 자신의 특수한 용도·취미나 사업을 위해 설치한 물건**✗

④ **객관적인 경제적 가치 유무 or 임대인에게 소용이 있는지 여부**는 **행사요건**✗

⑤ **제3자의 토지에 걸친 경우 – 구분소유의 객체가 될 수 있는 부분**O

⑥ **저당권이 설정되어 있는 건물**O → **매매대금 : 피담보채무액 공제**✗

나) 행사

구분	부속물매수청구권	지상물매수청구권
당사자 (주체와 상대방)	① 임차인 → 임대인 ② **대항력 있는 임차인**의 경우 법정승계에 따라 **양수인**에 대하여 부속물매수청구권 행사 ③ **지상물매수청구의 상대방**은 '**임차권이 소멸할 당시**의 **토지소유자인 임대인**' → 임대인이 제3자에게 토지를 양도하는 등으로 토지소유권이 이전된 경우에는 임대인의 지위가 승계되거나 임차인이 토지소유자에게 임차권을 대항할 수 있다면 새로운 토지소유자를 상대로 지상물매수청구권을 행사할 수 있다. ※ [**주의**] – 토지소유자가 아닌 제3자가 토지 임대행위를 한 경우에는, ① 제3자가 토지소유자를 적법하게 대리하거나 토지소유자가 제3자의 무권대리행위를 추인하는 등으로 「임대차계약의 효과가 토지소유자에게 귀속」되었다면 토지소유자가 임대인으로서 지상물매수청구권의 상대방이 된다. ② 그러나 제3자가 임대차계약의 당사자로서 토지를 임대하였다면, 토지소유자가 임대인의 지위를 승계하였다는 등의 특별한 사정이 없는 한 임대인이 아닌 토지소유자가 직접 지상물매수청구권의 상대방이 될 수 없다.	
방법	제한✗ → 재판상·재판외 행사 可	
시기	제한✗	

다) 효과

① [**매매계약 성립**] – 부속물・지상물매수청구권은 형성권 → 부속물・지상물에 대한 매매계약의 성립 → [**시가**] : 부속물・지상물매수청구권 **행사 당시**의 **시가**

② [**동시이행의 관계**] – 부속물매매대금의 지급과 부속물의 인도・토지임대인의 지상물매매대금의 지급과 토지임차인의 지상물반환 및 그 소유권이전등기의무는 동시이행의 관계

※ [**비교**] – 부속물매매대금 지급의무와 임차목적물 인도의무도 동시이행의 관계 ∴ 부속물의 매매대금을 지급하지 않았다면 임차인은 부속물은 물론 임차목적물 전부의 인도를 거절할 수 있다.

③ [**유치권**] – 부속물에 관한 매매대금채권은 임차물에 관하여 생긴 채권이 아니므로 유치권✗

④ [**부당이득반환의무**] – 건물 기타 공작물의 소유를 목적으로 한 대지임대차에 있어서 임차인이 그 지상건물 등에 대하여 민법 제643조 소정의 매수청구권을 행사한 후에 그 임대인인 대지의 소유자로부터 매수대금을 지급받을 때까지 그 지상건물 등의 인도를 거부할 수 있다고 하여도, 지상건물 등의 점유・사용을 통하여 그 부지를 계속하여 점유・사용하는 한 그로 인한 **부당이득으로서 부지의 임료 상당액**은 이를 **반환**할 **의무**가 **있다**.

⑤ [**법원의 조치**] – 토지임대인이 임대차기간 만료 후 임차인을 상대로 토지인도 및 건물철거청구를 한 경우 임차인이 지상물매수청구권을 행사하고 그와 같은 항변이 받아들여지면, 법원은 ① **청구기각판결을 하여야 하고 상환이행판결**을 **할 수 없다**. 토지임대차 종료시 임대인의 건물철거와 그 부지인도 청구에는 건물매수대금 지급과 동시에 건물명도를 구하는 청구가 포함되어 있다고 볼 수 없기 때문이다. ② 그러나 법원으로서는 임대인이 종전의 청구를 계속 유지할 것인지, 아니면 대금지급과 상환으로 지상물의 명도를 청구할 의사가 있는 것인지를 **석명**하여 소를 변경하게 한 후 매매대금과의 상환이행을 명하는 판결을 함으로써 분쟁의 1회적 해결을 꾀하여야 한다. 만일 이와 같은 석명권 행사 없이 원고청구를 기각하면 위법하다.

라) 소멸 – 포기특약

부속물매수청구권은 **강행규정**이므로, 임차인에게 **불리한 특약**은 **효력**이 **없다**(제652조). 다만 임대차계약의 전체과정을 살펴보아 그러한 특약이 임차인에게 불리하지 않는 것이라면 그 특약을 무효로 볼 것은 아니다.

※ [**참고**] (**편면적 강행규정**) – 차임증감청구권(제628조), 기간의 약정 없는 임대차의 해지통고(제635조), 차임연체와 해지(제640조, 제641조), 임차인의 갱신청구권과 매수청구권(제643조), 임차인의 부속물매수청구권(제646조)에 위반하는 약정으로 임차인이나 전차인에게 불리한 것은 그 효력이 없다(제652조).

4. 보증금

(1) 법적 성질 및 기능

① 임차보증금은 임대차계약에 의해 임대인이 임차인에 대하여 갖는 일체의 채권을 담보하는 것으로서, **임대차 종료 후**에 임대인에게 **명도(반환)할 때** 체불임료 등 **모든 피담보채무를 공제한 잔액이 있을 것**을 **조건으로** 하여 그 **잔액에 관한** 임차인의 **보증금반환청구권**이 발생한다. → 임대차 종료시 발생하고 이행기 도달 / 임차목적물 반환시 범위 확정

② 임대차관계에서 생길 수 있는 임차인의 차임, 손해배상채무 등 모든 채무를 담보하고, 이를 보증금에서 충당할 수 있는 기능 → ※ [**근거**] : 당사자의 일반적 의사(임대인의 신뢰와 임차인의 묵시적 의사) · 거래관념에 부합

※ [**권리금**] – 임대차가 종료하더라도 임차인은 임대인에게 권리금의 반환을 청구하지 못하고, 이를 인정하기 위해서는 반환의 약정이나 임대인의 사정으로 임대차계약이 중도에 해지되는 것과 같은 특별한 사정이 있어야 한다. → 계약서에 '모든 권리금을 인정함'이라고 기재한 경우에도 권리금의 반환약정으로 볼 수 없다.

(2) 공제의 항변

1) 공제의 대상 · 범위

임대차보증금은 임대차계약 종료 후 **목적물**을 임대인에게 **명도(반환)할 때까지 발생하는** 임대차에 따른 임차인의 **모든 채무**를 담보 → Ex) 연체차임, 임차인의 목적물 훼손 등에 기한 손해배상채무, 부당이득반환채무 등

※ 주의 판례

1. 차임채권

(1) 연체차임 및 그에 대한 지연손해금의 공제 가부

① **보증금에 의하여 담보되는 채권에는 연체차임 및 그에 대한 지연손해금도 포함된다**고 할 것이다. ② 한편 차임지급채무는 그 지급에 확정된 기일이 있는 경우에는 그 지급기일 다음 날부터 지체책임이 발생하고 보증금에서 공제되었을 때 비로소 그 채무 및 그에 따른 지체책임이 소멸되는 것이므로, **연체차임에 대한 지연손해금의 발생종기는** 다른 특별한 사정이 없는 한 임대차계약의 해지시가 아니라 **목적물이 반환되는 때**라고 할 것이다.

(2) 압류 및 추심명령이 있는 차임채권의 공제 가부

차임채권에 관하여 압류 및 추심명령이 있었다 하더라도, 당해 임대차계약이 종료되어 목적물이 반환될 때에는 그 때까지 **추심되지 아니한 채 잔존하는 차임채권 상당액**도 임대보증금에서 당연히 **공제된다**.

(3) 임대차 종료 당시 이미 소멸시효가 완성된 차임채권의 공제 가부

① 민법 제495조는 '자동채권의 소멸시효 완성 전에 양 채권이 상계적상에 이르렀을 것'을 요건으로 하는 것인데, 임대인의 **임대차보증금 반환채무**는 **임대차계약이 종료된 때에 비로소 이행기에 도달**하므로, **임대차 존속 중 차임채권의 소멸시효가 완성된 경우**에는 특별한 사정이 없는 한 **양 채권이 상계할 수 있는 상태에 있었다고 할 수 없으므로** 그 이후에 임대인이 **이미 소멸시효가 완성된 차임채권을 자동채권으로 삼아** 임대차보증금 반환채무와 **상계**하는 것은 민법 **제495조에 의하더라도 인정될 수 없다**. / ② **그러나** 임대차 존속 중 차임이 연체되고 있음에도 임대차보증금에서 연체차임을 충당하지 않고 있었던 임대인의 신뢰와 차임연체 상태에서 임대차관계를 지속해 온 임차인의 묵시적 의사를 감안하면 그 연체차임은 「**민법 제495조의 유추적용**」에 의하여 임대차보증금에서 **공제할 수는 있다**.

(4) 차임채권이 양도된 경우 공제 가부

차임채권이 양도되었다고 하더라도, 임차인은 임대차계약이 종료되어 목적물을 반환할 때까지 연체한 차임 상당액을 보증금에서 공제할 것을 주장할 수 있다.

(5) 임차목적물의 양도(법정승계)와 연체차임채권의 이전 여부 및 공제 가부

① 임차건물의 소유권이 이전되기 전에 **이미 발생한 연체차임**이나 관리비 등은 **별도의 채권양도절차가 없는 한** 원칙적으로 양수인에게 **이전되지 않고 임대인만**이 임차인에게 **청구할 수 있다**. 차임이나 관리비 등은 임차건물을 사용한 대가로서 임차인에게 임차건물을 사용하도록 할 당시의 소유자 등 처분권한 있는 자에게 귀속된다고 볼 수 있기 때문이다.

② **그러나** 임대인의 지위를 승계하기 전까지 발생한 연체차임이나 관리비 등이 있으면 이는 특별한 사정이 없는 한 **임대차보증금에서 당연히 공제된다**. 일반적으로 임차건물의 양도 시에 연체차임이나 관리비 등이 남아있더라도 나중에 임대차관계가 종료되는 경우 임대차보증금에서 이를 공제하겠다는 것이 당사자들의 의사나 거래관념에 부합하기 때문이다.

2. 보증금반환채권이 양도 또는 압류·전부명령된 경우 공제 가부

① 임차인이 다른 사람에게 임대차보증금 반환채권을 양도하고 임대인에게 양도통지를 하였어도, 임대인은 임대차계약의 해지를 원인으로 임차인을 상대로 한 임대차목적물의 인도 및 연체차임의 지급을 구하는 소송비용을 임대차보증금에서 당연히 공제할 수 있다.

② **임차보증금반환채권**을 피전부채권으로 하여 **전부명령**이 있을 경우에도 제3채무자인 임대인은 임차인에게 대항할 수 있는 사유로서 전부채권자에게 대항할 수 있는 것이어서, 임대인의 채권을 **공제한 잔액에 관하여서만 전부명령**이 **유효**하다.

2) 주장 · 입증책임

① 임대차보증금에서 그 피담보채무 등을 공제하려면 **임대인으로서는** 그 피담보채무인 연체차임, 연체관리비 등을 임대차보증금에서 **공제**하여야 한다는 **주장**을 하여야 하고(∵ 변론주의), 나아가 그 임대차보증금에서 공제될 차임채권, 관리비채권 등의 발생원인에 관하여 주장 · 입증하여야 한다.

② 반면 발생한 채권이 변제 등의 이유로 소멸하였는지에 관하여는 임차인에게 주장 · 입증책임이 있다.

3) 효과

별도의 의사표시 없이 보증금에서 **당연**히 **공제**된다.

※ [**비교**] – 임대차관계가 계속되고 있는 동안에는 임대차보증금에서 연체차임을 충당할 것인지를 자유로이 선택할 수 있으므로, '**임대차계약 종료 전**'에는 연체차임이 공제 등 **별도의 의사표시 없이** 임대차보증금에서 **당연**히 **공제되는 것**은 **아니다**.

(3) 보증금반환의무와 임차목적물반환의무의 관계

1) 동시이행관계

① [**인정 여부 및 범위**] – 임대인의 보증금 반환의무는 임대차관계가 종료되는 경우에 그 보증금 중에서 목적물을 반환받을 때까지 생긴 연체차임 등 임차인의 모든 채무를 공제한 나머지 금액에 관하여서만 비로소 이행기에 도달하여 임차인의 목적물반환의무와 서로 동시이행의 관계O → 지체저지효 : **이행지체에 따른 지연손해금청구**✗

② [**불법행위 성립 여부**] – 임대차 종료 후 임차인의 동시이행 항변권에 기한 임차목적물의 점유는 동시이행의 항변권을 상실하지 않는 이상 **불법점유라 할 수 없어** 그로 인한 **손해배상책임**은 **인정**되지 **않는다**.

③ [**부당이득반환의무 인정 여부**] – 실질적 이득론 : i) 사용 · 수익으로 인하여 **실질적**으로 얻은 **이익**이 있으면 **부당이득**으로서 **반환**하여야 한다. ii) 다만 임차인이 임대차계약 종료 이후에도 임차건물부분을 **계속 점유하기는 하였으나 이를 사용 · 수익하지 아니하여 실질적인 이득을 얻은 바 없는 경우**에는 그로 인하여 임대인에게 손해가 발생하였다 하더라도 임차인의 **부당이득반환의무**는 **성립될 여지**가 **없다**.

2) 유치권의 성부

보증금반환청구권은 '그 물건에 관하여 생긴 채권'이 아니므로 임차목적물에 대하여 **유치권 행사**✗

(4) 주임법상 보증금의 우선변제권

1) 요건

① 적법한 임대차 계약이 있을 것 + 대항력과 확정일자의 구비 + 임차주택이 경매 또는 공매에 의해 매각되었을 것

② 확정일자를 요구하는 것은 임대차의 존재 사실을 제3자에게 공시하고자 하는 것이 아니라, 임대인과 임차인 사이의 담합으로 임차보증금의 액수를 사후에 변경하는 것을 방지하고자 하는 데에 그 취지가 있으므로, **아파트의 명칭과 그 전유 부분의 동·호수의 기재를 누락하였다는 사유만으로 확정일자의 요건을 갖추지 못하였다고 볼 수는 없다.**

③ 대항력을 갖춘 주택임차인이 임대인의 동의를 얻어 적법하게 임차권을 양도하거나 임차물을 전대한 경우, 임차권 양수인은 원래의 임차인이 가지는 우선변제권을 행사할 수 있고, 전차인은 원래의 임차인이 가지는 우선변제권을 대위 행사할 수 있다.

④ **임차권과 분리된 임차보증금반환채권만**을 **양수**한 이상 그 채권양수인이 주택임대차보호법상의 **우선변제권**을 행사할 수 있는 임차인에 해당한다고 볼 수 **없다.** 다만, 이와 같은 경우에도 채권양수인은 일반 금전채권자로서의 요건을 갖추어 배당요구를 할 수는 있다.

⑤ 새로운 소유자와 임차인은 동일한 목적물에 관하여 종전 임대차계약의 효력을 소멸시키려는 의사로 그와는 별개의 임대차계약을 새로이 체결하여 그들 사이의 법률관계를 이 새로운 계약에 의하여 규율되는 것으로 정할 수 있다(∵ 계약자유의 원칙). 그리고 그 경우에는 종전의 임대차계약은 그와 같은 합의의 결과로 그 효력을 상실하게 되므로, 다른 특별한 사정이 없는 한 이제 **종전의 임대차계약을 기초로 발생하였던 대항력 또는 우선변제권** 등도 종전 임대차계약과 함께 **소멸**하여 이를 **새로운 소유자 등에게 주장할 수 없다.**

2) 행사방법

① **배당요구채권**이므로 임차인이 경락기일까지 배당요구를 한 경우에 한하여 배당을 받을 수 있다. **그러나 임차인이** 보증금반환청구 소송의 확정판결 등 **집행권원을 얻어** 임차주택에 대하여 **스스로 강제경매**를 **신청**하였다면 우선변제권을 인정받기 위하여 별도로 **배당요구를 하여야 하는 것**은 **아니다.**

② 주택임대차보호법상의 대항력과 우선변제권의 두 가지 권리를 겸유하고 있는 임차인이 우선변제권을 선택하여 제1경매절차에서 보증금 전액에 대하여 배당요구를 하였으나, 보증금 전액을 배당받을 수 없었던 때에는 경락인에게 대항하여 이를 반환받을 때까지 임대차관계의 존속을 주장할 수 있을 뿐이다.

3) 내용

가) 우선변제권 판단의 기준시점

① 다른 권리자에 대한 선순위인지의 판단은 확정일자를 기준으로 한다. 따라서 **대항력을 먼저 구비한 후**에 **확정일자**를 받으면 **확정일자일**이 **기준**이 된다.

② 그러나 **확정일자가 대항력의 구비와 같은 날 또는 그 이전에 갖춘 경우**에는 대항력과 마찬가지로 '**대항요건을 갖춘 그 다음 날**'을 **기준**으로 한다.

③ 대항요건과 확정일자를 갖춘 '**임차인들 상호간**'에는 **대항요건과 확정일자를 최종적으로 갖춘 순서대로 우선변제**받을 **순위**를 정하게 된다.

나) 우선변제권의 대상

① 임차주택과 그 대지가 함께 경매될 경우뿐만 아니라 임차주택과 별도로 그 **대지만**이 **경매**될 경우에도 그 **대지의 환가대금**에 대하여 **우선변제권**을 **행사**할 수 있다.

② 임대차 성립 당시 임대인의 소유였던 대지가 타인에게 양도되어 **임차주택과 대지의 소유자가 서로 달라지게 된 경우**에도 **마찬가지**이다.

③ 임차주택 대지에 대한 우선변제권에 관한 법리는 **임차주택이 미등기인 경우**에도 그대로 **적용**된다.

4) 소액보증금의 최우선변제권

① **처음 임대차계약을 체결할 당시**에는 **보증금액이 많아** 주택임대차보호법상 **소액임차인에 해당하지 않았지만** 그 후 **새로운 임대차계약**에 의하여 정당하게 **보증금**을 **감액**하여 소액임차인에 해당하게 되었다면, **소액임차인으로 보호받을 수 있다.**

② 실제 임대차계약의 주된 목적이 주택을 사용수익하려는 것에 있는 것이 아니고, **실제적으로는 소액임차인으로 보호받아 선순위담보권자에 우선하여 채권을 회수하려는 것에 주된 목적**이 있었던 경우에는 그러한 임차인을 주택임대차보호법상 **소액임차인으로 보호할 수 없다.**

③ **대지에 관한 저당권의 실행**으로 경매가 진행된 경우, ⅰ) '**대지에 관한 저당권 설정 당시에 이미 그 지상 건물이 존재한 경우**'라면 그 지상건물의 소액임차인은 **대지의 환가대금 중에서** 소액보증금을 **우선변제받을 수 있으나,** ⅱ) '**저당권 설정 후에 비로소 건물이 신축된 경우**'에까지 공시방법이 불완전한 소액임차인에게 우선변제권을 인정한다면 저당권자가 예측할 수 없는 손해를 입게 되는 범위가 지나치게 확대되어 부당하므로, 이러한 경우에는 **소액임차인은 대지의 환가대금에 대하여 우선변제를 받을 수 없다.**

④ 임차인은 주택에 대한 '경매신청의 등기 전'에 대항력(주택의 인도와 주민등록)을 갖추어야 한다. 그러나 확정일자까지 갖추어야 하는 것은 아니다.

5. 임차권의 양도와 임차물의 전대

(1) 임차권의 무단양도·임차물의 무단전대(제629조)

① [**임차인과 양수인 사이의 관계**] – 임대인의 동의를 받지 아니하고 임차권을 양도한 계약도 이로써 임대인에게 대항할 수 없을 뿐 **임차인과 양수인 사이**에는 **유효**한 것이고, 이 경우 임차인은 양수인을 위하여 임대인의 동의를 받아 줄 의무가 있다.

② [**임대인과 임차인 사이의 관계**] – 해지권과 그 제한인 배신행위이론 : 임차인의 변경이 당사자의 개인적인 신뢰를 기초로 하는 계속적 법률관계인 임대차를 더 이상 지속시키기 어려울 정도로 당사자 간의 **신뢰관계**를 **파괴하는** 임대인에 대한 **배신행위가 아니라고 인정되는 특별한 사정이 있는 때**에는 임대인은 자신의 동의 없이 임차권이 이전되었다는 것만을 이유로 민법 **제629조 제2항**에 따라서 임대차계약을 **해지할 수 없다**(주 – 원칙은 해지할 수 있다). → 특별한 사정이 있는 때에 한하여 경락인은 임대인의 동의가 없더라도 임차권의 이전을 임대인에게 대

항할 수 있다고 봄이 상당한바, 위와 같은 **특별한 사정**이 있는 점은 **경락인**이 **주장 · 입증**하여야 한다.

③ [**임대인과 양수인 사이의 관계**] – 임차인이 임대인의 동의를 받지 않고 제3자에게 임차권을 양도하거나 전대하는 등의 방법으로 임차물을 사용 · 수익하게 하더라도, 임대인이 이를 이유로 임대차계약을 해지하거나 그 밖의 다른 사유로 임대차계약이 적법하게 종료되지 않는 한 임대인은 임차인에 대하여 여전히 차임청구권을 가지므로, **임대차계약이 존속**하는 한도 내에서는 제3자에게 **불법점유를 이유로** 한 차임상당 **손해배상청구나 부당이득반환청구**를 **할 수 없다**. 그러나 **임대차계약이 종료된 이후**에는 임차물을 소유하고 있는 **임대인은 제3자를 상대로 위와 같은 손해배상청구나 부당이득반환청구를 할 수 있다.**

(2) 임대인의 동의가 있는 임차물의 전대

※ [**비교**] – 임차권의 양도에 있어서 그 임차권의 존속기간, 임대기간 종료 후의 재계약 여부, 임대인의 동의 여부는 그 계약의 중요한 요소를 이루는 것이므로 양도인으로서는 이에 관계되는 모든 사정을 양수인에게 알려주어야 할 신의칙상의 의무가 있는데, **임차권 양도인이 그 여부를 확인하여 양수인에게 설명하지 아니한 채 임차권을 양도한 행위는 기망행위에 해당한다.**

1) 임대인과 임차인 사이의 관계(제630조 제2항)

종전의 임대차관계는 전대차의 성립에 의해 아무런 영향을 받지 않고 여전히 존속하므로, 임대인은 임차인에게 차임청구 등 임대차계약상의 권리를 행사를 할 수 있다.

2) 임대인과 전차인 사이의 관계

가) 전차인의 임대인에 대한 차임지급의무(제630조 제1항)

① 민법 **제630조 제1항**은 "임차인이 임대인의 동의를 얻어 임차물을 전대한 때에는 전차인은 직접 임대인에 대하여 의무를 부담하고, 이 경우에 전차인은 전대인에 대한 차임의 지급으로써 임대인에게 대항할 수 없다"고 규정 → ※ [**해석**] : ⅰ) 전차인은 '**전대차계약상의 차임지급시기 전**'에 **전대인에게 차임을 지급한 사정**을 들어 **임대인에게 대항하지 못하지만**, ⅱ) **차임지급시기 이후에 지급**한 차임으로는 임대인에게 **대항할 수 있고**, ⅲ) **전대차계약상의 차임지급시기 전**에 전대인에게 **지급한 차임이라도**, **임대인의 차임청구 전에 차임지급시기가 도래한 경우**에는 그 지급으로 임대인에게 **대항할 수 있다**.

② **전차인은** 전대차계약으로 **전대인에 대하여 부담하는 의무 이상으로 임대인에게 의무를 지지 않고 동시에** 임대차계약으로 **임차인이 임대인에 대하여 부담하는 의무 이상으로 임대인에게 의무를 지지 않는다.**

③ 전대인과 전차인은 계약자유의 원칙에 따라 전대차계약의 내용을 변경할 수 있으므로, 특별한 사정이 없는 한 **전차인은 변경된 전대차계약의 내용을 임대인에게 주장할 수 있고**, 전대인과 전차인이 전대차계약상의 **차임을 감액한 경우**도 **마찬가지**이다.

나) 전차인 보호

① 임차인이 임대인의 동의를 얻어 임차물을 전대한 경우에는 임대인과 임차인의 합의로 계약을 종료한 때에도 전차인의 권리는 소멸하지 아니한다(제631조).

② 임대차계약이 **해지의 통고**로 인하여 종료된 경우에 그 임대물이 적법하게 전대되었을 때에는 임대인은 **전차인에 대하여 그 사유를 통지하지 아니하면** 해지로써 **전차인에게 대항하지 못한다**(제638조). → [**적용 여부**] : 민법 **제640조**에 터 잡아 임차인의 차임연체액이 2기의 차임액에 달함에 따라 임대인이 임대차계약을 **해지하는 경우**에는 **전차인에 대하여 그 사유를 통지하지 않더라도** 해지로써 전차인에게 **대항할 수 있고, 해지의 의사표시가 임차인에게 도달하는 즉시 임대차관계**는 해지로 **종료**된다.

③ 전차인의 부속물매수청구권(제647조)과 임대청구권・지상물매수청구권(제644조) → 민법 제644조 소정의 전차인의 임대청구권과 매수청구권은 토지임차인이 토지임대인의 승낙하에 적법하게 그 토지를 전대한 경우에만 인정되는 권리이다.

6. 종료

(1) 종료 원인

① 존속기간의 만료, 존속기간의 약정이 없는 경우 해지통고에 따른 해지기간의 경과(제635조), 차임연체액이 2기의 차임액에 달한 경우 등의 즉시해지(해지의 의사표시가 도달한 때에 바로 효력O)

② 임대인이 임대차 목적물의 소유권을 제3자에게 양도하고 그 소유권을 취득한 제3자가 임차인에게 그 임대차 목적물의 인도를 요구하여 이를 인도하였다면 임대인이 임차인에게 **임대차 목적물을 사용・수익케 할 의무**는 **이행불능**이 되었다고 할 것이고, 이러한 이행불능이 일시적이라고 볼 만한 특별한 사정이 없다면 임대차는 **당사자의 해지 의사표시를 기다릴 필요 없이 당연히 종료**

(2) 임대인의 해지권 등과 채권자대위권

① 채권자는 채무자에 대한 채권을 보전하기 위하여 채무자를 대위해서 채무자의 권리를 행사할 수 있는바, **피보전채권**이 특정채권이라 하여 반드시 순차매도 또는 임대차에 있어 소유권이전등기청구권이나 인도청구권 등의 보전을 위한 경우에만 한하여 채권자대위권이 인정되는 것은 아니며, **물권적 청구권**에 대하여도 채권자대위권에 관한 민법 제404조의 규정과 위와 같은 법리가 **적용**될 수 있다.

② **토지소유권에 근거하여** 그 **토지상 건물의 임차인들을 상대로 건물에서의 퇴거를 청구할 수 있었더라도** 퇴거청구와 건물의 임대인을 대위하여 임차인들에게 임대차계약의 해지를 통고하고 건물의 인도를 구하는 청구는 그 요건과 효과를 달리하는 것이므로, **위와 같은 퇴거청구를 할 수 있었다는 사정이** 채권자대위권의 행사요건인 **채권보전의 필요성**을 **부정할 사유가 될 수 없다.**

③ 임대인의 **임대차계약 해지권**은 오로지 임대인의 의사에 행사의 자유가 맡겨져 있는 **행사상의 일신전속권에 해당하는 것**으로 **볼 수 없다.**

Set 14 고용

① 사용자는 근로계약에 수반되는 **신의칙상**의 **부수적 의무**로서 근로자가 노무를 제공하는 과정에서 생명, 신체, 건강을 해치는 일이 없도록 인적·물적 환경을 정비하는 등 필요한 조치를 강구하여야 하는 보호의무를 **부담**하고, 이러한 **보호의무를 위반하여 근로자가 손해를 입었다면 이를 배상할 책임을 진다.**

② 상법 제64조에서 5년의 상사시효를 정하는 것은 대량, 정형, 신속이라는 상거래 관계 특성상 법률관계를 신속하게 해결할 필요성이 있기 때문이다. 사용자가 상인으로서 영업을 위하여 근로자와 체결하는 근로계약이 보조적 상행위에 해당하더라도 사용자가 근로계약에 수반되는 신의칙상의 부수적 의무인 보호의무를 위반하여 근로자에게 손해를 입힘으로써 발생한 근로자의 손해배상청구와 관련된 법률관계는 근로자의 생명, 신체, 건강 침해 등으로 인한 손해의 전보에 관한 것으로서 그 성질상 정형적이고 신속하게 해결할 필요가 있다고 보기 어렵다. 따라서 **근로계약상 보호의무 위반에 따른 근로자의 손해배상청구권**은 특별한 사정이 없는 한 **10년의 민사 소멸시효기간**이 **적용**된다고 봄이 타당하다.

Set 15 도급

1. 수급인의 일의 완성의무 및 목적물인도의무

① [**완성의무**] – ⅰ) 공사대금채무 : **후급** / ⅱ) 특별한 사정이 없는 한 반드시 수급인 자신이 직접 일을 완성하여야 하는 것은 아니고, **이행보조자** 또는 이행대행자 사용 **가능**

② [**목적물인도의무**] – 공사대금채무 : **동시이행** → 목적물의 인도는 완성된 목적물에 대한 단순한 점유의 이전만을 의미하는 것이 아니라 도급인이 목적물을 **검사한 후** 그 목적물이 **계약내용대로 완성되었음**을 명시적 또는 묵시적으로 **시인**하는 것(검수)까지 포함하는 의미이다.

※ [**비교**] – 도급계약의 당사자들이 '수급인이 공급한 목적물을 도급인이 검사하여 합격하면, 도급인은 수급인에게 보수를 지급한다.'고 정한 경우 도급인의 수급인에 대한 보수지급의무와 **동시이행관계**에 있는 수급인의 목적물 인도의무를 **확인**한 것에 **불과**하고, **'검사 합격'은** 법률행위의 효력 발생을 좌우하는 **조건이 아니라** 보수지급시기에 관한 **불확정기한**이다(순수수의 조건에 해당하지 않는다). 따라서 수급인이 도급계약에서 정한 일을 완성한 다음 검사에 합격한 때 또는 검사 합격이 불가능한 것으로 확정된 때 보수지급청구권의 기한이 도래한다.

2. 수급인의 담보책임(제667조~제672조)

(1) 성질

① [**법적 성질**] – 법이 특별히 인정한 무과실책임 → 과실상계 준용✗ : 공평의 원칙상 잘못 참작O

② [**채무불이행책임과 관계**] – i) 수급인의 하자담보책임과 채무불이행책임은 별개의 권원에 의하여 **경합**적으로 인정된다. 따라서 도급인은 **하자보수비용을** 민법 제667조 제2항에 따라 **하자담보책임으로 인한 손해배상으로 청구할 수도 있고**, 민법 제390조에 따라 **채무불이행으로 인한 손해배상으로 청구할 수도 있다.** ii) 액젓 저장탱크의 제작·설치공사 도급계약에 의하여 완성된 저장탱크에 균열이 발생한 경우, **보수비용**은 민법 제667조 제2항에 의한 수급인의 **하자담보책임 중 하자보수에 갈음하는 손해배상**이고, **액젓 변질로 인한 손해배상**은 위 하자담보책임을 넘어서 수급인이 도급계약의 내용에 따른 **의무를 제대로 이행하지 못함으로 인하여 발생한 손해에 대한 배상**으로서 **양자는** 별개의 권원에 의하여 **경합**적으로 인정된다.

(2) 요건

① [**일반**] – 완성된 목적물 또는 완성 전의 성취된 부분에 하자 + 하자가 도급인이 제공한 재료의 성질 또는 도급인의 지시로 인한 경우가 아닐 것 + 면제의 특약이 없을 것

② [**하자 의미**] – 객관적 하자 + **주관적 하자**

③ [**하자와 미완성의 구별 실익과 기준**] – i) (**구별 실익**) – (ㄱ) **하자** : 공사대금청구 가능O, But 하자담보책임을 물어 동시이행의 항변권 행사 가능, (ㄴ) 반면 **미완성** : 채무불이행의 경우로서 공사대금청구 가능✗ / ii) (**구별 기준**) – 당초 예정된 최후의 공정까지 일단 종료하고 그 **주요 구조부분**이 **약정된 대로 시공**되어 **사회통념상 건물로서 완성**되고 다만 그것이 불완전하여 보수를 하여야 할 경우에는 **하자**가 있는 것에 **해당**(최후의 공정이 일단 종료하였는지는 수급인의 주장이나 준공검사 여부에 구애됨이 없이 건물신축도급계약의 구체적 내용과 신의성실의 원칙에 비추어 객관적으로 판단)

④ [**담보책임의 제한**] – 목적물의 하자가 도급인이 제공한 재료의 성질 또는 도급인의 지시에 기인한 때에는 수급인은 담보책임을 지지 아니한다. 그러나 수급인이 그 재료 또는 지시의 부적당함을 알고도 도급인에게 고지하지 아니한 때에는 담보책임을 진다(제669조). → **제669조 본문은** 수급인의 하자담보책임이 아니라 **제390조에 따른 채무불이행책임에는 적용✗**

⑤ [**담보책임의 면제특약**] – 담보책임의 면제특약은 유효, 다만 이 경우에도 수급인이 알고 고지하지 아니한 사실에 대하여는 책임을 면하지 못한다(제672조).

(3) 효과 – 담보책임의 내용

1) 하자보수청구권(제667조 제1항)

① 완성된 목적물 또는 완성 전의 성취된 부분에 하자가 있는 때에는 하자의 보수를 청구할 수 있다. 다만 **하자가 중요하지 않고 그 보수에 과다한 비용을 요하는 경우**에는 **하자보수**를 **청구할 수 없고**, 하자 자체에 대한 손해배상책임만을 물을 수 있다.

② 수급인의 하자보수의무 및 손해배상의무는 도급인의 보수지급의무와 **동시이행의 관계**(제667조 제3항)

※ [비교] - **기성고에 따라 공사대금을 분할하여 지급하기로 약정**한 경우라도 특별한 사정이 없는 한 하자보수의무와 동시이행관계에 있는 공사대금지급채무는 **당해 하자가 발생한 부분의 기성공사대금에 한정되는 것**이 **아니다**.

※ [**유치권 성부**] - 건물의 신축공사를 한 수급인이 그 건물을 점유하고 있고 또 그 건물에 관하여 생긴 **공사대금 채권**이 있다면, 수급인은 그 채권을 변제받을 때까지 건물을 **유치할 권리**가 **있다**(제320조). **그러나** 신축된 건물에 하자가 있고 그 하자 및 손해에 상응하는 금액이 공사잔대금액 이상이어서, 도급인이 수급인에 대한 하자보수청구권 내지 하자보수에 갈음한 손해배상채권 등에 기하여 수급인의 공사잔대금 채권 전부에 대하여 **동시이행의 항변**을 **한 때**에는, 공사잔대금 채권의 변제기가 도래하지 아니한 경우와 마찬가지로 수급인은 도급인에 대하여 하자보수의무나 하자보수에 갈음한 손해배상의무 등에 관한 이행의 제공을 하지 아니한 이상 **공사잔대금 채권**에 기한 **유치권**을 **행사할 수 없다**.

2) 손해배상청구권(제667조 제2항)

① 도급인은 하자의 보수에 갈음하여 또는 보수와 함께 손해배상을 청구할 수 있다.

② **하자보수에 갈음하는 손해배상**은 **하자가 중요**한 경우이거나 **하자가 중요하지 않은 것이더라도 그 보수에 과다한 비용을 요하지 않는 경우**에 한하여 인정 → **실제**로 **보수**에 필요한 **비용** : Ex) 완성된 건물 등에 중대한 하자가 있고 이로 인하여 건물 등이 무너질 위험성이 있어서 보수가 불가능하고 다시 건축할 수밖에 없는 경우에는, 특별한 사정이 없는 한 건물 등을 철거하고 다시 건축하는 데 드는 비용 상당액

③ **하자가 중요하지 않으면서 보수에 과다한 비용을 요하는 경우**에는 **하자보수청구도 하자보수에 갈음한 손해배상청구도 할 수 없으며**, 단지 **하자로 인해 입은 손해의 배상만 청구**할 수 있다. → 수급인이 하자 없이 시공하였을 경우의 목적물의 교환가치와 하자가 있는 현재 상태대로의 **교환가치**와의 **차액**이고, **교환가치의 차액을 산출하기**가 현실적으로 **불가능한 경우**에는 하자 없이 시공하였을 경우의 시공비용과 하자 있는 상태대로의 **시공비용의 차액** / 정신적 고통으로 인한 손해는 특별손해로서 배상 가능

④ **하자보수보증금**은 **특수한 손해배상액**의 **예정** → 실손해가 하자보수보증금을 초과하는 경우에는 그 실손해액을 입증하여 수급인으로부터 그 **초과액** 상당의 **손해배상**을 받을 수도 있다.

※ 비교 - 지체상금약정

1. 성질

지체상금약정(Ex. 이행지체에 대비 - 지연된 일수에 비례하여 지체상금률을 적용하여 산정하기로 한 약정)은 완공의 지체로 인한 **손해배상액**의 **예정**이다.

2. 공제 여부

① **수급인이 책임질 수 없는 사유로 의무 이행이 지연되었다면** 해당 기간만큼은 지체상금의 발생기간에서 **공제**되어야 한다.

② 도급계약의 **보수 일부**를 도급인이 **선급**하기로 하는 **특약**이 있는 경우, 수급인은 그 제공이 있을 때까지 일의 착수를 거절할 수 있고 이로 말미암아 일의 완성이 지연되더라도 채무불이행책임을 지지 않으며 **도급인이 선급금 지급을 지체한 기간만큼**은 수급인이 지급하여야 하는 지체상금의 발생기간에서 **공제**되어야 한다.

3. 지체상금액이 부당 과다한지 여부의 판단기준

① 지체상금을 계약총액에서 지체상금률을 곱하여 산출하기로 정한 경우, 지체상금의 과다 여부는 **지체상금 총액**을 **기준**으로 하여 판단하여야 한다.

② 공사수급인의 연대보증인이 부담하는 지체상금 지급의무는 주채무자인 공사수급인이 지급하여야 할 지체상금의 범위에 부종하는 것이므로, 지체상금액이 과다한지 여부는 **주채무자**인 공사수급인을 **기준으로 판단O** / 연대보증인을 중심으로 판단X

4. 발생 시기 및 종기

지체상금 발생의 **시기**는 **완공기한**(약정 준공일) **다음 날**이고, 그 **종기는** 수급인이 공사를 중단하거나 기타 해제사유가 있어 **도급인이** 공사도급계약을 **해제할 수 있었을 때**(실제로 해제한 때가 아니다)**부터** 도급인이 **다른 업자에게 맡겨서** 공사를 **완성할 수 있었던 시점까지**이다.

5. 동시이행관계 여부

공사도급계약상 도급인의 **지체상금채권**과 수급인의 **공사대금채권**은 특별한 사정이 없는 한 **동시이행의 관계X**

3) 계약해제권(제668조)

가) 원칙과 제한

① 완성된 목적물의 하자로 인하여 계약의 목적을 달성할 수 없는 때에는 도급인은 계약을 해제할 수 있다.

② 그러나 '**완성된 목적물이 건물 기타 토지의 공작물**'인 경우에는, 그 하자로 인해 계약의 목적을 달성할 수 없는 때에도 **해제할 수 없다. 다만** 건물 등이 '**완성되기 전**'이면 **채무불이행의 일반원칙에 따라 해제할 수 있으나**, 원상회복이 중대한 사회적 · 경제적 손실을 초래하고 완성된 부분이 도급인에게 이익이 되는 경우에는 도급인이 계약을 해제한 경우에도 계약은 **미완성부분에 대해서만 실효되고**(해제의 제한 : 장래효), 이 경우 **도급인은 완성된 부분의 비율**(총공사비에 기성고 비율을 적용한 금액 – 이미 완성된 부분에 소요된 공사비에다가 미시공 부분을

완성하는 데 소요될 공사비를 합친 전체 공사비 가운데 이미 완성된 부분에 소요된 공사비가 차지하는 비율로 산정)에 따른 **상당한 보수**를 **지급하여야 하는 것이지 수급인이 실제로 지출한 비용을 지급해야 하는 것이 아니다.**

나) 해제 제한의 적용 범위

① 일정시기까지 공사를 끝내지 못하여 도급인이 계약을 해제한 경우(도급인의 해제), ② 수급인이 건물신축 공사 도중 도급인의 채무불이행을 이유로 계약을 해제한 경우(수급인의 해제), ③ 당사자간의 합의로 수급인이 공사를 중단한 경우(합의해제)에 모두 적용된다.

※ 선급금 반환관계

1. 성질

선급금은 도급인이 장차 지급할 **공사대금**을 수급인에게 **미리 지급**하여 주는 것으로서, 구체적인 기성고와 관련하여 지급된 공사대금이 아니라 **전체 공사와 관련하여 지급된 공사대금**이다.

2. 공사도급계약의 해제 또는 해지 등의 경우 선급금 반환관계

① 계약이 해제 또는 해지되는 등의 사유로 수급인이 도중에 선급금을 반환하여야 할 사유가 발생하였다면, 특별한 사정이 없는 한 **별도의 상계 의사표시 없이**도 그때까지의 **기성고에 해당하는 공사대금 중 미지급액은 선급금으로 충당**되고 도급인은 나머지 공사대금이 있는 경우 그 금액에 한하여 지급할 의무를 부담하게 된다.

② **선급금 반환의무는** 수급인의 채무불이행에 따른 계약해제로 인하여 발생하는 **원상회복의무의 일종**이고, **보증인은** 특별한 사정이 없는 한 채무자가 채무불이행으로 인하여 부담하여야 할 손해배상채무와 **원상회복의무에 관하여도 보증책임을 지므로**, 민간공사 도급계약에서 수급인의 보증인은 특별한 사정이 없다면 **선급금 반환의무에 대하여도 보증책임을 진다.**

(4) 소멸 - 제척기간(제670조, 제671조)

① 수급인의 담보책임에 의한 하자의 보수, 손해배상의 청구 및 계약의 해제는 목적물의 인도를 받은 날로부터 1년 내에 하여야 한다. 다만 목적물의 인도를 요하지 아니하는 경우에는 일이 종료한 날로부터 1년 내에 하여야 한다. 그러나 토지, 건물 기타 공작물의 수급인은 목적물 또는 지반공사의 하자에 대하여 인도 후 5년간 담보책임이 있다. 그러나 목적물이 석조, 석회조, 연와조, 금속 기타 이와 유사한 재료로 조성된 것인 때에는 그 기간을 10년으로 한다.

② 수급인의 하자담보책임에 관한 기간은 제척기간으로서 재판상 또는 재판외의 권리행사기간이며 재판상 청구를 위한 **출소기간**이 **아니다.**

③ 도급인의 손해배상청구권에 대하여는 권리의 내용・성질 및 취지에 비추어 민법 제162조 제1항의 채권 소멸시효의 규정 또는 도급계약이 상행위에 해당하는 경우에는 상법 제64조의 상사시효의 규정이 적용되고, 민법 제670조 또는 제671조의 **제척기간 규정으로** 인하여 위 각 **소멸시효 규정의 적용이 배제된다고 볼 수 없다**.

3. 수급인의 저당권설정청구권(제666조)

① 수급인은 그 보수청구권을 담보하기 위하여 그 목적부동산 위에 저당권의 설정을 부동산소유자인 도급인에게 청구할 수 있다.

② 저당권설정청구권은 공사대금채권을 담보하기 위하여 저당권설정등기절차의 이행을 구하는 **채권적 청구권**으로서 **공사에 부수되는 채권**에 해당하므로 그 **소멸시효기간**은 **3년**이다.

③ 수급인이 사실상 목적물로부터 공사대금을 우선적으로 변제받을 수 있도록 하는 데 그 취지가 있는바, ⅰ) 도급인이 민법 제666조가 정한 수급인의 저당권설정청구권의 행사에 따라 공사대금채무의 담보로 그 건물에 **저당권을 설정하는 행위**는 특별한 사정이 없는 한 **사해행위**에 **해당하지 아니한다**. ⅱ) 나아가 저당권설정청구권은 채권적 청구권으로서 공사대금채권에 부수하여 인정되는 권리이므로, **공사대금채권이 양도되는 경우 저당권설정청구권도** 이에 수반하여 **함께 이전**된다고 봄이 타당하고, 신축건물의 수급인으로부터 **공사대금채권을 양수받은 자의 저당권설정청구**에 의하여 신축건물의 도급인이 그 건물에 **저당권을 설정하는 행위** 역시 다른 특별한 사정이 없는 한 **사해행위**에 **해당하지 아니한다**.

4. 일의 완성 전 도급인의 특별해제권(제673조)

① 수급인이 일을 **완성**하기 **전**에는 **언제든지** 도급인은 **손해**를 **배상하고** 일방적으로 계약을 **해제**할 수 있다.

② 다만 도급인의 일방적인 계약해제로 인하여 수급인이 입게 될 손해 전부를 배상하게 하는 취지이므로, 도급인은 수급인에 대한 손해배상에 있어서 **과실상계**나 **손해배상예정액 감액**을 **주장할 수**는 **없다**. 그러나 해제로 인하여 수급인이 소득을 얻었거나 일의 완성을 위하여 준비하여 둔 재료를 사용하지 아니하게 되어 타에 사용 또는 처분하여 얻을 수 있는 대가 상당액은 당연히 손해액을 산정함에 있어서 공제되어야 한다(손익상계O).

③ 도급인이 **수급인의 채무불이행을 이유로 도급계약 해제의 의사표시를 하였으나 실제로는 채무불이행의 요건을 갖추지 못한 것으로 밝혀진 경우**, 도급계약의 당사자 사이에 분쟁이 있었다고 하여 그러한 사정만으로 위 의사표시에 민법 **제673조에 따른 임의해제의 의사가 포함되어 있다고 볼 수는 없다**(∵ 만약 이를 인정한다면 도급인은 이제 자신이 손해배상을 하여야 하는 결과가 되어 도급인의 의사에 반하고, 수급인의 입장에서도 채무불이행 사실이 없음에도 공사를 못하게 되는 등의 불측의 손해를 입을 수 있기 때문이다).

5. 제작물공급계약

(1) 법적 성질

제작물이 ① **대체물**인 경우에는 매매로 보아 **매매**에 관한 규정이 적용되고, ② **부대체물**인 경우에는 **도급**의 성질을 가지므로 매매에 관한 규정이 당연히 적용된다고 할 수 없다.

(2) 완성된 제작물의 소유권 귀속

1) 도급인이 재료의 전부 또는 주요부분을 제공한 경우

소유권은 원시적으로 도급인에게 귀속

2) 수급인이 재료의 전부 또는 주요부분을 제공한 경우 – 신축건물의 소유권 귀속관계

① 수급인이 자기의 노력과 출재로 완성한 건물의 소유권은 도급인과 수급인 사이의 특약에 의하여 달리 정하거나 기타 특별한 사정이 없는 한 **수급인**에게 **귀속**된다.

② 도급계약에 있어서는 수급인이 자기의 노력과 재료를 들여 건물을 완성하더라도 도급인과 수급인 사이에 **도급인 명의**로 **건축허가를 받아 소유권보존등기**를 하기로 하는 등 완성된 건물의 **소유권을 도급인에게 귀속시키기로 합의한 것**으로서 그 건물의 소유권은 **도급인**에게 **원시적**으로 **귀속**된다.

※ [**비교**] – **도급관계가 존재하지 않은 경우** 신축건물의 소유권 귀속의 판단은 물권변동에 관한 민법 **제187조**에 따라 해결 → ① 일반적으로 자기의 노력과 재료를 들여 건물을 건축한 사람은 그 건물의 소유권을 원시취득한다. 이는 법률행위에 의한 취득이 아니므로 등기를 요하지 아니한다(제187조). ② 채무자가 자기비용과 노력으로 신축하는 건물의 건축허가명의를 채권자 명의로 하였다면 이는 완성될 건물을 담보로 제공키로 하는 합의로서 법률행위에 의한 담보물권의 설정에 다름 아니므로, 완성된 건물의 소유권은 일단 이를 건축한 채무자가 원시적으로 취득한 후 채권자 명의로 소유권보존등기를 마침으로써 담보목적의 범위 내에서 위 채권자에게 그 소유권이 이전된다. ③ 건축주의 사정으로 건축공사가 중단되었던 미완성의 건물을 인도받아 나머지 공사를 마치고 완공한 경우, 그 건물이 공사가 중단된 시점에서 이미 사회통념상 독립한 건물이라고 볼 수 있는 형태와 구조를 갖추고 있었다면 원래의 건축주가 그 건물의 소유권을 원시취득하고, 최소한의 기둥과 지붕 그리고 주벽이 이루어지면 독립한 부동산으로서의 건물의 요건을 갖춘 것이라고 보아야 한다.

Set 16 위임

1. 성질

원칙적으로 편무 · **무상**계약 / 보수지급의 약정이 있는 경우 쌍무 · 유상계약

2. 효과

(1) 수임인의 의무

① 수임인은 **유상 · 무상**을 **불문**하고 **선관주의의무**를 부담한다(제681조).

② 법무사 · 변호사는 그 직무를 수행하는 과정에서 의뢰인의 지시에 따르는 것이 위임의 취지에 적합하지 않거나 오히려 의뢰인에게 불이익한 결과가 되는 것이 드러난 경우에는 그러한 내용을 의뢰인에게 **확인 · 설명** 내지 **조언**할 **의무**가 있다.

③ 수임인은 위임사무의 처리로 인하여 받은 금전 기타의 물건 및 그 수취한 과실을 위임인에게 인도하여야 하고, 수임인이 위임인을 위하여 자기의 명의로 취득한 권리도 위임인에게 이전하여야 한다(제684조). → ⅰ) **'위임사무의 처리로 인하여 받은 금전 기타 물건'** : 대체물이라도 **특정물**로서 인도O(종류물✗) + 수임인에게 그대로 보유하게 하는 것이 위임의 신임관계를 해한다고 사회통념상 생각할 수 있는 것도 포함O / ⅱ) **이전 시기** : (ㄱ) 특별한 사정이 없는 한 **위임계약**이 **종료**된 때이다. 따라서 **수임인이 반환할 금전의 범위도 위임종료시를 기준으로 정해진다.** (ㄴ) 위임사무로 수임인 명의로 **취득한 권리에 관한 위임인의 이전청구권의 소멸시효는 위임계약이 종료된 때부터 진행하게 된다.**

(2) 수임인의 권리

① 위임은 원칙적으로 무상 / 위임사무의 성격상 수임인이 맡은 **사무가** 그의 **영업 내지 업무**에 관련된 경우(Ex. 부동산중개업자, 변호사, 의사 등) 에는 무보수의 특약이 없으면 **보수지급의 묵시적 약정이 있는 것**으로 보아야 함 → 약정보수액을 전부 청구할 수 있는 것이 원칙이지만, <u>약정보수액이 부당하게 과다</u>하여 <u>신의성실의 원칙</u>이나 형평의 원칙에 반한다고 볼 만한 특별한 사정이 있는 때에는 예외적으로 <u>상당하다고 인정되는 범위 내</u>의 <u>보수액만</u>을 <u>청구</u>할 수 있다.

② 수임인이 위임사무의 처리에 필요한 채무를 부담한 때에는 위임인에게 자기에 갈음하여 이를 변제하게 할 수 있고, 그 채무가 변제기에 있지 아니한 때에는 상당한 담보를 제공하게 할 수 있다(제688조 제2항).

※ [**비교**] – 수임인이 가지는 민법 제688조 제2항 전단 소정의 <u>대변제청구권</u>은 <u>통상의 금전채권과</u>는 <u>다른 목적</u>을 갖는 것이므로, 수임인이 이 **대변제청구권**을 **보전**하기 위하여 채무자인 위임인의 채권을 **대위행사**하는 경우에는 채무자의 **무자력**을 **요건으로 하지 아니한다.**

③ 수임인이 위임사무의 처리를 위하여 과실 없이 손해를 받은 때에는 위임인에 대하여 그 배상을 청구할 수 있다(제688조 제3항).

3. 종료

(1) 상호해지의 자유(제689조)

① 각 당사자는 **언제든지 해지**할 수 있다. → 위임계약의 일방 당사자가 타방 당사자의 **채무불이행을 이유로 위임계약을 해지한다는 의사표시를 하였으나 실제로는 채무불이행을 이유로 한 계약해지의 요건을 갖추지 못한 경우라도**, 민법 **제689조 제1항에 따른 임의해지로서의 효력**이 **인정**된다.

※ [**비교**] - (**해지의 자유에 대한 제한**) : 등기권리자와 등기의무자 쌍방으로부터 등기절차의 위촉을 받고 그 절차에 필요한 서류를 교부받은 법무사는 절차가 끝나기 전에 등기의무자로부터 등기신청을 보류해 달라는 요청이 있었다 하여도 등기권리자에 대한 관계에 있어서는 그 사람의 동의가 있는 등 특별한 사정이 없는 한 그 요청을 거부해야 할 위임계약상의 의무가 있는 것이므로 등기의무자와 법무사 간의 위임계약은 계약의 성질상 민법 제689조 제1항의 규정에 관계없이 등기권리자의 동의 등 특별한 사정이 없는 한 해제할 수 없다.

② 해지로 인해 상대방이 손해를 입었더라도 **원칙적**으로 **손해배상의무**는 **없으나**, 당사자 일방이 **부득이한 사유 없이** 상대방의 **불리한 시기에** 계약을 **해지한 때**에는 **손해를 배상하여야 한다**. → ⅰ) 배상의 범위는 위임이 해지되었다는 사실로부터 생기는 손해가 아니라, '**적당한 시기에 해지되었더라면 입지 아니하였을 손해**'에 **한**한다. ⅱ) 특별한 사정이 없는 한 위임계약에서는 시기를 불문하고 사무처리 완료 전에 계약이 해지되면 당연히 위임인이 사무처리의 완료에 따른 성과를 이전받거나 이익을 얻지 못하는 것으로 계약 당시에 예정되어 있으므로, **수임인이 사무처리를 완료하기 전**에 위임계약을 **해지한 것만으로** 위임인에게 **불리한 시기에 해지한 것이라고 볼 수**는 **없다**.

③ 민법 제689조는 **임의규정**에 불과하므로 당사자의 약정에 의하여 위 규정의 적용을 배제하거나 그 내용을 달리 정할 수 있다.

(2) 긴급처리의무

위임종료의 경우에 급박한 사정이 있는 때에는 수임인, 그 상속인이나 법정대리인은 위임인, 그 상속인이나 법정대리인이 위임사무를 처리할 수 있을 때까지 그 사무의 처리를 계속하여야 한다. 이 경우에는 위임의 존속과 동일한 효력이 있다(제691조).

Set 17 임치

1. 성질

원칙적으로 편무·무상계약 / 보수약정을 한 경우에는 쌍무·유상계약

2. 효력

① **무상임치**의 경우에는 임치물을 '**자기재산과 동일한 주의**'로(제695조), 유상임치의 경우에는 '선량한 관리자의 주의'로 보관하여야 한다.

② 수치인은 임치인의 동의 없이 임치물을 사용하지 못한다(제694조).

③ 임치인은 임치물의 성질 또는 하자로 인하여 생긴 손해를 수치인에게 배상하여야 한다(무과실책임). 그러나 수치인이 그 성질 또는 하자를 안 때에는 배상책임을 부담하지 않는다(제697조).

3. 종료 – 해지

① 임치기간의 약정이 있는 때에는 수치인은 부득이한 사유 없이 그 기간 만료 전에 계약을 해지하지 못한다. 그러나 임치인은 언제든지 계약을 해지할 수 있다(제698조).

② 임치기간의 약정이 없는 때에는 각 당사자는 언제든지 계약을 해지할 수 있다(제699조).

③ 임치계약 해지에 따른 임치물 반환청구는 임치계약 성립 시부터 당연히 예정된 것이고, 임치계약에서 임치인은 언제든지 계약을 해지하고 임치물의 반환을 구할 수 있는 것이므로, 특별한 사정이 없는 한 **임치물 반환청구권의 소멸시효는 임치계약이 성립하여 임치물이 수치인에게 인도된 때부터 진행**하는 것이지, 임치인이 임치계약을 해지한 때부터 진행한다고 볼 수 없다.

4. 소비임치

(1) 의의 및 효과

① 당사자의 계약으로 임치물의 소유권을 수치인에게 이전하여 수치인이 임치물을 소비하고, 그와 동종·동질·동량의 물건을 임치인에게 반환할 것을 정한 임치를 말한다.

② 소비대차에 관한 규정을 준용한다. 그러나 반환시기의 약정이 없는 때에는 임치인은 언제든지 그 반환을 청구할 수 있다(제702조).

(2) 예금계약

1) 성질

예금계약은 금전의 **소비임치**에 해당하고, 금전의 수수를 전제로 하므로 **요물계약**에 해당한다.

2) 예금계약의 성립과 시기

예금계약은 예금자가 예금의 의사를 표시하면서 금융기관에 **돈을 제공**하고 금융기관이 그 의사에 따라 그 돈을 받아 **확인**을 하면 그로써 **성립**하며, 금융기관의 직원이 그 받은 돈을 금융기관에 입금하지 아니하고 이를 횡령하였다고 하더라도 예금계약의 성립에는 아무런 소장이 없다.

3) 예금계약의 당사자

금융실명제하에 예금명의자와 출연자가 다른 경우, ① **일반적**으로 **예금명의자**를 예금계약의 **당사자**로 보려는 것이라고 해석하는 것이 **경험법칙**에 **합당**하고, ② **출연자 등을 예금계약의 당사자라고 볼 수 있으려면** 금융기관과 출연자 등과 사이에서 실명확인 절차를 거쳐 서면으로 이루어진 예금명의자와의 예금계약을 부정하여 예금명의자의 예금반환청구권을 배제하고 출연자 등과 예금계약을 체결하여 출연자 등에게 예금반환청구권을 귀속시키겠다는 **명확한 의사의 합치가 있는 극히 예외적인 경우로 제한**되어야 한다(구체적이고 객관적인 증거에 의하여 매우 엄격하게 인정).

4) 예금 반환채무의 지체책임

만기가 정해진 예금계약에 따른 금융기관의 **예금 반환채무는** 만기가 도래하더라도 임치인이 미리 만기 후 예금 수령방법을 지정한 경우와 같은 특별한 사정이 없는 한 **임치인의 적법한 지급청구가 있어야 비로소 이행할 수 있으므로, 예금계약의 만기가 도래한 것만으로** 금융기관인 수치인이 임치인에 대하여 **예금 반환 지연으로 인한 지체책임을 부담한다고 볼 수는 없고**, 정당한 권한이 있는 임치인의 지급 청구에도 불구하고 수치인이 예금 반환을 지체한 경우에 지체책임을 물을 수 있다.

5) 공동명의의 예금

가) 동업자금의 공동명의 예금

동업자금을 **공동명의**로 예금한 경우라면 채권의 **준합유**관계 → 합유의 성질상 은행에 대한 예금반환청구는 필수적 공동소송에 해당한다.

나) 동업 이외의 특정 목적을 위한 공동명의 예금

① 공동명의 예금채권자들 각자가 분담하여 출연한 돈을 **동업 이외의 특정 목적**을 위하여 **공동명의**로 예치해 둠으로써 그 목적이 달성되기 전에는 공동명의 예금채권자가 단독으로 예금을 인출할 수 없도록 방지·감시하고자 하는 목적으로 공동명의로 예금을 개설한 경우라면, **하나의 예금채권이 분량적으로 분할**되어 각 공동명의 예금채권자들에게 공동으로 귀속되고, 각 공동명의 예금채권자들이 예금채권에 대하여 갖는 **각자의 지분에 대한 관리처분권**은 **각자**에게 **귀속**된다(관리처분권이 공동명의 예금채권자 전원에게 공동으로 귀속✗) → 은행에 대한 예금반환청구가 민사소송법상의 필수적 공동소송에 해당한다고 할 수 없다.

② 공동반환의 특약은 은행에 대한 지급청구만 공동명의 예금채권자들 모두가 공동으로 하여야 하는 것에 불과하므로, **공동명의 예금채권자 중 1인에 대한 채권자**로서는 **그 1인의 지분에 상응하는 예금채권에 대한 압류 및 추심명령** 등을 얻어 이를 집행**할 수 있고,** 이러한

압류 등을 송달받은 **은행으로서는** 압류채권자의 압류 명령 등에 기초한 단독 예금반환청구에 대하여, 공동명의 예금채권자들과 사이의 **공동반환특약을 들어** 그 **지급을 거절할 수**는 **없다**.

6) 착오송금

① [**예금계약의 성부**] – 예금거래기본약관에 따라 송금의뢰인이 수취인의 예금구좌에 자금이체를 하여 예금원장에 입금의 기록이 된 때에는 특별한 사정이 없는 한 송금의뢰인과 수취인 사이에 계좌이체의 원인인 법률관계가 존재하는지 여부에 관계없이 **수취인과 수취은행 사이**에는 계좌이체금액 상당의 **예금계약**이 **성립**하고, 수취인이 수취은행에 대하여 위 금액 상당의 **예금채권**을 **취득**한다. 이와 같은 법리는 출금계좌의 예금주가 수취인 앞으로의 계좌이체에 대하여 지급지시를 하거나 수취인의 추심이체에 관하여 출금 동의 등을 한 바가 없는데도, 은행이 그와 같은 지급지시나 출금 동의가 있는 것으로 착오를 일으켜 출금계좌에서 예금을 인출한 다음 이를 수취인의 예금계좌에 입금하여 그 기록이 완료된 때에도 동일하게 적용된다고 봄이 타당하므로, 수취인은 이러한 은행의 착오에 의한 자금이체의 경우에도 입금액 상당의 예금채권을 취득한다.

② [**부당이득반환청구의 상대방**] – 이때 송금의뢰인은 **수취인에 대하여** 위 금액 상당의 **부당이득반환청구○**, 수취은행은 이익을 얻은 것이 없으므로 **수취은행에 대하여**는 **부당이득반환청구✗**

③ [**수취은행의 상계 가부**] – 송금의뢰인이 착오송금임을 이유로 수취은행에 그 송금액의 반환을 요청하고 수취인도 착오송금임을 인정하여 수취은행에 그 반환을 승낙하고 있는 경우, **수취은행이 수취인에 대한 대출채권 등을 자동채권으로 하여** 착오송금된 금원 상당의 예금채권과 **상계하는 것**은 신의칙 위반 내지 **권리남용**에 **해당**한다.

Set 18 조합

1. 의의 및 성질

① 조합계약이란 2인 이상이 상호출자하여 공동사업을 경영할 것을 약정함으로써 성립하는 계약을 말한다(제703조).

② 동시이행의 항변권이나 위험부담 · 계약의 해제(조합계약의 해제) · 담보책임의 규정은 적용✗

2. 성립

① 당사자 중 **일부만 이익을 분배**받고 다른 자는 전혀 이익분배를 받지 않는 경우에는 **조합관계**(동업관계)✗

② 특정한 사업을 공동경영하는 약정에 한하여 이를 조합계약이라고 할 수 있고, **공동의 목적달성**이라는 정도만으로는 **조합의 성립요건**을 **갖추지 못한다**.

※ [**비교**] (**부동산의 공동매수**) – ① 공동매수인들이 **전매차익을 얻으려는 '공동의 목적 달성'**을 위하여 상호 협력한 것에 불과하고 이를 넘어 '공동사업을 경영할 목적'이 있었다고 인정되지 않는 경우 이들 사이의 법률관계는 **공유관계**에 **불과**할 뿐 민법상 조합관계에 있다고 볼 수 없고, 이 경우 **매도인은** 매수인 수인에게 그 **지분에 대한 소유권이전등기의무**를 **부담**한다. ② 매수인들이 상호 출자하여 공동사업을 경영할 것을 목적으로 하는 **동업체**에서 **매수**하여 조합이 조합재산으로서 부동산의 소유권을 취득하였다면 민법 제271조 제1항의 규정에 의하여 당연히 그 조합체의 **합유물**이 되고, **다만** 그 조합체가 **합유등기를 하지 아니하고** 그 대신 **조합원 1인의 명의로 소유권이전등기를 하였다면** 이는 조합체가 그 조합원에게 **명의신탁한 것**으로 보아야 한다(이 경우에는 부동산 실권리자명의 등기에 관한 법률 제4조 제2항 본문이 적용되어 명의수탁자인 조합원 명의의 소유권이전등기는 무효이므로, 그 조합원의 소유가 아니기 때문에 이를 일반채권자들의 공동담보에 공하여지는 책임재산이라고 볼 수 없다).

※ [**비교**] (**낙찰계**) – 낙찰계는 각 계원이 조합원으로서 상호출자하여 공동사업을 경영하는 이른바 민법상 **조합계약의 성격을 띠고 있는 것이 아니라 계주**가 자기의 **개인사업**으로 계를 조직 운영하는 것이라 할 것이고, 계가 깨어졌다 하여 그 계가 조합적 성질을 띠고 있음을 전제로 한 해산이나 청산의 문제도 생길 여지가 없다.

3. 조합의 대내 · 대외관계

(1) 대내관계

① [**업무집행자 선임**] – 조합원의 3분의 2 이상의 찬성으로 선임할 수 있다(제706조 제1항).

② [**특별사무**] – 조합의 업무집행은 조합원의 과반수로써 결정한다. 업무집행자가 수인인 때에는 그 과반수로써 결정한다(제706조 제2항). → i) **업무집행자가 없는 경우**에는 **조합원**의 **과반수**로 결정하고, ii) **업무집행자가 수인 있는 경우**에는 그 **업무집행자**의 **과반수**로써 결정하며, iii) **업무집행자가 1인만 있는 경우**에는 그 업무집행자가 **단독**으로 **결정**한다.

※ [**비교**] – ① **조합재산의 처분 · 변경**에 관한 행위는 다른 특별한 사정이 없는 한 조합의 **특별사무**에 해당하며, **제706조 제2항**이 제272조의 특별규정으로서 **우선**하여 **적용**된다. ② 민법 **제706조**에서 말하는 **조합원은** 조합원의 출자가액이나 지분이 아닌 **조합원의 인원수**를 뜻한다. 다만 위와 같은 민법의 규정은 **임의규정**이므로, 그 내용을 달리 정할 수 있다.

③ [**통상사무**] – 각 조합원 또는 각 업무집행자가 전행할 수 있다. 그러나 다른 조합원 또는 다른 업무집행자의 이의가 있는 때에는 즉시 중지하여야 한다(제706조 제3항).

(2) 대외관계

① [**조합대리**] – 조합의 경우 법인격이 없어 조합 자체가 본인이 될 수 없으므로, 이른바 조합대리에 있어서는 본인에 해당하는 모든 조합원을 위한 것임을 표시하여야 하나, **반드시 조합원**

전원의 성명을 제시할 필요는 없고, 상대방이 알 수 있을 정도로 조합을 **표시**하는 것으로 충분하다.

② [**대리권 추정**] – 조합의 업무집행조합원은 그 업무집행의 대리권이 있는 것으로 추정(제709조).

③ [**소송수행**] – 조합은 **당사자능력✗** → ⅰ) 조합원 전원이 **필수적 공동소송**으로 당사자가 되거나, ⅱ) **선정당사자제도**를 이용할 수밖에 없다. ⅲ) 또한 **업무집행조합원이** 정해진 경우에는 조합재산에 관하여 조합원으로부터 **임의적 소송신탁을 받아** 자기 이름으로 소송을 수행할 수 있다.

4. 조합의 재산관계

(1) 조합재산

1) 합유관계

① 조합은 법인격이 없으므로 조합재산이 조합 자체에 귀속될 수는 없고, 모든 조합원의 '(준)합유'로 한다(제704조) → **조합채권의 추심이나 처분**은 조합원 **전원**이 **공동**으로 행사하여야 한다(제272조).

※ [**비교**] – 당사자들이 공동이행방식의 공동수급체를 구성하여 도급인으로부터 공사를 수급받는 경우 **공동수급체**는 원칙적으로 민법상 **조합**에 해당하고, 공동이행방식의 공동수급체와 도급인 사이의 공사도급계약에서 **공동수급체의 개별 구성원으로 하여금 공사대금채권에 관하여 지분비율에 따라 직접 도급인에 대하여 권리를 취득하게 하는 약정**이 이루어진 경우, **개별 구성원들은** 실제 공사를 누가 어느 정도 수행하였는지에 상관없이 도급인에 대한 관계에서 **공사대금채권 중 각자의 지분비율에 해당하는 부분**을 **취득**한다.

② 조합원은 다른 조합원 전원의 동의가 있으면 그 지분을 처분할 수 있으나(제273조 제1항), 조합의 목적과 단체성에 비추어 **조합원으로서의 자격과 분리하여 그 지분권만을 처분할 수는 없으므로**, 조합원이 **지분을 양도하면** 그로써 **조합원의 지위**를 **상실**하게 되며, 이와 같은 조합원 지위의 변동은 조합지분의 양도양수에 관한 약정으로써 바로 효력이 생긴다.

2) 조합재산과 개인재산의 구별

가) 지분에 대한 압류

① **조합원에 대한 채권자는** 조합원의 **합유지분**에 대하여 **압류**할 수 있지만, 그 압류는 그 **조합원의 장래의 이익배당** 및 **지분의 반환을 받을 권리**(지분계산청구권・지분환급청구권)**에** 대하여 **효력**이 있을 뿐이다(제714조). → ※ [**주의**] : 조합원 1인에 대한 채권자는 '조합의 채권자'는 아니므로 '**조합재산**'에 대해 **강제집행할 수 없다**. 따라서 ⅰ) **조합원 중 1인에 대한 채권으로써 그 조합원 개인을 집행채무자로 하여 조합의 채권에 대하여 강제집행을 할 수 없다**. ⅱ) 이 경우 **다른 조합원으로서는** 보존행위로서 제3자이의의 소를 제기하여 그 **강제집행의 불허를 구할 수 있다**.

② **조합원의 지분이란 '전체로서의 조합재산'**에 대한 조합원 **지분**을 의미하는 것이고, 조합재산을 구성하는 '개개의 재산'에 대한 합유지분에 대하여는 압류 기타 강제집행의 대상으로 삼을 수 없다.

나) 조합의 채무자의 상계금지

조합의 채무자는 그 채무와 **조합원에 대한 채권으로 상계하지 못한다**(제715조) → 조합으로부터 부동산을 매수하여 잔대금 채무를 지고 있는 자가 조합원 중의 1인에 대하여 개인 채권을 가지고 있다고 하더라도 그 채권과 조합과의 매매계약으로 인한 잔대금 채무를 서로 대등액에서 상계할 수는 없다.

3) 조합채무에 대한 책임

가) 책임의 병존

①「**조합재산**에 의한 조합원 모두의 **공동책임**」과 ②「**각 조합원**의 **개인재산**에 의한 **개별책임**」이 병존한다. 양책임은 어느 하나가 우선하는 것이 아니라 상호 병존적이므로, 조합 채권자는 처음부터 각 조합원에게 청구할 수도 있다.

나) 조합재산에 의한 공동책임

조합의 채권자는 조합원 '**전원**'을 **상대로** 하여 채권액 **전액**에 관한 **이행의 소**를 제기하고, 그 판결에 기하여 '**조합재산**'에 대하여 **집행**할 수 있다. 즉, 조합의 채권자가 조합재산에 대하여 강제집행을 하려면 반드시 조합원 전원에 대한 집행권원을 필요로 한다.

다) 조합원의 개인재산에 의한 책임

① '**각 조합원**'은 조합채무에 관하여 손실부담비율의 특약에 따라 또는 균분한 비율로 **분할채무**를 부담 → **조합채권자가** 그 채권발생당시에 조합원의 **손실부담의 비율을 알지 못한 때**에는 각 조합원에게 **균분**하여 그 권리를 행사할 수 있다(제712조).

※ [**비교**] - 조합의 채무는 조합원의 채무로서 특별한 사정이 없는 한 조합채권자는 각 조합원에 대하여 지분의 비율에 따라 또는 균일적으로 변제의 청구를 할 수 있을 뿐이나, **조합채무**가 특히 **조합원 전원을 위하여 상행위가 되는 행위로 인하여 부담**하게 된 것이라면 상법 제57조 제1항을 적용하여 조합원들의 **연대책임**을 인정함이 상당하다.

② **조합채권자**는 조합원 '**각자**'를 **상대**로 **이행의 소**를 제기하고 그 집행권원을 얻어 조합원 '**각자의 개인재산**'에 대해 강제**집행**을 할 수 있다. 또한 조합원 전원에 대한 집행권원을 가지고 각 조합원이 부담하는 책임액을 증명하여 조합원 각자의 개인재산에 대해 집행할 수도 있다.

(2) 손익분배

① 당사자가 손익분배의 비율을 정하지 아니한 때에는 각 조합원의 **출자가액**에 **비례**하여 이를 정한다. 또한 이익 또는 손실에 대하여 분배의 비율을 정한 때에는 그 비율은 이익과 손실에 공통된 것으로 추정한다(제711조).

② **공동수급체 구성원**의 **이익분배청구권과 출자의무**는, ⅰ) **별개의 권리·의무**이므로 공동수급체의 구성원이 **출자의무를 이행하지 않더라도 → 이익분배 자체의 거부✗, 이익분배금에서 출자금이나 그 연체이자를 당연히 공제✗**, But **공동수급체의 출자금 채권과** 공동수급체에 대한 구성원의 **이익분배청구권**이 상계적상에 있으면 **상계는 가능O** / ⅱ) 공동수급체의 구성원들 사이에 '출자의무와 이익분배를 직접 연계시키는 특약'을 하는 것도 계약자유의 원칙상 허용되므로, 금전을 출자하기로 한 구성원이 출자를 지연하는 경우 그 구성원이 지급받을 이익분배금에서 출자금과 그 연체이자를 공제하기로 하는 '약정'을 할 수도 있다.

5. 조합원의 탈퇴와 조합의 해산·청산

(1) 조합원의 탈퇴

1) 임의탈퇴(제716조)

① 조합의 존속기간을 정하지 아니하거나 조합원의 종신까지 존속할 것을 정한 때에는 각 조합원은 언제든지 탈퇴할 수 있다. 다만 부득이한 사유 없이는 조합에 불리한 시기에 탈퇴하지 못한다.

② 조합의 존속기간을 정한 때에도 조합원은 부득이한 사유가 있는 때에는 탈퇴할 수 있다.

③ **조합원의 임의탈퇴는** 조합계약에 관한 일종의 해지로서 **다른 조합원에 대한 의사표시로써 하여야 하나**, 그 의사표시가 반드시 명시적이어야 하는 것은 아니고 **묵시적**으로도 할 수 있으며, 임의탈퇴의 의사표시가 있는지 여부는 법률행위 해석의 일반 원칙에 따라 판단하여야 한다. **조합원의 임의탈퇴가 적법하다면 조합원 사이에 특별한 약정이 없는 한 탈퇴한 조합원의 합유지분은 잔존 조합원에게 귀속된다.**

④ 조합원이 조합을 **탈퇴할 권리**는 그 성질상 조합계약의 **해지권**으로서 그의 일반재산을 구성하는 **재산권의 일종**이라 할 것이고 채권자대위가 허용되지 않는 일신전속적 권리라고는 할 수 없다. 따라서 채무자의 재산인 **조합원 지분을 압류한 채권자는 채권자대위권에 의하여 채무자의 조합 탈퇴의 의사표시를 대위행사할 수 있다.**

2) 비임의탈퇴(제717조)

① 조합원은 사망, 파산, 성년후견의 개시, 제명(다른 조합원의 일치로써 결정)에 의하여 조합에서 자동적으로 탈퇴된다.

② 조합원이 출자의무를 이행하지 않는 것은 민법 제718조 제1항에서 정한 조합원을 제명할 정당한 사유에 해당한다고 할 것인바, 그와 같은 **출자의무의 불이행을 이유로 조합원을 제명함에 있어** 출자의무의 이행을 지체하고 있는 **당해 조합원에게 다시 상당한 기간을 정하여 출자의무의 이행을 최고하여야 하는 것은 아니다.**

3) 탈퇴의 효과

① **2인**으로 구성된 **조합**에서 **한 사람이 탈퇴**하면 **조합관계는 종료되나** 특별한 사정이 없는 한 **조합은 해산이나 청산이 되지 않고**, 다만 조합원의 합유에 속한 **조합재산은 남은 조합원의**

단독소유에 속하게 된다. → ※ [**주의**] : ⅰ) **조합채권자는 잔존 조합원에게 여전히 그 조합 채무 전부에 대한 이행을 청구할 수 있다**. ⅱ) 조합재산이 **부동산**인 경우에는 그 물권변동의 원인은 '조합관계에서의 탈퇴라고 하는 법률행위'에 의한 것으로서 잔존 조합원의 단독 소유로 하는 내용의 **등기를 하여야 비로소 소유권 변동의 효력**이 **발생**한다.

② 탈퇴 조합원과 남은 조합원 사이에는 탈퇴로 인한 계산(지분계산・지분환급)을 해야 하는데, 탈퇴자와 잔존자 사이의 탈퇴로 인한 계산은 '**탈퇴 당시**의 **조합재산상태**'를 **기준**으로 평가한 조합재산 중 **탈퇴자의 지분에 해당하는 금액을 금전으로 반환**하여야 한다.

③ 조합원의 1인이 **사망**한 때에는 그 조합관계로부터 당연히 탈퇴하고 특히 조합계약에서 **사망한 조합원의 지위를** 그 **상속인이 승계하기로 약정한 바 없다면** 사망한 조합원의 지위는 상속인에게 **승계되지 아니한다**.

(2) 조합의 해산・청산

① 민법의 조합의 해산사유와 청산에 관한 규정은 법인에서와 달리 **강행규정**이 **아니**므로 당사자가 민법의 조합의 해산사유와 청산에 관한 규정과 다른 내용의 특약을 한 경우, 그 특약은 유효하다.

② 조합을 존속시킬 수 없는 **부득이한 사유**가 있는 때에는 각 조합원은 조합의 **해산**을 **청구**할 수 있다(제720조). → 부득이한 사유에는 조합의 목적달성이 현저히 곤란하게 되는 객관적 사정이 있는 경우 외에, 조합원 사이의 반목・불화로 인한 대립으로 **신뢰관계**가 **파괴**되어 조합의 원만한 공동운영을 기대할 수 없게 된 경우도 **포함**된다.

Set 19 화해

1. 화해계약의 취소

(1) 착오취소의 가부

① 화해계약은 **착오**를 이유로 하여 **취소하지 못한다**. 그러나 화해 당사자의 자격 또는 화해의 목적인 **분쟁 이외의 사항**에 착오가 있는 때에는 **취소할 수 있다**(제733조).

② '**화해의 목적인 분쟁 이외의 사항**'이라 함은 분쟁의 대상이 아니라 **분쟁의 전제 또는 기초가 된 사항으로서**, 쌍방 당사자가 예정한 것이어서 상호 양보의 내용으로 되지 않고 **다툼이 없는 사실로 양해된 사항**을 말한다. → Ex) 환자가 의료**과실**로 사망한 것으로 전제하고 의사가 유족들에게 손해배상금을 지급하기로 하는 합의가 이루어졌으나 그 사인이 진료와는 관련이 없는 것으로 판명된 경우나 교통사고에 가해자의 과실이 경합되어 있는데도 오로지 피해자의 **과실**로 인하여 발생한 것으로 착각하고 손해배상액을 훨씬 적은 금원으로 합의한 경우

(2) 사기취소의 가부

화해가 **사기**에 의해 이루어진 경우에는 제110조에 따라 **취소할 수 있다.**

2. 손해배상액의 합의와 후발손해

(1) 손해배상액 합의의 성질

교통사고와 같은 불법행위가 발생한 경우 가해자와 피해자간에 일정금액을 손해배상액으로 정하는 합의의 법적 성질은 민법상 **화해계약**에 해당한다.

(2) 후발손해의 배상청구 인정 여부

① 배상액 합의 후 후발손해가 발생하더라도 피해자는 따로 추가배상청구를 할 수 없는 것이 원칙이다. ② 그러나 그 합의가 손해의 범위를 정확히 확인하기 어려운 상황에서 이루어진 것이고, 후발손해가 합의 당시의 사정으로 보아 예상이 불가능한 것으로서, 당사자가 후발손해를 예상하였더라면 사회통념상 그 합의금액으로는 화해하지 않았을 것이라고 보는 것이 상당할 만큼 그 손해가 중대한 것일 때에는 **'당사자의 의사'가 이러한 손해에 대해서까지 그 배상청구권을 포기한 것이라고 볼 수 없으므로 다시 그 배상을 청구할 수 있다**(의사해석의 문제).

Set 20 사무관리

1. 성립

① [**요건**] – **타인의 사무**를 관리할 것 + 법률상 또는 계약상 **의무**가 **없을 것** + **관리의사**가 **존재**할 것 + 본인에게 **불리**하거나 **본인의 의사에 반**한다는 것이 **명백**하지 **아니**할 것

② [**타인의 사무**] – 국가의 사무가 사인이 **국가를 대신**하여 **처리**할 수 있는 **성질**의 것으로서, 사무처리의 **긴급성 등** 국가의 사무에 대한 **사인의 개입**이 **정당화되는 경우**에 한하여 **사무관리**가 **성립**하고, 사인은 그 범위 내에서 국가에 대하여 지출된 필요비 내지 유익비의 상환을 청구할 수 있다.

③ [**법률상 또는 계약상 의무가 없을 것**] – **제3자와의 약정**에 따라 타인의 사무를 처리한 경우에는 의무 없이 타인의 사무를 처리한 것이 아니므로 이는 원칙적으로 그 타인과의 관계에서는 **사무관리**가 **성립**된다고 볼 수 **없다.**

④ [**관리의사**] – ⅰ) 타인을 위하여 사무를 처리하는 의사, 즉 **관리의 사실상의 이익**을 **타인에게 귀속**시키려는 **의사가 있어야 하므로,** 자신의 사무로 잘못 알고 행하거나 타인의 사무임을 알면서 자기의 사무로 행한 경우처럼 **관리의사가 없는 경우**(부진정 사무관리 = 오신사무관리 + 준사무관리)에는 **사무관리**가 **성립**✗, ⅱ) 다만 관리의사가 있다면 관리자 **자신의 이익을 위한 의사**와

병존 가능O, iii) 관리의사는 반드시 **외부적**으로 **표시**될 **필요✗**, 사무를 관리할 당시에 **확정**되어 있을 **필요✗**

※ [비교] – **채권자가** 자신의 채권을 보전하기 위하여 채무자가 공동으로 상속받은 부동산에 관하여 **공동상속등기**를 **대위신청**하여 그 등기가 행하여진 경우, 채권자는 자신의 채무자가 아닌 제3자(다른 공동상속인)에 대하여 **사무관리**에 기해 그 등기에 소요된 **비용상환**을 **청구**할 수 있다.

※ [비교] – 관리자가 처리한 사무의 내용이 관리자와 제3자 사이에 체결된 계약상의 급부와 그 성질이 동일하다고 하더라도, **관리자가** 위 **계약상 약정된 급부를 모두 이행한 후** 본인과의 사이에 **별도의 계약이 체결될 것**을 **기대**하고 **사무를 처리**(Ex. 계약한 내용보다 초과한 폐기물의 처리)하였다면 그 사무는 위 **약정된 의무의 범위**를 **벗어나 이루어진 것**으로서 **법률상 의무 없이 사무를 처리한 것**이며, 이 경우 특별한 사정이 없는 한 그 사무처리로 인한 사실상의 이익을 본인에게 귀속시키려는 의사, 즉 타인을 위하여 사무를 처리하는 의사가 있다고 봄이 상당하다. 따라서 **통상의 보수에 상응하는 금액**을 **필요비 내지 유익비**로 **청구할 수 있다**.

2. 효과

① [**본인의 이익 · 의사 적합 의무**] – 사무의 성질에 좇아 가장 본인에게 이익되는 방법으로 이를 관리하여야 하고, 관리자가 본인의 의사를 알거나 알 수 있는 때에는 그 의사에 적합하도록 관리하여야 한다. 만일 이를 위반하여 사무를 관리한 경우에는 과실 없는 때에도 이로 인한 손해를 배상할 책임이 있다. 그러나 그 관리행위가 공공의 이익에 적합한 때에는 중대한 과실이 없으면 배상할 책임이 없다(제734조).

② [**긴급사무관리**] – 관리자가 타인의 생명, 신체, 명예 또는 재산에 대한 급박한 위해를 면하게 하기 위하여 그 사무를 관리한 때에는 고의나 중대한 과실이 없으면 이로 인한 손해를 배상할 책임이 없다(제735조).

③ [**비용상환청구권**] – 관리자가 본인을 위하여 필요비 또는 유익비를 지출한 때에는 본인에 대하여 **그 상환**(전액)을 **청구**할 수 있다. 그러나 본인의 의사에 반하여 관리한 때에는 본인의 현존이익의 한도에서 청구할 수 있다(제739조).

※ [비교] – **계약상 급부가 계약 상대방뿐 아니라 제3자에게 이익이 된 경우**에 급부를 한 계약당사자는 계약 상대방에 대하여 **계약상 반대급부를 청구할 수 있는 이외**에 **제3자에 대하여 직접 부당이득반환청구를 할 수는 없다**고 보아야 하고, **이러한 법리**는 **급부가 사무관리에 의하여 이루어진 경우에도 마찬가지**이다. 따라서 의무 없이 타인을 위하여 사무를 관리한 자는 **타인에 대하여** 민법상 **사무관리 규정에 따라 비용상환 등을 청구할 수 있는 외에** 사무관리에 의하여 결과적으로 사실상 이익을 얻은 다른 **제3자에 대하여 직접 부당이득반환을 청구할 수**는 **없다**(주 – 사무관리 성립에 대한 부당이득반환청구의 보충성).

④ [**관리자의 무과실손해보상청구권**] – 관리자가 사무관리를 함에 있어서 과실 없이 손해를 받은 때에는 본인의 현존이익의 한도에서 손해보상을 청구할 수 있다(제740조). 그러나 위임과 달리 사무관리자는 보수청구를 할 수 없다.

Set 21 일반적 부당이득반환청구권

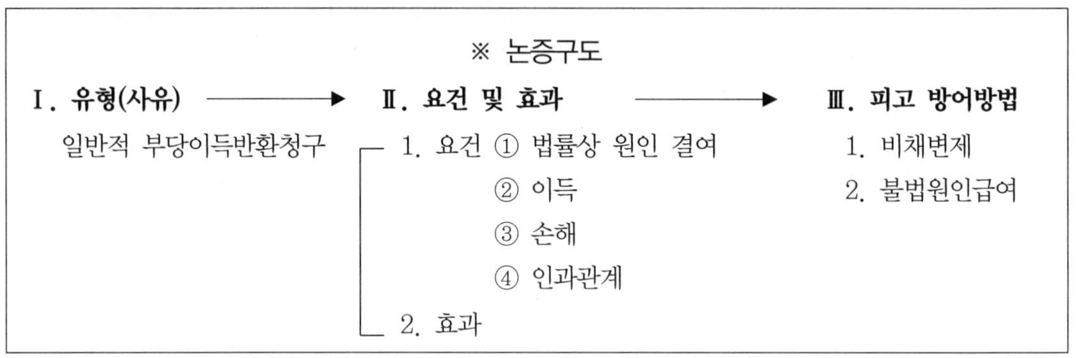

1. 다른 청구권과 관계

(1) 계약상 이행청구권과 관계

계약상 이행청구가 가능하면 원칙적으로 부당이득은 문제되지 않는다. 또한 **계약관계를 규율하는 법조항이나 법리**가 **적용**된다(※ 부당이득반환청구의 보충성).

※ [**비교**] – 상계의 원인되는 자동채권이 존재하지 않는 것으로 확정되어 **상계의 효력이 없다면** 수동채권은 여전히 존재하는 것이어서 단순히 그 **채무를 이행하지 않고 있다는 점만으로 법률상 원인 없이 이득을 얻었다고 할 수 없는 것**이고, 가사 수동채권이 시효로 소멸하게 되었다 하더라도 달리 볼 것은 아니다.

※ [**비교**] – 부동산매매계약에 있어서 실제면적이 **계약면적**에 **미달**하는 경우에는 그 매매가 **수량지정매매**에 해당할 때에 한하여 민법 제574조, 제572조에 의한 대금감액청구권을 행사함은 별론으로 하고, 그 매매계약이 그 미달 부분만큼 일부 무효임을 들어 이와 별도로 **일반 부당이득반환청구를 하거나** 그 부분의 원시적 불능을 이유로 민법 **제535조**가 규정하는 **계약체결상의 과실에 따른 책임**의 이행을 **구할 수 없다**.

(2) 물권적 청구권과 관계

1) 원물반환의 경우

① [**선의 점유자의 이득반환범위**] – 선의 점유자는 점유물의 **과실**을 **취득**하므로, 그 **사용이익을 반환할 의무**가 **없다**(제201조 제1항). → **쌍무계약**이 **취소**된 경우 선의의 매수인에게 민법 제201조가 적용되어 과실취득권이 인정되는 이상, **'선의'의 매도인**에게도 민법 **제587조의 유추 적용**에 의하여 **대금의 운용이익 내지 법정이자**의 **반환**을 **부정**함이 형평에 맞다.

② [**악의 점유자의 이득반환범위**] – 악의 점유자에 관하여는 민법 **제201조 제2항**을 두어 **과실 수취권**이 **인정되지 않는다**는 **취지**를 **규정**하는 것으로 해석되는바, 따라서 악의 수익자가 **'반환**하여야 할 **범위**'는 민법 **제748조 제2항**에 따라 정하여지는 결과 그는 받은 이익에 이자를 붙여 반환하여야 하며, 위 이자의 이행지체로 인한 지연손해금도 지급하여야 한다.

※ [**비교**] – **계약무효**의 경우 각 당사자가 상대방에 대하여 부담하는 반환의무는 성질상 부당이득반환의무로서 **악의의 수익자**는 그 받은 이익에 **법정이자**를 **붙여 반환**하여야 하므로(제748조 제2항), 매매계약이 무효로 **매도인이 악의의 수익자인 경우** 특별한 사정이 없는 한 매도인은 반환할 **매매대금에** 대하여 민법이 정한 연 5%의 **법정이율에 의한 이자**를 **붙여 반환**하여야 한다. 그리고 위와 같은 **법정이자의 지급은 부당이득반환의 성질을 가지는 것**이지 반환의무의 이행지체로 인한 손해배상이 아니므로, 매도인의 매매대금 반환의무와 매수인의 소유권이전등기 말소등기절차 이행의무가 **동시이행의 관계**에 있는지 **여부와는 관계**가 **없다**.

2) 가액반환의 경우

목적물의 멸실 등으로 '원물반환'이 불가능하여 '가액반환'을 하는 경우에는 물권적 청구권은 문제되지 않고 부당이득반환청구권만이 발생하며, 그 이득반환범위는 **제748조**에 의한다.

(3) 불법행위에 의한 손해배상청구권과 관계 – 경합 병존

법률행위가 **사기**에 의한 것으로서 **취소**되는 경우에 그 법률행위가 동시에 불법행위를 구성하는 때에는 취소의 효과로 생기는 부당이득반환청구권과 불법행위로 인한 손해배상청구권은 **경합**하여 **병존**하는 것이므로, 채권자는 어느 것이라도 **선택**하여 **행사할 수 있지만 중첩적**으로 **행사할 수는 없다**.

(4) 공법상 변상금 부과·징수권과 관계

국유재산의 무단점유자에 대한 변상금 부과·징수권은 공법상의 권리로서 민사상 부당이득반환청구권과 법적 성질을 달리하므로, 국가는 무단점유자를 상대로 변상금 부과·징수권의 행사와 별도로 국유재산의 소유자로서 민사상 부당이득반환청구의 소를 제기할 수 있다. → 변상금 부과·징수권을 행사하였다 하더라도 이로써 민사상 부당이득반환청구권의 소멸시효가 중단된다고 할 수 없다.

2. 요건(제741조)

① 법률상 원인 결여 + 이득(→ 제한✗ + 실질적 이득・사실상 지배상태) + 손해 + 인과관계

② 부당이득제도는 이득자의 재산상 이득이 법률상 원인을 갖지 못한 경우에 공평・정의의 이념에 근거하여 이득자에게 반환의무를 부담시키는 것이므로, **이득자에게 실질적으로 이득이 귀속된 바 없다면 반환의무를 부담시킬 수 없다.**

③ 이른바 **급부부당이득**의 경우에는 **법률상 원인이 없다는 점에 대한 증명책임**은 **부당이득반환을 주장하는 사람**에게 있다. 이 경우 부당이득의 반환을 구하는 자는 급부행위의 원인이 된 사실의 존재와 함께 그 사유가 무효, 취소, 해제 등으로 소멸되어 법률상 원인이 없게 되었음을 주장・증명하여야 하고, 급부행위의 원인이 될 만한 사유가 처음부터 없었음을 이유로 하는 이른바 착오송금과 같은 경우에는 착오로 송금하였다는 점 등을 주장・증명하여야 한다.

※ [**비교**] – 변제를 목적으로 하는 급부가 이루어졌으나 그 급부에 법률상 원인이 없는 경우 그 급부는 비채변제에 해당하여 부당이득으로 반환되어야 한다. 이러한 급부부당이득의 반환의 경우, ① **채무자가 자신의 채무에 관하여 스스로 또는 이행보조자를 사용하여 법률상 원인 없는 변제를 한 경우**에는 **채무자**, **제3자가 타인의 채무에 관하여 법률상 원인 없는 변제를 한 경우**에는 **제3자가** 각각 변제의 주체로서 그 변제로서 이루어진 **급부의 반환을 청구할 수 있다**. ② 이러한 **변제 주체에 대한 증명책임은** 자신이 변제 주체임을 전제로 변제에 법률상 원인이 없다고 주장하며 **부당이득반환청구를 하는 사람에게 있다.**

④ 이른바 **침해부당이득**의 경우에는 부당이득반환 청구의 **상대방**이 **이익을 보유할 정당한 권원이 있다는 점**에 대한 **증명책임**이 있다.

※ 주의 판례 – 임대차 관련사안은 임대차 부분 참고

1. 법정지상권이 있는 건물 양수인의 대지소유자에 대한 부당이득 성립 여부

법정지상권이 있는 건물의 양수인으로서 장차 법정지상권을 취득할 지위에 있어 대지소유자의 건물철거나 대지인도 청구를 거부할 수 있는 지위에 있는 자라고 할지라도, 그 **대지의 점거사용으로 얻은 실질적 이득**은 이로 인하여 대지소유자에게 손해를 끼치는 한에 있어서는 **부당이득으로서** 이를 대지소유자에게 **반환할 의무O**

2. 동시이행항변권・유치권 행사와 부당이득의 성립 여부

동시이행의 항변권 또는 유치권을 행사하여 건물을 사용・수익하여 **실질적 이득**을 얻었다면 **부당이득반환의무O**

3. 미등기매수인이 부동산을 인도받아 점유・사용한 경우 부당이득 성립 여부

토지의 매수인이 아직 소유권이전등기를 마치지 않았더라도 매매계약의 이행으로 토지를 인도받은 때에는 매매계약의 효력으로서 이를 점유・사용할 권리가 있으므로, 매도인이 매수인에 대하여 그 점유・사용을 법률상 원인이 없는 이익이라고 하여 **부당이득반환청구✗**

→ 이러한 법리는 **대물변제 약정** 등에 의하여 매매와 같이 부동산의 소유권을 이전받게 되는 사람이 이미 부동산을 점유·사용하고 있는 경우에도 **마찬가지**

4. 점유취득시효 완성자의 부당이득 성립 여부

부동산에 대한 취득시효가 완성되면 점유자는 소유명의자에 대하여 취득시효완성을 원인으로 한 소유권이전등기절차의 이행을 청구할 수 있고 소유명의자는 이에 응할 의무가 있으므로 점유자가 그 명의로 소유권이전등기를 경료하지 아니하여 아직 소유권을 취득하지 못하였다고 하더라도 소유명의자는 점유자에 대하여 점유로 인한 **부당이득반환청구✗**

5. 확정판결에 기한 강제집행으로 취득한 권리의 부당이득 성립 여부

① 소송당사자가 허위의 주장으로 법원을 기망하고 상대방의 권리를 해할 의사로 상대방의 소송관여를 방해하는 등 부정한 방법으로 실체의 권리관계와 다른 내용의 확정판결을 취득하여 그 판결에 기하여 강제집행을 하는 것은 정의에 반하고 사회생활상 도저히 용인될 수 없는 것이어서 권리남용에 해당한다고 할 것이지만, 위 확정판결에 대한 재심의 소가 각하되어 확정되는 등으로 위 **확정판결이 취소되지 아니한 이상** 위 확정판결에 기한 강제집행으로 취득한 채권을 **법률상 원인 없는 이득이라고 하여 반환청구✗**(∵ 부당이득반환청구는 확정판결의 기판력에 저촉). ② **이는 해당 급부뿐만 아니라 그 급부의 대가로서 기존 급부와 동일성을 유지하면서 형태가 변경된 것에 불과한 처분대금 등**에 대해서도 **마찬가지**이다.

6. 장래의 부당이득반환청구의 성부

부당이득은 현재의 부당이득뿐만 아니라 **장래의 부당이득**도 그 이행기에 지급을 기대할 수 없어 **미리 청구할 필요**가 있으면 **가능○**

7. 미등기건물의 원시취득자와 사실상 처분권을 보유하는 자의 토지소유자에 대한 부당이득반환의무 - 부진정 연대채무

타인 소유의 토지 위에 권원 없이 건물을 소유하는 미등기건물의 원시취득자는 **토지소유자에 대하여 부당이득반환의무를 지고**, 미등기건물을 양수하여 건물에 관한 사실상의 처분권을 보유하게 됨으로써 그 양수인이 건물 부지 역시 아울러 점유하고 있다고 볼 수 있는 경우에는 **미등기건물에 관한 사실상의 처분권자도 건물 부지의 점유·사용에 따른 부당이득반환의무를 부담한다.** 이러한 경우 미등기건물의 원시취득자와 사실상의 처분권자가 토지 소유자에 대하여 부담하는 부당이득반환의무는 동일한 경제적 목적을 가진 채무로서 **부진정 연대채무** 관계에 있다고 볼 것이다.

8. 무권리자 처분과 제3자의 등기부취득시효 사안 - 조상 땅 찾기 소송

① **무권리자가** 제3자와 체결한 매매계약에 따라 **받은 매매대금**이 **부당이득에 해당하여 이를 원소유자에게 반환하여야 한다고 볼 수는 없다.** ② **무권리자로부터 부동산을 매수한 제3**

자나 그 후행 등기 명의인이 민법 제245조 제2항에 따라 그 부동산에 대한 소유권을 취득하면, 이때 **원소유자는 소급하여 소유권을 상실함으로써 손해를 입게 된다**. **그러나** 이는 민법 제245조 제2항에 따른 물권변동의 효과일 뿐 무권리자와 제3자가 체결한 매매계약의 효력과는 직접 관계가 없으므로, **무권리자가 제3자와의 매매계약에 따라 대금을 받음으로써 이익을 얻었다고 하더라도 이로 인하여 원소유자에게 손해를 가한 것이라고 볼 수도 없다**(주 - 이득과 손해 사이에 인과관계를 인정할 수 없다는 것이다). 따라서 **원소유자의 무권리자에 대한 부당이득반환청구는 인정될 수 없다**.

9. 배당요구 채권자가 적법한 배당요구를 하지 않아 배당에서 제외된 경우, 배당금을 수령한 다른 채권자를 상대로 부당이득반환청구를 할 수 있는지 여부

배당요구 채권자가 적법한 배당요구를 하지 않은 경우에는 매각대금으로부터 배당을 받을 수는 없다. 이러한 채권자가 적법한 배당요구를 하지 않아 배당에서 제외되는 것으로 배당표가 작성되어 배당이 실시되었다면, 그가 적법한 배당요구를 한 경우에 배당받을 수 있었던 금액에 해당하는 돈이 **다른 채권자에게 배당되었다고 해서 법률상 원인이 없는 것이라고 할 수 없다**.

10. 강박행위에 의한 금원교부와 부당이득반환채무의 성부

원고가 비록 피고들의 강박에 의한 하자 있는 의사표시에 기하여 금원을 교부하였다 할지라도 **그 의사표시가 소멸되지 않는 한** 피고들의 위 금원보유가 법률상 원인이 없다고 볼 수 없으므로 피고들은 이를 **반환할 의무가 없다**. → 원고는 불법행위를 이유로 손해배상을 청구할 수 있음은 별론으로 하고, 강박에 의한 의사표시를 취소하여야 피고들에 대하여 부당이득으로서 금액의 반환을 청구할 수 있다.

3. 효과(제747조, 제748조, 제749조)

(1) 반환방법

원물반환이 원칙이나, 그것이 불가능하면 가액을 반환하여야 한다.

※ [비교] (**채권의 취득이 부당이득인 경우 그 반환방법**) - ① 부당이득이 성립하기 위한 요건인 '이익'을 얻은 방법에는 제한이 없다. 가령 **채무를 면하는 경우**와 같이 어떠한 사실의 발생으로 당연히 발생하였을 손실을 보지 않는 것도 **이익**에 **해당**하고, **채권**도 물권과 같이 재산의 하나이므로 그 **취득도** 당연히 **이득이 되고 수익이 된다**. ② 법률상 원인 없이 제3자에 대한 채권을 취득한 경우, 만약 채권의 이득자가 이미 그 채권을 변제받은 때에는 그 변제받은 금액이 이득이 되어 이를 반환하여야 할 것이나, 아직 그 **채권을 현실적으로 추심하지 못한 경우**에는 손실자는 채권의 이득자에 대하여 그 채권의 반환을 구하여야 하고 그 채권가액에 해당하는 금전의 반환을 구할 수는 없으며, 결국 부당이득한 **채권의 양도와** 그 채권 양도의 **통지를** 그 채권의 **채무자에게 하여 줄 것을 청구하는 형태**가 된다.

(2) 반환범위

1) 손실의 한도 내에서 이득의 반환

① 손실액이 이득액보다 적을 경우에는 **손실액의 한도**에서만 이득액을 반환할 의무가 있다.

② 수익자가 반환해야 할 이득의 범위는 손실자가 입은 손해(손실자가 당해 재산으로부터 통상 수익할 수 있을 것으로 예상되는 이익 상당)의 범위에 한정되고, 부당이득한 재산에 수익자의 행위가 개입되어 얻어진 이른바 **운용이익**의 경우, 그것이 **사회통념상 수익자의 행위가 개입되지 아니하였더라도** 부당이득된 재산으로부터 **손실자가 통상 취득하였으리라고 생각되는 범위 내**에서는 **반환범위**에 **포함**된다.

2) 선의 수익자의 반환 범위

선의 수익자는 받은 이익이 현존하는 한도에서 반환하면 된다(제748조 제1항). → 취득한 것이 **금전상**의 **이득**인 때에는 **현존**하는 것으로 **추정**되고(∴ 부당이득반환청구의 상대방이 현존하고 있지 않음을 증명할 책임), **성질상 계속적으로 반복하여 거래되는 물품으로서 곧바로 판매되어 환가될 수 있는 금전**과 **유사**한 **대체물**인 경우에도 **마찬가지**이다.

3) 악의 수익자의 반환 범위

① 악의의 수익자는 받은 이익의 전부와 이자를 붙여 반환하고, 손해가 있으면 그 손해도 배상하여야 한다(제748조 제2항).

② 악의란 **자신의 이익 보유가 법률상 원인 없는 것**임을 **인식**하는 것을 말하고, 그 이익의 보유를 법률상 원인이 없는 것이 되도록 하는 사정(Ex. 원인행위)의 인식만으로는 부족 → **계약명의신탁**에서 명의수탁자가 수령한 **매수자금**이 **명의신탁약정에 기하여 지급되었다는 사실을 알았다고 하여도** 그 **명의신탁약정이** 부동산실명법 제4조 제1항에 의하여 **무효임을 알았다는 등의 사정이 부가되지 아니하는 한** 명의수탁자가 그 금전의 보유에 관하여 **법률상 원인 없음을 알았다고 쉽사리 말할 수 없다.**

③ 수익 당시에 선의였다가 그 후에 법률상 원인이 없음을 알게 되면 그때부터는 악의의 수익자로 책임을 진다. 그리고 선의의 수익자가 패소한 때에는 그 **소**를 **제기한 때부터** 악의의 수익자로 본다(제749조).

Set 22 특수한 형태의 부당이득

1. 비채변제

① [**악의의 비채변제**] – 채무 없음을 알고 변제한 때에는 반환을 청구하지 못한다(제742조). → ⅰ) 변제자가 채무 없음을 알았다는 점에 대한 입증책임은 반환청구권을 부인하는 측에 있다.

ⅱ) **채무 없음을 알지 못한 경우**에는 그 **과실 유무**를 **불문**하고 **적용✗**, ⅲ) **임의로 지급한 경우**에만 **성립**하고, 채무 없음을 알고 있었다 하더라도 변제를 강제당한 경우나 변제거절로 인한 사실상의 손해를 피하기 위하여 부득이 변제하게 된 경우 등 그 변제가 자기의 자유로운 의사에 반하여 이루어진 것으로 볼 수 있는 사정이 있는 때에는 반환청구권을 상실하지 않는다.

② [**기한 전의 변제**] – 변제기에 있지 아니한 채무를 변제한 때에는 그 반환을 청구하지 못한다. 그러나 채무자가 착오로 인하여 변제한 때에는 채권자는 이로 인하여 얻은 이익을 반환하여야 한다(제743조).

③ [**도의관념에 적합한 비채변제**] – 채무 없는 자가 착오로 인하여 변제한 경우에 그 변제가 도의관념에 적합한 때에는 그 반환을 청구하지 못한다(제744조).

④ [**타인 채무의 변제**] – 채무자 아닌 자가 착오로 인하여 타인의 채무를 변제한 경우에 채권자가 선의로 증서를 훼멸하거나 담보를 포기하거나 시효로 인하여 그 채권을 잃은 때에는 변제자는 그 반환을 청구하지 못한다(제745조).

2. 불법원인급여(제746조)

(1) 요건

① [**일반**] – 불법의 원인으로 인하여 + 급부(급여)

② [**불법원인**] – **제103조와 표리일체(내 · 강 · 조 · 대 · 동)** : 원인되는 행위가 선량한 풍속 기타 사회질서에 위반하는 경우를 말하는 것으로서, **법률**의 금지에 **위반하는 경우라도** 그것이 **선량한 풍속 기타 사회질서에 위반하지 않는 경우**에는 이에 **해당하지 않는다.**

※ [**비교**] – 강행법규 위반의 무효행위에 의하여 급부한 것이라 하여도 그 행위가 선량한 풍속 기타 사회질서를 해치는 것이 아니면 그 이익의 반환 또는 손해배상을 구할 수 있다.

③ [**급부**] – **자발성**(임의성) + **종국성** → ⅰ) **도박채무의 담보로 근저당권등기**를 설정한 경우 그 이익을 향수하려면 경매신청을 하는 등 별도의 조치를 취하여야 하는 경우에는 **종국적인 것이 아니므로** 등기설정자는 무효인 **근저당권설정등기의 말소**를 **구할 수 있다**. ⅱ) 반면 도박채무의 양도담보조로 이전해 준 소유권이전등기의 말소청구는 허용되지 않는다.

(2) 효과

1) 원칙(제746조 본문)

① [**반환청구 불가**] – 급부자는 수익자가 얻은 이익의 반환을 청구하지 못한다(제746조 본문). 따라서 그 반사적 효과로서 **급부는** 종국적으로 **수익자**에게 **귀속**한다.

② [**물권적 청구의 가부**] – ⅰ) 민법 제746조는 제103조와 함께 사법의 기본이념으로서 **그 형식 여하에 불구하고 소구할 수 없다**는 이상을 표현한 것이므로, 부당이득반환청구를 할 수 없음은 물론 **소유권에 기한 반환청구도 할 수 없고**, 따라서 급여한 물건의 소유권은 급여를 받은 상대방에게 귀속된다. ⅱ) **다만 무효인 이중매매의 경우 제1매수인은 매도인을 대위하여 제2매수인의 소유권이전등기의 말소를 청구할 수는 있다.**

③ [**반환약정의 효력 유무**] - 불법원인급여 후 급부를 이행받은 자가 급부의 원인행위와 별도의 약정으로 급부 그 자체 또는 그에 갈음한 대가물의 반환을 특약하는 것은 그 **반환약정 자체**가 **사회질서에 반하여 무효가 되지 않는 한 유효**하다.

④ [**임의반환의 효력 유무**] - 제746조는 불법원인급여의 수령자에 대한 급여물반환청구를 법률상 보호하지 않는데 그 입법취지가 있는 것일 뿐이므로, 그 수령자가 임의로 급여된 물건이나 이에 갈음하여 다른 물건을 급여자에게 반환하는 것은 **유효**하다(선량한 풍속 기타 사회질서에 위배✗).

2) 예외(제746조 단서)

① [**반환청구 가능**] - 불법의 원인이 수익자에게만 있는 경우 급부자는 반환청구할 수 있다.

② [**이른바 불법성 비교론**] - 수익자와 급부자의 불법성을 비교하여 수익자의 불법성이 급여자의 그것보다 현저히 크고, 그에 비하여 급여자의 불법성은 미약한 경우에는 급여자는 반환청구할 수 있다.

3) 불법행위를 이유로 한 손해배상청구의 가부

불법의 원인으로 재산을 급여한 사람은 상대방 수령자가 그 '불법의 원인'에 가공하였다고 하더라도 상대방에게만 불법의 원인이 있거나 그의 불법성이 급여자의 불법성보다 현저히 크다고 평가되는 등의 특별한 사정이 없는 한 상대방의 불법행위를 이유로 그 재산의 급여로 말미암아 발생한 자신의 손해를 배상할 것을 주장할 수 없다.

Set 23 다수당사자 부당이득반환관계

1. 전용물소권

① [**사례**] - ⅰ) 乙이 甲 소유의 건물을 임차하여 사용하다가 A에게 수리를 맡겼고, A가 이를 수리하였는데 乙로부터 수리비를 받지 못한 경우에 직접 甲에게 수리비 상당을 청구하는 경우, ⅱ) 건물을 甲, 乙이 각 1/2의 지분으로 공유하고 있는데, 乙이 甲의 동의 없이 A에게 건물의 수리를 맡기고 A가 수리하였는데 乙이 공사대금을 지급하지 못하여, A가 甲에게 지분에 상응하는 금액에 대해 청구를 하는 경우의 문제이다.

② [**부당이득반환청구의 가부**] - 계약상의 급부가 계약의 상대방뿐만 아니라 제3자의 이익으로 된 경우에 급부를 한 계약당사자가 계약 상대방에 대하여 계약상의 반대급부를 청구할 수 있는 이외에 그 제3자에 대하여 직접 부당이득반환청구를 할 수 있다고 보면, ⅰ) 자기 책임하에 체결된 계약에 따른 **위험**부담을 제3자에게 전가시키는 것이 되어 계약법의 기본원리에 반하는 결과를 초래할 뿐만 아니라, ⅱ) 채권자인 계약당사자가 채무자인 계약 상대방의 일반채권자에

비하여 우**대**받는 결과가 되어 일반채권자의 이익을 해치게 되고, iii) 수익자인 제3자가 계약 상대방에 대하여 가지는 **항**변권 등을 침해하게 되어 부당하므로, 위와 같은 경우 계약상의 급부를 한 계약당사자는 이익의 귀속 주체인 제3자에 대하여 **직접 부당이득반환**을 **청구할 수**는 **없다**.

※ [**비교**] – 甲 회사의 화물차량 운전자 A가 甲 회사 소유의 화물차량을 운전하면서 甲 회사의 지정주유소가 아닌 乙이 경영하는 주유소에서 대금을 지급할 의사나 능력이 없음에도 불구하고 상당량의 유류를 공급받아 편취한 다음 甲 회사의 화물운송사업에 사용하고 그 유류대금을 결제하지 않은 경우, 비록 위 유류가 甲 회사의 화물운송사업에 사용됨으로써 甲 회사에게 이익이 되었다 하더라도 乙은 계약 당사자가 아닌 甲 회사에 대하여 직접 부당이득반환을 청구할 수 없다.

② [**제203조에 기한 비용상환청구의 가부**] – 유효한 도급계약에 기하여 수급인이 도급인으로부터 제3자 소유 물건의 점유를 이전받아 이를 수리한 결과 그 물건의 가치가 증가한 경우, 도급인이 그 물건을 간접점유하면서 궁극적으로 자신의 계산으로 비용지출과정을 관리한 것이므로, **도급인만**이 소유자에 대한 관계에 있어서 민법 제203조에 의한 **비용상환청구권을 행사할 수 있는 비용지출자**라고 할 것이고, **수급인은 그러한 비용지출자에 해당하지 않는다**.

③ [**제739조에 기한 비용상환청구의 가부**] – **제3자와의 약정**에 따라 타인의 사무를 처리한 경우에는 **의무 없이 타인의 사무를 처리한 것**이 **아니므로**, 이는 원칙적으로 그 타인과의 관계에서는 **사무관리**가 **성립**한다고 볼 수 **없다**.

2. 착오송금의 경우 부당이득반환청구의 상대방 - 소비임치의 예금계약 부분 참고

① [**예금계약의 성부**] – 송금의뢰인이 수취인의 예금구좌에 계좌이체를 한 때에는 송금의뢰인과 수취인 사이에 계좌이체의 원인인 법률관계가 존재하는지 여부에 관계없이 수취인과 수취은행 사이에는 계좌이체금액 상당의 **예금계약**이 **성립하고**, **수취인**이 수취은행에 대하여 위 금액 상당의 **예금채권**을 **취득**한다.

② [**부당이득반환청구의 상대방**] – 송금의뢰인은 **수취인에 대하여** 위 금액 상당의 **부당이득반환청구권**을 **가지게 되지만**, 수취은행은 이익을 얻은 것이 없으므로 **수취은행에 대하여**는 **부당이득반환청구권**을 **취득하지 아니한다**.

3. 지시삼각관계(단축급부형)

① 계약의 일방 당사자가 계약 상대방의 지시 등으로 급부과정을 단축하여 계약 상대방과 또 다른 계약관계를 맺고 있는 제3자에게 직접 급부한 경우, 그 급부로써 급부를 한 계약 당사자의 상대방에 대한 급부가 이루어질 뿐 아니라 그 상대방의 제3자에 대한 급부로도 이루어지는 것(급부의 실질적 과정)이므로, 계약의 일방 당사자는 **제3자를 상대로 부당이득반환청구**를 **할 수 없다**.

② 이러한 경우에 계약의 일방 당사자가 상대방에 대하여 급부를 한 원인관계인 법률관계에 무효 등의 흠이 있거나 그 계약이 해제되었다는 이유로 제3자를 상대로 직접 부당이득반환청구를 할 수 있다고 보면, 자기 책임하에 체결된 계약에 따른 **위험**부담을 제3자에게 전가하는 것이 되어 계약법의 원리에 반하는 결과를 초래할 뿐만 아니라 수익자인 제3자가 상대방에 대하여 가지는 **항변**권 등을 침해하게 되어 부당하기 때문이다. 이와 같이 삼각관계에서의 급부가 이루어진 경우에 제3자가 급부를 수령함에 있어 계약의 일방 당사자가 상대방에 대하여 급부를 한 원인관계인 법률관계에 무효 등의 흠이 있었다는 사실을 알고 있었다 할지라도 계약의 일방 당사자는 제3자를 상대로 법률상 원인 없이 급부를 수령하였다는 이유로 부당이득반환청구를 할 수 없다.

4. 횡령 · 편취한 금전으로의 변제와 부당이득반환청구의 상대방

① 채무자가 피해자로부터 횡령한 금전을 그대로 채권자에 대한 채무변제에 사용하는 경우 **피해자의 손실과 채권자의 이득 사이**에 **인과관계**가 **있음**이 **명백**하고, 한편 채무자가 횡령한 금전으로 자신의 채권자에 대한 채무를 변제하는 경우 **채권자**가 그 변제를 수령함에 있어 **악의 또는 중대한 과실이 있는 경우**에는 채권자의 금전 취득은 피해자에 대한 관계에 있어서 **법률상 원인**을 **결여한 것으로 봄**이 상당하나, 채권자가 그 변제를 수령함에 있어 **단순히 과실이 있는 경우**에는 그 변제는 유효하고 채권자의 금전 취득이 피해자에 대한 관계에 있어서 **법률상 원인**을 **결여한 것**이라고 할 수 **없다**.

② 채무자가 피해자로부터 편취한 금전을 자신의 채권자에 대한 채무변제에 사용하는 경우 채권자가 그 변제를 수령함에 있어 그 금전이 편취된 것이라는 사실에 대하여 악의 또는 중대한 과실이 없는 한 채권자의 금전취득은 피해자에 대한 관계에서 법률상 원인이 있는 것으로 봄이 상당하며, 이와 같은 법리는 **채무자가** 편취한 금원을 자신의 채권자에 대한 채무변제에 직접 사용하지 아니하고 **자신의 채권자의 다른 채권자에 대한 채무를 대신 변제하는 데 사용한 경우**에도 **마찬가지**이다.

5. 건물임대차계약 종료 이후 건물임차인의 건물소유자 또는 토지소유자에 대한 부당이득반환의무

① 건물에 관한 임대차계약이 종료된 이후 이를 건물임대인에게 반환하지 않고 그대로 계속 점유·사용하는 자는 점유기간 동안 건물의 사용·수익에 따른 **차임 상당액**을 **부당이득**으로 **반환**할 **의무**가 있는데, 여기서 **차임 상당액**을 **산정**할 때 통상적으로 건물을 임대하는 경우 당연히 부지 부분의 이용을 수반하는 것이고 차임 상당액 속에는 건물 차임 외에도 부지 부분 차임(지대)도 포함되므로, **건물 차임은 물론이고 부지 부분 차임도 함께 계산**되어야 한다.

② **건물소유자가 부지 부분에 관한 소유권**을 **상실**하였다 하여도 **건물소유자는** 의연 **토지소유자와 관계에서**는 토지 위에 있는 건물의 소유자인 관계로 건물 **부지의 불법점유자**라 할 것이고, 따라서 **건물 부지 부분에 관한 차임 상당의 부당이득 전부**에 관한 **반환의무**를 **부담**하게 되며, 건물을 점유하고 있는 **건물임차인이 토지소유자에게 부지점유자로서 부당이득반환의무를 진다고 볼 수 없다**.

③ 건물에 관한 임대차계약 종료 이후 이를 계속 점유·사용하는 **건물임차인은 건물소유자에 대한 관계에서** 건물 부지의 사용·수익으로 인한 이득이 포함된 건물임료 상당의 **부당이득**을 하였다고 보아야 한다.

※ [**비교**] – 계약기간 만료를 원인으로 한 부당이득반환채권은 법률행위가 아닌 법률규정에 의하여 발생하는 것이고, 특별한 사정이 없는 한 10년의 민사소멸시효가 적용된다.

6. 무권대리와 부당이득반환

甲의 대리인 乙이, 토지의 소유자인 丙에게서 매도에 관한 대리권을 위임받지 않았음에도 대리인이라고 사칭한 丁으로부터 토지를 매수하기로 하는 매매계약을 체결하였고 이에 기하여 甲이 丙 명의의 계좌로 매매대금을 송금하였는데, 丙에게서 미리 통장과 도장을 교부받아 소지하고 있던 丁이 위 돈을 송금당일 전액 인출한 사안에서, 甲이 송금한 돈이 丙의 계좌로 입금되었다고 하더라도, 그로 인하여 丙이 위 돈 상당을 이득하였다고 하기 위해서는 丙이 이를 사실상 지배할 수 있는 상태에까지 이르러 실질적인 이득자가 되었다고 볼 만한 사정이 인정되어야 할 것인데, 甲의 송금 경위 및 丁이 이를 인출한 경위 등에 비추어 볼 때 **본인**인 **丙이** 위 돈을 송금 받아 **실질적으로 이익의 귀속자가 되었다고 보기 어렵다**.

7. 권리질권과 부당이득반환청구의 상대방

① 제3채무자의 질권자에 대한 금전지급으로써 제3채무자의 질권설정자에 대한 급부가 이루어질 뿐만 아니라 질권설정자의 질권자에 대한 급부도 이루어진다고 보아야 한다(급부의 실질적 과정). 이러한 경우 입질채권의 발생원인인 계약관계에 무효 등의 흠이 있어 입질채권이 부존재한다고 하더라도 **제3채무자는** 특별한 사정이 없는 한 상대방 계약당사자인 **질권설정자에 대하여 부당이득반환을 구할 수 있을 뿐**이고 **질권자를 상대로 직접 부당이득반환**을 **구할 수 없다**. 이와 달리 제3채무자가 질권자를 상대로 직접 부당이득반환청구를 할 수 있다고 보면 자기 책임 하에 체결된 계약에 따른 **위험**을 제3자인 질권자에게 전가하는 것이 되어 계약법의 원리에 반하는 결과를 초래할 뿐만 아니라 질권자가 질권설정자에 대하여 가지는 **항변**권 등을 침해하게 되어 부당하기 때문이다.

② 질권자가 제3채무자로부터 자기채권을 **초과**하여 금전을 **지급받은 경우** 그 초과 지급 부분에 관하여는 위와 같은 제3채무자의 질권설정자에 대한 급부와 질권설정자의 질권자에 대한 급부가 있다고 볼 수 없으므로, ⅰ) **제3채무자는** 특별한 사정이 없는 한 **질권자를 상대로 초과 지급 부분에 관하여 부당이득반환**을 **구할 수 있다**고 할 것이지만, ⅱ) 부당이득반환청구의 상대방이 되는 수익자는 실질적으로 그 이익이 귀속된 주체이어야 하는데, **질권자가 초과 지급 부분을 질권설정자에게 그대로 반환한 경우에는** 초과 지급 부분에 관하여 질권설정자가 실질적 이익을 받은 것이지 질권자로서는 실질적 이익이 없다고 할 것이므로, 제3채무자는 **질권자를 상대로 초과 지급 부분에 관하여 부당이득반환**을 **구할 수 없다**(∴ 질권설정자를 상대로 부당이득반환청구 가능).

Set 24 일반적 불법행위책임(제750조)

1. 다른 책임과의 관계

(1) 채무불이행책임과 관계

하나의 사실이 채무불이행책임과 불법행위책임의 요건을 모두 충족시키는 경우, 피해자인 채권자는 그의 선택에 따라 채무불이행이나 불법행위로 인한 손해배상을 청구할 수 있다(청구권 경합).

(2) 부당이득반환청구권과 관계

부당이득반환청구권과 불법행위로 인한 손해배상청구권은 서로 **실체법상 별개의 청구권**으로 존재하고 그 각 청구권에 기초하여 이행을 구하는 소는 **소송법적**으로도 **소송물**을 **달리**하므로, 채권자로서는 어느 하나의 청구권에 관한 소를 제기하여 승소확정판결을 받았다고 하더라도 아직 채권의 만족을 얻지 못한 경우에는 다른 나머지 청구권에 관한 이행의 소를 제기할 수 있고, **채권자가 손해배상청구의 소를 먼저 제기**하는 바람에 **과실상계** 또는 공평의 원칙에 기한 책임제한 등의 법리에 따라 그 **승소액이 제한되었다고 하여** 그로써 제한된 금액에 대한 **부당이득반환청구권의 행사가 허용되지 않는 것 아니다.**

2. 요건

① [**일반**] – 가해행위 + 귀책사유 + 위법성 + 손해발생(액) + 인과관계 → 권리발생을 위한 요건사실이므로 권리의 발생을 주장하는 자인 **피해자**(채권자)가 **입증책임**

② [**부작위**] – ⅰ) 부작위로 인한 불법행위가 성립하려면 **작위의무**가 **전제되어야 하지만**, 의무자가 **작위의무의 존재**를 **인식**할 **필요**는 **없다**. → 부주의 또는 착오 등으로 고지의무가 있다는 것을 인식하지 못하고 고지의무를 위반의 경우에도 위법성이 인정되어 불법행위 성립O / ⅱ) **작위의무**는 **법적**인 **의무**이어야 하는데 그 근거가 법령, 법률행위, 선행행위로 인한 경우는 물론이고 **신의성실의 원칙이나 사회상규 혹은 조리상 작위의무가 기대되는 경우**에도 법적인 작위의무가 **인정**될 수는 있다.

③ [**귀책사유**] – 가압류나 가처분 등 **보전처분집행 후**에 집행채권자가 **본안소송**에서 **패소확정**되었다면 그 보전처분의 집행으로 인해 채무자가 입은 손해에 대하여 집행채권자에게 **고의 또는 과실**이 있다고 **추정O**(→ 채권자에게 가압류 집행으로 인하여 채무자가 입은 손해의 전부를 배상하게 하는 것이 공평의 이념에 반하는 것으로 평가된다면 채권자의 손해배상책임을 제한할 수 있다. 불법행위로 인한 손해배상사건에서 책임제한 사유에 관한 사실인정이나 그 비율의 정함은 형평의 원칙에 비추어 현저히 불합리하다고 인정되지 않는 한 사실심의 전권사항에 속한다)

④ [**위법성**] – 법질서 전체의 입장에서 허용되지 않는다는 부정적인 판단 : 관련 행위 전체를 일체로만 판단하여 결정하여야 하는 것은 아니고, 문제가 되는 행위마다 개별적 · 상대적으로 판단

※ [비교] (**확정판결에 기한 강제집행**) - 부정한 방법으로 실체의 권리관계와 다른 내용의 확정판결을 취득하여 집행한 경우, 확정판결에 기한 강제집행이 불법행위로 되는 것은 당사자의 절차적 기본권이 근본적으로 침해된 상태에서 판결이 선고되었거나 확정판결에 재심사유가 존재하는 등 확정판결의 효력을 존중하는 것이 정의에 반함이 명백하여 이를 묵과할 수 없는 경우로 한정하여야 한다.

※ [비교] (**부부공동생활의 침해**) - ① 제3자가 부부의 일방과 부정행위를 함으로써 부부공동생활을 침해하거나 유지를 방해하고 그에 대한 배우자로서의 권리를 침해하여 배우자에게 정신적 고통을 가하는 행위는 **원칙적**으로 **불법행위**를 **구성**한다(부부의 일방과 제3자는 부진정연대채무의 관계). ② **다만** 자녀에 대한 양육이나 보호 내지 교양을 적극적으로 저지하는 등의 **특별한 사정이 없는 한** 부정행위를 저지른 부부의 일방 및 제3자는 그 **자녀에 대해서**는 **불법행위책임**을 **부담**한다고 할 수 **없다**. ③ 그리고 부부가 아직 이혼하지 아니하였지만 이처럼 **실질적으로 부부공동생활**이 **파탄**되어 회복할 수 없을 정도의 상태에 이르렀다면, 제3자가 부부의 일방과 성적인 행위를 하더라도 **불법행위**가 **성립**한다고 보기 **어렵다**.

※ [비교] (**성희롱 피해 근로자나 동료근로자에 대한 불리한 조치**) - ① 사업주가 직장 내 성희롱과 관련하여 **피해**를 입은 **근로자에게** 해고나 그 밖의 **불리한 조치**를 한 경우에는 민법 제750조의 **불법행위**가 **성립**한다. ② 사업주가 피해근로자등을 가까이에서 **도와준 동료 근로자에게 불리한 조치**를 한 경우에 그 조치의 내용이 부당하고 그로 말미암아 피해근로자등에게 정신적 고통을 입혔다면, **피해근로자 등은** 불리한 조치의 직접 상대방이 아니더라도 **사업주에게 민법 제750조에 따라 불법행위책임**을 **물을 수 있다**(But 특별손해에 해당하므로 사업주는 민법 제763조, 제393조에 따라 이러한 손해를 알았거나 알 수 있었을 경우에 한하여 손해배상책임O).

⑤ [**손해발생**] - 불법행위를 이유로 배상하여야 할 손해는 **현실**로 입은 확실한 손해

※ [비교] - 금전을 대여한 채권자가 고의 또는 과실로 **이자제한법**을 **위반**하여 **최고이자율을 초과하는 이자**를 받아 채무자에게 손해를 입힌 경우에는 특별한 사정이 없는 한 민법 제750조에 따라 **불법행위**가 **성립**한다고 보아야 한다. 최고이자율을 초과하여 지급된 이자는 이자제한법 제2조 제4항에 따라 **원본**에 **충당**되므로, 이와 같이 충당하여 원본이 소멸하고도 **남아 있는 초과 지급액은** 이자제한법 위반 행위로 인한 **손해**라고 볼 수 있다. → 부당이득반환청구권과 불법행위로 인한 손해배상청구권은 서로 별개의 청구권으로서, **제한 초과이자에 대하여 부당이득반환청구권이 있다고 해서 그것만으로 불법행위의 성립이 방해되지 않는다**.

⑥ [**인과관계**] - 불법행위로 인한 손해배상책임을 지우려면 **위법한 행위와** 피해자가 입은 **손해 사이**에 **상당인과관계**가 있어야 하고, 상당인과관계의 유무는 일반적인 결과 발생의 개연성은 물론 주의의무를 부과하는 법령 기타 행동규범의 목적과 보호법익, 가해행위의 태양 및 피침해이익의 성질 및 피해의 정도 등을 종합적으로 고려하여 판단해야 한다. 또한 **제3자의 행위 기타 귀책사유 등**이 **경합**하여 손해가 발생한 경우에도 **가해자의 불법행위**가 **손해 발생의 한 원인**이 되었다면 가해자는 피해자에게 **손해배상책임**이 **있다**.

Set 25 민법상 특수한 불법행위

1. 책임무능력자의 감독자책임(제755조)

(1) 요건 및 효과

① 다른 자에게 손해를 가한 사람이 책임능력이 없는 경우에는 그를 감독할 법정의무가 있는 자가 그 손해를 배상할 책임이 있다. 다만 감독의무를 게을리하지 아니한 경우에는 그러하지 아니하다.

② ⅰ) 책임능력의 유무는 불법행위 당시를 기준으로 개별적・구체적으로 판단하고, ⅱ) 감독의 무자는 책임을 면하기 위해 자신이 감독의무의 해태가 없었음을 입증하여야 한다.

(2) '책임능력 있는' 미성년자의 감독의무자 책임 – 법적 구성 및 요건

① 민법 제755조 제1항은 미성년자에게 책임이 없음을 전제로 하여 이를 보충하는 책임이고, **미성년자**가 **책임능력**이 **있어** 그 스스로 불법행위책임을 지는 경우에 그 손해가 감독의무자의 의무위반과 상당인과관계가 있으면 **감독의무자**는 **제750조 일반 불법행위자**로서 **손해배상책임**이 있다. 이 경우에 그러한 **감독의무위반사실** 및 **손해 발생과**의 **상당인과관계의 존재**는 이를 **주장하는 자**(피해자)가 **입증**하여야 한다.

② 이혼으로 인하여 부모 중 1명이 친권자 및 양육자로 지정된 경우, '**비양육친**'은 **미성년자의 부모라는 사정만으로 미성년 자녀에 대하여 감독의무를 부담한다고 볼 수 없다**. 다만 비양육친이 자녀에 대하여 실질적으로 일반적이고 일상적인 지도, 조언을 함으로써 공동 양육자에 준하여 자녀를 보호・감독하고 있었거나, 그러한 정도에는 이르지 않더라도 면접교섭 등을 통해 자녀의 불법행위를 구체적으로 예견할 수 있었던 상황에서 자녀가 불법행위를 하지 않도록 부모로서 직접 지도, 조언을 하거나 양육친에게 알리는 등의 조치를 취하지 않은 경우 등과 같이 비양육친의 감독의무를 인정할 수 있는 특별한 사정이 있는 경우에는 비양육친도 감독의무 위반으로 인한 손해배상책임을 질 수 있다.

※ [**비교**] – ① 정신질환자가 심신상실 중에 타인에게 손해를 가하여 배상의 책임이 없는 경우에는 민법 제755조 제1항에 따라 그를 감독할 법정의무 있는 자가 손해를 배상할 책임이 있다. ② 정신질환자가 책임능력이 있는 경우에도 그 손해가 감독의무자의 감독의무 위반과 인과관계가 있으면 감독의무자는 일반불법행위자로서 민법 제750조에 따라 손해를 배상할 책임이 있다.

2. 사용자책임(제756조)

(1) 제35조 법인의 불법행위책임과 관계

① **대표자**가 직무에 관하여 불법행위를 한 경우에는 민법 **제35조 제1항**에 의하여, ② 법인의 **피용자**가 사무집행에 관하여 불법행위를 한 경우에는 민법 **제756조 제1항**에 의하여 각기 손해배상책임을 부담한다.

(2) 요건

1) 사용관계의 존재 – 타인을 사용하여 어느 사무에 종사하게 할 것

① 사무는 법률적 · 사실적 · 일시적 · 계속적 사무인지 여부를 불문하고, 영리적인 것에 한하지 않는다.

② 사용관계란 **실제로 지휘 · 감독**을 하였느냐의 여부와 **관계없이**, **객관적 · 사실상 · 실질적**인 **지휘 · 감독해야 할 관계** → 피용자가 **퇴직**한 뒤에 사용자의 실질적인 지휘 · 감독 아래에 있었다고 볼 수 있는 특별한 사정이 없다면 종전의 사용자에게 사용자책임을 물을 수 없다.

※ 주의 판례

1. 동업관계(Ex. **합동법무사사무소**)

동업관계에 있는 자들이 공동으로 처리하여야 할 업무를 동업자 중 1인에게 그 업무집행을 위임하여 그로 하여금 처리하도록 한 경우, **다른 동업자**는 그 업무집행자의 동업자인 동시에 **사용자**의 **지위**에 있다 할 것이므로, 업무집행 과정에서 발생한 사고에 대하여 **사용자로서의 손해배상책임**이 **있다**.

2. **명**의대여자

명의사용을 허가받은 사람이 업무수행을 함에 있어 고의 또는 과실로 다른 사람에게 손해를 끼쳤다면 **명의사용을 허락한 사람**은 민법 **제756조에 의한 손해배상책임**이 **있다**. 또한 **명의를 빌린 자의 피용자**의 **사무집행에 관한 가해행위에 대하여도** 명의대여자가 지휘 · 감독해야 할 의무와 책임을 부담하고 있다면 **사용자책임**을 **인정할 수 있다**.

3. **도**급계약

① 도급인이 수급인에 대하여 특정한 행위를 지휘하거나 특정한 사업을 도급시키는 경우와 같은 이른바 **노무도급**의 경우에 있어서는 도급인이라고 하더라도 민법 제756조가 규정하고 있는 사용자책임의 요건으로서의 **사용관계**가 **인정**된다.

② 건설공사 '**지휘 · 감독**'의 경우 도급인은 **사용자책임**을 **진다**. 그러나 건설공사 '**감리**'적인 감독의 경우에는 도급인에게 **사용자책임**이 **없다**.

4. **지입**회사

차량소유자(지입차주)가 운송사업자(지입회사) 명의로 차량을 등록한 후 **지입차량의 차주** 또는 **그가 고용한 운전자의 과실**로 **타인에게 손해를 가한 경우 지입회사**는 명의대여자로서 제3자에 대하여 지입차량이 자기의 사업에 속하는 것을 표시하였을 뿐 아니라, 객관적으로 지입차주를 지휘 · 감독하는 사용자의 지위에 있다 할 것이므로 이러한 불법행위에 대하여는 그 **사용자책임을 부담한다**.

2) 사무집행 관련성

가) 의미 – 외형이론

행위의 **외형상 객관적**으로 **판단** → '사무집행에 관하여'라 함은 사용자의 사무집행 자체 또는 이에 필요한 행위뿐만 아니라, 이에 **상당한 견련관계에 있는 행위**도 **포함**되는 것이고, 또 피용자가 **사리를 취하기 위하여 그 권한을 남용하여 한 행위**라도 외형상 피용자의 직무범위 내에 속한다고 볼 수 있는 경우에는 이에 **포함**된다.

※ [**비교**] – 택시회사의 운전수가 택시의 승객을 태우고 운행 중 차속에서 부녀를 강간한 경우 위 회사는 사용자로서 손해배상책임이 있다.

나) 외형이론의 제한

피용자의 불법행위가 외관상 사무집행의 범위 내에 속하는 것으로 보이는 경우에 있어서도, 피용자의 행위가 사무집행행위에 해당하지 않음을 **피해자** 자신이 **알았거나 또는 중대한 과실로 알지 못한 경우**에는 **사용자책임**을 **물을 수 없다**.

※ [**비교**] – 사용자책임이 면책되는 피해자의 중대한 과실이라 함은 **일반인에게 요구되는 주의의무**에 **현저히 위반**하는 것으로 거의 고의에 가까운 정도의 주의를 결여하고, 공평의 관점에서 상대방을 구태여 보호할 필요가 없다고 봄이 상당하다고 인정되는 상태를 말한다.

※ [**비교**] – 피용자가 사용자로부터 채용, 계속고용, 승진, 근무평정과 같은 다른 근로자에 대한 고용조건을 결정할 수 있는 권한을 부여받고 있음을 이용하여 그 업무수행과 시간적・장소적인 근접성이 인정되는 상황에서 피해자를 성추행하는 등과 같이 외형상 객관적으로 사용자의 사무집행행위와 관련된 것이라고 볼 수 있는 경우에 사용자책임이 성립할 수 있다.

3) 피용자의 일반 불법행위책임 성립

4) 사용자가 면책사유 있음을 입증하지 못할 것

(3) 효과

1) 손해배상책임

① 피용자 자신도 제750조의 일반불법행위책임을 부담하고, 사용자와 피용자의 책임은 **부진정연대채무**의 관계에 있다.

② 사용자책임이 성립하는 경우 사용자는 자신의 고의의 불법행위가 아니라는 이유로 상계제한에 관한 **제496조**의 **적용**을 **면할 수 없다**.

③ **피용자의 고의에 의한 불법행위로 인하여 사용자책임을 부담하는 경우에도** 피해자에게 그 손해의 발생과 확대에 기여한 과실이 있다면 **사용자책임의 범위를 정함에 있어서** 이러한 **피해자의 과실을 고려**하여 그 **책임**을 **제한할 수 있다**(과실상계O).

2) 구상권

사용자가 피해자에게 배상한 때에는 피용자에게 **구상권**을 **행사**할 수 있는데(제756조 제3항), 손해의 공평한 분담이라는 견지에서 **신의칙상 상당하다고 인정되는 한도 내**에서만 구상권을 행사할 수 있다.

※ [**비교**] – 피용자가 제3자와 공동불법행위로 피해자에게 손해를 가하여 손해배상책임을 부담하게 된 경우, **피용자와 제3자**는 **공동불법행위자**로서 서로 **부진정 연대관계**에 있고, **사용자**의 손해배상책임은 피용자의 배상책임에 대한 **대체적 책임**이어서 **사용자도 제3자와 부진정 연대관계**에 있다. 따라서 ① 사용자가 **피용자의 부담부분**을 **초과**하여 피해자에게 **손해를 배상**한 경우에는 사용자는 **제3자에 대하여도 구상권**을 **행사할 수 있고**, ② 이 경우 사용자의 제3자에 대한 **구상의 범위**는 **제3자의 부담부분**에 **국한**된다.

3. 공작물책임(제758조)

(1) 다른 책임과 관계

1) 실화책임과 관계

① 실화책임법 → 직접화재 적용✗, 연소로 인한 부분에 한하여 적용O / 중과실이 없는 경우 경감

② 공작물책임 → 공작물의 설치·보존상의 하자에 의하여 **직접** 발생한 **화재**로 인한 손해배상책임뿐만 아니라 그 화재로부터 **연소한 부분**에 대한 **손해배상책임**에 관하여도 **공작물의 설치·보존상의 하자와** 손해 사이에 **상당인과관계가 있는 경우**에는 **적용O**

※ [**비교**] – 공작물의 설치 또는 보존상의 하자로 인한 사고는 공작물의 설치 또는 보존상의 하자만이 손해 발생의 원인이 되는 경우만을 말하는 것이 아니고, **공작물의 설치 또는 보존상의 하자가 사고의 공동원인의 하나가 되는 이상** 사고로 인한 **손해는 공작물의 설치 또는 보존상의 하자에 의하여 발생한 것이라고 보아야 한다**. → 화재가 공작물의 설치 또는 보존상의 하자가 아닌 다른 원인으로 발생하였거나 화재의 발생 원인이 밝혀지지 않은 경우에도 **공작물의 설치 또는 보존상의 하자로 인하여 화재가 확산되어 손해가 발생하였다면** 공작물의 설치 또는 보존상의 하자는 **화재사고의 공동원인의 하나가 되었다고 볼 수 있다**.

2) 일반 불법행위책임과 관계

민법 제758조는 공작물의 설치·보존의 하자로 인하여 타인에게 손해를 가한 경우 그 점유자 또는 소유자에게 일반 불법행위와 달리 이른바 위험책임의 법리에 따라 책임을 가중시킨 규정일 뿐이고, 그 공작물 시공자가 그 시공상의 고의·과실로 인하여 피해자에게 가한 손해를 민법 **제750조**에 의하여 직접 **책임을 부담하게 되는 것**을 **배제**하는 취지의 규정은 **아니다**.

(2) 요건

① [**일반**] – 공작물 + 설치·보존상의 하자 + 하자와 손해 사이의 인과관계

② [**공작물**] – 인공적 작업에 의하여 제작된 모든 물건 : Ex) 건물의 천장, 자동차, 건물 일부의 임차인이 건물 외벽에 설치한 간판(건물소유자가 건물 외벽의 직접점유자로서 1차 책임)

③ [**설치·보존상 하자**] – ⅰ) **통상 갖추어야 할 안전성**의 **결여** : 공작물 자체만의 용도에 한정된 안전성만이 아니라 공작물이 현실적으로 설치되어 사용되고 있는 상황에서 요구되는 안전성

→ 안전성의 구비 여부는 사회통념상 일반적으로 요구되는 정도의 **방호조치 의무**의 **준수 여부**를 **기준**으로 판단, ii) 물적 시설 자체에 물리적·외형적 결함 + **수인한도를 넘는 피해**를 입히는 경우까지 **포함**한다.

④ [**인과관계**] – 공작물의 설치·보존상의 하자만이 손해발생의 원인이 되는 경우만을 말하는 것이 아니고, 공작물의 설치 또는 보존상의 하자가 **사고의 공동원인의 하나**가 되는 이상 사고로 인한 손해는 **공작물의 설치 또는 보존상의 하자에 의하여 발생한 것**이라고 보아야 한다.

※ [**비교**] – 임대인은 계약존속 중 그 사용, 수익에 필요한 상태를 유지하게 할 의무를 부담한다(제623조). 따라서 건물을 타인에게 임대한 소유자가 건물을 적합하게 **유지·관리할 의무를 위반**하여 임대목적물에 **필요한 안전성을 갖추지 못한 설치·보존상의 하자**가 생기고 그 하자로 인하여 **임차인**에게 **손해**를 입힌 경우, 건물의 소유자 겸 **임대인**은 임차인에게 **공작물책임과** 수선의무 위반에 따른 **채무불이행책임**을 **진다**(배관이 부식되어 파열되면서 누수가 발생하여 임차인이 침수피해를 입은 사안).

(3) 효과

1) 손해배상책임

가) 1차적 책임자(= 점유자 : 과실책임)

① 점유자는 피해자에 대하여 1차적으로 배상책임을 진다. 단, **점유자**가 손해의 방지에 필요한 **주의를 해태하지 아니하였음**을 **입증**한 경우에는 **면책**된다.

② 직접점유자와 간접점유자가 있는 경우라면 **먼저 직접점유자**가 **책임**을 지고, 직접점유자에게 책임을 지울 수 없는 때에 비로소 간접점유자가 책임을 진다.

※ [**비교**] (**점유보조자의 책임 인정 여부**) – 공작물 점유자란 공작물을 사실상 지배하면서 그 설치 또는 보존상의 하자로 인하여 발생할 수 있는 각종 사고를 방지하기 위하여 공작물을 보수·관리할 권한 및 책임이 있는 자를 말한다. (따라서) 가사상, 영업상 기타 유사한 관계에 의하여 타인의 지시를 받아서 공작물에 대한 사실상의 지배를 하는 자가 있는 경우에 그 타인의 지시를 받는 자는 민법 제195조에 따른 **점유보조자**에 불과하므로 민법 **제758조 제1항에 의한 공작물 점유자의 책임을 부담하는 자에 해당하지 않는다.**

나) 2차적 책임(=소유자 : 무과실책임)

점유자가 면책된 경우 소유자는 면책이 인정되지 않는 무과실책임을 진다.

※ [**비교**] (**직접점유자가 피해자**) – 공작물의 임차인인 직접점유자가 공작물의 설치 또는 보존의 하자로 인하여 손해를 입은 경우에는 **소유자**가 그 **손해를 배상할 책임**이 있는 것이고, 이 경우에 공작물의 보존에 관하여 피해자에게 과실이 있다고 하더라도 **과실상계의 사유**가 될 뿐이다(임차인의 연탄가스중독 사안).

2) 구상권

손해를 배상한 점유자나 소유자는 그 손해의 원인에 대한 책임 있는 자에 대하여 구상할 수 있다(제758조 제3항).

4. 공동불법행위책임(제760조)

(1) 유형 및 요건

1) 협의의 공동불법행위(제760조 제1항)

가) 각자의 행위가 독립하여 일반 불법행위의 요건을 갖출 것

가해자 각자가 독립하여 일반 불법행위의 요건을 갖추어야 한다. 다만 **상당인과관계**는 가해자들의 **공동행위와 손해 사이**에 **존재**하면 되고, 각자의 행위와 손해 사이에 인과관계가 있어야 할 필요는 없다.

나) 공동의 의미 – 행위의 공동성

불법행위자들 사이에 **공모 · 의사의 공통 내지 공동의 인식**이 **필요 없으며**, 객관적으로 보아 피해자에 대한 권리침해가 공동으로 행하여지고 그 행위가 **손해발생에** 대하여 **공통의 원인 · 객관적**으로 **관련공동성**이 있는 수인의 행위로 타인에게 손해를 가한 것으로 인정되는 경우이면 충분하다(객관적 공동설).

※ [**비교**] – ① 교통사고로 인하여 상해를 입은 피해자가 의사의 과실로 손해가 확대된 경우와 역과 또는 연쇄추돌 사안에서 공동불법행위의 성립을 인정하였으나, ② 보호법익이 다른 경우로서 에이즈 바이러스에 감염된 혈액을 환자가 수혈받음으로써 에이즈 바이러스 감염이라는 치명적인 건강 침해를 입게 한 대한적십자사의 과실 및 위법행위는 신체상해 자체에 대한 것인 데 비하여, 수혈로 인한 에이즈 바이러스 감염 위험 등의 설명의무를 다하지 아니한 의사들의 과실 및 위법행위는 환자의 자기결정권이라는 인격권의 침해에 대한 것이므로, 대한적십자사와 의사의 공동불법행위 성립을 부정하였다.

2) 가해자 불명의 공동불법행위(제760조 제2항)

민법 제760조 제2항은 여러 사람의 행위가 경합하여 손해가 생긴 경우 중 같은 조 제1항에서 말하는 공동의 불법행위로 보기에 부족할 때, **입증책임**을 **덜어줌**으로써 피해자를 보호하려는 입법정책상의 고려에 따라 각각의 행위와 손해 발생 사이의 **인과관계**를 **법률상 추정**한 것 → [**증명책임**] : **개별 행위자가** 자기의 행위와 손해 발생 사이에 **인과관계가 존재하지 아니함**을 **증명**하면 면책되고, 손해의 일부가 자신의 행위에서 비롯된 것이 아님을 증명하면 배상책임이 그 범위로 감축된다.

3) 교사 · 방조(제760조 제3항)

① 방조라 함은 **불법행위를 용이**하게 하는 **직접, 간접**의 **모든 행위** → **작위의무**가 **있음**을 **전제**로 **부작위**에 의한 **방조**도 **포함**한다.

② **과실에 의한 방조**도 **가능**하다고 할 것이며, 이 경우 과실의 내용은 불법행위에 도움을 주지 않아야 할 **주의의무**가 **있음**을 **전제**로 하여 이 의무에 위반하는 것을 말한다.

③ 방조자에게 공동불법행위자로서의 책임을 지우기 위하여는 방조행위와 피방조자의 불법행위 사이에 **상당인과관계**가 있어야 한다.

※ [**비교**] – 공동불법행위자 1인이라고 하여 자신의 행위와 상당인과관계가 없는 손해에 대하여도 당연히 배상책임을 진다고 할 수는 없는 것이고, **타인의 불법행위가 계속되는 중 공동불법행위자의 과실에 의한 행위가 이루어졌다면**, 특별한 사정이 없는 한 그 **과실에 의한 행위와** 그 '**이전에 타인의 불법행위로 발생한 손해 사이**'에 **상당인과관계가 있다고 보기는 어렵다**.

(2) 효과 – 부진정연대채무

1) 대외적 효력

① [**일부실행 · 전부책임**] – 공동불법행위로 인한 손해배상책임의 범위는 가해자들 전원의 행위를 전체적으로 함께 평가하여 정하여야 하고, 그 손해배상액에 대하여는 가해자 **각자**가 그 금액의 **전부**에 대한 **책임**을 부담 → **가해자의 1인이** 다른 가해자에 비하여 불법행위에 **가공한 정도가 경미**하다고 하더라도 손해배상액의 **일부로 제한**하여 인정할 수 **없다**.

② [**과실상계의 평가**] – ⅰ) [**공동소송 : 전체적 평가**] – 과실상계를 함에 있어서는 피해자의 과실을 공동불법행위자 **각인에 대한 과실로 개별적으로 평가할 것**이 **아니고** 그들 **전원에 대한 과실로 전체적으로 평가**하여야 한다. / ⅱ) [**개별소송(단일소송) : 개별적 평가**] – 피해자가 공동불법행위자들을 모두 피고로 삼아 한꺼번에 손해배상청구의 소를 제기한 경우와 달리 **공동불법행위자별로 별개의 소**를 **제기**하여 소송을 진행하는 경우에는 각 소송에서 제출된 증거가 서로 다르고 **과실상계비율**과 손해액도 서로 **달리 인정될 수 있는 것**이므로, 피해자가 공동불법행위자들 중 일부를 상대로 한 전소에서 승소한 금액을 전부 지급받았다고 하더라도 그 금액이 나머지 공동불법행위자에 대한 후소에서 산정된 손해액에 미치지 못한다면 후소의 피고는 그 차액을 피해자에게 지급할 의무가 있다.

※ [비교] – **공동불법행위자의 관계는 아니지만 부진정연대채무 관계가 인정되는 경우**가 있다. 이러한 경우까지 **과실상계를 할 때** 반드시 채권자의 과실을 채무자 전원에 대하여 **전체적으로 평가하여야 하는 것은 아니다**.

③ [**과실상계의 주장**] – ⅰ) 불법행위로 인한 손해의 발생 또는 확대에 관하여 피해자에게도 과실이 있는 때에는 가해자의 손해배상의 범위를 정할 때 당연히 이를 참작하여야 하고, 배상의무자가 피해자의 과실에 관하여 주장을 하지 아니한 경우에도 소송자료에 따라 과실이 인정되는 경우에는 이를 법원이 **직권**으로 **심리 · 판단**하여야 한다. ⅱ) **피해자의 부주의를 이용하여 고의로 불법행위를 저지른 자**가 바로 그 **피해자의 부주의를 이유로** 자신의 **책임을 감하여 달라고 주장**하는 것은 **허용될 수 없으나**, 이는 그러한 사유가 있는 자에게 과실상계의 주장을 허용하는 것이 신의칙에 반하기 때문이므로, 불법행위자 중 일부에게 그러한 사유가 있다고 하여 **그러한 사유가 없는 다른 불법행위자**까지도 **과실상계의 주장을 할 수 없는 것 아니다**.

2) 1인에게 생긴 사유의 효력

① [**절대적 효력**] – 채권만족사유인 **대**물변제, **변**제, **공**탁, **상**계

② [**상대적 효력**] – 절대적 효력 사유 외의 사유는 상대적 효력 → Ex) 채권포기, 채무면제, 소멸시효, 시효중단, 시효이익의 포기 등

3) 대내적 효력 – 구상권

① [**인정 여부**] – **형평의 원칙상 일정한 부담부분**이 있을 수 있으며, 그 부담부분은 각자의 고의 및 **과실의 정도**에 따라 **정**하여지는 것으로서 부진정연대채무자 중 1인이 자기의 부담부분 이상을 변제하여 공동의 면책을 얻게 하였을 때에는 다른 부진정연대채무자에게 그 부담부분의 비율에 따라 **구상권**을 **행사할 수 있다.**

② [**성질**] – 손해배상채권과 구상권은 별개의 독립한 권리이므로, 손해배상채무의 면제가 구상의무를 면제하는 효과까지 있는 것은 아니다. 따라서 자신의 **채무를 면제받았다는 것을 이유로 구상의무의 이행을 거절할 수는 없다. 다른 공동불법행위자에 대한 손해배상청구권이 시효소멸한 후에 구상권을 행사하는 경우**도 **마찬가지**이다.

③ [**요건**] – **초과출재 필요** → 구상권이 성립하려면 자신의 부담부분 이상(넘는)을 변제하여 공동의 면책을 얻게 하여야 한다.

④ [**제한**] – 연대채무에 있어서 변제에 관해 채무자 상호간에 **통지의무**를 인정하고 있는 민법 **제426조의 규정**을 **유추적용**✗

⑤ [**소멸**] – **소멸시효 : 공동면책행위를 한 때**(현실로 손해배상금을 지급한 때)로부터 **10년**의 기간

⑥ [**다수당사자 구상의무관계**] – ⅰ) [**분할채무 원칙**] : 공동불법행위자 중 1인에 대하여 구상의무를 부담하는 다른 공동불법행위자가 수인인 경우에는 특별한 사정이 없는 이상 그들의 구상권자에 대한 채무는 이를 **부진정 연대채무로 보아야 할 근거는 없으며**, 오히려 다수당사자 사이의 **분할채무의 원칙**이 **적용**되어 각자의 부담부분에 따른 분할채무로 봄이 상당하다. / ⅱ) [**예외적 부진정 연대채무**] : **구상권자**인 공동불법행위자측에 **과실이 없는 경우**, 즉 내부적인 부담부분이 전혀 없는 경우에는 이와 달리 그에 대한 수인의 구상의무 사이의 관계를 **부진정연대관계**로 봄이 상당하다.

※ [**비교**] (**분할채무 관계에 있는 공동불법행위자 중 구상에 응한 공동불법행위자의 다른 공동불법행위자에 대한 구상권 취득 여부**) – **분할채무 관계에 있는 공동불법행위자들 중 1인이 자신의 부담 부분을 초과하여 구상에 응하였고** 그로 인하여 다른 공동불법행위자가 자신의 출연 없이 채무를 면하게 되는 경우, **구상에 응한 공동불법행위자는 다른 공동불법행위자의 부담 부분 내에서 자신의 부담 부분을 초과하여 변제한 금액에 관하여 구상권을 취득한다.**

Set 26 손해배상청구

① [**정신상 손해 : 위자료**] - ⅰ) [**청구권자**] : 타인의 생명을 해한 자는 피해자의 직계존속, 직계비속 및 배우자에 대하여는 재산상의 손해 없는 경우에도 손해배상의 책임이 있다(제752조). 민법 **제752조**는 **예시적 열거 규정**이므로 동조에 규정된 친족 이외의 친족이라고 하더라도 그 정신적 고통에 대한 입증만 있다면 제750조, 제752조의 규정에 따라 위자료를 청구할 수 있다. ⅱ) [**피해자가 즉사한 경우 피해자의 위자료청구권 발생 및 상속성**] : 피해자가 치명상을 입은 때와 사망과의 사이에는 시간적 간격이 인정될 수 있으므로, **즉사의 경우에도 위자료청구권이 피해자 본인에게 발생하고 상속된다**. 따라서 **유족**은 유족 **고유의 위자료청구권**과 **상속받은 위자료청구권**을 **함께 행사**할 수 있다. 생명침해의 불법행위로 인한 피해자 본인의 위자료청구권과 민법 제752조에 의한 배우자 등 유족의 정신적 피해로 인한 그 고유의 위자료청구권은 **별개**이므로 소멸시효 완성 여부도 각각 그 권리를 행사한 때를 기준으로 판단하여야 한다.

② [**방법**] - **원칙적**으로 **금전배상주의**를 취하지만(제763조, 제394조), 예외적으로 다른 규정(제764조 - 명예훼손의 특칙 : 명예회복에 적당한 처분)이 있거나 당사자의 다른 의사표시(제763조, 제394조)가 있을 경우에는 그에 따른다. → 불법행위로 인하여 건물이 훼손된 경우 그 손해는 금전으로 배상함이 원칙이고 당사자가 다른 의사표시를 하는 등의 **특별한 사정이 없는 이상 원상회복청구**는 **할 수 없다**.

※ [**비교**] - 불특정 다수인인 일반 공중의 통행에 공용된 도로(공로)임에도 제3자가 특정인의 통행의 자유를 침해하였다면 민법상 불법행위에 해당하며, 침해를 받은 자로서는 방해의 배제나 장래에 생길 방해를 예방하기 위하여 통행방해 행위의 금지를 소구할 수 있다.

③ [**손해배상액 산정의 기준시기**] - 손해배상액은 **원칙**적으로 **불법행위 당시**를 **기준**으로 산정한다. 다만 **불법행위 시와 결과발생 시 사이**에 **시간적 간격**이 있는 경우에는 결과가 발생한 때에 불법행위가 완성된다고 보아 불법행위가 완성된 시점, 즉 **손해발생 시**가 손해액 산정의 **기준시점**이 된다. → ⅰ) [**지연손해금**] : 불법행위로 인한 손해배상채무에 대하여는 원칙적으로 별도의 이행 최고가 없더라도 그 채무의 **성립과 동시**에 **지연손해금**이 **발생**한다(청구받은 때부터 ✗). 다만 **불법행위 시와 변론종결 시 사이**에 **장기간의 세월**이 **경과**됨으로써 위자료를 산정함에 있어 반드시 참작해야 할 변론종결 시의 **통화가치 등**에 불법행위 시와 비교하여 **상당한 변동**이 생긴 때에는, 예외적으로라도 불법행위로 인한 **위자료배상채무의 지연손해금**은 그 위자료 산정의 기준시인 **사실심 변론종결 당일로부터 발생한다**고 보아야만 한다. / ⅱ) [**일실이익의 산정**] : 일실이익의 산정으로 문제되는 **가동연한**은 특별한 사정이 없는 한 만 60세를 넘어 **만 65세까지**도 가동할 수 있다고 보는 것이 경험칙에 합당하다.

④ [**배상액의 경감청구**] - 배상의무자는 그 손해가 고의 또는 중대한 과실에 의한 것이 아니고 그 배상으로 인하여 배상자의 생계에 중대한 영향을 미치게 될 경우에는 법원에 그 배상액의 경감을 청구할 수 있다(제765조).

⑤ [**손해배상청구권의 소멸시효**] – 불법행위로 인한 손해배상의 청구권은 피해자나 그 법정대리인이 그 손해 및 가해자를 안 날로부터 3년간 이를 행사하지 아니하면 시효로 인하여 소멸하고, 불법행위를 한 날로부터 10년을 경과한 때에도 같다. 다만 미성년자가 성폭력, 성추행, 성희롱, 그 밖의 성적(性的) 침해를 당한 경우에 이로 인한 손해배상청구권의 소멸시효는 그가 성년이 될 때까지는 진행되지 아니한다(제766조). → i) 불법행위의 **피해자가 미성년자인 경우**에는 다른 특별한 사정이 없는 한 그 **법정대리인이 손해 및 가해자를 알아야** 민법 제766조 제1항의 **소멸시효**가 **진행**한다. / ii) **손해 및 가해자를 안 날이란** 피해자나 그 법정대리인이 위 손해 및 가해자를 현실적이고도 구체적으로 인식함을 뜻하는 것으로서, 손해의 발생, 위법한 가해행위의 존재, 가해행위와 손해의 발생 사이에 상당인과관계가 있다는 사실 등 **불법행위의 요건사실**에 대하여 **현실적이고도 구체적으로 인식**하였을 때를 의미한다. / iii) **법인의 경우** 불법행위로 인한 손해배상청구권의 단기소멸시효의 기산점인 '손해 및 가해자를 안 날'이라 함은 **통상 대표자가** 이를 **안 날**을 뜻하지만, **법인의 대표자가 가해자에 가담하여 법인에 대하여 공동불법행위가 성립하는 경우**에는, 단지 그 대표자가 그 손해 및 가해자를 아는 것만으로는 부족하고, 적어도 **법인의 이익을 정당하게 보전할 권한을 가진 다른 대표자, 임원 등이** 손해배상청구권을 행사할 수 있을 정도로 이를 **안 때**에 위 단기시효가 진행한다(※ 법인의 대표자의 불법행위로 인한 법인의 대표자에 대한 손해배상청구권을 피보전권리로 하여 법인이 채권자취소권을 행사하는 경우의 제척기간의 기산점인 '취소원인을 안 날'을 판단할 때에도 마찬가지이다). / iv) **가해행위와 현실적인 손해발생 사이에 시간적 간격**이 있는 불법행위에 기한 손해배상채권의 경우, 소멸시효의 기산점이 되는 '**불법행위를 한 날**'의 의미는 **손해의 발생**이 **현실적인 것**으로 되었다고 할 수 있는 때(현실적 손해발생시)로 보아야 한다. / v) 위 기간은 모두 소멸시효기간에 해당하고 그 발생시기에 대한 증명책임은 소멸시효 완성의 이익을 주장하는 자, 즉 가해자 측에 있다.

⑥ [**소멸시효 항변의 남용**] – 채무자가 시효완성 전에 채권자의 권리행사나 시효중단을 불가능 또는 현저히 곤란하게 하였거나, 그러한 조치가 불필요하다고 믿게 하는 행동을 하였거나, 객관적으로 채권자가 권리를 행사할 수 없는 장애사유가 있었거나, 또는 일단 시효완성 후에 채무자가 시효를 원용하지 아니할 것 같은 태도를 보여 권리자로 하여금 그와 같이 신뢰하게 하였거나, 채권자보호의 필요성이 크고 같은 조건의 다른 채권자가 채무의 변제를 수령하는 등의 사정이 있어 채무이행의 거절을 인정함이 현저히 부당하거나 불공평하게 되는 등의 특별한 사정이 있는 경우에는 채무자가 소멸시효의 완성을 주장하는 것이 신의성실의 원칙에 반하여 권리남용으로서 허용될 수 없다. **한편** 채권자에게 위와 같은 장애사유가 있었던 경우에도 '**채권자는 장애사유가 소멸한 때로부터 상당한 기간 내에 권리를 행사하여야만**' 채무자의 **소멸시효 항변**을 **저지할 수 있다**.

PART

04

물권법 핵심 암기사항

PART

04 물권법 핵심 암기사항

Set 01 물권법 일반

1. 물권의 본질 – 물건에 대한 배타적 지배

(1) 유동집합물

1) 유효성

이른바 집합물에 대한 양도담보설정계약도 그 목적 동산이 종류, 장소 또는 수량지정 등의 방법에 의하여 **특정**되어 있으면 유효하다.

2) 양도담보의 효력

① 집합물에 대한 양도담보권설정계약이 이루어지면 그 집합물을 구성하는 개개의 물건이 변동되더라도 **양도담보권의 효력은 항상 현재의 집합물 위에 미친다.** 따라서 양도담보권자가 집합물을 점유개정의 방법으로 점유를 취득하면 그 후 양도담보 설정자가 그 집합물을 이루는 개개의 물건을 반입하였다 하더라도 그때마다 **별도의 양도담보권 설정계약을 맺거나 점유개정의 표시를 하여야 하는 것은 아니며, 양도담보권의 효력은** 나중에 **반입된 물건**에도 **미친다.** 다만 그 물건이 제3자의 소유라면 담보목적인 집합물의 구성부분이 될 수 없으므로 그 물건에는 양도담보권의 효력이 미치지 않는다.

② 돈사에서 대량으로 사육되는 돼지를 양도담보계약의 목적물로 삼은 이른바 '유동집합물에 대한 양도담보계약'이 체결된 경우, 양도담보권의 효력은 항상 현재의 집합물 위에 미치고, 양도담보설정자로부터 위 **목적물을 양수한 자**가 이를 **선의취득하지 못하였다면** (양수인은) 위 **양도담보권의 부담을 그대로 인수**하게 된다.

③ **양도담보권의 효력은** 양도담보설정자로부터 이를 양수한 양수인이 당초 양수한 돈사 내에 있던 돼지들 및 통상적인 양돈방식에 따라 그 돼지들을 사육・관리하면서 **돼지를 출하하여 얻은 수익으로 새로 구입**하거나 그 돼지와 **교환한 돼지** 또는 그 **돼지로부터 출산시켜 얻은 새끼돼지에** 한하여 **미치는 것이지,** 양수인이 **별도의 자금을 투입하여 반입한 돼지**에까지는 **미치지 않는다.**

(2) 일물일권주의

일물일권주의의 예외로 구분소유, 1필의 토지 일부 위에 용익물권의 설정은 가능

2. 물권법정주의(제185조)

① 판례에 의해 관습법상의 물권으로 인정된 것으로는 분묘기지권, 관습법상의 법정지상권, 동산의 양도담보O

② 관습상 사도통행권, 온천권, 미등기 매수인에게 소유권에 준하는 관습상의 물권✗

Set 02 물권의 일반적 효력 - 물권적 청구권

1. 민법의 규정

① 민법은 점유권(제204조 내지 제206조)과 소유권(제213조, 제214조)에 관해 명문규정을 두고, 소유권에 기한 물권적 청구권은 다른 물권에 준용한다(제290조, 제301조, 제319조, 제370조).

② 저당권에는 물권적 반환청구권은 인정✗, 유치권은 유치권에 기한 물권적 청구권이 인정되지 않고 점유권에 기한 물권적 청구권은 인정O

2. 성질

① 기초되는 물권(모권 : Ex. 소유권)과 운명을 같이 함 → **의존관계** ∴ **물권**이 **소멸**하면 **물권적 청구권은** 당연히 소멸하여 그 **기반이 아예 없게 되어 더 이상 그 존재 자체가 인정되지 아니한다**.

※ [**비교**] - 소유자가 **후**에 **소유권**을 **상실**(Ex. 제3자의 등기부취득시효)함으로써 이제 **등기말소** 등을 **청구할 수 없게 되었다면**, 등기말소 등의 의무자에 대하여 그 권리의 **이행불능**을 **이유로** 민법 제390조상의 **손해배상청구**(전보배상청구)를 **할 수 없다**.

② 소유권을 양도함에 있어 소유권에 의하여 발생되는 **물권적 청구권**을 **소유권**과 **분리하거나**, 소유권 없는 **전소유자에게 유보**하여 제3자에게 대하여 이를 행사케 하는 것은 **허용될 수 없다**.

3. 요건

※ 상대방의 귀책사유(고의 · 과실)는 필요하지 않고, 손해발생도 필요하지 않다.

(1) 소유권에 기한 부동산 · 동산의 인도청구

1) 요건

제213조의 요건 ┬ 원고 - 소유권자 : **법률상 대외적 소유권자**(사실상 소유자✗)
　　　　　　　　│　　　　　　　　↳ 제186조, 제187조, 한계(Ex. 소유권의 관계적 귀속 등)
　　　　　　　　└ 피고(상대방) - 점유 : **현실적 · 직접 점유자**(간접점유자✗)

2) 주요 방어방법

제213조 단서의 점유할 정당한 권원 : '모든 법적 지위' → Ex) 제한물권(지상권, 전세권, 유치권), 미등기 매수인, 점유취득시효의 완성, 임차권, 동시이행의 항변권, 권리남용, 동산의 경우 선의취득 등

(2) 토지소유권에 기한 건물철거·퇴거청구

1) 요건

제214조의 요건 ┬ 원고 - 토지소유권자
└ 방해 ┬ 건물철거의 경우 - 건물 존재 + 피고의 건물소유
↳ **사실상 처분권자 개념O**
└ 건물퇴거의 경우 - 피고의 점유 (법률상·사실상 처분할 수 있는 지위)

2) 주요 방어방법 - 제213조 단서

(3) 소유권에 기한 소유권이전등기의 말소등기청구

1) 요건

제214조의 요건 ┬ 원고 - 소유권자
└ 방해 ┬ 피고의 등기경료
└ 등기의 원인무효 → ※ **등기의 추정력 : 법률상 추정 - 증명책임 전환**

※ [**비교**] (**진정등기명의회복을 원인으로 한 소유권이전등기청구**) → [**요건**] : ① 원고 소유권자 + ② 피고의 소유권이전등기 경료 + ③ 등기의 원인무효 → 피고적격 : 현재 등기명의인

2) 주요 방어방법

원고의 후발적 소유권 상실의 항변, 제3자 보호규정, 무권대리·무권리자 처분행위의 추인, 실체관계에 부합하는 등기이론(Ex. 무효등기의 유용, 중간생략등기 등) 등

(4) 소유권에 기한 저당권설정등기의 말소등기청구

1) 요건

제214조의 요건 ┬ 원고 - 소유권자
└ 방해 ┬ 피고의 저당권설정등기의 경료
└ 저당권의 소멸

※ [**비교**] (**저당권설정계약에 기한 경우**) - **소유권양도 전의 소유자**도 **근저당권설정계약의 당사자로서 계약상 권리에 기해** 근저당권자에게 피담보채무의 소멸을 이유로 하여 그 **근저당권설정등기의 말소**를 **청구할 수 있다.** → [**요건**] : ① 저당권설정계약 체결 + ② 피고의 저당권설정등기의 경료 + ③ 저당권의 소멸

2) 주요 방어방법

원고의 피담보채무 소멸의 주장에 관한 항변(변제충당, 상계금지, 소멸시효의 중단 등), 등기유용의 합의

4. 비용청구

소유자는 민법 제214조에 기하여 방해배제 비용 또는 방해예방 비용을 청구할 수 없다(∵ 제214조는 비용을 청구할 수 있는 권리를 포함하여 규정✗).

5. 소멸시효의 대상 여부

소유권에 기한 물권적 청구권은 소멸시효의 대상✗(Ex. 합의해제에 따른 매도인의 원상회복청구)

Set 03 물권변동의 일반

1. 공시의 원칙 - 형식주의 · 성립요건주의

① 당사자의 의사표시(Ex. 물권적 합의) + 공시방법 ┬ 부동산 : 등기
└ 동산 : 인도(점유)

② 법률행위에 의한 물권변동에 적용되고(제186조, 제188조), 법률규정에 의한 물권변동(제187조)의 경우에는 적용되지 않는다.

2. 공신의 원칙

① 동산에 관해서는 점유에 공신의 원칙을 인정하여 진정한 권리자보다 거래안전을 보호하고 있다(제249조 참조).

② 반면에 부동산에 관해서는 등기에 공신력을 인정하고 있지 않다. → ※ [**사안**] : 甲 소유의 토지에 관하여 乙이 서류를 위조하여 자신의 이름으로 소유권이전등기를 마치고 이를 丙에게 매도한 경우 丙이 乙의 소유권등기를 진실한 것으로 믿었고 믿은 데에 과실이 없었다 하더라도 丙은 소유권을 취득할 수 없다. 다만 제3자 보호규정(제107조 내지 제110조, 제548조 제1항 단서), 선의취득(제249조 - 단, 부동산은 대상이 되지 않는다) 등을 통해 보호됨은 별개의 문제이다.

3. 법률행위에 의한 부동산 물권변동(제186조)

① 처분하는 자가 처분권한이 있어야 하고 + 채권행위와 물권행위가 모두 유효 + 공시방법으로 등기를 갖추어야 물권변동의 효력이 발생한다.

② 우리의 법제는 물권행위의 독자성과 무인성을 인정하고 있지 않다. → [**유인성**] : 원인행위가 무효・취소인 경우 말소등기 없이도 물권은 당연히 복귀한다.

4. 법률규정에 의한 부동산 물권변동(제187조)

① **상**속, **판**결, **공**용징수, **경**매, 기타 **법**률의 규정에 의한 부동산에 관한 물권의 취득은 등기를 요하지 아니한다. 그러나 등기를 하지 아니하면 이를 처분하지 못한다.

② 민법 제187조 단서를 위반한 처분은 무효이지만 이는 처분의 상대방이 부동산물권을 취득하지 못한다는 것일 뿐, 그 법률행위의 **채권적 효력**은 **유효**하다.

③ 상속 이외에 **포괄유증**, 회사의 합병도 **포함O**

※ [**비교**] - **특정유증을 받은 자**는 유증의무자에게 유증의 **이행청구**를 할 수 있는 **채권**을 **취득할 뿐**이므로, 특정유증을 받은 자는 유증 받은 **부동산의 소유권자**가 **아니**어서 직접 진정한 등기명의의 회복을 원인으로 한 소유권이전등기를 구할 수 없다.

④ 판결이란 **형성판결**을 의미하고, 확정판결과 동일한 효력이 있는 **재판상 화해**나 청구의 포기・인낙 조서의 내용이 **법률관계의 형성에 관한 것**이면 민법 제187조의 판결에 **포함O** / But **이행・확인판결은 그에 기한 등기가 경료되어야 물권변동의 효력**이 **발생**한다. → ※ [**사안**] : 매매 등 법률행위를 원인으로 한 소유권이전등기절차 이행의 소에서 원고승소판결은 제187조 소정의 판결에 해당하지 않으므로 그에 따른 소유권이전등기 경료시까지는 소유권 취득✗

⑤ 경락대금을 완납한 때 그 소유권을 취득한다.

⑥ 기타 법률의 규정에는 **신축건물의 소유권취득, 법정지상권・관습상 법정지상권의 취득**, 법정대위에 의한 저당권 이전, **용익물권의 존속기간만료에 의한 소멸**, 피담보채권의 소멸에 의한 저당권의 소멸, 혼동에 의한 물권의 소멸 등이 이에 해당한다.

5. 제186조와 제187조의 한계

① [**점유취득시효완성으로 인한 소유권의 취득**] - 제187조의 예외로서 등기하여야 물권을 취득한다(제245조 제1항).

② [**재단법인의 설립 : 출연재산의 귀속**] - 출연자와 법인 사이에는 법인의 성립 외에 등기를 필요로 하는 것은 아니나(제187조, 제48조), 제3자에 대한 관계에서는 등기가 필요하다(제186조).

③ [**공유**] - ⅰ) [**공유자 1인의 지분 포기**] - 민법 제267조의 공유지분의 포기는 **법률행위**로서 상대방 있는 단독행위에 해당하므로, 부동산 공유자의 **공유지분 포기의 의사표시가** 다른 공유자에게 **도달하더라도** 이로써 곧바로 공유지분 포기에 따른 **물권변동의 효력**이 **발생하는 것**은 **아니고**, 민법 **제186조**에 의하여 **등기를 하여야** 공유지분 포기에 따른 **물권변동의 효력**이 **발생한다**(공유지분 포기에 따른 등기는 해당 지분에 관하여 다른 공유자 앞으로 소유권이전등기를 하는 형태). ⅱ) [**공유물분할의 소에서 현물분할하는 내용의 조정이 성립한 경우**] - **공유물분할의 소송절차 또는 조정절차에서** 공유자 사이에 공유토지에 관한 **현물분할의 협의가 성립하여** 그 합의

사항을 조서에 기재함으로써 **조정**이 **성립**하였다고 하더라도, 그와 같은 사정만으로 그 협의에 따른 새로운 법률관계가 창설되는 것은 아니라고 할 것이고, 공유자들이 협의한 바에 따라 토지의 분필절차를 마친 후 각 **단독소유로 하기로 한 부분에 관하여** 다른 공유자의 공유지분을 이전받아 **등기를 마침으로써** 비로소 그 부분에 대한 대세적 권리로서의 **소유권**을 **취득**하게 된다.

④ [**합유자 1인의 지분 포기**] – 물권변동은 합유지분권의 포기라고 하는 **법률행위**에 의한 것이므로 **등기하여야 효력이 있고** 지분을 포기한 합유지분권자로부터 잔존 합유지분권자들에게 **합유지분권 이전등기가 이루어지지 아니하는 한 지분을 포기한 지분권자는** 제3자에 대하여 **여전히 합유지분권자로서의 지위**를 **가진다.**

Set 04 법률행위에 의한 부동산 물권변동 - 부동산등기

1. 등기의 성질

① 등기는 물권의 **효력 발생요건이고** 효력 **존속요건이 아니므로** 물권에 관한 **등기가 원인 없이 말소**된 경우에 그 **물권의 효력에는 아무런 영향을 미치지 않는다.** → 불법말소된 경우 회복등기를 마치기 전이라도 말소된 소유권이전등기의 최종명의인은 **적법한 권리자**로 **추정O**

② 근저당권설정등기가 **불법말소된 사정만으로**는 곧바로 **근저당권**이 **소멸X**, **다만** 부동산이 **경매**절차에서 경락인이 경락대금을 완납하였다면 원인 없이 말소된 **근저당권**은 **소멸 : 가압류등기의 경우에도 동일** → ※ [**사안**] : 배당받지 못한 근저당권자로서는 위 경매절차에서 실제로 **배당받은 자에 대하여 부당이득반환청구**(배당금의 한도 내에서 그 근저당권설정등기가 말소되지 아니하였더라면 배당받았을 금액) **가능** / 이미 소멸한 근저당권에 관한 말소등기의 회복등기를 위하여 현소유자를 상대로 그 승낙의 의사표시를 구할 수는 없다.

2. 유효요건

① [**일반**] – ⅰ) 형식적(절차적) 유효요건(등기의 존재, 1부동산 1등기부주의, 적법한 등기신청) + ⅱ) 실질적 유효요건(물권행위와 내용적 · 과정상 · 시간적 일치)

② [**등기의 존재 · 종류**] – 경정등기(원시적 불일치의 경우)가 허용되기 위해서는 경정 전후의 등기에 동일성 내지 유사성이 있어야 하는데, 경정 전의 명의인과 경정 후의 명의인이 달라지는 권리자 경정등기는 등기명의인의 동일성이 인정되지 않으므로 허용되지 않는다. 따라서 단독소유를 공유로 또는 공유를 단독소유로 하는 경정등기 역시 소유자가 변경되는 결과로 되어 등기명의인의 동일성을 잃게 되므로 허용될 수 없다. 다만 위법한 경정등기라도 그것이 실체관계에 부합하는 것이라면 유효하다.

※ [**비교**] (**말소등기**) – 등기의 말소를 신청하는 경우 그 말소에 대하여 등기상 이해관계 있는 제3자가 있을 때에는 제3자의 승낙이 있어야 한다(부등법 제57조).

※ [**비교**] (**주등기와 부기등기**) – ① [**피고적격**] : 근저당권 이전의 부기등기는 주등기와 일체를 이루는 것으로서 그 등기에 의하여 새로운 권리가 생기는 것이 아니므로, 말소등기청구의 상대방은 '**근저당권의 <u>양수인</u>**'**이고 양도인**은 **피고적격**이 **없다**. / ② [**청구적격**(대상적격)] : 근저당권 이전의 부기등기는 주등기와 일체를 이루는 것이고 주등기와 별개의 새로운 등기는 아니며, 주등기가 말소되는 경우에는 **직권**으로 말소되어야 할 성질의 것이므로, **부기등기의 말소청구**는 권리보호의 이익이 없는 **부적법**한 청구이다.

※ 주의 판례

1. 청구권보전의 가등기

(1) 청구권보전의 가등기와 담보가등기의 구별

실제상 채권담보를 목적으로 한 것인지 여부에 의하여 **결정**되는 것이지, 당해 가등기의 등기부상 원인의 형식적 기재에 의하여 결정되는 것이 아니다.

(2) 요건

물권의 변동을 목적으로 하는 청구권, 즉 **채권적 청구권**을 보전하기 위함이므로, 물권적 청구권을 보존하기 위해서는 할 수 없다.

(3) 효력

1) 본등기 전의 효력

① 본등기의 순위를 가등기의 순위에 의하도록 하는 <u>순위보전적 효력만</u>이 <u>있을 뿐</u>이고, 가등기만으로는 아무런 **실체법상 효력**이 **없다**. → <u>중복된 소유권보존등기가 무효이더라도 가등기권리자는</u> 그 <u>말소를 청구할 권리</u>가 <u>없다</u>.

② 소유권이전등기청구권의 보전을 위한 가등기가 있다고 하여 소유권이전등기를 청구할 어떤 법률관계가 있다고 **추정**되지 **아니한다**.

2) 본등기 후의 효력

가) 본등기 절차 및 중간처분의 실효

① 가등기 후에 제3자에게 부동산을 매도하여 소유권이전등기가 된 경우, 가등기권리자는 **가등기의무자인 전소유자**를 **상대로 본등기청구권 행사○**, 제3자 상대✗

※ [**비교**] – 말소된 등기의 '**회복등기**'절차의 이행을 구하는 소에서는 회복등기의무자에게만 피고적격이 있는바, 가등기가 이루어진 부동산에 관하여 제3취득자 앞으로 소유권이전등기가 마쳐진 후 그 가등기가 말소된 경우 그와 같이 말소된 가등기의 회복등기절차에서 **회복등기의무자**는 가등기가 **<u>말소될 당시</u>**의 **<u>소유자</u>**인 제3취득자이다.

② 가등기권리자가 소유권이전의 본등기를 한 경우에는 등기공무원은 가등기 이후에 한 **제3자의 등기**를 **직권말소**한다.

나) 순위보전의 효력

본등기의 순위는 **가등기의 순위**에 의한다(부등법 제91조). / But **물권변동의 효력발생**은 **본등기시**에 **발생**하고 가등기한 때로 소급하지 않는다.

다) 가등기권자가 소유권이전등기를 경료받은 경우의 법리

① 어느 특정의 물건에 관한 채권을 가지는 자가 그 물건의 소유자가 되었다는 사정만으로는 채권과 채무가 동일한 주체에 귀속한 경우에 해당한다고 할 수 없어 그 물건에 관한 채권이 혼동으로 소멸하는 것은 아닌바, 매매계약에 따른 소유권이전등기청구권 보전을 위하여 가등기가 경료된 경우 그 가등기권자가 가등기설정자에게 가지는 **가등기에 기한 본등기청구권은 채권으로서** 가등기권자가 가등기에 기한 본등기절차에 의하지 아니하고 가등기설정자로부터 **'별도'의 소유권이전등기를 경료받았다고 하여** 혼동의 법리에 의하여 가등기권자의 **가등기에 기한 본등기청구권**이 **소멸하지는 않는다**(→ 중간처분의 등기가 있는 경우 실익 有).

② 한편 **중간처분의 등기가 되어 있지 않고 가등기와 소유권이전등기의 등기원인**이 **'실질상 동일'**하다면, 가등기의 원인이 된 가등기의무자의 소유권이전등기의무는 그 내용에 좇은 의무이행이 완료되었다 할 것이어서 **가등기에 의하여 보전될 소유권이전등기청구권**은 **소멸**되었다고 보아야 하므로, 가등기권자는 가등기의무자에 대하여 더 이상 그 가등기에 기한 본등기절차의 이행을 구할 수 없다.

(4) 가등기의 가등기

순위보전의 대상이 되는 물권변동의 청구권은 그 성질상 양도될 수 있는 재산권일 뿐만 아니라 공시방법까지 마련된 셈이므로, 이를 양도한 경우에는 양도인과 양수인의 공동신청으로 그 가등기상의 권리의 이전등기를 **가등기에 대한 부기등기의 형식으로 경료할 수 있다.**

2. 중복등기

(1) 표제부 표시란의 이중등기

실제와 합치되는 등기만 유효하다.

(2) 중복보존등기

1) 등기명의인이 동일한 경우(절차법설)

1부동산 1등기기록주의를 채택하고 있는 이상 **먼저 경료된 등기**가 **유효**하고 뒤에 경료된 **중복등기는** 그것이 **실체관계에 부합하는 여부**를 **가릴 것 없이 무효**이다. 무효인 등기에 터잡아 타인명의로 소유권이전등기가 경료되었다고 하더라도 실체관계에 부합하는 여부를 가릴 것 없이 이 등기 역시 무효이다.

2) 등기명의인이 상이한 경우(절차법적 절충설)

① **선등기가 원인무효가 되지 아니하는 한 후등기는** 1부동산 1등기기록주의를 채택하고 있는 이상 **실체관계와 부합하는지 여부**와 **관계없이 무효**이고, 이를 토대로 한 이전등기도 모두 무효이다.

② 민법 제245조 제2항의 '등기'는 무효의 등기도 포함되지만, 부동산등기법 제15조가 규정한 **1부동산 1등기부주의에 위배되지 아니한 등기**를 말하므로, **뒤에 된 소유권보존등기나 이에 터잡은 소유권이전등기를 근거로** 하여서는 **등기부취득시효의 완성**을 **주장할 수 없다.**

③ 중복등기 말소를 구하는 소송에서 취득시효완성으로 실체관계에 부합한다는 항변을 하였으나 뒤에 경료된 등기라는 이유로 그 말소를 명하는 판결이 선고된 후, 같은 부동산에 관하여 시효취득을 원인으로 한 소유권이전등기를 구하는 소송을 제기한 경우, **전소와 후소**는 청구취지와 청구원인을 전혀 달리하는 소송으로서 그 **소송물**이 **다르고** 특별히 서로 **모순관계에 있거나** 전소의 소송물이 후소의 **선결문제에 해당하는 것**도 **아니므로 전소판결의 기판력이 후소에 미친다고 볼 수 없다**(즉, 기판력 저촉✗).

③ [**실체관계에 부합하는 등기(이론)**] – 등기신청에 하자 있거나 물권변동의 과정이나 원인에 반하는 등기라도 그 등기가 현재의 권리상태에 부합하는 것이면 유효한 등기로 인정 → Ex) 매매대금을 완납한 매수인의 위조된 등기신청서류에 의한 등기, 중간생략등기, 무효등기의 유용 등

※ 주의 판례

1. 중간생략등기

(1) 이미 경료된 중간생략등기의 유효성

1) 부동산등기특별조치법의 성격

부동산등기특별조치법이 미등기전매를 형사처벌하도록 하고 있으나, 그것이 중간생략등기의 합의에 관한 **사법상 효력**까지 **무효로 한다는 취지**는 **아니다**(단속규정).

2) 중간생략등기의 유효성 여부

① [**3자간 합의**] – 3자간의 합의가 있으면 **유효**하다. 3자간의 합의는 **묵시적 · 순차적**으로도 **가능**하다. → 중간생략등기의 합의란 부동산이 전전 매도된 경우 '**각각의 매매계약**이 **유효하게 성립함**을 **전제**'로 그 **이행의 편의상** 최초의 매도인으로부터 최종의 매수인 앞으로 소유권이전등기를 경료하기로 한다는 당사자 사이의 합의에 불과하다.

※ [**비교**] – 소유권이전등기 소요서류 등에 매수인란을 백지로 하여 교부한 경우에는 소유권이전등기에 있어 묵시적 그리고 순차적으로 중간등기 생략의 합의가 있었다고 봄이 상당하다.

② [**실체관계에 부합하는 등기**] – **3자간 합의가 없더라도 이미 중간생략등기가 이루어져 버린 경우**에 있어서는, 그 관계 당사자 사이에 적법한 원인행위가 성립되어 이행된 이상(각각의 계약이 유효한 경우), 중간생략등기에 관한 합의가 없었다는 사유만으로서는 그 **등기**를 **무효라고 할 수는 없다**(∵ 실체관계에 부합하여 유효).

③ [**토지거래허가구역 내의 중간생략등기**] – 중간생략등기의 합의가 있더라도 최초의 매도인과 최종의 매수인 사이에 매매계약이 체결되었다는 것을 의미하는 것은 아니므로, 최초매도인과 최종매수인 사이에 매매계약이 체결되었다고 볼 수 없고, 설사 **최종매수인이 자신과 최초매도인을 매매당사자로 하는 토지거래허가를 받아 자신 앞으로 소유권이전등기를 경료하였더라도** 그러한 최종매수인 명의의 소유권이전등기는 **적법한 토지거래허가 없이 경료된 등기**로서 **무효**이다.

(2) 최종 매수인의 최초 매도인에 대한 등기청구의 문제

1) 직접청구

① **3자간 합의**가 있으면 최종 양수인은 최초 양도인에게 **직접 소유권이전등기청구**를 **할 수 있다.**

② **3자간 합의가 있었다 하여 중간매수인의 소유권이전등기청구권**이 **소멸**된다거나 최초 매도인의 그 매수인에 대한 소유권이전등기의무가 소멸되는 것은 **아니다.**

※ [**비교**] – 중간생략등기의 합의가 있다고 하여 최초의 매도인이 당사자가 된 매매계약상의 중간자에 대하여 갖고 있는 매매대금청구권의 행사가 제한되는 것은 아니고, 중간생략등기의 합의가 있은 후에 최초 매도인과 중간 매수인 간에 매매대금을 인상하는 약정이 체결된 경우, **최초 매도인은 인상된 매매대금이 지급되지 않았음을 이유로 최종 매수인 명의로의 소유권이전등기의무의 이행을 거절할 수 있다.**

2) 채권양도에 기한 청구

성질상 양도가 **제한**되므로, 통상의 채권양도와 달리 중간자의 최초 양도인에 대한 **통지만으로는 부족하고, 반드시 최초 양도인의 동의나 승낙을 받아야** 채권양도를 원인으로 하여 소유권이전등기를 청구할 수 있다.

3) 대위청구

채권자대위권 행사 가능 → 다만 부동산의 최종 매수인은 중간자를 대위하여 그 최초 매도인인 등기명의자에게 중간자 앞으로의 소유권이전등기를 구할 수는 있을지언정 **직접 자기 앞으로**의 **소유권이전등기**를 **구할 수**는 **없다.**

2. 무효등기의 유용

(1) 요건

① [**일반**] – 실체관계에 부합하지 않은 등기가 말소되지 않고 있던 중에 그 등기에 부합하는 실체관계가 존재 + 등기유용의 합의 + **유용의 합의 전**에 **이해관계 있는 제3자**가 **존재하지 않아야 한다**.

② [**무효등기**] – **표제부등기**✗ → 기존건물이 멸실된 후 새로이 건축한 건물의 등기를 멸실된 건물의 등기부에 한 경우는 무효(그 등기는 신축건물에 대한 등기로서 유효하다고 할 수 없다) ∴ 멸실된 건물에 대한 근저당권설정등기로 신축된 건물에 대한 근저당권이 설정되었다고는 할 수 없으므로, 그 등기에 기하여 진행된 경매에서 신축된 건물을 경락받았다 하더라도 그로써 소유권취득을 내세울 수는 없다.

※ [**비교**] – 乙은 甲에게 가등기담보를 가지고 있었는데, 甲이 채무를 변제하자 乙의 담보권은 소멸하였고, 후에 다시 甲이 乙로부터 융자를 받으면서 기존의 무효인 가등기를 이용하여 담보를 설정한 경우라면 무효인 **가등기**에 대한 **유용**이 **인정**되는 결과, 乙의 담보가등기는 유효하게 존속한다.

③ [**등기유용의 합의**] – 합의는 **묵시적**으로도 이루어질 수 있으나, 무효등기 사실을 알면서 장기간 이의를 제기하지 아니하고 방치한 것만으로는 부족하고, 무효등기를 유용할 의사에서 비롯되어 장기간 방치된 것이라고 볼 수 있는 특별한 사정이 있어야 한다.

④ [**이해관계 있는 제3자**] – **등기부상** 이해관계 있는 제3자를 의미한다.

(2) 효과

요건을 갖춘 때에 **비로소 물권발생의 효과**가 **발생**하고, 그 무효등기가 처음 기재된 때로 물권발생의 효과가 **소급**하는 것은 **아니다**.

(3) 소유권이전등기청구권의 보전을 위한 가등기 유용의 합의

부동산의 매매예약에 기하여 소유권이전등기청구권의 보전을 위한 가등기가 마쳐진 경우에 그 매매예약완결권이 소멸하였다면 그 가등기 또한 효력을 상실하여 말소되어야 할 것이나, 그 부동산의 **소유자가 제3자와 사이에 새로운 매매예약을 체결하고** 그에 기한 **소유권이전등기청구권의 보전을 위하여 이미 효력이 상실된 가등기를 유용하기로 합의하고** 실제로 그 **가등기 이전의 부기등기를 마쳤다면**, 그 가등기 이전의 부기등기를 마친 **제3자로서는 언제든지 부동산의 소유자에 대하여 위 가등기 유용의 합의를 주장하여 가등기의 말소청구에 대항할 수 있다**. 다만 그 가등기 이전의 부기등기 전에 등기부상 이해관계를 가지게 된 자에 대하여는 위 가등기 유용의 합의 사실을 들어 그 가등기의 유효를 주장할 수는 없다.

※ [**비교**] – 채권자가 무효인 소유권이전등기청구권의 보전을 위한 가등기의 유용 합의에 따라 부동산 소유자인 채무자로부터 그 가등기 이전의 부기등기를 마친 제3채무자를 상대로 채무자를 대위하여 가등기의 말소를 구한 경우, **채권자가 그 부기등기 전에 부동산을 가압류한 사실을 주장**하는 것은 채무자가 아닌 **채권자 자신이 제3채무자에 대하여 가지는 사유에 관한 것**이어서 **허용되지 않는다**(∵ 채권자는 자기와 제3채무자 사이의 독자적인 사정에 기한 사유를 주장할 수는 없기 때문이다).

3. 효력 – 등기의 추정력

(1) 법적 성질

법률상 권리추정 : 증명책임의 전환 → 소유권이전등기가 경료되어 있는 경우 등기명의자는 제3자에 대하여서뿐만 아니라 전소유자에 대하여서도 **적법한 등기원인**에 의하여 **소유권**을 **취득**한 것으로 **추정**되므로, **원고가** 소유권이전등기의 말소를 구하려면 **등기의 원인무효 사실**을 **주장 · 증명**할 **책임**이 있다.

(2) 추정력의 범위

1) 인적 범위

소유권이전등기의 경우에 현등기명의인은 **전소유자**(전등기명의인)**에 대하여서도** 적법한 등기원인에 의하여 소유권을 취득한 것으로 **추정**된다.

2) 물적 범위

① 등기된 권리의 존재 및 귀속(현재의 권리상태), 등기절차의 적법, 등기원인의 존재 및 적법, **대리권의 존재**, 저당권설정등기의 경우 피담보채권의 존재가 추정된다.

② 근저당의 경우 기본계약은 있어야 하지만 이것은 등기사항이 아니므로, 기본계약은 추정되지 않고, 근저당권의 성립 당시 그러한 기본계약이 있었는지에 대한 입증책임은 그 존재를 주장하는 측에 있다.

※ 주의 판례

1. 절차의 적법추정

전등기명의인이 **미성년자**이고 당해 부동산을 **친권자에게 증여**하는 행위가 **이해상반행위**라 하더라도 일단 친권자에게 이전등기가 경료된 이상, 특별한 사정이 없는 한 그 이전등기에 관하여 필요한 **절차를 적법하게 거친 것**으로 **추정**된다.

2. 등기원인 등의 적법추정

① 등기부상 기재된 등기원인에 의하지 아니하고 다른 원인으로 적법하게 취득하였다고 하면서 **등기원인행위의 태양이나 과정**을 **다소 다르게 주장**한다고 하여 이러한 주장만 가지고 그 등기의 추정력이 깨어진다고 할 수는 없고, 그러한 주장 사실이 인정되지 않는다 하더라도 그 자체로 **등기의 추정력**이 **깨어진다고 할 수 없다**.

② **환매특약**이 등기부에 기재되어 있는 때에는 반증이 없는 한 환매특약이 **진정하게 성립**된 것으로 **추정**된다.

③ 토지에 관하여 **점유취득시효 완성에 따라 소유권이전등기가 마쳐진 경우**에도 **적법한 등기원인에 따라 소유권을 취득한 것으로 추정**된다. 따라서 제3자가 등기명의자의 취득시효 기간 중 일부 기간 동안 해당 토지 일부에 관하여 직접적・현실적인 점유를 한 사실이 있다는 사정만으로 등기의 추정력이 깨어진다거나 위 소유권이전등기가 원인무효의 등기가 된다고 볼 수는 없다.

3. 대리권존재의 추정

제3자가 **처분행위에 개입**하고 현등기명의인이 그 제3자가 전등기명의인의 대리인이라고 주장하는 경우 **제3자의 대리권 존재**도 **추정**되므로, 그 등기가 원인무효임을 이유로 말소를 청구하는 전등기명의인으로서는 그 반대사실, 즉 그 제3자에게 전등기명의인을 대리할 권한이 없었다든지, 또는 그 제3자가 전등기명의인의 등기서류를 위조하였다는 등의 무효사실에 대한 입증책임을 진다.

4. 추정력이 부정 또는 복멸

① **사망자 명의**의 등기신청에 의하여 경료된 소유권이전등기

② 등기의 **원인행위**가 **무효**임이 **증명**(등기 절차나 원인이 부당한 것으로 볼 만한 의심스러운 사정이 있음이 증명된 경우 포함)

③ **중복보존등기**

④ **가등기**

⑤ **소유권보존등기 명의인이 원시취득자가 아니라는 점**이 **증명**되거나, 토지에 관한 소유권보존등기의 경우 **토지를 사정받은 사람이 따로 있음이 밝혀진 경우**

⑥ 특별조치법에 의한 보존등기로 그 등기의 기초가 된 특별조치법 소정의 **보증서나 확인서**가 **허위**로 작성되거나 **위조**된 경우

⑦ **허무인**으로부터 등기를 이어받은 소유권이전등기

(3) 추정력의 효과

1) 기본적 효과

법률상 추정이므로 증명책임이 전환 → 추정을 깨뜨리려면 반증으로서는 부족하고 본증으로 그 추정권리의 부존재나 소멸을 입증하지 않으면 안 된다.

※ [**비교**] – 원고가 등기원인의 무효를 증명한 경우, 등기가 실체적 권리관계에 부합한다는 사실의 증명책임은 이를 주장하는 등기명의인에게 있다.

※ [**비교**] – 법원의 확정판결에 따라 소유권이전등기가 마쳐진 경우, **기판력이 미치지 아니하는 타인이** 위 등기원인의 부존재를 이유로 **확정판결에 기한 등기의 추정력을 번복하기 위해서는** 일반적으로 등기의 추정력을 번복함에 있어서 요구되는 증명의 정도를 넘는 **명백한 증거나 자료를 제출하여야 하**고, 법원도 그러한 정도의 증명이 없는 한 확정판결에 기한 등기가 원인무효라고 단정하여서는 아니 된다.

2) 부수적 효과

등기의 내용을 신뢰하고 거래한 자는 선의·무과실로 추정된다.

4. 등기청구권

(1) 등기청구권의 발생원인과 법적 성질 및 소멸시효의 대상적격

1) 매매계약에 기한 소유권이전등기청구권(채권적 청구권)

① **매수인**이 토지를 인도받아 사용·수익(점유)하고 있는 경우 **소멸시효로 소멸**✗

② **매수인이** 부동산을 인도받아 이를 사용·수익하다가 '보다 적극적인 권리행사의 일환으로' 타인에게 그 부동산을 처분하고 **점유를 승계해 준 경우 소멸시효로 소멸**✗

2) 점유취득시효완성으로 인한 소유권이전등기청구권(채권적 청구권)

① 토지에 대한 **취득시효 완성**으로 인한 소유권이전등기청구권은 그 토지에 대한 점유가 계속되는 한 **시효로 소멸**✗

② 그러나 **취득시효가 완성된 점유자가 점유를 상실**한 경우 **시효로 소멸**○

3) 소유권에 기한 물권적 청구권

① **명의신탁의 해지**로 인한 소유권이전등기청구권이나 말소등기청구권은 **소멸시효의 대상**✗

② **매매계약의 합의해제**에 따른 매도인의 원상회복청구권은 **소멸시효의 대상**✗

③ **진정한 등기명의의 회복을 위한 소유권이전등기청구**는 소유권에 의한 방해배제청구권으로서 **소멸시효의 대상**✗

4) 명의신탁

가) 3자간 등기명의신탁에서 명의신탁자의 매도인에 대한 소유권이전등기청구권

미등기매수인의 법리는 마찬가지로 적용 ∴ 목적 부동산을 인도받아 점유하고 있는 **명의신탁자의 매도인에 대한 소유권이전등기청구권**은 **시효로 소멸**✗

나) 계약명의신탁의 경우 명의신탁자의 명의수탁자에 대한 부당이득반환청구권에 기한 등기청구권

명의신탁자가 당해 부동산의 회복을 위해 **명의수탁자에 대해 가지는 소유권이전등기청구권**은 성질상 부당이득반환청구권으로서 10년의 기간이 경과함으로써 **시효로 소멸O** (∵ 소멸시효가 진행되지 않는다고 본다면 부동산실명법을 위반한 명의신탁자의 권리를 보호하여 주는 결과로 되어 관련 법률의 취지에 反)

(2) 미등기 매수인의 법적 지위

1) 소유권 취득 여부

형식주의 하에서 물권적 합의가 있더라도 등기를 갖추지 않는 이상 **소유권**을 **취득**하지 **못하고, 소유권에 준하는 관습상 물권도 인정**✗ → **소유권**은 여전히 **매도인**에게 남아 있다.

2) 점유자로서의 보호

매수인이 목적부동산을 인도받아 점유하고 있는 경우에는 **점유보호청구권**을 행사할 수 있다.

3) 매도인의 목적물반환청구권에 대한 매수인의 항변

매도인이 등기부상 소유명의가 자기에게 있음을 기화로 목적물반환청구권을 행사한 경우, 매수인은 제213조 단서의 점유할 정당한 권원이 있다는 이유로 그 **반환**을 **거부**할 수 있다.

4) 등기청구권과 소멸시효

(3) 진정등기명의의 회복을 원인으로 한 소유권이전등기청구권

1) 인정 여부 및 법적 성질

① 이미 **자기 앞으로 소유권을 표상하는 등기**가 되어 있었거나, **법률의 규정**에 의하여 **소유권**을 **취득한 자**가 현재의 등기명의인을 상대로 그 **등기의 말소를 구하는 외**(대신)에 진정한 등기명의의 회복을 원인으로 한 **소유권이전등기**절차의 이행을 **직접 구하는 것**도 **허용**되어야 한다.

② 말소등기에 갈음하여 허용되는 진정등기명의회복을 원인으로 한 소유권이전등기청구권과 무효등기의 말소청구권은 어느 것이나 진정한 소유자의 등기명의를 회복하기 위한 것으로서, **실질적으로** 그 **목적**이 **동일**하고, 두 청구권 모두 제214조의 소유권에 기한 방해배제청구권으로서 그 **법적 근거**와 **성질**이 **동일**하므로, 그 **소송물은 실질상 동일**한 것으로 보아야 한다. → ※ [**사안**] : **진정한 소유자가 소유권이전등기말소청구소송에서 패소확정판결을 받았다면 진정명의회복을 원인으로 한 소유권이전등기청구를 할 수 없다**(∵ 기판력 저촉O).

2) 요건

① [**일반**] – 청구권자는 현재의 소유권자 + 상대방의 등기경료 + 등기가 원인무효의 등기

② [**청구권자**] – 이미 자기 앞으로 **소유권**을 **표상**하는 **등기**가 되어 있었거나, **법률의 규정**에 의하여 **소유권**을 취득한 자

※ [**비교**] – (유효한) 명의신탁에 있어서 대외적으로는 수탁자가 소유자라고 할 것이고, 명의신탁재산에 대한 침해배제를 구하는 것은 대외적 소유권자인 수탁자만이 가능한 것이며,

신탁자는 **수탁자를** <u>**대위**</u>**하여** 그 **침해에 대한 배제**를 **구할 수 있을 뿐**이므로, 명의신탁사실이 인정된다고 할지라도 신탁자는 **제3자에 대하여 진정한 등기명의의 회복을 원인으로 한 소유권이전등기청구를 할 수 있는 진정한 소유자의 지위에 있다고 볼 수 없다.**

③ [**상대방(피고)**] – **현재의 등기명의인**을 상대로 하여야 하고, 현재의 등기명의인이 아닌 자는 피고적격이 없다.

3) 인정범위

① **무효등기**에 기하여 **순차**로 **이전등기**가 마쳐진 경우, 최종명의인을 상대로 직접 소유권이전등기를 청구하는 경우

② **통정허위표시**를 이유로 등기의 무효를 제3자(Ex. 저당권자)에게 대항할 수 없는 경우에 중간자를 상대로 직접 소유권이전등기를 청구하는 경우

③ 부동산의 **공유**자 중 한 사람이 공유물에 경료된 **제3자의 원인무효의 등기**에 관하여 각 공유자에게 해당 지분별로 진정명의회복을 원인으로 한 소유권이전등기를 청구하는 경우

④ **사해행위의 취소로 인한 원상회복의 방법**으로 수익자 명의의 등기의 말소를 구하는 대신 수익자를 상대로 채무자 앞으로의 직접 소유권이전등기를 청구하는 경우(Ex. 선의 전득자로서 저당권자 사안)

(4) 등기인수청구권의 인정 여부

등기의무자가 자기 명의로 있어서는 안 될 등기가 자기 명의로 있음으로 인하여 사회생활상 또는 법상 불이익을 입을 우려가 있는 경우에는 소의 방법으로 등기권리자를 상대로 **등기**를 **인수받아 갈 것**을 **구할 수 있다.**

Set 05 동산의 물권변동

1. 법률행위로 인한 물권의 변동

(1) 적법한 권리자로부터의 취득(제188조 ~ 제190조)

성립요건주의 – 법률행위 + <u>**공시방법 : 인도**</u>(점유)

↳ 현실인도, 간이인도, 점유개정, 반환청구권의 양도

(2) 무권리자로부터의 취득 – 선의취득(제249조)

1) 요건

가) 선의취득의 객체 – 동산

① 지상권 · 저당권과 같은 부동산에 대한 권리나 **자동차** ✗

② 공장저당권의 효력이 미치는 기계O

③ 수목 → **토지로부터 벌채·분리된 수목**O(∵ 완전한 동산) / But **토지에 부착되어 있는 수목** ✗(∵ 명인방법에 의해 공시)

나) 양도인에 관한 요건

① 무권리자의 처분O / 무권대리✗

② 양도인의 점유에 공신력 → 양도인의 점유는 타주점유, 간접점유, **점유보조자**라도 **무방**

다) 양수인에 관한 요건

① 평온·공연하게 양수한 자가 선의이며 과실 없이 그 동산을 점유

② **평온·공연·선의**는 **추정**O(제197조 제1항) / **무과실**은 **추정**✗

③ 선의·무과실의 판단은 **물권행위**가 **완성된 때**를 기준 → 물권행위(물권적 합의)가 동산의 인도보다 먼저 행하여진 때에는 인도시를, 인도가 먼저 행하여진 때에는 물권행위시(물권적 합의)를 기준으로 판단한다.

④ **현실인도나 간이인도**는 선의취득에 필요한 점유취득의 **요건**으로 **충족**O, **목적물반환청구권의 양도**인 경우에는 **지명채권 양도의 대항요건을 갖추었을 때 요건**으로 **충족**O / But **점유개정**에 의한 점유취득만으로는 **요건**을 **충족**✗

※ [비교] (**점유개정에 의한 동산의 이중양도담보**) – **채무를 담보하기 위하여** 채무자가 그 소유의 **동산**을 채권자에게 **양도하되 점유개정**에 의하여 채무자가 이를 계속 점유하기로 한 경우 특별한 사정이 없는 한 동산의 **소유권은 신탁적으로 이전**됨에 불과하여 채권자와 채무자 사이의 **대내적 관계**에서 **채무자**는 의연히 **소유권**을 **보유**하나 **대외적인 관계**에 있어서 **채무자는** 동산의 소유권을 이미 채권자에게 양도한 **무권리자**가 되는 것이어서 다시 다른 채권자와의 사이에 양도담보 설정계약을 체결하고 점유개정의 방법으로 인도를 하더라도 **선의취득이 인정되지 않는 한 나중에 설정계약을 체결한 채권자는 양도담보권을 취득할 수 없는데**, 현실의 인도가 아닌 **점유개정으로는 선의취득이 인정되지 아니하므로**, 결국 **뒤의 채권자**는 **양도담보권**을 **취득할 수 없다**.

라) 유효한 거래행위

① 매매뿐만 아니라 **강제경매**, 증여, 대물변제 등O / **상속·합병과 같은 포괄승계**✗

② 제한능력, 의사의 흠결 등으로 무효·취소된 때에는 선의취득 성립✗

2) 효과 – 원시취득

① 민법 제249조의 동산 선의취득제도는 동산을 점유하는 자의 권리외관을 중시하여 이를 신뢰한 자의 소유권 취득을 인정하고 진정한 소유자의 추급을 방지함으로써 거래의 안전을 확보하기 위하여 법이 특별히 마련한 제도이므로, 선의취득자가 임의로 이와 같은 **선의취득 효과를 거부하고 종전 소유자에게 동산을 반환받아 갈 것**을 **요구할 수 없다**.

② 매매 목적물에 대한 소유권이 유보된 경우라 하더라도 이를 다시 매수한 제3자의 선의취득이 인정되는 때에는, 그 **선의취득**은 **이익을 보유할 수 있는 법률상 원인**이 되므로 제3자는 그러한 **반환의무**를 **부담하지 않는다**. → 매도인에 의하여 소유권이 유보된 자재를 매수인이 제3자와 사이의 도급계약에 의하여 제3자 소유의 건물 건축에 사용하여 부합됨에 따라 매도인이 소유권을 상실하는 경우에, 이는 거래에 의한 동산 양도와 유사한 실질을 가지므로, 그 부합에 의한 **제261조의 보상청구**에 대하여도 **선의취득에서의 이익보유에 관한 법리**가 **유추적용**된다. 따라서 제3자가 도급계약에 의하여 제공된 **자재의 소유권이 유보된 사실에 관하여 과실 없이 알지 못한 경우라면 선의취득의 경우와 마찬가지로** 제3자가 그 자재의 귀속으로 인한 이익을 보유할 수 있는 법률상 원인이 있다고 봄이 상당하므로 **매도인으로서는 그에 관한 보상청구를 할 수 없다**.

3) 도품・유실물에 관한 특례

① 제249조의 경우에 그 동산이 도품이나 유실물이면 피해자 또는 유실자는 도난 또는 유실한 날로부터 2년 내에 그 물건의 반환을 청구할 수 있다(제250조). 다만 양수인이 도품 또는 유실물을 경매나 공개시장에서 또는 동종류의 물건을 판매하는 상인에게서 선의로 매수한 때에는 피해자 또는 유실자는 양수인이 지급한 대가를 변상하고 그 물건의 반환을 청구할 수 있다(제251조). → 선의취득의 요건을 갖추었음을 전제로 하므로 **무과실**도 **당연히 요구되는 요건O**

② **직접점유자의 의사에 기초해 점유가 이전**되는 사기・공갈・횡령의 경우에는 위 특례 **적용✗**

③ 민법 제250조, 제251조 소정의 '**도품・유실물**'이란 원권리자로부터 점유를 수탁한 사람이 적극적으로 제3자에게 부정처분한 경우와 같은 **위탁물횡령의 경우**는 **포함되지 아니하고**, 또한 **점유보조자 내지 소지기관의 횡령처럼 형사법상 절도죄가 되는 경우도** 형사법과 민사법의 경우를 동일시해야 하는 것은 아닐 뿐만 아니라, 진정한 권리자와 선의의 거래상대방 간의 이익형량의 필요성에 있어서 **위탁물횡령의 경우와 다를 바 없으므로**, 이 역시 민법 제250조의 **도품・유실물에 해당하지 않는다**.

2. 법률규정에 의한 물권변동

민법은 법률의 규정에 의한 동산물권의 변동에 관하여 명문의 규정을 두고 있지 않으나, 제187조의 규정을 적용하여 동산의 경우에도 인도 없이 물권변동의 효력이 생긴다.

Set 06 물권의 소멸 - 혼동(제191조)

1. 민법의 규정

① 민법은 물권간의 혼동으로 제191조에서 규정하고 있으며, 채권·채무간의 혼동에 관하여는 제507조에서 규정하고 있다. → 채권과 물권간 혼동은 규정✗

② 점유권은 혼동의 법리 적용✗

2. 소유권과 제한물권의 혼동

① 동일한 물건에 대한 소유권과 다른 물권(제한물권)이 동일한 사람에게 귀속한 때에는 다른 물권(제한물권)은 소멸한다. → Ex) 지상권 또는 전세권자가 소유권을 취득한 경우 지상권 또는 전세권은 혼동으로 소멸한다.

② 그러나 **그 물권이 제3자의 권리의 목적이 된 때**(제3자의 이익을 위해 필요한 경우) 또는 **본인의 이익을 위해 필요한 경우**에는 혼동으로 **소멸하지 않는다**.

※ 주의 판례

1. 소유권과 임차권이 동일인에 귀속

① 부동산에 대한 소유권과 대항력 갖춘 임차권이 동일인에게 귀속하게 되는 경우 **임차권은 혼동에 의하여 소멸**하는 것이 원칙이다.

② 그러나 **임차권이 대항요건을 갖추고 있고 그 후에 저당권이 설정된 때**에는 혼동으로 인한 물권소멸 원칙의 예외 규정인 민법 **제191조 제1항 단서를 준용**하여 **임차권**은 **소멸하지 않는다**.

※ [**비교**] - 대항력 갖춘 임차인이 당해 주택을 매각받아 그 대금을 납부함으로써 임차주택의 소유권을 취득한 때에는 그 주택임차인은 임대인의 지위를 승계하는 결과 그 임대차계약에 기한 채권이 혼동으로 인하여 소멸하게 되므로 그 임대차는 종료된 상태가 된다.

2. 1번, 2번 저당권이 존재하는 부동산을 1번 저당권자가 상속한 경우

① **채무자 소유의 부동산**에 1번, 2번 저당권자가 존재하고 **1번 저당권자가** 채무자 소유의 부동산을 **상속한 경우**, **채권·채무의 혼동**으로 **1번 저당권**이 말소등기 없이 **소멸**하고 2번 저당권은 순위 승진된다.

② **물상보증인 소유의 부동산**에 1, 2번 저당권자가 존재하고 **1번 저당권자가** 물상보증인 소유의 부동산을 **상속한 경우**, 물상보증인은 채무 없이 책임만을 지는 자이므로 **채권·채무의 혼동은 없으며**, **1번 저당권**은 혼동으로 **소멸하지 않는다**.

3. 제한물권과 그 제한물권을 목적으로 하는 다른 권리의 혼동

① 소유권 이외의 물권(제한물권)과 그를 목적으로 하는 다른 권리(제한물권)가 동일한 사람에게 귀속한 경우, 제한물권을 목적으로 하는 **다른 제한물권**은 혼동으로 **소멸**한다. → Ex) 지상권 또는 전세권을 목적으로 한 저당권자가 지상권 또는 전세권을 취득한 경우에 저당권은 혼동으로 소멸한다.

② 그러나 **제한물권이 제3자의 권리의 목적인 경우**에는 혼동으로 **소멸하지 않는다**. → Ex) 甲이 가지는 지상권 위에 乙이 1번 저당권자, 丙이 2번 저당권자로 존재하는 경우, 乙이 지상권을 취득하더라도 乙의 저당권은 소멸하지 않는다.

4. 효과

혼동에 의해 물권은 절대적으로 소멸한다. 다만 **혼동의 원인행위가 부존재하거나 무효 또는 취소** 등으로 효력이 없으면 **혼동으로 소멸한 권리**는 **당연**히 **부활**한다. → Ex) 저당권자가 담보부동산의 소유권을 취득하게 되면 저당권은 혼동에 의해 소멸하지만, 그 **소유권취득이 원인무효**라면 **소멸한 저당권**은 **당연**히 **부활**한다.

5. 가등기에 의한 본등기청구권과 물권의 혼동 여부

Set 07 점유(점유권)

1. 점유

(1) 개념

사회관념상 사실적 지배에 있다고 보이는 객관적 상태 → 물건과 사람과의 시간적·공간적 관계와 본권 관계, 타인지배의 가능성 등을 고려하여 합목적적으로 판단

(2) 토지의 점유

① **대지의 소유자로 등기한 자**는 보통의 경우 **등기할 때**에 **대지를 인도받아 점유를 얻은 것**으로 보아야 하므로 등기사실을 인정하면서 특별한 사정의 설시 없이 점유사실을 인정할 수 없다고 판단해서는 아니 된다. 그러나 **이는** 대지 등이 매매 등을 원인으로 양도되고 이에 따라 **소유권이전등기가 마쳐진 경우에 그렇다는 것이지, 소유권보존등기의 경우**에도 **마찬가지라고 볼 수는 없다**.

② 사회통념상 건물은 그 부지를 떠나서는 존재할 수 없는 것이므로 **건물의 소유자**가 현실적으로 건물이나 그 부지를 점거하고 있지 아니하고 있더라도 그 건물의 소유를 위하여 그 **부지**를 **점유**한다고 보아야 한다. 따라서 **건물의 소유명의자가 아닌 자**(Ex. **건물임차인**)로서는 실제로 그

건물을 점유하고 있다고 하더라도 그 건물의 **부지를 점유하는 자로**는 **볼 수 없다**. **다만 미등기 건물을 양수하여 건물에 관한 법률상 또는 사실상 처분권을 보유하게 된 양수인은** 건물의 **부지** 역시 아울러 **점유**하고 있다고 볼 수 있다.

※ [비교] (**토지소유자에 대한 부당이득반환의무**) – ① **미등기건물의 원시취득자**와 **미등기건물을 양수한 사실상 처분권자**도 토지소유자에 대하여 **부당이득반환의무**를 진다. ② 미등기건물의 원시취득자와 사실상 처분권자가 토지소유자에 대하여 부담하는 부당이득반환의무는 동일한 경제적 목적을 가진 채무로서 **부진정연대채무 관계**에 있다.

2. 점유의 관념화

① 점유보조자(제195조 : 점유보조관계 - 점유권✗), 간접점유(제194조 : 점유매개관계 - 점유권O), 상속인의 점유(제193조 – 점유권은 상속인에 이전한다)

※ [비교] (**간접점유의 점유매개관계의 단절 여부**) – 점유매개관계를 이루는 임대차계약 등이 종료된 이후에도 직접점유자가 목적물을 점유한 채 이를 반환하지 않고 있는 경우, 간접점유자의 반환청구권이 소멸한 것이 아니므로 간접점유의 점유매개관계가 단절된다고 할 수 없다.

② **점유보호청구권**은 **간접점유자**도 이를 **행사**할 수 있되, 점유의 침탈을 당한 경우에 간접점유자는 그 물건을 직접점유자에게 반환할 것을 청구할 수 있고, 직접점유자가 그 물건의 반환을 받을 수 없거나 이를 원하지 아니하는 때에는 자기에게 반환할 것을 청구할 수 있다(제207조).

③ 상속인은 사실상 지배를 하지 않더라도 피상속인의 점유는 당연히 상속인의 점유로 이전되며(제193조), 이 경우 상속인이 상속의 사실을 몰라도 상관없다.

Set 08 점유의 태양

1. 자주점유와 타주점유

(1) 의의와 기준시기

① 자주점유란 소유자와 같은 배타적 지배의사(소유의 의사)로 점유O / 소유권이 있다고 믿고서 하는 점유✗

② **점유개시 당시**를 **기준**으로 판단 → **부동산을 매수하여 이를 점유하게 된 자는** 그 매매가 무효가 된다는 사정이 있음을 알았다는 등의 특단의 사정이 없는 한 그 **점유의 시초**에 **소유의 의사로 점유한 것이며, 나중에 매도자에게 처분권이 없었다는 등의 사유로 그 매매가 무효인 것이 밝혀졌다 하더라도 그와 같은 점유의 성질이 변하는 것은 아니다.**

(2) 구별기준

점유자의 **내심의 의사에 의하여 결정되는 것이 아니라** 점유 취득의 원인이 된 **권원의 성질**이나 **점유와 관계가 있는 모든 사정에 의하여 외형적 · 객관적으로 결정** → Ex) 진정한 소유자라면 통상 취하지 아니할 태도를 나타내거나 소유자라면 당연히 취했을 것으로 보이는 행동을 취하지 아니한 경우 등

(3) 자주점유의 추정과 번복(복멸)

점유자는 소유의 의사로 점유한 것으로 **추정**한다(제197조 제1항). → ① 스스로 소유의 의사를 입증할 책임은 없고, 상대방이 타주점유임을 증명할 책임이 있다. ② 국가나 지방자치단체가 점유하는 경우에도 마찬가지로 추정된다.

※ 주의 판례

1. 자주점유 해당

① 점유자가 스스로 **매매 등과 같은 자주점유의 권원**을 **주장**한 경우 이것이 인정되지 않는다는 이유만으로 자주점유의 추정이 번복된다거나 또는 점유권원의 성질상 타주점유로 볼 수는 없다.

② 점유의 승계가 있는 경우 전 점유자의 점유가 타주점유라 하여도 **점유자의 승계인이 자기의 점유만**을 **주장**하는 경우에는 현 점유자의 점유는 자주점유로 추정된다.

③ **등기를 수반하지 아니한 점유**임이 밝혀졌다고 하여 이 사실만 가지고 바로 점유권원의 성질상 소유의 의사가 결여된 타주점유라고 할 수 없다.

④ **구분소유적 공유관계**에서 어느 특정된 부분만을 소유 · 점유하고 있는 공유자가 매매 등과 같이 종전의 공유지분권과는 별도의 **자주점유가 가능한 권원에 의하여 다른 공유자가 소유 · 점유하는 특정된 부분을 취득하여 점유를 개시**하였다고 **주장**하는 경우에는 타인 소유의 부동산을 매수 · 점유하였다고 주장하는 경우와 달리 볼 필요가 없으므로, 취득 권원이 인정되지 않는다고 하더라도 그 사유만으로 자주점유의 추정이 번복된다거나 점유권원의 성질상 타주점유라고 할 수 없고, 상대방에게 타주점유에 대하여 증명할 책임이 있다.

⑤ **취득시효기간 완성 후**에 점유자가 **매수**를 **제의**한 사실이 있다는 것만으로는 타주점유로 볼 수 없고 시효이익의 포기로도 볼 수 없다.

2. 타주점유 해당

① 매도인에게 **처분권한이 없다**는 것을 매수인이 **알고**서 **매수**하였다는 사정이 **입증**되었다면 타주점유에 해당한다. 마찬가지로 매수인이 매매계약의 **무효원인**을 **알고**서 **점유**한 경우에도 타주점유에 해당한다(악의의 무단점유).

② 매매대상 토지의 실제 면적이 공부상 면적을 **상당**히 **초과**하는 경우 그 초과부분에 대한 매수인의 점유는 타주점유에 해당한다(오상권원).

③ 공유부동산의 경우에 **공유자 중의 1인**이 공유지분권에 기초하여 부동산 **전부**를 **점유**하고 있다고 하여도 다른 특별한 사정이 없는 한 권원의 성질상 **다른 공유자의 지분비율의 범위 내**에서는 타주점유라고 할 것이다.

④ 상속인은 **피상속인 점유의 성질 · 하자**(Ex. 타주점유)를 **그대로 승계**하며, 상속인이 **새로운 권원에 의하여 자기 고유의 점유를 시작하지 않는 한** 피상속인의 점유를 떠나 **자기만의 점유**를 **주장할 수 없고, 선대의 점유가 타주점유인 경우** 특단의 사정이 없는 한 그 점유는 **자주점유로 될 수 없다**(※ 상속 자체는 새로운 권원이 될 수 없다).

⑤ 명의신탁의 수탁자는 점유권원의 성질상 타주점유이다.

⑥ 부동산을 매도하여 인도의무를 지는 매도인의 점유는 타주점유이다.

(4) 자주점유 또는 타주점유로의 전환

1) 타주점유의 자주점유로의 전환

새로운 권원에 의하여 다시 소유의 의사로 **점유하거나** 자기에게 점유시킨 자에게 **소유의 의사가 있음**을 **표시**하여야 한다.

2) 자주점유의 타주점유로의 전환

진정 소유자가 점유자를 상대로 토지에 관한 점유자 명의의 소유권이전등기의 말소등기청구소송을 제기하여 그 소송사건이 점유자의 패소로 확정되었다면, ① 그 점유자는 민법 제197조 제2항의 규정에 의하여 그 '**소송의 제기시**'**부터**는 토지에 대한 **악의의 점유자**로 간주되고, ② 패소판결의 확정으로 점유자로서는 정당한 소유자에 대하여 말소등기의무를 부담하고 있는 점유자로 변한 것이어서 점유자의 토지에 대한 점유는 '**패소판결 확정**' **후부터**는 **타주점유**로 **전환**되었다.

※ [비교] – ① **토지의 점유자가 원고로서** 그 토지에 대하여 **매매를 원인으로 한 소유권이전등기청구소송**을 제기하였다가 **패소 확정**된 경우라도 점유자의 점유가 **타주점유로 전환되는 것**은 **아니다**. ② **토지의 점유자가** 이전에 소유자를 상대로 그 토지에 관하여 **소유권이전등기말소절차의 이행을 구하는 소**를 제기하였다가 **패소판결**이 **확정**되었다 하더라도, 그 패소판결의 확정으로 점유자의 소유자에 대한 말소등기청구권이 부정될 뿐 그로써 점유자가 소유자에 대하여 어떠한 의무를 부담하게 되었다고 볼 수는 없고, 따라서 점유자가 그 소송에서 패소하고 그 판결이 확정되었다는 사정만으로는 토지 점유자의 자주점유의 추정이 번복되어 **타주점유**로 **전환되는 것**은 **아니다**.

2. 선의점유와 악의점유

① 점유자는 선의로 점유한 것으로 추정된다(제197조 제1항).

② **권원 없는 점유였음이 밝혀졌다고 하여 바로 그동안의 점유에 대한 선의의 추정이 깨어졌다고 볼 것은 아니지만**, 선의의 점유자라도 **본권에 관한 소**에서 **패소**한 때에는 그 '**소가 제기된 때**'에 **악의**였던 것으로 **간주**된다(제197조 제2항). 따라서 소가 제기된 이후의 사용이익은 부당이득으로 반환하여야 한다. → ※ [**본권에 관한 소**] : 소유권에 기하여 점유물의 인도나 명도를 구하는 소송은 물론, 부당점유자를 상대로 점유로 인한 **부당이득의 반환을 구하는 소송**도 **포함**된다.

3. 평온 · 공연한 점유

점유의 평온 · 공연성은 추정되고(제197조 제1항), 점유가 불법이라고 주장하는 자로부터 **이의**를 받은 사실이 있거나 점유물의 소유권을 위하여 당사자 사이에 **분쟁**이 있었다 하더라도 그러한 사실만으로 곧 점유의 **평온 · 공연성**이 **상실되지**는 **않는다**.

4. 점유계속의 추정

전후 양시에 점유한 사실이 있는 때에는 그 점유는 계속된 것으로 **법률상 추정**되므로(제198조), 그 사이 점유가 중단되었다는 사실은 상대방이 주장 · 입증책임을 진다.

Set 09 점유권

1. 점유권의 취득 및 소멸과 점유의 승계

① 물건을 사실상 지배하는 자는 점유권이 있고, 물건에 대한 사실상의 지배를 상실한 때에는 점유권이 소멸한다. 그러나 제204조의 규정에 의하여 '점유를 회수한 때'에는 그러하지 아니하다(제192조).

② 점유의 승계인은 자기의 점유만을 주장하거나 자기의 점유와 전점유자의 점유를 아울러 주장할 수 있는데(점유의 분리 · 병합), **전점유자의 점유를 아울러 주장**하는 경우에는 그 **하자**도 **승계**한다(제199조). **그러나** 점유의 **법률효과까지 승계하는 것**은 **아니다**.

2. 점유권의 효력

(1) 권리추정력

① 점유자가 점유물에 대하여 행사하는 권리는 적법하게 보유한 것으로 추정한다(제200조).

② 제200조는 동산에만 적용O, 부동산은 등기유무를 불문하고 적용✗

(2) 점유자와 회복자의 관계

1) 과실의 취득 및 반환(제201조)

① 선의의 점유자는 점유물의 과실을 취득한다. → i) [**선의**] : 본권이 있다고 오신 + **오신할 만한 정당한 근거**가 있어야 한다(무과실 要). / ii) [**과실**] : 사용이익 포함O, **부당이득반환의무**✗, / iii) [**선의의 매도인**] : 쌍무계약이 취소된 경우 선의 매도인에게는 민법 **제587조**의 **유추적용**에 의하여 **대금의 운용이익 내지 법정이자의 반환**✗

② 악의의 점유자는 수취한 과실을 반환하여야 하며 소비하였거나 과실로 인하여 훼손 또는 수취하지 못한 경우에는 그 과실의 대가를 보상하여야 한다. 이것은 폭력 또는 은비에 의한 점유자에 준용한다. → [**반환하여야 할 범위**] : 민법 **제748조 제2항 적용O**(받은 이익에 이자를 붙여 반환하여야 하며, 위 이자의 이행지체로 인한 지연손해금도 지급하여야 한다)

2) 점유물의 멸실・훼손에 대한 책임(제202조)

① 점유물이 점유자의 책임 있는 사유로 인하여 멸실 또는 훼손된 때에는 **악의의 점유자**는 그 손해의 **전부**를 배상

② '**선의이며 타주점유**'인 경우에도 손해의 **전부**를 배상, But '**선의이며 자주점유**'인 경우인 경우에는 **이익이 현존하는 한도**에서 배상

3) 점유자의 비용상환청구권(제203조)

① 점유자가 점유물을 반환할 때에는 회복자에 대하여 필요비의 상환을 청구할 수 있다. 그러나 **점유자가 과실을 취득한 경우**에는 **통상의 필요비**는 **청구하지 못한다**(※ 특별 필요비는 청구가 가능하다).

※ [**비교**] – '**점유자가 과실을 취득한 경우**'란 점유자가 **선의의 점유자로서** 민법 제201조 제1항에 따라 **과실수취권을 보유하고 있는 경우**를 뜻하고, 과실수취권이 없는 **악의의 점유자에** 대해서는 위 규정은 **적용되지 않는다**. → ∴ 악의의 무단점유자는 민법 제203조 제1항 본문에 따라 필요비 상당액을 소유자에게 청구할 수 있고, 부당이득금에서 필요비 상당액은 공제될 수 있다.

② 점유자가 점유물을 개량하기 위하여 지출한 금액 기타 유익비에 관하여는 그 가액의 증가가 현존한 경우에 한하여 **회복자**의 **선택**에 좇아 그 지출금액이나 증가액의 상환을 청구할 수 있다. 이 경우 법원은 회복자의 청구에 의하여 상당한 상환기간을 허여할 수 있다. → 실제 지출금액 및 현존 증가액에 관한 증명책임은 모두 유익비의 상환을 구하는 점유자에게 있다.

③ 점유자의 **선의・악의** 및 **자주점유・타주점유**를 **불문**하고 그 상환을 청구할 수 있다.

④ 점유자의 필요비 또는 유익비상환청구권은 점유자가 회복자로부터 점유물의 반환을 청구받거나 회복자에게 점유물을 반환하는 때에 비로소 발생하고, 그 때에 변제기에 이르러 회복자에 대하여 이를 행사할 수 있다.

⑤ 필요비・유익비에 대하여 **유치권**을 행사할 수 있다.

⑥ 점유자는 그 비용을 지출할 당시의 소유자가 누구이었는지 관계없이 **점유회복 당시의 소유자**에 대하여 **비용상환청구권**을 **행사할 수 있는 것이나**, 점유자가 유익비를 **지출할 당시** 계약관계 등 적법한 점유의 권원을 가진 경우에 그 지출비용의 상환에 관하여는 그 **계약관계를 규율하는 법조항이나 법리 등**이 **적용**되는 것이어서, 점유자는 그 계약관계 등의 상대방에 대하여 해당 법조항이나 법리에 따른 비용상환청구권을 행사할 수 있을 뿐 계약관계 등의 상대방이 아닌 점유회복 당시의 소유자에 대하여 민법 **제203조 제2항에 따른 지출비용의 상환을 구할 수는 없다**.

⑦ **점유자가 물건의 점유자 지위를 잃어 소유자가 그를 상대로 물권적 청구권을 행사할 수 없게 되었다면**, 그들은 더 이상 민법 제203조가 규율하는 점유자와 회복자의 관계에 있지 않으므로, **점유자는 비용상환청구권을 행사할 수 없다**.

(3) 점유보호청구권(제204조 ~ 제206조)

1) 점유물반환청구권

① [**일반**] – **점유자**가 점유의 **침탈**을 당한 때에는 그 **물건의 반환 및 손해의 배상**을 **청구**할 수 있다. 침탈자의 특별승계인에 대하여는 승계인이 악의인 때에 가능하다. 다만 침탈을 당한 날로부터 **1년 내**에 행사하여야 한다.

② [**주체**] – 직접점유자뿐만 아니라 간접점유자(제207조)도 포함O / 점유보조자는 주체X

③ [**침탈**] – **직접점유자**가 **임의로** 점유를 타에 **양도**한 경우에는 점유이전이 간접점유자의 의사에 반한다 하더라도 간접점유자의 점유가 **침탈된 경우**에 **해당하지 않는다**.

④ [**기간**] – 1년의 제척기간에 걸리며, 이는 **출소기간**O

※ [**비교**] (**유치권 소멸에 따른 손해배상청구권의 기간제한**) – 민법 **제204조 제3항은** 본권 침해로 발생한 **손해배상청구권의 행사**에는 **적용되지 않으므로** 점유를 침탈당한 자가 본권인 유치권 소멸에 따른 손해배상청구권을 행사하는 때에는 민법 제204조 제3항이 적용되지 아니하고, **점유를 침탈당한 날부터 1년 내에 행사할 것을 요하지 않는다**(∵ 민법은 점유보호청구권의 내용에 손해배상청구를 포함시키고 있으나, 이는 점유보호청구 외에 손해배상을 청구할 수 있게 한 편의적인 것에 불과하고 그 성질은 불법행위에 속하는 것이다). → ∴ **유치권 침해에 따른 손해배상청구**에는 제204조 제3항이 적용되지 않고, **일반 불법행위에 대한 소멸시효**가 **적용**된다(제766조).

2) 점유물방해제거청구권

① 점유자가 점유의 방해를 받은 때에는 그 방해의 제거 및 손해의 배상을 청구할 수 있고, 방해가 종료한 날로부터 1년 내에 행사하여야 한다. 그러나 공사로 인하여 점유의 방해를 받은 경우에는 공사착수 후 1년을 경과하거나 그 공사가 완성한 때에는 방해의 제거를 청구하지 못한다.

② 1년의 제척기간에 걸리며, 이는 **출소기간**O

3) 점유물방해예방청구권

① 점유자가 점유의 방해를 받을 염려가 있는 때에는 그 방해의 예방 또는 손해배상의 담보를 청구할 수 있다.

② 공사로 방해를 받을 염려가 있는 경우에는 공사착수 후 1년을 경과하거나 공사가 완성되면 방해예방을 청구하지 못한다.

3. 점유의 소와 본권의 소와의 관계(제208조)

① 점유권에 기인한 소와 본권에 기인한 소는 서로 영향을 미치지 아니하고 점유권에 기인한 소는 본권에 관한 이유로 재판하지 못하므로, **점유회수의 청구에 대하여 점유침탈자가** 점유물에 대한 **본권이 있다는 주장으로 점유회수를 배척할 수 없다**.

② **점유권에 기한 본소에 대하여** 본권자가 본소청구 인용에 대비하여 본권에 기한 **예비적 반소**를 제기하고 **양 청구**가 **모두 이유 있는 경우**, **법원은** 점유권에 기한 본소와 본권에 기한 예비적 반소를 **모두 인용**해야 하고 점유권에 기한 본소를 본권에 관한 이유로 배척할 수 없다. → ※[**보충**]: 이러한 법리는 점유를 침탈당한 자가 점유권에 기한 **점유회수의 소**를 제기하고, 본권자가 그 점유회수의 소가 인용될 것에 대비하여 본권에 기초한 **장래이행의 소**로서 **별소**를 **제기한 경우**에도 **마찬가지로 적용된다**.

③ 점유회수의 본소에 대하여 본권자가 소유권에 기한 인도를 구하는 반소를 제기하여 본소청구와 예비적 반소청구가 모두 인용되어 확정되면, **우선 점유자가** 본소 확정판결에 의하여 집행문을 부여받아 **강제집행으로 물건의 점유를 회복할 수 있고**, **본권자는** 위 **본소 집행 후** 집행문을 부여받아 **비로소** 반소 확정판결에 따른 **강제집행으로 물건의 점유를 회복할 수 있다**(단 점유자의 점유회수의 집행이 무의미한 점유상태의 변경을 반복하는 것에 불과할 뿐 아무런 실익이 없는 등의 특별한 사정이 있다면 본권자는 점유자가 제기하여 승소한 본소 확정판결에 대한 청구이의의 소를 통해서 점유권에 기한 강제집행을 저지할 수 있다).

4. 자력구제권(제209조)

① 자력구제권에는 자력방위권과 점유물이 침탈되었을 경우 부동산일 때에는 점유자는 침탈 후 즉시 가해자를 배제하여 이를 탈환할 수 있고, 동산일 때에는 점유자는 현장에서 또는 추적하여 가해자로부터 이를 탈환할 수 있는 자력탈환권이 있다.

② 제209조 제2항에 규정된 점유자의 자력탈환권에서 말하는 "**즉시**"란 "**객관적으로 가능한 한 신속히**" 또는 "**사회관념상** 가해자를 배제하여 점유를 **회복하는 데 필요하다고 인정되는 범위 안에서 되도록 속히**"라는 뜻으로 해석할 것이므로, **점유자가 침탈사실을 알고 모르고와는 관계없이 침탈을 당한 후 상당한 시간이 흘렀다면 자력탈환권을 행사할 수 없다**.

③ **상대방**(이하 '甲'이라 한다)**으로부터 점유를 위법하게 침탈당한 점유자**(유치권을 행사하며 점유하던 자로서 이하 '乙'이라 한다)**가 상대방으로부터 점유를 탈환하였을 경우**(이른바 '점유의 상호침탈'), 상대방의 점유회수청구가 받아들여지더라도 점유자가 상대방의 점유침탈을 문제삼아 점유회수청

구권을 행사함으로써 다시 자신의 점유를 회복할 수 있다면 상대방의 점유회수청구를 인정하는 것이 무용할 수 있다. 따라서 이러한 경우 **점유자의 점유탈환행위가 민법 제209조 제2항의 자력구제에 해당하지 않는다고 하더라도** 특별한 사정이 없는 한 **상대방은 자신의 점유가 침탈당하였음을 이유로 점유자를 상대로 민법 제204조 제1항에 따른 점유의 회수를 청구할 수 없다.**

Set 10 소유권의 내용과 제한 및 범위

1. 소유권의 사용 · 수익권능의 포기

① 소유자가 **채권적으로** 상대방에 대하여 **사용 · 수익의 권능**을 **포기**하거나 사용 · 수익권 행사에 제한을 설정하는 것은 **가능**하다.

② 소유권의 핵심적 권능에 속하는 **사용 · 수익의 권능**을 **대세적 · 영구적으로 포기**하는 것은 결국 처분권능만이 남는 민법이 알지 못하는 새로운 유형의 소유권을 창출하는 것으로서 **물권법정주의에 반하여** 특별한 사정이 없는 한 **허용될 수 없다**.

2. 독점적 · 배타적 사용 · 수익권 행사 제한의 법리

① 소유자가 그 토지에 대한 **독점적 · 배타적**인 **사용 · 수익권**을 **포기**한 것으로 볼 수 있다면, **타인**(사인뿐만 아니라 국가, 지방자치단체도 해당)**이 그 토지를 점유 · 사용하고 있다 하더라도** 특별한 사정이 없는 한 그로 인해 토지소유자에게 **어떤 손해**가 생긴다고 볼 수 **없으**므로, 토지소유자는 그 타인을 상대로 **부당이득반환**을 **청구할 수 없고 토지의 인도** 등을 **구할 수**도 **없다**(상속인은 피상속인의 재산에 관한 포괄적 권리 · 의무를 승계하므로, 피상속인이 사망 전에 그 소유 토지를 일반 공중의 이용에 제공하여 독점적 · 배타적인 사용 · 수익권을 포기하고 그 토지가 상속재산에 해당하는 경우에는, 피상속인의 사망 후 그 토지에 대한 상속인의 독점적 · 배타적인 사용 · 수익권의 행사 역시 제한된다).

② 원소유자의 독점적 · 배타적인 사용 · 수익권의 행사가 제한되는 토지의 소유권을 특정승계한 자는 특별한 사정이 없는 한 그와 같은 사용 · 수익의 제한이라는 부담이 있다는 사정을 용인하거나 적어도 그러한 사정이 있음을 알고서 그 토지의 소유권을 취득하였다고 봄이 타당하므로, 그러한 **특정승계인**은 그 토지 부분에 대하여 **독점적이고 배타적인 사용 · 수익권**을 **행사할 수 없다**.

③ **공로 부지의 소유자**가 이를 **점유 · 관리하는 지방자치단체를 상대로 공로로 제공된 도로**의 **철거, 점유 이전** 또는 **통행금지를 청구**하는 것은 법질서상 원칙적으로 허용될 수 없는 '**권리남용**'이라고 보아야 한다.

④ **그러나** 이러한 토지소유자의 **독점적 · 배타적 사용 · 수익권 행사 제한의 법리**는 토지가 **일반 공중을 위한 용도로 제공된 경우**에 **적용**되는 것이어서, 토지가 건물의 부지 등 **지상 건물의 소유자들만을 위한 용도로 제공된 경우**에는 **적용되지 않는다.**

3. 주위토지통행권(제219조)

① 민법 제219조에 정한 요건(주위의 토지를 통행할 필요성)이 충족되거나 소멸되면 주위토지통행권도 당연 성립되거나 소멸된다. → **나중에** 그 토지에 접하는 **공로가 개설**됨으로써 주위토지통행권을 인정할 필요성이 없어진 때에는 그 **통행권**은 **소멸**한다.

② 주위토지통행권은 인접한 토지의 상호이용의 조절에 기한 권리로서 토지의 소유자 또는 지상권자, 전세권자 등 토지사용권을 가진 자에게 인정되는 권리이다. 따라서 **명의신탁자**에게는 주위토지통행권이 **인정되지 아니한다**.

③ 통행지 소유자는 원칙적으로 통행권자의 통행을 수인할 **소극적 의무**를 **부담**할 뿐 통로개설 등 적극적인 작위의무를 부담하는 것은 아니다. 다만 **통행지 소유자가 주위토지통행권에 기한 통행에 방해가 되는 담장 등 축조물을 설치한 경우**에는 주위토지통행권의 본래적 기능발휘를 위하여 **통행지 소유자**가 그 **철거의무**를 **부담**한다. 그리고 주위토지통행권자는 주위토지통행권이 인정되는 때에도 그 통로개설이나 유지비용을 부담하여야 하고, 민법 제219조 제1항 후문 및 제2항에 따라 그 통로개설로 인한 손해가 가장 적은 장소와 방법을 선택하여야 하며, 통행지 소유자의 손해를 보상하여야 한다.

④ 주위토지통행권자는 필요한 경우에는 통행지상에 통로를 개설할 수 있으므로, 모래를 깔거나, 돌계단을 조성하거나, 장해가 되는 나무를 제거하는 등의 방법으로 통로를 개설할 수 있다.

⑤ 주위토지통행권은 통행하는 범위에서 그 토지를 사용할 수 있을 뿐이므로, **통행권자**가 토지를 **전적으로 점유**하면 **소유자는 인도청구를 하거나 그 통로에 설치된 시설물의 철거를 구할 수 있다**.

⑥ 주위토지통행권은 어느 토지가 타인 소유의 토지에 둘러싸여 공로에 통할 수 없는 경우뿐만 아니라, 이미 **기존의 통로가** 있더라도 그것이 당해 토지의 이용에 부적합하여 **실제로 통로로서의 충분한 기능을 하지 못하고 있는 경우**에도 **인정**된다. **다만** 주위토지를 이용하여 공로에 이르는 것이 **보다 편리하다는 이유만으로** 주위토지통행권을 **주장할 수 없다**.

⑦ 현재의 토지의 용법에 따른 이용의 범위에서 인정되는 것이지 더 나아가 **장래의 이용상황까지 미리 대비**하여 통행로를 정할 것은 **아니다**.

⑧ 주위토지통행권자가 통행지 소유자에게 보상해야 할 손해액은 주위토지통행권이 인정되는 당시의 현실적 이용 상태에 따른 통행지의 임료 상당액을 기준으로 하여, 구체적인 사안에서 사회통념에 따라 기타 제반 사정을 고려하여 이를 감경할 수 있고, **단지** 주위토지통행권이 인정되어 통행하고 있다는 사정만으로 통행지를 '**도로**'로 **평가하여 산정**한 임료 상당액이 통행지 소유자의 손해액이 된다고 볼 수 **없다**.

⑨ 분할로 인하여 공로에 통하지 못하는 토지가 있는 때에는 그 토지소유자는 공로에 출입하기 위하여 다른 분할자의 토지를 통행할 수 있다. 이 경우에는 보상의 의무가 없다. 토지소유자가 그 토지의 일부를 양도한 경우에도 마찬가지이다(제220조).

⑩ 무상주위통행권에 관한 민법 제220조의 규정은 **직접 분할자 또는 일부 양도의 당사자 사이에만 적용**되고 포위된 토지 또는 피통행지의 **특정승계인에게**는 **적용되지 않는다**.

⑪ 무상주위통행권은 일부양도 전의 양도인 소유의 종전 토지에 대하여만 생기고, **다른 사람 소유의 토지에 대하여**는 **인정되지 아니한다.**

4. 건물의 구분소유

(1) 성립

① [**일반**] – 객관적·물리적인 측면에서 1동의 건물이 존재 + **구조상·이용상 독립성** + **구분행위**(구분소유권의 객체로 하려는 의사표시)

② [**구분행위 및 등기의 요부**] – 그 **시기나 방식**에 특별한 **제한**이 **있는 것**은 **아니고** 처분권자의 **구분의사가 객관적으로 외부에 표시**되면 인정된다. 따라서 **구분건물이 물리적으로 완성되기 전**에도 건축허가신청이나 **분양계약 등**을 통하여 장래 신축되는 건물을 구분건물로 하겠다는 **구분의사가 객관적으로 표시되면 구분행위의 존재**를 **인정**할 수 있고, **이후** 1동의 건물 및 그 구분행위에 상응하는 **구분건물이 객관적·물리적으로 완성되면** 아직 그 건물이 집합건축물대장에 등록되거나 **구분건물로서 등기부에 등기되지 않았더라도 그 시점에서 구분소유**가 **성립**한다.

(2) 공용부분

① [**공유**] – 공용부분은 구분소유자 전원이 공유하는 것이 원칙이지만, 일부 사람만의 공용에 제공되는 것임이 명백한 경우에는 그 구분소유자 일부의 공유가 된다.

② [**공용부분인지 여부의 결정기준**] – **구분소유**의 **성립 당시** 건물의 구조에 따른 **객관적인 용도**에 의하여 결정 → 구분건물에 관하여 구분소유가 성립될 당시 객관적인 용도가 공용부분인 건물부분을 나중에 임의로 개조하는 등으로 이용 상황을 변경하거나 집합건축물대장에 전유부분으로 등록하고 소유권보존등기를 하였다고 하더라도, 그로써 공용부분이 전유부분이 되어 어느 구분소유자의 전속적인 소유권의 객체가 되지는 않는다.

③ [**공용부분의 무단점유시 구제수단**] – ⅰ) [**부당이득의 성립**] : 구분소유자 중 일부가 **정당한 권원 없이** 집합건물의 복도, 계단 등과 같은 공용부분을 **배타적으로 점유·사용**함으로써 이익을 얻고, 그로 인하여 다른 구분소유자들이 해당 공용부분을 사용할 수 없게 되었다면, 공용부분을 무단점유한 구분소유자는 특별한 사정이 없는 한 해당 공용부분을 점유·사용함으로써 얻은 이익을 **부당이득**으로 **반환**할 **의무**가 **있다.** / ⅱ) [**방해제거청구**] : 구분소유자가 관리단집회 결의나 다른 구분소유자의 동의 없이 공용부분의 전부 또는 일부를 독점적으로 점유·사용하고 있는 경우 **다른 구분소유자**는 **공용부분의 보존행위로서** 그 **인도를 청구할 수**는 **없고,** 특별한 사정이 없는 한 **자신의 지분권에 기초하여** 공용부분에 대한 **방해 상태를 제거하거나** 공동 점유를 **방해하는 행위의 금지 등**을 **청구할 수 있다.**

④ [**공유물 분할**] – 집합건물의 대지를 집합건물의 구분소유자인 공유자와 구분소유자가 아닌 공유자가 공유하고 있고, 당해 대지를 집합건물의 구분소유자인 공유자에게 취득시키고 구분소유자가 아닌 다른 공유자에게는 그 지분의 가격을 취득시키는 것이 공유자 간의 실질적인 공평을 해치지 않는다고 인정되는 특별한 사정이 있어 그와 같이 공유물을 분할하는 것이 허

용되는 경우에는, 그러한 공유물에 대한 분할청구는 집합건물법 제8조의 입법 취지에 비추어 허용된다.

(3) 구분소유권과 대지사용권의 일체화

① [**분리처분의 금지**] - ⅰ) 구분소유자의 대지사용권은 그가 가지는 전유부분의 처분에 따르고, 전유부분과 분리하여 대지사용권을 처분할 수 없다. 다만, **규약**으로써 달리 정한 경우에는 가능하다. ⅱ) 분리처분이 금지되는 대지사용권이란 **구분소유자가 전유부분을 소유하기 위하여 건물의 대지에 대하여 가지는 권리**이므로, **구분소유자 아닌 자가** 집합건물의 건축 전부터 **전유부분의 소유와 무관하게** 집합건물의 대지로 된 **토지에 대하여 가지고 있던 권리**는 **분리처분금지의 제한을 받지 않는다.**

② [**대지사용권의 전유부분과 종속적 일체불가분성**] - ⅰ) **전유부분**에 대한 **저당권** 또는 **가압류** 결정의 효력 및 경매개시결정과 **압류**의 효력은 당연히 종물 내지 종된 권리인 **대지사용권에까지 미치고**, 그에 터잡아 진행된 **경매절차에서 전유부분을 경락받은 자**는 그 **대지사용권**도 **함께 취득**한다. / ⅱ) 우선 **전유부분만에 관하여 소유권보존등기**를 **경료**하였는데, 그 후 대지에 관한 소유권이전등기가 경료되지 아니한 상태에서 전유부분에 관한 경매절차가 진행되어 제3자가 전유부분을 경락받은 경우, **경락인**은 전유부분과 함께 건축자가 가지는 **대지사용권**을 **취득**한다. / ⅲ) **전유부분을 매수하여 그에 관한 소유권이전등기를 마친 매수인**은 전유부분의 대지사용권에 해당하는 토지공유지분(대지지분)에 관한 이전등기를 마치지 아니한 때에도 **대지지분에 대한 소유권**을 **취득**한다.

③ [**대지소유자의 대지사용권 없이 무단점유하는 구분소유자에 대한 구제수단**] - 대지소유자는 대지사용권 없이 전유부분을 소유하면서 대지를 무단점유하는 구분소유자에 대하여 그 **전유부분의 철거를 구할 수 있다.** 철거청구가 구분소유자 전원을 공동피고로 해야 하는 **필수적 공동소송이라고 할 수 없으**므로, 일부 전유부분만을 철거하는 것이 사실상 불가능하다는 사정은 집행개시의 장애요건에 불과할 뿐 철거청구를 기각할 사유에 해당하지 않는다.

(4) 관리비와 관리단

① [**체납관리비의 승계 가부**] - ⅰ) 관리규약에서 체납관리비 채권 전체에 대하여 입주자의 지위를 승계한 자에 대하여도 행사할 수 있도록 규정하고 있다 하더라도, 특별승계인이 그 관리규약을 명시적, 묵시적으로 승인하지 않는 이상 그 효력이 없다. / ⅱ) 다만 관리규약 중 공용부분 관리비에 관한 부분은 위 규정에 터잡은 것으로서 유효하다고 할 것이므로, **특별승계인**은 **전 입주자의 체납관리비 중 공용부분**에 관하여는 이를 **승계**하여야 한다. / ⅲ) 전 구분소유자의 특별승계인이 체납된 공용부분 관리비를 승계한다고 하여 **공용부분 관리비에 대한 연체료**는 특별승계인에게 **승계되지 않는다.** / ⅳ) 구분소유권이 순차로 양도된 경우 **각 특별승계인들**은 이전 구분소유권자들의 채무를 **중첩적**으로 **인수**한다.

② [**관리단의 관리비징수 및 단전조치의 가부**] - ⅰ) 집합건물법상 **관리단은** 관리비징수에 관한 **유효한 규약**이 있으면 그에 **따르고**, **유효한 규약이 없더라도** 구 집합건물법 제25조 제1항 등

에 따라 적어도 **공용부분에 대한 관리비**에 대하여는 이를 그 부담의무자인 구분소유자에 대하여 **청구할 수 있다.** 이러한 법리는 무효인 관리인 선임 결의에 의하여 관리인으로 선임된 자가 집합건물에 관하여 사실상의 관리행위를 한 경우에도 마찬가지로 적용된다. / ii) 집합건물의 관리단 등 관리주체가 단전조치를 하기 위해서는 법령이나 규약 등에 근거가 있어야 하고, 단전조치의 경위 등 여러 사정을 종합하여 사회통념상 허용될 만한 정도의 상당성이 있어야 한다. **단전조치에 관하여 법령이나 규약 등에 근거가 없거나 규약이 무효로 밝혀진 경우 단전조치는 원칙적으로 위법하다.** 다만 관리주체나 구분소유자 등이 규약을 유효한 것으로 믿고 규약에 따라 집합건물을 관리하였는지, 단전조치를 하지 않으면 집합건물의 존립과 운영에 심각한 지장을 초래하는지, 구분소유자 등을 보호할 가치가 있는지 등을 종합하여 사회통념상 허용될 만한 정도의 상당성을 인정할 만한 특별한 사정이 있다면 단전조치는 위법하지 않다.

(5) 소멸

소유권자가 분양계약을 전부 해지하고 1동 건물의 전체를 1개의 건물로 소유권보존등기를 마쳤다면 이는 **구분폐지행위**를 한 것으로서 **구분소유권**은 **소멸**한다. 그리고 이러한 법리는 구분폐지가 있기 전에 개개의 구분건물에 대하여 유치권이 성립한 경우라 하여 달리 볼 것은 아니다.

Set 11 소유권에 기한 물권적 청구권

1. 소유물반환청구권(제213조)

(1) 청구권자(원고)

① **사실심 변론종결 당시**에 **법률상 대외적 소유권자** 要 → 소유물방해제거·방해예방청구권의 경우에도 동일 → 제186조, 제187조, 양자의 한계 사안 및 소유권의 관계적 귀속 등으로 결정

② **미등기 무허가건물의 매수인**은 건물의 불법점거자에 대하여 **직접** 자신의 소유권 등에 기하여 명도를 **청구할 수는 없고**, 매도인을 **대위**하여 반환청구를 **할 수 있을 뿐이다.**

③ **유효한 명의신탁**에서는 명의수탁자만이 대외적 소유자로서 소유물반환청구권을 가지고, **신탁자**는 수탁자를 **대위**하여 수탁자의 권리를 **행사할 수 있을 뿐**이다.

④ 부동산의 양도담보권설정자는 그 부동산의 등기명의가 양도담보권자 앞으로 되어있다 할지라도 그 부동산의 불법점유자인 제3자에 대하여는 그 실질적 소유자임을 주장하여 불법점유 상태의 배제권을 행사할 수 있다.

⑤ **원고에게 소유권이 인정되지 않는다면** 설령 **피고 명의의 소유권이전등기가 말소되어야 할 무효의 등기라고 하더라도** 원고의 **청구**를 **인용할 수**는 **없다.**

(2) 상대방(피고)

① 불법점유자에 대한 인도청구는 **현실**로 **직접점유**하고 있는 자만을 상대로 해야 하므로, 간접점유자에 대한 인도청구는 이유 없다.

※ [**비교**] – 인도 약정(Ex. 매매 또는 임대차)에 따른 이행청구의 경우에는 간접점유자를 상대로 인도를 구할 수 있다.

② 상대방은 제213조 단서의 '점유할 권리'를 항변으로 제출할 수 있다. → 점유할 권리란 점유를 정당화하는 모든 법률상 지위를 말한다. 구체적으로 i) 점유를 권리내용으로 하는 제한물권(Ex. 지상권・지역권・전세권・유치권・질권), ii) 채권(Ex. 임차권), iii) 동시이행항변권, 취득시효완성자 등은 점유할 권리를 주장할 수 있다.

③ **미등기 매수인**(매매계약의 효력으로서 이를 점유・사용할 권리 인정)뿐만 아니라 **그로부터 다시 매수한 자**(점유・사용권을 취득한 것으로 봄이 상당)도 점유할 권리를 주장할 수 있다. 따라서 부동산의 소유자는 소유권에 기한 물권적 청구권을 행사할 수 없다.

2. 소유물방해제거・방해예방청구권(제214조)

(1) 방해의 의미

현재에도 **지속**되고 있는 **침해**를 의미하고, 법익 침해가 **과거에 일어나서 이미 종결된 경우**에 해당하는 '**손해**'의 개념과는 다르다 할 것이어서, 소유권에 기한 방해배제청구권은 방해결과의 제거를 내용으로 하는 것이 되어서는 안 된다(이는 손해배상의 영역에 해당한다). → ※ [**쓰레기 매립 사안**] : 쓰레기가 매립되어 있다 하더라도 이는 과거의 위법한 매립공사로 인하여 생긴 결과로서 소유권자가 입은 **손해에 해당할 뿐**, 그 쓰레기가 현재 소유권에 대하여 별도의 침해를 지속하고 있다고 볼 수 없으므로 **소유권에 기한 방해배제청구권**을 **행사할 수 없다**.

※ [**비교**] – **자기 소유 토지에 폐기물을 불법으로 매립한 종전 토지소유자**는 그 토지를 **전전 매수**하여 폐기물 처리비용을 지출하게 된 **현재의 토지소유자에 대하여**, **위법행위**로 인하여 폐기물 처리비용의 지출이라는 **손해**의 결과가 **현실적**으로 **발생**하였다고 할 것이므로 **불법행위자로서 손해배상책임을 진다**.

(2) 말소등기청구

말소등기청구의 **피고적격자**는 **등기의무자**(등기명의인)이다. 따라서 **등기의무자 아닌 자**를 **상대**로 한 등기의 말소절차이행을 구하는 소는 당사자적격이 없는 자를 상대로 한 **부적법**한 소이다.

※ [**비교**] – 등기명의인이 허무인 또는 실체가 없는 단체인 때에는 그와 같은 허무인 또는 실체가 없는 단체 명의로 실제 등기행위를 한 자에 대하여 등기의 말소를 구할 수 있다.

(3) 토지소유자의 건물 소유자에 대한 건물철거청구

① 사회통념상 건물은 그 부지를 떠나서는 존재할 수 없는 것이므로, 건물의 부지가 된 **토지는** 그 **건물의 소유자**가 **점유**하는 것으로 볼 것이다.

② 건물철거는 그 소유권의 종국적 처분에 해당하는 사실행위이므로 원칙으로는 그 소유자, 등기명의자에게만 그 철거처분권이 있다고 할 것이나 그 **건물의 미등기 매수인**은 점유 중인 건물에 대하여 **법률상 또는 사실상 처분을 할 수 있는 지위**에 있고 그 건물이 건립되어 있어 불법점유를 당하고 있는 **토지소유자는** 위와 같은 지위에 있는 건물점유자에게 건물의 **철거를 구할 수 있다**.

(4) 토지소유자의 건물퇴거청구

① **토지소유자는 건물소유자를 상대로** 건물의 철거와 대지 부분의 인도를 청구할 수 있을 뿐, 자기 소유의 건물을 점유하고 있는 자에 대하여 그 건물에서 **퇴거할 것**을 **청구할 수**는 **없다. 이러한 법리는 건물이 공유관계에 있는 경우에 건물의 공유자에 대해서도 마찬가지로 적용된다** (∵ 공유자가 건물을 점유하는 것은 그 소유 지분과 관계없이 자기 소유의 건물에 대한 점유로 보아야 하기 때문이다).

② **건물소유자가 아닌 사람이 건물을 점유**(Ex. 건물 임차인)하고 있다면 토지소유자는 그 건물 점유를 제거하지 아니하는 한 위의 건물철거 등을 실행할 수 없다. 따라서 토지소유자는 자신의 소유권에 기한 방해배제로서 **건물점유자에 대하여** 건물로부터의 **퇴출**을 **청구할 수 있다**. 그리고 이는 건물점유자가 건물소유자로부터의 임차인으로서 그 **건물임차권이 이른바 대항력을 가진다고 해서 달라지지 아니한다**.

Set 12 점유취득시효

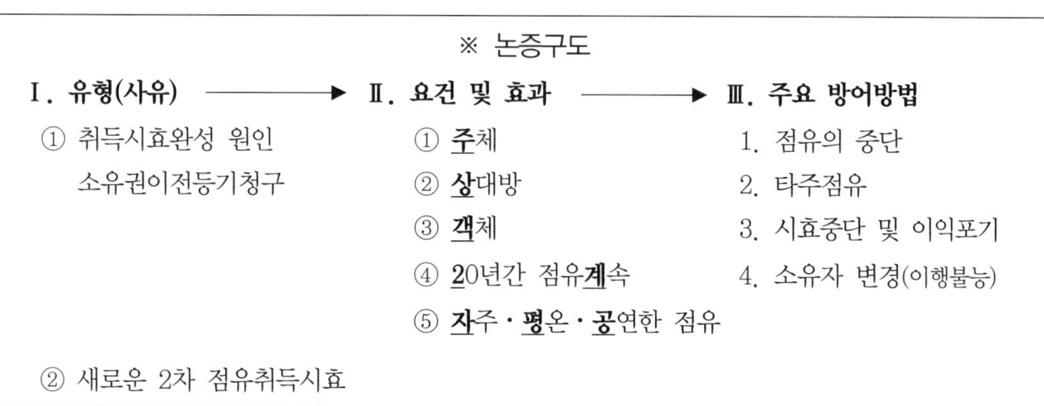

※ 논증구도

Ⅰ. 유형(사유) → Ⅱ. 요건 및 효과 → Ⅲ. 주요 방어방법

Ⅰ. 유형(사유)
① 취득시효완성 원인 소유권이전등기청구
② 새로운 2차 점유취득시효

Ⅱ. 요건 및 효과
① 주체
② 상대방
③ 객체
④ 20년간 점유계속
⑤ 자주·평온·공연한 점유

Ⅲ. 주요 방어방법
1. 점유의 중단
2. 타주점유
3. 시효중단 및 이익포기
4. 소유자 변경(이행불능)

1. 요건(제245조 제1항)

(1) 주체 및 상대방

① 자연인, 법인, 권리능력 없는 사단, 국가 · 지방자치단체 등이 주체

② 시효완성으로 인한 등기청구권은 채권적 청구권일 뿐이므로 그 상대방은 '**시효완성 당시**의 **진정한 소유자**'로 특정된다.

③ 취득시효완성 당시 그 부동산의 등기부상 소유명의자는 취득시효완성으로 인한 권리변동의 당사자이나 그 등기가 실체관계와 부합하지 않는 무효의 등기인 때에는 권리변동의 당사자가 될 수 없는 것이므로, **소유권이전등기가 그 경료 당시에는 실체관계와 부합하지 아니하여 무효의 등기였다가 취득시효완성 후에 적법한 권리자로부터 권리를 양수하여 실체관계에 부합하게 된 것이라면, 그 등기명의자는 취득시효완성 후에 소유권을 취득한 자에 해당**하므로 **그에 대하여 취득시효완성을 주장할 수 없다**.

(2) 객체(대상)

① [**성명불상자의 소유**] – 시효취득 **가능**

② [**적법 · 유효한 등기를 마친 자기 소유 부동산**] – 특별한 사정이 없는 한 사실상태를 권리관계로 높여 보호할 필요가 없고 소유권에 대한 증명의 곤란을 구제할 필요 역시 없으므로, 그러한 점유는 **취득시효의 기초가 되는 점유라**고 **할 수 없다**(등기부취득시효의 경우에도 동일).

※ [**비교**] – 소유권에 기초하여 부동산을 점유하는 사람이더라도 그 등기를 하고 있지 않아 자신의 소유권을 증명하기 어렵거나 소유권을 제3자에게 대항할 수 없는 등으로 점유의 사실상태를 권리관계로 높여 보호하고 증명곤란을 구제할 필요가 있는 예외적인 경우에는, 자기 소유 부동산에 대한 점유도 취득시효를 인정하기 위해 기초가 되는 점유로 볼 수 있다.

③ [**1필의 토지 일부**] – 1필의 토지의 일부에 대한 시효취득을 인정하기 위하여는 그 부분이 다른 부분과 **구분**되어 시효취득자의 점유에 속한다는 것을 인식하기에 족한 **객관적 징표**가 **계속**하여 존재할 것을 요한다.

④ [**구분소유적 공유**] – 토지의 특정한 일부분을 타인에게 매도하면서 구분소유적 공유관계에 있는 **토지소유자가 매도 대상에서 제외된 나머지 특정 부분을 계속 점유**한다고 하더라도, 이는 **자기 소유의 토지**를 **점유**하는 것이어서 **취득시효의 기초가 되는 점유라고 할 수 없다**.

⑤ [**공유지분**] – **공유지분 일부**에 대하여도 시효취득이 **가능**하다. 다만 공유물 '전부'를 점유하여 왔음을 이유로 지분의 일부를 시효로 취득하였다고 주장하는 경우에는 객관적 증표가 계속 존재할 필요는 없다.

※ [**비교**] – **건물 공유자 중 일부만**이 당해 **건물**을 **점유**하고 있는 경우라도 그 건물의 **부지는** 건물 소유를 위하여 **공유자 전원이 공동으로** 이를 **점유**하고 있는 것으로 볼 것이며, **취득시효 완성을 원인으로 한 소유권이전등기청구권**은 당해 건물의 **공유지분비율**과 같은 비율로 **건물 공유자들에게 귀속**된다.

※ [**비교**] (**집합건물의 공용부분**) – 공용부분에 대하여 취득시효의 완성을 인정하여 그 부분에 대한 소유권 취득을 인정한다면 전유부분과 분리하여 공용부분의 처분을 허용하고 일정 기간의 점유로 인하여 공용부분이 전유부분으로 변경되는 결과가 되어 집합건물법의 취지에 어긋나게 된다. 따라서 집합건물의 공용부분은 **취득시효**에 의한 소유권 취득의 **대상**이 **될 수 없다**.

⑥ [**국유재산**] – **일반재산**에 대하여는 취득시효가 **가능**하다. 그러나 행정재산은 공용폐지가 되지 않는 한 사법상 거래의 대상이 될 수 없으므로 취득시효의 대상이 되지 않는다.

(3) 20년간 점유계속 – 기간의 경과

1) 점유계속

점유의 계속은 추정된다(제198조). → [**법률상 사실추정**] : 취득시효의 완성을 주장하는 자가 이를 입증할 필요는 없고, 상대방이 반대사실인 점유의 중단사실에 대해 증명할 책임이 있다.

2) 기산점

가) 성질 – 간접사실

취득시효의 기산점은 법률효과 판단에 관해 직접 필요한 주요사실이 아니고 간접사실에 불과하므로, 법원으로서는 **당사자의 주장**에 **구속되지 아니**하고 소송자료에 의하여 점유의 시기를 인정할 수 있다.

※ [**비교**] – 소멸시효의 기산일은 주요사실로서 변론주의의 적용대상이므로, 법원은 당사자가 주장하는 기산일을 기준으로 소멸시효를 계산하여야 한다.

나) 기산점의 결정

① [**점유기간 중 소유자의 변동이 있는 경우**] – 임의로 기산점을 선택할 수 없고 **점유개시 시점**을 기산점으로 한다(고정시설의 원칙).

② [**새로운 2차 점유취득시효**] – ⅰ) **소유자가 변동된 시점**을 **기산점**으로 삼아도 **다시 취득시효의 점유기간이 경과**한 경우에 점유자로서는 **새로운 2차 취득시효의 완성**을 **주장**할 수 있고, ⅱ) **새로이 2차 취득시효가 개시**되어 그 취득시효기간이 경과하기 전에 등기부상의 소유명의자가 **다시 변경**된 경우에도 시효완성자는 그 **변경된 소유명의자에게** 시효취득을 **주장할 수 있다**.

③ [**점유기간 중 소유자의 변동이 없는 경우**] – 그러나 시효기간(점유기간) 중 계속해서 등기명의자가 동일한 경우에는 **임의**로 **기산점**을 정할 수 있고, 취득시효를 주장하는 날로부터 **역산**하여 20년 이상의 점유사실이 인정되면 족하다.

(4) 자주 · 평온 · 공연한 점유

① **추정**된다(제197조) → [**증명책임의 전환**] : 취득시효의 완성을 주장하는 자가 이를 입증할 필요는 없고, 상대방이 취득시효 완성자의 점유가 타주 · 강폭 · 은비의 점유임을 증명할 책임이 있다.

② 점유는 직접점유 외에 **간접점유**도 **포함**된다.

2. 효과

(1) 등기청구권의 발생

① 제187조의 예외 규정인 제245조 제1항에 의해 시효기간이 완성한 것만으로 점유자가 곧바로 소유권을 취득하는 것은 아니고 **등기하여야 소유권**을 **취득**한다. → [**주의**] : 미등기 부동산의 경우에도 취득시효기간의 완성만으로 등기 없이 점유자가 소유권을 취득한다고 볼 수 없다.

② 점유취득시효완성을 원인으로 하는 소유권이전등기청구권은 채권적 청구권으로서 **취득시효기간 완성 당시**의 **진정한 소유자**를 **상대**로 구할 수 있다. → [**주의**] : 진정한 소유자가 아닌 이상 그를 상대로 취득시효의 완성을 원인으로 소유권이전등기를 청구할 수는 없고, 이 경우 점유자는 소유자를 대위하여 무효등기의 말소를 구하고 다시 소유자를 상대로 취득시효 완성을 원인으로 소유권이전등기절차의 이행을 구하여야 한다.

※ [**비교**] (**기판력과 상대방**) – 취득시효 완성 당시 그 부동산의 등기부상 소유명의자의 등기가 원인 무효의 흠결이 있다 하더라도 그 등기명의 소유자가 진정한 소유자를 상대로 제기한 소유권이전등기 청구소송의 기판력 있는 확정판결에 의하여 소유권이전등기를 경료하였던 것이고, 따라서 시효취득자가 진정한 소유자를 대위하여 등기부상 소유자를 상대로 위 등기의 말소를 구하는 것은 위 판결의 기판력 때문에 극히 어려운 것이고, 그 등기명의를 둔 채 진정한 소유자를 상대로 시효취득을 원인으로 한 이전등기를 구하여 판결을 받더라도 위 등기가 말소되지 않는 한 그 판결이 이행될 수 없는 것이라면, 특별한 사정이 없는 한 **시효취득자는 그 등기부상 소유명의자를 상대로 취득시효를 원인으로 한 소유권이전등기를 청구할 수 있다**.

③ '**취득시효기간 만료 전**'에 **등기명의를 넘겨받은 자**가 있는 경우에는 시효취득자는 그 취득시효기간 완성 당시의 등기명의자에 대하여 **취득시효**를 **주장**할 수 있으나, '**취득시효완성 후 등기 전**' 적법・유효하게 소유권을 취득한 **제3자에게**는 취득시효로 **대항할 수 없다**.

(2) 소유권 취득 – 원시취득에 따른 소급효의 원칙과 제한

1) 원시취득 – 소급효의 원칙

① 소유권 취득의 효력은 **점유**를 **개시한 때**에 **소급**한다(제247조). → 종전 소유자는 시효취득자에 대해 건물철거, **부당이득반환청구나 불법행위를 이유로 한 손해배상을 청구할 수 없다**.

② 취득시효 완성자 명의로 '**등기**'를 함으로써 **소유권**을 **취득**하게 되며, 이는 **원시취득**에 **해당**하므로 특별한 사정이 없는 한 종전 소유자의 소유권에 가하여진 **각종 제한에 의하여 영향을 받지 아니하는 완전한 내용의 소유권**을 **취득**하게 되고, 이와 같은 소유권취득의 **반사적 효과**로서 종전 소유권에 붙어 있는 **각종 부담**(Ex. 저당권 또는 가등기에 의하여 보전된 매매예약상의 매수인의 지위)은 **소멸**된다(→ 저당권설정등기의 말소등기청구 가능). 다만 시효기간이 완성되었다고 하더라도 점유자 앞으로 등기를 마치지 아니한 이상 전 소유권에 붙어 있는 위와 같은 부담은 소멸되지 아니한다.

2) 소급효의 제한

① **진정한 권리자가 아니었던 채무자 또는 물상보증인이** 채무담보의 목적으로 채권자에게 부동산에 관하여 **저당권설정등기를 경료해 준 후** 그 부동산을 **시효취득**하는 경우에는, 채무자 또는 물상보증인은 **이미 저당권의 존재**를 **용인하고 점유**하여 온 것이므로, 저당목적물의 시효취득으로 **저당권자의 권리**는 **소멸하지 않는다**(→ 저당권설정등기의 말소등기청구 불가). 이러한 법리는 **부동산 양도담보의 경우**에도 **마찬가지**이므로, **양도담보권설정자가 양도담보부동산을 20년간 소유의 의사로 평온, 공연하게 점유하였다고 하더라도, 점유취득시효를 원인으로** 하여 담보 목적으로 경료된 **소유권이전등기의 말소를 구할 수 없고**, 이와 같은 효과가 있는 **양도담보권설정자 명의로의 소유권이전등기를 구할 수도 없다**.

② 특별한 사정이 없는 한 **종전 소유자**는 **점유자 명의로 소유권이전등기가 마쳐지기까지**는 소유자로서 그 토지에 관한 **적법한 권리**를 **행사**할 수 있다. **종전 소유자**가 취득시효의 완성 이후 그 등기가 있기 전에 그 토지를 제3자에게 처분하거나 **제한물권의 설정 등** 소유자로서의 **권리를 행사한 경우 제한물권 등을 취득한 제3자에 대하여** 취득시효의 완성 및 그 권리취득의 **소급효를 들어 대항할 수도 없다** 할 것이니, 이 경우 시효취득자로서는 그 토지의 **사실상 혹은 법률상 현상 그대로의 상태에서** 등기에 의하여 그 **소유권**을 **취득**하게 된다. 따라서 **시효취득자가** 종전 소유자에 의하여 그 토지에 설정된 근저당권의 **피담보채무를 변제하는 것은** 시효취득자가 용인하여야 할 그 토지상의 **부담을 제거하여 완전한 소유권을 확보하기 위한 것**으로서 그 **자신의 이익을 위한 행위**라 할 것이니, 위 변제액 상당에 대하여 종전 소유자에게 대위변제를 이유로 **구상권을 행사하거나 부당이득을 이유로 그 반환청구권**을 **행사할 수**는 **없다**.

(3) 시효기간만료 후에 등기 전 처분과 그에 따른 법률관계

1) 취득시효 완성당시 소유자의 처분(소유권이전) – 제3자가 소유권을 취득한 경우

'취득시효완성 후 등기 전' 적법・유효하게 소유권을 취득한 **제3자에게**는 취득시효를 **주장할 수 없다**.

가) 제3자 해당 여부

① [**상속**] – 취득시효 완성 후에 종전 소유자의 **상속인**(Ex. 상속등기)은 **제3자에 해당하지 않으나**(포괄승계인으로 상속인을 상대로 취득시효 완성의 주장 가능), 상속인이 소유권이전등기를 마친 경우에도 그 **상속인의 등기가 실질적으로 상속재산의 협의분할과 동일시할 수 있는** 등의 **특별한 사정이 없는 한** 그 상속인은 점유자에 대한 관계에서 취득시효 완성 후의 **새로운 이해관계인으로 보아야 하므로**(Ex. 상속인이 소유자인 피상속인으로부터 증여를 받아 소유권이전등기를 마친 경우), 그에 대하여는 **취득시효 완성으로 대항할 수 없다**.

② [**명의신탁의 해지**] – 명의신탁된 부동산에 대하여 점유취득시효가 완성된 후 시효취득자가 그 소유권이전등기를 경료하기 전에 **명의신탁이 해지되어** 그 **등기명의가** 명의수탁자로부터 **명의신탁자에게**로 **이전**된 경우, 명의신탁자는 취득시효 완성 후에 소유권을 취득한 **제3자**에 **해당**하므로 그에 대하여 취득시효를 주장할 수 없다.

③ [**신탁법상 수탁자**] – 부동산에 관한 점유취득시효기간이 경과한 후 원래의 소유자의 위탁에 의하여 소유권이전등기를 마친 신탁법상의 수탁자는 그 점유자가 시효취득을 주장할 수 없는 새로운 이해관계인인 **제3자**에 **해당**한다.

④ [**파산관재인**] – 점유취득시효가 완성한 후 소유자의 파산선고에 기해 선임된 파산관재인은 파산채권자 전체의 공동의 이익을 위하여 그 부동산에 관해 이해관계를 갖는 **제3자**에 **해당**하여 파산관재인을 상대로 취득시효를 주장할 수 없다.

⑤ [**가등기에 기한 본등기**] – 취득시효가 완성된 후 완성자가 그 등기를 하기 전, 취득시효완성 전에 이미 설정되어 있던 가등기에 기하여 소유권이전의 본등기를 경료하였다면 **제3자**에 **해당**하므로 그에 대하여 시효취득을 주장할 수 없다(∵ 본등기에 의한 물권변동의 효력은 가등기한 때로 소급하여 발생하는 것이 아니기 때문).

⑥ [**미등기토지소유자가 취득시효완성 후 보존등기 경료**] – 토지에 대한 점유로 인한 취득시효 완성 당시 미등기로 남아 있던 토지에 관하여 소유권을 가지고 있던 자가 취득시효 완성 후에 그 명의로 소유권보존등기를 마쳤다 하더라도 **소유자에 변경이 있다고 볼 수 없다** (즉, <u>취득시효 완성 후의 새로운 이해관계인으로 볼 수 없다</u>).

나) 반사회적 무효론

① 시효완성을 알고도 소유명의자가 이를 제3자에게 처분하고 **제3자**가 이에 **적극 가담**하여 제103조에 해당하는 경우, 시효완성자는 그 완성 당시의 소유자를 **대위**하여 제3자 앞으로 경료된 원인무효의 등기의 말소를 구하고 아울러 위 소유자에게 취득시효완성을 원인으로 한 소유권이전등기를 구할 수 있다.

② 그러나 소유자의 처분이 <u>당연무효가 아니라면</u> 소유자의 취득시효 완성자에 대한 소유권이전등기의무는 <u>이행불능</u>이 된다. 다만 소유권 변동시를 기산점으로 삼아 2차 취득시효의 완성을 주장하여 소유권이전등기를 청구할 수 있다(새로운 2차 점유취득시효).

다) 소유자의 처분이 유효한 경우 취득시효 완성자와 완성당시 소유자간의 법률관계

① [**일시적 이행불능**] – 소유자의 점유자에 대한 소유권이전등기의무가 <u>**이행불능**</u>된 <u>**후 어떠한 사유로**</u> **취득시효 완성 당시의 소유자에게로** <u>**소유권**</u>**이** <u>**회복**</u>되면 그 소유자에게 **시효취득의 효과**를 **주장할 수 있다**.

② [**채무불이행책임의 성부**] – 부동산 소유자와 시효취득자 사이에 **계약상**의 **채권·채무관계**가 **성립하는 것**은 **아니므로**, 그 부동산을 처분한 소유자에게 <u>**채무불이행책임**</u>을 <u>**물을 수 없다**</u>.

③ [**대상청구의 가부**] – 민법상 이행불능의 효과로서 규정하고 있지는 않으나 <u>해석상</u> 대상청구권을 <u>부정할 이유</u>는 <u>없다</u>. 다만 대상청구권을 행사하기 위하여는 그 <u>**이행불능 전**</u>에 등기명의자에 대하여 점유로 인한 부동산 소유권 취득기간이 만료되었음을 이유로 그 <u>**권리**</u>를 <u>**주장하였거나**</u> 그 취득기간 만료를 원인으로 한 등기청구권을 <u>**행사하였어야 하고**</u>, 그 이행불능 전에 그와 같은 **권리의 주장이나 행사에 이르지 않았다면** 대상청구권을 **행사할 수 없다**.

④ [**불법행위책임의 성부**] – 시효취득을 주장하는 권리자가 등기명의인을 상대로 취득시효완성을 원인으로 한 소유권이전등기 청구소송을 제기하여 등기명의인이 그 소장 부본을 송달받거나 그에 관한 입증까지 마쳐서 제1심에서 승소까지 하였다면 등기명의인이 그 부동산의 취득시효완성 사실을 **알았거나 알 수 있었다**고 봄이 상당 + 시효취득자에 대한 **이전등기의무**를 **면탈하기 위한 것**으로서 **위법** + 취득시효완성을 원인으로 한 **소유권이전등기의무**가 **이행불능**에 빠짐으로써 시효취득을 주장하는 자가 **손해**를 입은 경우에 해당하므로 종전 소유자에게 **불법행위책임**이 있다.

2) 취득시효완성자의 처분(점유승계)

전 점유자의 점유를 승계한 자는 그 **점유 자체와 하자만**을 **승계**하는 것이지 그 점유로 인한 **법률효과까지 승계하는 것**은 **아니**므로, 점유를 승계한 현 점유자는 자신의 전 점유자에 대한 소유권이전등기청구권을 보전하기 위하여 전 점유자의 소유자에 대한 소유권이전등기청구권을 **대위행사할 수 있을 뿐**, 전 점유자의 취득시효 완성의 효과를 주장하여 **직접 자기에게 소유권이전등기를 청구할 권원은 없다**.

※ [**비교**] – 취득시효완성으로 인한 소유권이전등기청구권은 채권자와 채무자 사이에 아무런 계약관계나 신뢰관계가 없고, 그에 따라 채권자가 채무자에게 반대급부로 부담하여야 하는 의무도 없다. 따라서 **취득시효완성으로 인한 소유권이전등기청구권의 양도의 경우**에는 매매로 인한 소유권이전등기청구권에 관한 **양도제한의 법리**가 **적용되지 않는다**(반드시 동의나 승낙을 받아야 하는 것은 아니고 양도통지만으로 족하다).

3. 취득시효의 중단 및 시효이익의 포기

(1) 취득시효의 중단

① 소멸시효의 중단에 관한 규정은 취득시효에도 준용된다(제247조 제2항).

② 시효중단사유인 '**재판상의 청구**'라 함은 시효취득의 대상인 목적물의 인도 내지는 소유권존부 확인이나 소유권에 관한 등기청구소송은 말할 것도 없고, 소유권침해의 경우에 그 소유권을 기초로 하여 하는 방해배제 및 **손해배상** 혹은 **부당이득반환청구소송**도 이에 **포함**된다.

※ [**비교**] – '**점유자의 취득시효 완성 후**' 소유자가 토지에 대한 권리(예컨대, 토지인도 및 건물철거청구)를 주장하는 소를 제기하여 승소판결을 받은 사실이 있다고 하더라도 그 판결에 의하여 **시효중단의 효력이 발생할 여지는 없고, 점유자가 그 소송에서 그 토지에 대한 시효취득을 주장하지 않았다고 하여 시효이익을 포기한 것이라고도 볼 수 없으며**, 그 토지에 대한 **점유자의 점유가 평온, 공연한 점유가 아니게 되는 것도 아니다**.

③ 점유자가 소유자를 상대로 소유권이전등기의 청구소송을 제기하면서 그 청구원인으로 '**취득시효 완성**'이 **아닌** '**매매**'를 **주장**함에 대하여, 소유자가 이에 **응소**하여 원고 청구기각의 판결을 구하면서 원고의 주장 사실을 부인하는 경우에는 원고 주장의 매매 사실을 부인하여 원고에게 그 매매로 인한 소유권이전등기 청구권이 없음을 주장함에 불과한 것이어서 **시효중단사유**에 **해당한다고 할 수 없다**.

④ **취득시효기간의 만료 전**에 등기부상의 **소유명의**가 **변경**되었다 하더라도 이로써 종래의 점유상태의 계속이 파괴되었다고 할 수 없으므로, 이는 **취득시효의 중단사유가 될 수 없다.**

⑤ 취득시효의 중단사유는 종래의 점유상태의 계속을 파괴하는 것으로 인정될 수 있는 사유이어야 하는데, 민법 제168조 제2호에서 정하는 **'압류 또는 가압류'**는 **금전채권의 강제집행을 위한 수단이거나** 그 **보전수단에 불과**하여 취득시효기간의 완성 전에 **부동산에 압류 또는 가압류 조치**가 이루어졌다고 하더라도 이로써 **종래의 점유상태의 계속이 파괴되었다고는 할 수 없으므로** 이는 **취득시효의 중단사유**가 **될 수 없다**.

(2) 시효이익의 포기

① 소멸시효이익의 포기에 관한 규정(제184조 제1항)을 유추적용한다.

② 시효이익의 포기는 달리 특별한 사정이 없는 한 시효취득자가 취득시효 완성 당시의 진정한 소유자에 대하여 하여야 그 효력이 발생하는 것이지, 원인무효인 등기의 등기부상 소유명의자에게 그와 같은 의사를 표시하였다고 하여 그 효력이 발생하는 것은 아니다.

Set 13 등기부취득시효

1. 특별요건

① [**일반**] – 부동산의 소유자로 등기한 자가 10년간 소유의 의사로 평온·공연하게 선의이며 과실 없이 그 부동산을 점유한 때에는 소유권을 취득한다(제245조 제2항).

※ [비교] (**유효한 명의신탁과 시효취득**) – ⅰ) [**명의수탁자**] : **명의신탁에 의하여 부동산의 소유자로 등기된 자**는 그 점유**권원의 성질상 자주점유라 할 수 없어 신탁부동산의 소유권을 시효취득할 수 없다.** ⅱ) [**명의신탁자**] : 부동산의 명의신탁에 있어서 **수탁자명의로 등기된 기간이 10년이 경과하였다고 하더라도** 명의수탁자의 등기를 신탁자의 등기로 볼 수 없을 뿐만 아니라 명의수탁자의 등기를 통하여 그 등기명의를 보유하고 있다고 할 수도 없으므로 **신탁자에게 위 부동산에 대한 시효취득은 인정될 수 없다.**

② [**등기와 점유의 일치**] – 등기와 점유는 일치되어야 하므로, 소유자로 등기된 부동산을 10년간 점유하여야 한다.

※ [비교] (**공유자 중 1인이 1필지 토지 중 특정부분만을 점유**) – '**특정부분에 대한 지분 범위 내**'에서만 등기부취득시효의 **요건**을 **구비**한 것일 뿐, 토지 전체에 대한 지분이나 특정부분 자체에 관하여 등기부취득시효의 요건을 충족하는 것은 아니다(∵ 공유자 중 1인이 1필지 토지 중 특정부분만을 점유하여 왔다면 특정부분을 제외한 나머지 부분에 관하여는 부동산의 점유라는 요건을 갖추지 못하였고, 1필지 토지에 관하여 가지고 있는 공유지분등기가 그 특정부분 자체를 표상하는 등기

라고 볼 수는 없으므로, 결국 그 특정부분에 대한 공유지분의 범위 내에서만 등기부취득시효가 완성되었다고 보아야 한다). 이는 구분소유적 공유관계에 있었던 토지라고 하여 달리 볼 수 없다.

③ [**등기의 유효성 여부**] – 등기는 원인무효의 등기라 하더라도 무방하다. 그러나 1부동산 1등기부주의에 위배되지 아니하는 등기를 말하므로, 무효인 이중보존등기에 기초한 등기부취득시효는 인정되지 않는다.

④ [**등기의 승계**] – 등기된 기간과 점유기간이 모두 10년임을 요한다. 다만 10년간 반드시 그의 명의로 등기되어 있어야 하는 것은 아니고 **앞 사람의 등기까지 아울러 그 기간 동안 부동산의 소유자로 등기되어 있으면 된다**.

⑤ [**선의 · 무과실**] – 선의 · 무과실은 등기가 아니라 **점유에 요구**되며, **점유개시 당시**에 있으면 족하다. → **선의는 추정**되나 **무과실은 추정되지 않으**므로, 시효취득을 주장하는 자가 무과실에 대한 입증책임이 있다.

2. 효과

① [**소급효**] – 등기부취득시효가 완성된 경우에는 별도로 이를 원인으로 한 소유권이전등기청구권이 발생할 여지가 없고, 소유권취득의 효과는 점유를 개시한 때에 소급한다(제247조 제1항).

※ [비교] (**무권리자의 처분으로 인한 제3자의 시효취득과 무권리자의 부당이득반환의무의 인정 여부**) – 무권리자로부터 부동산을 매수한 제3자나 그 후행 등기 명의인이 과실 없이 점유를 개시한 후 소유권이전등기가 말소되지 않은 상태에서 소유의 의사로 평온, 공연하게 선의로 점유를 계속하여 10년이 경과한 때에는 민법 제245조 제2항에 따라 바로 그 부동산에 대한 소유권을 취득하고, 이때 원소유자는 소급하여 소유권을 상실함으로써 손해를 입게 된다. 그러나 이는 민법 제245조 제2항에 따른 물권변동의 효과일 뿐 무권리자와 제3자가 체결한 매매계약의 효력과는 직접 관계가 없으므로, **무권리자가 제3자와의 매매계약에 따라 대금을 받음으로써 이익을 얻었다고 하더라도 이로 인하여 원소유자에게 손해를 가한 것이라고 볼 수도 없다**(이른바 '조상 땅 찾기' 소송).

② [**등기의 불법말소**] – 등기는 물권의 효력발생요건이고 존속요건이 아니므로, 등기부취득시효가 완성된 후에 그 부동산에 관한 점유자 명의의 등기가 말소되거나 적법한 원인 없이 다른 사람 앞으로 소유권이전등기가 경료되었다 하더라도, 그 **점유자는** 등기부취득시효의 완성에 의하여 취득한 **소유권**을 **상실하는 것**은 **아니다**. 따라서 그 점유자는 **소유권에 기하여 현재의 등기명의자를 상대로 방해배제청구**를 **할 수 있다**.

Set 14 선점 · 습득 · 발견 · 첨부

1. 선점 · 습득 · 발견(제252조 ~ 제255조)

① [**무주물 선점**] – 무주의 동산은 선점자가 소유권 취득, 무주의 부동산은 국유

② [**유실물 습득**] – 법률에 정한 바에 의하여 공고한 후 6개월 내에 그 소유자가 권리를 주장하지 아니하면 습득자가 그 소유권을 취득

③ [**매장물 발견**] – 법률에 정한 바에 의하여 공고한 후 1년 내에 그 소유자가 권리를 주장하지 아니하면 발견자가 그 소유권을 취득한다. 그러나 타인의 토지 기타 물건으로부터 발견한 매장물은 그 토지 기타 물건의 소유자와 발견자가 절반하여 취득 / 매장물이 문화재인 경우에는 언제나 국유

2. 첨부 – 부합 · 혼화 · 가공

(1) 부합(제256조~제257조)

1) 부합과 부속의 구별

① 부합의 정도는 훼손하지 않으면 분리할 수 없거나 분리에 과다한 비용을 요하는 경우는 물론, 분리하면 경제적 가치가 심히 감소되는 정도에 이르러야 한다(Ex. 수리, 도색 · 도배, 마루 교체비용, 화장실 개량비용 등). → ※ **비용상환청구**의 문제

② 반면 독립된 경제적 가치 · 효용이 있는 경우이거나 구조상 · 이용상 독립성이 있는 경우에는 부속에 해당한다(Ex. 샤시, 전기 · 수도 · 난방시설 등). → ※ **부속물매수청구**의 문제

2) 부동산에의 부합

① [**소유권의 귀속**] – 부동산의 소유자는 그 부동산에 부합한 물건의 소유권을 취득한다. 그러나 **타인의 권원**에 의하여 **부속**된 것은 그러하지 아니하다(제256조). → 부동산에 부합된 물건이 사실상 분리복구가 불가능하여 거래상 독립한 권리의 객체성을 상실하고 그 부동산과 일체를 이루는 부동산의 **구성부분이 된 경우**에는 **타인이 권원에 의하여 이를 '부합'시킨 경우**에도 그 **물건의 소유권은 부동산의 소유자에게 귀속된다.**

② [**제256조 단서의 해당 여부**] – 민법 제256조 단서 소정의 "권원"이라 함은 지상권, 전세권, 임차권 등과 같이 타인의 부동산에 자기의 동산을 부속시켜서 그 부동산을 이용할 수 있는 권리를 뜻한다. → ⅰ) **권원이 없는 자가 토지소유자의 승낙을 받음이 없이 그 임차인의 승낙만을 받아** 그 부동산 위에 **나무를 심었다면** 특별한 사정이 없는 한 **토지소유자에 대하여 그 나무의 소유권을 주장할 수 없다.** / ⅱ) 지상권설정등기가 경료되면 **토지의 사용 · 수익권은 지상권자에게 있고,** 지상권을 설정한 **토지소유자는** 지상권이 존속하는 한 토지를 **사용 · 수익할 수 없다.** 따라서 지상권을 설정한 **토지소유자로부터 토지를 이용할 수 있는 권리를 취득하였다고 하더라도** 지상권이 존속하는 한 이와 같은 권리는 원칙적으로 민법 제256조 단서가 정한 '**권원**'에 **해당하지 아니한다.**

※ [**비교**] (**담보지상권**) – 금융기관이 대출금 채권의 담보를 위하여 토지에 저당권과 함께 지료 없는 지상권을 설정하면서 채무자 등의 사용·수익권을 배제하지 않은 경우, **토지 소유자**는 특별한 사정이 없는 한 토지를 **사용·수익할 수 있다**고 보아야 한다. 따라서 그러한 **토지소유자로부터 토지를 사용·수익할 수 있는 권리를 취득하였다면** 이러한 권리는 민법 제256조 단서가 정한 '**권원**'에 **해당**한다.

③ [**건물의 증축·개축**] – 일반적으로 독립성이 없는 경우로서 기존 건물에 부합한다. / 다만 타인 소유의 건물을 증축 또는 개축한 경우 증축·개축 부분이 독립성을 가지고, 임차인이 건물소유자의 승낙을 얻어 증개축한 경우에는 증개축 부분은 임차인의 소유에 귀속한다.

④ [**농작물**] – 권원 없이 재배한 농작물은 명인방법을 갖추지 않더라도 토지에 부합하지 않고 경작자에게 그 소유권이 있다.

※ [**비교**] (**입목·수목의 소유권**) – ⅰ) 토지 위에 식재된 입목은 토지의 구성부분으로 토지의 일부일 뿐 독립한 물건으로 볼 수 없으므로 특별한 사정이 없는 한 **토지에 부합**하고, **토지의 소유자**는 식재된 **입목의 소유권**을 **취득**한다. 따라서 입목에 대하여 토지와 **독립하여 소유권을 취득하려면** 입목을 **등기**하거나 **명인방법**을 갖추어야 한다. ⅱ) **타인 소유의 토지에 수목을 식재할 당시 토지의 소유권자로부터 그에 관한 명시적 또는 묵시적 승낙·동의·허락 등을 받았다면**, 이는 민법 제256조에서 부동산에의 부합의 예외사유로 정한 '**권원**'에 **해당**한다고 볼 수 있으므로, **해당 수목은 토지에 부합하지 않고 식재한 자에게 그 소유권이 귀속된다**.

3) 동산간의 부합

① 동산과 동산이 부합하여 훼손하지 아니하면 분리할 수 없거나 그 분리에 과다한 비용을 요할 경우에는 그 합성물의 소유권은 주된 동산의 소유자에게 속한다. 부합된 동산의 주종을 구별할 수 없는 때에는 동산의 소유자는 '부합 당시'의 가액의 비율(현재가액의 비율✗)로 합성물을 공유한다(제257조).

(2) 가공

타인의 동산에 가공한 때에는 그 물건의 소유권은 원재료의 소유자에게 속한다. 그러나 가공으로 인한 가액의 증가가 원재료의 가액보다 현저히 다액인 때에는 가공자의 소유로 한다(제259조).

(3) 효과

① 동산의 소유권이 소멸한 때에는 그 동산을 목적으로 한 다른 권리도 소멸한다(제260조).

② 손해를 받은 자는 부당이득에 관한 규정에 의하여 보상을 청구할 수 있다(제261조). → '부당이득에 관한 규정에 의하여 보상을 청구할 수 있다'는 것은 법률효과만이 아니라 법률요건도 부당이득에 관한 규정이 정하는 바에 따른다는 의미이다. 즉, 민법 **제261조 자체의 요건뿐만 아니라** 부당이득 법리에 따른 판단에 의하여 **부당이득의 요건**이 **모두 충족**되어야 한다. → Ex) ⅰ) **동산에 대하여 양도담보권**을 **설정**하였는데 **다른 동산**이 **부합**되어 부합된 동산에 관한

권리자가 권리를 상실하는 손해를 입은 경우 **실질적 이익**은 주된 동산에 관한 **양도담보권설정자에게 귀속**되는 것이므로, 권리를 상실하는 자는 **양도담보권설정자를 상대로 민법 제261조에 따라 보상을 청구할 수 있을 뿐 양도담보권자를 상대로 보상을 청구할 수는 없다**. / ii) **매도인에게 소유권이 유보된 자재가** 제3자와 매수인 사이에 이루어진 **도급계약의 이행으로 제3자 소유 건물의 건축에 사용되어 부합된 경우** 제3자가 도급계약에 의하여 제공된 자재의 소유권이 유보된 사실에 관하여 과실 없이 알지 못한 경우라면 선의취득의 경우와 마찬가지로 **제3자**가 그 자재의 귀속으로 인한 **이익을 보유할 수 있는 법률상 원인**이 **있다**고 봄이 상당하므로, **매도인으로서는** 그에 관한 **보상청구**를 **할 수 없다**.

Set 15 공유

1. 성립

① 하나의 물건을 수인이 공유로 한다는 의사의 합치 + 공유의 등기와 지분의 등기

② 공동상속재산은 상속인의 공유(제1006조 - 공유설)

2. 공유의 지분

(1) 성질 및 비율

① 지분은 그 성질이나 효력에서 독립한 소유권과 동일하다.

② 공유자의 지분은 **균등**한 것으로 추정된다(제262조 제2항). → 등기부상의 지분과 실제의 지분이 다른 경우 원래의 **공유자들 사이**에서는 **실제의 지분**이 **기준**으로 된다.

(2) 지분의 처분 및 포기

① 공유자는 지분을 **자유로이 처분**할 수 있고, 다른 공유자의 **동의**를 **요하지 않는다**(제263조).

② 공유자가 그 지분을 포기하거나 상속인이 없이 사망한 때에는 그 지분은 다른 공유자에게 각 지분의 비율로 귀속한다(제267조). → **공유지분의 포기**는 **법률행위**로서 **상대방 있는 단독행위**에 해당하므로, 공유지분 포기의 의사표시가 다른 공유자에게 도달하더라도 이로써 곧바로 공유지분 포기에 따른 물권변동의 효력이 발생하는 것은 아니고, 민법 **제186조**에 의하여 **등기**(해당 지분에 관하여 다른 공유자 앞으로 소유권이전등기를 하는 형태)를 하여야 공유지분 포기에 따른 물권변동의 효력이 발생한다.

(3) 지분의 주장

① 공유자는 그 지분을 부인하는 제3자에 대하여 '**각자**' 그 지분권을 주장하여 지분의 확인을 소구할 수 있다.

② 공유자가 **다른 공유자의 지분권**을 대외적으로 **주장**하는 것은 공유물의 **보존행위에 속한다고 할 수 없다.**

3. 효력 - 법률관계

(1) 공유자 사이의 법률관계 - 대내관계

1) 공유물의 사용·수익

① [**사용·수익권**] - 공유자는 공유물 **전부**를 지분의 비율로 사용·수익할 수 있다(제263조 후단).

② [**사용·수익·관리 특약**] - ⅰ) 제263조·제265조는 **임의규정**이므로 공유물의 사용·수익·관리에 관한 공유자 사이의 **특약**은 **유효**하다. ⅱ) 공유자 간의 공유물에 대한 사용·수익·관리에 관한 특약은 공유자의 **특정승계인**에 대하여도 **당연히 승계**된다고 할 것이나, 특약을 변경할 만한 사정이 있는 경우에는 공유자의 **지분의 과반수의 결정으로** 기존 **특약**을 **변경**할 수 있다(∵ 제265조). → ※ [**주의**] - ⅰ) [**지분 일부 양도의 약정 승계 여부**] : 공유자 중 1인이 자신의 지분 중 일부를 다른 공유자에게 양도하기로 하는 공유자 간의 지분의 처분에 관한 약정까지 공유자의 특정승계인에게 당연히 승계되는 것으로 볼 수는 없다. / ⅱ) [**지분권의 본질적 부분 침해 금지**] : 특약이 지분권자로서의 사용·수익권을 사실상 포기하는 등으로 **공유지분권의 본질적 부분**을 **침해**하는 경우에는 특별한 사정이 없는 한 **특정승계인**에게 **당연히 승계된다고 볼 수 없다. 다만** 특정승계인이 그러한 사실을 **알고도** 공유지분권을 **취득**하였다면 **승계된다.**

2) 공유물의 보존·관리

① [**일반**] - 공유물의 **관리**에 관한 사항은 공유자의 **지분의 과반수**로써 결정한다. 그러나 **보존행위**는 **각자**가 할 수 있다(제265조).

② [**보존행위**] - ⅰ) 수선·유지·보관뿐만 아니라 공유물에 관한 **원인무효의 등기**에 대하여 그 **전부의 말소등기를 청구**하는 것도 **보존행위**에 해당한다. ⅱ) 보존행위를 각 공유자가 단독으로 할 수 있도록 한 취지는 그 보존행위가 긴급을 요하는 경우가 많고 다른 공유자에게도 이익이 되는 것이 보통이기 때문이므로, 어느 공유자가 보존권을 행사하는 때에 그 **행사의 결과가 다른 공유자의 이해와 충돌될 때에는 그 행사는 보존행위로 될 수 없다.**

※ [**비교**] - 공유물에 관한 원인무효의 등기에 대하여 모든 공유자가 항상 공유물의 보존행위로서 말소를 구할 수 있는 것은 아니고, **원인무효의 등기로 인하여 자신의 지분이 침해된 공유자에 한하여 공유물의 보존행위로서 그 등기의 말소를 구할 수 있을 뿐**이므로, **원인무효의 등기가 특정 공유자의 지분에만 한정하여 마쳐진 경우**에는 그로 인하여 **지분을 침해받게 된 특정 공유자를 제외한 나머지 공유자들은 공유물의 보존행위로서 위 등기의 말소를 구할 수는 없다.**

③ [**관리행위**] - 공유물을 이용·개량하는 행위로서 공유물을 타인에게 **임대**하는 행위 및 그 **임대차계약**을 **해지**하는 행위는 공유물의 관리행위에 해당하고, 임차인에게 **갱신거절의 통지**

를 하는 행위는 실질적으로 임대차계약의 해지와 같으므로 공유물의 관리행위에 해당하여 공유자의 지분의 과반수로써 결정하여야 한다.

3) 공유물의 독점적 · 배타적 점유와 법률관계

	다른 공유자의 권리구제 방법과 허부	임차인에 대한 권리구제 방법과 허부
과반수 지분권자의 점유 및 임대	1. **적법 · 유효한 관리행위** 2. 소수지분권자의 권리 ① 제213조 · 제214조 – ✗ ② 제750조 – ✗ ③ **제741조** – ○ (∵ 사용 · 수익권 침해) → 지분에 상응하는 임료 상당의 부당이득 3. 공유토지의 소수지분을 양수 취득한 제3자는 과반수지분에 관하여 취득시효 완성에 의해 과반수 지분권자가 될 지위에 있는 자에 대하여 지상건물의 철거와 토지의 인도 등 점유배제를 청구할 수 없다.	1. 과반수지분권자로부터 사용 · 수익을 허락받은 제3자(Ex. 임차인)의 점유는 다수지분권자의 **공유물관리권에 터잡은 적법한 점유** 2. 소수지분권자의 권리 ① 제213조 · 제214조 – ✗ ② 제750조 – ✗ ③ 제741조 – ✗ → 과반수지분권자에게 지분에 상응하는 임료상당의 부당이득 반환청구 가능
소수 지분권자의 점유 및 임대	1. **무단 관리행위**로 **위법** 2. 과반수지분권자의 권리 ① 제213조 · 제214조 – ○ (∵ 관리행위) ② 제750조 – ○ ③ 제741조 – ○ 3. 다른 소수지분권자의 권리 ① Q. 제213조 · 제214조 → **보존행위 근거로 공유물 인도청구**✗ (∵ 보존행위✗ · 사용수익권 박탈○) → **제214조**에 따라 **'각자' 지분권**에 기한 **방해배제청구권 행사**○ ② 제750조 – ○ ③ 제741조 – ○ → 지분에 상응하는 임료상당의 부당이득	1. **무단 임대행위** 2. 과반수 or 소수지분권자의 권리 ① 제213조 · 제214조 – ○ ② 제750조 – ○ ③ 제741조 – ○ ※ **제3자에게 임대한 소수지분권자**는 다른 지분 소유자의 공유지분의 사용 · 수익을 침해하였으므로 **부당이득반환의무 · 불법행위에 의한 손해배상의무**를 **부담**한다.

4) 공유물의 처분 · 변경

① 공유물의 처분 · 변경을 위해서는 공유자 **전원의 동의**가 있어야 한다(제264조).

② 과반수 지분권자가 공유지인 **나대지**에 새로이 **건물**을 **건축**하는 것은 관리의 범위를 넘는 것이 되어 **처분행위**에 해당한다. 따라서 전원의 동의가 필요하다.

③ **공유자 중 1인이 다른 공유자의 동의 없이** 그 공유토지의 특정부분을 **매도**하여 타인명의로 소유권이전등기가 마쳐졌다면 그 특정부분에 대한 소유권이전등기는 **처분공유자의 지분 범위 내**에서는 **실체관계에 부합하는 등기**로서 **유효**하다.

※ [**비교**] - **공유자 중 1인이** 공유 부동산에 대해 **자신 명의로 소유권보존등기**를 **경료**한 경우 그 공유자의 **지분 범위 내**에서는 **실체관계에 부합하는 등기**라고 할 것이므로, **그 공유자의 공유지분을 제외한 나머지 공유지분 전부에 관하여만 소유권보존등기 말소등기 절차의 이행을 구할 수 있다.**

5) 공유물에 관한 부담

① 공유자는 그 지분의 비율로 공유물의 관리비용 기타 의무를 부담하고, 공유자가 1년 이상 의무이행을 지체한 때에는 다른 공유자는 상당한 가액(지분 전부[일부 ✗]의 매매대금 제공)으로 지분을 매수할 수 있다(제266조).

② 관리비용의 부담의무는 공유자의 **내부관계**에 있어서 **부담**을 정하는 것일 뿐, **제3자와의 관계**는 당해 법률관계에 따라 결정된다고 할 것이므로 **과반수지분권자가** 관리행위가 되는 공사를 시행함에 있어 시공회사에 대하여 **공사비용은 자신이 정산하기로 약정**하였다면 그 **공사비를 직접 부담해야 할 사람**은 **과반수지분권자만**이라 할 것이고, 다만 그가 그 공사비를 지출하였다면 다른 공유자에게 그의 지분비율에 따른 공사비만을 상환청구할 수 있을 뿐이다.

(2) 공유관계의 대외적 주장 - 대외관계

① **공유자 1인은** 당해 부동산에 관하여 **제3자 명의로 원인무효의 소유권이전등기**가 경료되어 있는 경우 공유물에 관한 **보존행위**로서 제3자에 대하여 그 **등기 전부의 말소**를 **구할 수 있다.** → 공유자 1인은 단독으로 **제3자에게 각 공유자에게 해당 지분별로 진정명의회복을 원인으로 한 소유권이전등기를 이행할 것**을 **청구할 수**도 **있다.**

② 공유자가 **다른 공유자의 지분권을 대외적으로 주장하는 것**은 **보존행위라고 할 수 없다.** → 제3자 명의로 원인무효의 소유권이전등기가 경료되어 있는 경우 공유자 1인은 **자신의 지분 범위를 초과하는 부분**('다른 공유자'의 지분)에 대하여 공유물에 관한 **보존행위로서 무효라고 주장하면서 '그 부분' 등기의 말소**를 **구할 수**는 **없다.**

③ **공유물 무단 점유자에 대한 차임 상당 부당이득반환청구권**은 특별한 사정이 없는 한 **각 공유자에게 지분 비율만큼 귀속**된다. → 토지공유자는 특별한 사정이 없는 한 그 지분에 대응하는 비율의 범위 내에서만 그 차임상당의 부당이득금반환의 청구권을 행사할 수 있다.

4. 공유물의 분할

(1) 분할의 자유와 제한

공유자는 언제든지 공유물의 분할을 청구할 수 있다. 그러나 5년 내의 기간으로 분할금지의 약정을 할 수 있고, 갱신한 때에도 그 기간은 갱신한 날로부터 5년을 넘지 못한다(제268조).

(2) 분할의 방법(제269조)

1) 협의분할의 원칙

① 공유물의 분할은 협의분할이 원칙이다.

② 이 경우 공유자 **전원**이 **참여**하여야 하고, 공유자의 일부를 제외한 채 분할절차를 진행하면 그 분할은 효력이 없다.

2) 재판상 분할

① **분할의 협의가 이루어지지 않을 경우**에는 법원에 그 분할을 청구할 수 있다(보충성). 이는 고유필수적 공동소송에 해당하므로 공유자 **전원**을 소송의 당사자로 하여야 한다.

※ [**비교**] – 공유자 사이에 이미 분할에 관한 협의가 성립된 경우에는 다시 소로써 그 분할을 청구하거나 이미 제기한 공유물분할의 소를 유지함은 허용되지 않는다.

② 법원의 **재량**에 의해 분할의 법률관계를 **형성**하는 것을 내용으로 하므로 「형식적 형성의 소」이다. 따라서 법원은 공유물분할을 청구하는 **원고가 구하는 방법에 구애받지 않고 재량에 따라 합리적 방법으로 분할을 명할 수 있다**.

※ 주의 판례 – 재량권의 제한

1. 분할청구자 지분의 '일부'

분할청구자 **지분의** '**일부**'에 대하여만 공유물 분할을 명하고 일부 지분에 대하여는 이를 분할하지 아니하거나, 공유물의 지분비율만을 조정하는 등의 방법으로 공유관계를 유지하도록 하는 것은 **허용될 수 없다**.

2. 공유관계의 '유지'를 원하지 않는 경우

① 분할청구자가 상대방들을 공유로 남기는 방식의 현물분할을 청구하고 있다고 하여, **상대방들**이 그들 사이만의 **공유관계의 유지를 원하고 있지 아니한데**도 상대방들을 여전히 **공유로 남기는 방식**으로 현물분할을 하는 것은 **허용될 수 없다**.

② **분할청구자들**이 그들 사이의 **공유관계의 유지를 원하고 있지 아니한데**도 분할청구자들과 상대방 사이의 공유관계만 해소한 채 분할청구자들을 여전히 **공유로 남기는 방식**으로 현물분할을 하는 것은 **허용될 수 없다**.

③ 분할방법은 현물분할을 원칙으로 한다. 다만 분할로 인하여 그 가액이 현저히 감소될 염려가 있는 때에는 공유물을 경매하여 그 대금을 분할한다(대금분할). 또한 공유물을 공유자 중 1인의 단독소유로 하되 다른 공유자에 대하여 그 지분의 가격을 배상시키는 방법에 의한 분할도 현물분할의 하나로 허용된다(가격배상).

※ [**비교**] (**채권자대위 : 공유물분할청구권**) – ① 채권자가 자신의 '**금전채권**'을 **보전**하기 위하여 채무자를 대위하여 '**부동산에 관한**' **공유물분할청구권**을 행사하는 것은 **보전의 필요성**을 **인정할 수 없다**. ② **공유물분할청구권도 채권자대위권의 목적이 될 수 있으나, 대위행사를 허용하면 여러 법적 문제가 야기되는 경우 극히 예외적인 경우가 아니라면 금전채권자는 부동산에 관한 공유물분할청구권을 대위행사할 수 없다**고 보아야 한다. 이는 채무자의 공유지분이 다른 공유자들의 공유지분과 함께 근저당권을 공동으로 담보하

고 있고, 근저당권의 피담보채권이 채무자의 공유지분 가치를 초과하여 채무자의 공유지분만을 경매하면 남을 가망이 없는 경우(주 – 이른바 무잉여 경매)에도 마찬가지이다.

※ [**비교**] (**경매분할의 제한**) – ① 건축허가나 신고 없이 건축된 미등기 건물에 대하여는 경매에 의한 공유물분할이 허용되지 않는다. ② 재판에 의하여 공유물을 분할하는 경우에 법원은 현물로 분할하는 것이 원칙이므로, 불가피하게 경매분할을 할 수밖에 없는 요건에 관한 객관적・구체적인 심리 없이 단순히 공유자들 사이에 분할의 방법에 관하여 의사가 합치하고 있지 않다는 등의 주관적・추상적인 사정을 들어 함부로 경매분할을 명하는 것은 허용될 수 없다(공동상속을 원인으로 하는 공유관계처럼 공유자들 사이에 긴밀한 유대관계가 있는 경우 법원이 경매분할을 선택하기 위해서는 현물로 분할할 수 없거나 현물로 분할하게 되면 그 가액이 현저히 감손될 염려가 있다는 사정이 분명하게 드러나야 하고, 현물분할을 위한 금전적 조정에 어려움이 있다고 하여 경매분할을 명하는 것에는 매우 신중하여야 한다).

(3) 분할의 효과

① 분할에 의하여 공유관계는 종료하고 지분의 교환 또는 매매가 있게 되므로, 소급하지 않고 공유자는 지분의 비율로 매도인과 동일한 담보책임이 있다(제270조).

② 다만 공동상속재산의 분할은 상속개시시로 소급하여 효력이 있다(제1015조).

③ 부동산의 **일부 공유지분에 관하여 저당권이 설정된 후 부동산이 분할된 경우**, 그 **저당권은** 분할된 **각 부동산 위에 종전의 지분비율대로 존속**하고, 분할된 각 부동산은 저당권의 **공동담보가 된다**(공동저당). 따라서 저당권자는 우선변제받을 권리가 있고, 이시배당의 경우 민법 제368조 제2항의 법리에 따라 저당권의 피담보채권액 전부를 변제받을 수 있다.

5. 구분소유적 공유

① 1필지 토지의 특정부분을 매수하면서 그 등기는 토지 전체에 관하여 공유지분이전등기를 한 경우처럼 등기상으로는 공유등기가 되어 있으나, **내부적**으로는 각자가 **특정부분**을 구분하여 **단독소유**하는 형태(이른바 상호명의신탁) → **외부관계**에 있어서는 1필지 전체에 관하여 **공유관계**가 성립되고 공유자로서의 권리만을 주장할 수 있다. ∴ **제3자가 불법점유하는 경우 각자는 전체 토지에 대하여 보존행위로서 그 배제를 구할 수 있다**.

② 1동의 건물 중 위치 및 면적이 특정되고 구조상・이용상 독립성이 있는 일부분씩을 2인 이상이 구분소유하기로 하는 약정을 하고 등기만은 편의상 각 구분소유의 면적에 해당하는 비율로 공유지분등기를 하여 놓은 경우에도 건물에 대한 구분소유적 공유관계가 성립하지만, 1동 건물 중 각 일부분의 위치 및 면적이 특정되지 않거나 구조상・이용상 독립성이 인정되지 아니한 경우에는 일반적인 공유관계가 성립할 뿐이다.

③ 상호명의신탁관계 내지 구분소유적 공유관계의 **해소**는 특정 부분을 구분소유하는 자가 그 부분에 대하여 신탁적으로 지분등기를 가지고 있는 자를 상대로 하여 그 특정 부분에 대한 **명의신탁 해지를 원인으로 한 지분이전등기절차의 이행을 구할 수 있을 뿐**, 그 건물 전체에 대한 **공유물분할을 구할 수는 없다**(→ 각하사유).

④ 구분소유적 공유관계가 **해소**되는 경우 **공유지분권자 상호간의 지분이전등기의무**는 그 **이행상 견련관계**에 있다고 봄이 공평의 관념 및 신의칙에 부합하고, 구분소유권 공유관계를 표상하는 **공유지분에 근저당권설정등기 또는 압류, 가압류등기가 경료되어 있는 경우**에는 그 공유지분권자로서는 그러한 각 등기도 말소하여 완전한 지분소유권이전등기를 해 주어야 한다. 따라서 구분소유적 공유관계가 해소되는 경우 **쌍방의 지분소유권이전등기의무와 아울러 그러한 근저당권설정등기 등의 말소의무 또한 동시이행의 관계**에 있다.

⑤ 구분소유의 목적인 '**특정 부분**을 **처분**'하면서 **공유지분을 이전하는 경우**에는 그 **제3자**는 특정 부분의 소유권을 취득함으로써 **구분소유적 공유관계**를 **승계**하지만, '**1필지 전체에 대한 공유지분**을 **처분**'하는 경우에 **제3자는** 특정 부분의 소유권을 취득하는 것이 아니라 그 **부동산 전체에 대한 공유지분**을 **취득**하는 것이고 따라서 **구분소유적 공유관계**는 **소멸**한다.

⑥ 구분소유적 공유관계에 있어서, 1필지의 토지 중 특정 부분에 대한 구분소유적 공유관계를 표상하는 **공유지분**을 목적으로 하는 **근저당권이 설정된 후** 구분소유하고 있는 **특정 부분별로 독립한 필지로 분할되고** 나아가 구분소유자 상호 간에 지분이전등기를 하는 등으로 **구분소유적 공유관계가 해소되더라도** 그 **근저당권**은 종전의 구분소유적 공유지분의 비율대로 **분할된 토지들 전부의 위에 그대로 존속하는 것이고, 근저당권설정자의 단독소유로 분할된 토지에 당연히 집중되는 것은 아니다**.

■ 공동소유형태의 비교

구분	공유	합유	총유
인적 결합의 형태	인적 결합의 관계가 없다(지분적 소유).	다수인이 공동목적으로 결합하나 단체로서의 독립성을 갖추지 못한 조합체로서의 인적 결합(합수적 소유)	비법인사단의 인적 결합소유형태
지분	공유지분(제262조 제1항) → 공유지분은 1개 소유권의 분량적 일부분	합유지분(제273조 제1항)	**없음**
지분의 처분	**자유로이 처분가능** (제263조 전단)	**전원 동의**로만 가능 (제273조 제1항)	없음
보존행위	**각자** 단독으로 가능 (제265조 단서)	**각자** 단독으로 가능 (제272조 단서)	**비법인사단 명의** 또는 **구성원 전원**이 **당사자**가 되며, 구성원 1인은 총회결의를 거쳐도 당사자가 되지 못한다
사용, 수익	지분의 비율에 따라 공유물 **전부** 사용, 수익(제263조)	조합계약 기타 규약에 따름(제271조 제2항)	정관 기타 규약에 좇아 가능(제276조 제2항)
관리행위 (이용, 개량 행위)	**과반수지분**으로 가능 (제265조 본문)	계약(조합규약)에 의함	사원총회 결의로만 가능 (제275조 제2항)

처분, 변경	**전원 동의**(제264조)	**전원 동의**(제272조 본문)	**사원총회 결의**(제276조 제1항)
분할청구	분할청구의 자유(제268조 제1항), 단 금지특약도 가능	불가, 단 조합종료시 가능(제273조 제2항)	불가
등기방식	계약에 의해 성립하는 경우 공유의 등기와 지분의 등기	합유자 전원 명의로 등기, 합유의 취지의 기재	단체 자체 명의로 등기 가능(부동산등기법 제26조)

Set 16 명의신탁

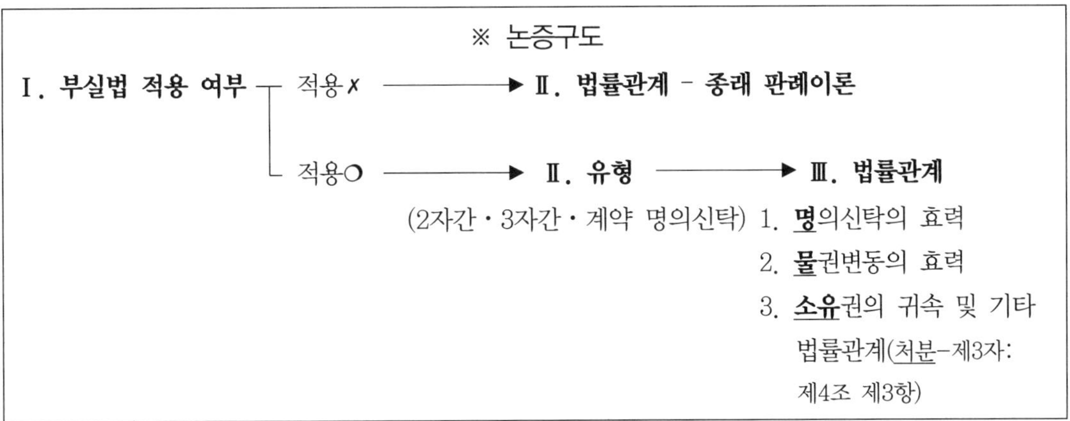

1. 명의신탁의 성립

① 명의신탁약정 + 대상(공부상 소유관계를 공시할 수 있는 물건) + 등기(가등기 포함) · 등록

② 명의신탁관계는 반드시 신탁자와 수탁자 사이의 명시적 계약에 의하여만 성립하는 것이 아니라 **묵시적 합의**에 의하여도 성립할 수 있으나, 명시적인 계약이나 묵시적 합의가 인정되지 않는데도 명의신탁약정이 있었던 것으로 단정하거나 간주할 수는 없다.

2. 부동산실명법 적용 여부 – 적용제외(제2조 제1호, 제8조)

① 가등기담보, 상호명의신탁의 경우

② 종중재산의 명의신탁이나 부부간 명의신탁 · 종교단체의 명의로 그 산하 조직이 보유한 부동산에 관한 물권을 등기한 경우로서, 조세포탈 · 강제집행의 면탈 또는 법령상 제한의 회피를 목적으로 하지 않는 경우 → 조세 포탈 등을 목적으로 한 것이라는 점은 예외에 속하므로 이러한 목적이 있다는 이유로 등기가 무효라는 점은 이를 주장하는 자가 증명하여야 한다.

③ 종중은 **고유의 의미의 종중**만을 가리키고, 종중 유사의 비법인 사단은 포함하지 않는다.

④ '배우자'에는 **사실혼 관계에 있는 배우자**는 **포함되지 아니한다.** 명의신탁등기가 위 법률에 따라 무효가 되었다고 할지라도 그 후 신탁자와 수탁자가 혼인한 경우에 그 명의신탁등기는 **혼인한 때로부터 유효**하게 된다. 부부간 명의신탁이 일단 유효한 것으로 인정되었다면 그 후 배우자 일방의 사망으로 부부관계가 해소되었다 하더라도 그 명의신탁약정은 **사망한 배우자의 다른 상속인과의 관계에서**도 여전히 **유효하게 존속**한다.

3. 명의신탁에 관한 판례이론

(1) 명의신탁약정의 유효성

명의신탁약정은 소유권을 (대외적으로) 수탁자 앞으로 이전할 의사와 표시가 일치하므로 유효하다.

※ [**비교**] – **명의신탁 부동산을 명의수탁자가 임의로 처분할 경우에 대비하여 명의신탁자가 명의수탁자와 합의하여** 자신의 명의로 혹은 명의신탁자 이외의 다른 사람 명의로 **소유권이전등기청구권 보전을 위한 가등기**를 경료한 것이라면, 비록 그 가등기의 등기원인을 매매예약으로 하고 있으며 명의신탁자와 명의수탁자 사이에 그와 같은 매매예약이 체결된 바 없다 하더라도 그와 같은 가등기를 하기로 하는 명의신탁자와 명의수탁자의 합의가 **통정허위표시로서 무효라고 할 수 없다.**

(2) 명의신탁의 법률관계

1) 물권변동 및 소유권의 귀속

① 신탁자와 수탁자 사이의 **대내관계**에서는 **신탁자**가 **소유자**이고, ② **대외관계**에서는 **수탁자**가 **소유자**이다(신탁적 소유권이전설).

2) 대내적 관계

① 신탁자가 소유권을 보유하므로, 신탁자는 등기 없이도 수탁자를 상대로 소유권을 주장할 수 있다.

② 수탁자는 신탁자에 대해서는 소유권을 주장할 수 없고, **수탁자의 점유**는 권원의 객관적 성질상 **타주점유**이므로 **등기부취득시효를 할 수 없다.**

3) 대외적 관계

	제3자의 불법점유	처분행위
수탁자	제3자가 목적 부동산을 불법점거하거나 방해하는 경우에 **수탁자만**이 **물권적 청구권이나 손해배상청구권을 행사할 수 있다.**	① 수탁자로부터 그 부동산을 양수한 제3자는 **선의·악의를 묻지 않고 유효하게 소유권을 취득**한다. 다만 ② 제3자가 **배임행위에 적극 가담한 경우**에는 명의수탁자와 제3자 사이의 계약은 제103조 위반으로서 **무효**이다.

신탁자	① 대외적으로는 수탁자가 소유자라고 할 것이므로, 신탁자는 수탁자를 **대위**해서만 반환청구·방해배제청구·손해배상청구를 할 수 있을 뿐이다. ② 이 경우 신탁자는 수탁자에 대하여 신탁계약상의 채권이 있음은 분명하다 할 것이므로, 신탁자는 **신탁계약을 해제하지 않고서도** 수탁자가 가지고 있는 소유권이전등기 말소등기청구권을 **대위행사 할 수 있다.**	명의신탁자는 그 부동산을 사실상 처분할 수 있을 뿐 아니라 법률상으로도 처분할 수 있는 권원에 의하여 매도한 것이므로, 이를 민법 제569조 소정의 **타인 권리의 매매라**고 **할 수 없다.**

(3) 명의신탁관계의 해소 – 명의신탁의 해지

① 신탁자는 특별한 사정이 없으면 **언제든지** 명의신탁계약을 **해지**할 수 있다.

② 명의신탁자는 명의수탁자에 대하여, i) 신탁해지를 하고 신탁관계의 종료 그것만을 이유로 하여 소유 명의의 이전등기절차의 이행을 청구할 수 있음은 물론, ii) 신탁해지를 원인으로 하고 소유권에 기해서도 그와 같은 청구를 할 수 있다. → 명의신탁해지를 원인으로 소유권에 기한 물권적 청구권을 행사한 경우에는 소멸시효에 걸리지 않는다.

※ [**비교**] – **명의신탁관계가 종료**된 경우 **신탁자의 수탁자에 대한 소유권이전등기청구권**은 **신탁자의 일반채권자들에게** 공동담보로 제공되는 **책임재산**이 된다. 그런데 신탁자가 유효한 명의신탁약정을 해지함을 전제로 신탁된 부동산을 제3자에게 직접 처분하면서 수탁자 및 제3자와의 합의 아래 중간등기를 생략하고 수탁자에게서 곧바로 제3자 앞으로 소유권이전등기를 마쳐 준 경우 이로 인하여 신탁자의 책임재산인 **수탁자에 대한 소유권이전등기청구권**이 **소멸**하게 되므로, 이러한 **신탁자의 법률행위**는 신탁자의 일반채권자들을 해하는 행위로서 **사해행위**에 **해당**한다(※ 주 – 부동산 자체는 대외적인 채권자와의 관계에서 신탁자 소유가 아니므로 책임재산✗).

③ **명의신탁자가** 명의신탁약정을 해지한 다음 제3자에게 '**명의신탁 해지를 원인으로 한 소유권이전등기청구권**'을 **양도**하였다고 하더라도 **명의수탁자가 양도에 대하여 동의하거나 승낙하지 않고 있다면 양수인은** 위와 같은 소유권이전등기청구권을 양수하였다는 이유로 **명의수탁자에 대하여 직접 소유권이전등기청구를 할 수 없다**(※ 양도제한의 법리 적용 – 최종 양수인이 중간자로부터 소유권이전등기청구권을 양도받았다 하더라도 최초 양도인이 양도에 대하여 동의하지 않고 있다면 최종 양수인은 최초 양도인에 대하여 채권양도를 원인으로 하여 소유권이전등기절차 이행을 청구할 수 없다는 법리 적용).

④ 명의신탁이 해지되더라도 외부관계에서는 소유권이 신탁자에게 당연히 복귀하지 않고, 수탁자 명의의 등기가 남아있는 이상 외부관계에 있어서는 수탁자의 소유임에 변동이 없으므로, 수탁자의 처분행위는 유효하고 신탁자는 신탁해지가 있었음을 이유로 제3자에게 대항하지 못한다. 단 이중매매의 법리가 적용될 수 있다.

4. 부동산실명법상의 명의신탁

(1) 일반적 효력 - 법률관계(제4조)

1) 명의신탁의 약정과 물권변동(등기의 효력) 및 소유권의 귀속

① **명의신탁약정**은 **무효**이고, **물권변동**도 **무효**가 된다.

② 다만, 부동산에 관한 물권을 취득하기 위한 계약에서 **명의수탁자가 일방 당사자**가 되고 **상대방 당사자는 명의신탁약정이 있다는 사실을 알지 못한 경우**, **물권변동**은 **유효**하다(소위 계약명의신탁).

2) 제3자 보호

① 명의신탁약정의 무효는 **선의 · 악의**를 **불문**하고 제3자에게 대항하지 못한다(제4조 제3항). **다만** 제3자가 수탁자의 처분행위에 **적극 가담**함으로써 사회질서에 반한다고 판단되는 등의 특별한 사정이 있는 경우에는 그 제3자 명의의 등기는 **무효**이다.

② 제3자란 "명의신탁 약정의 당사자 및 포괄승계인 이외의 자로서 **명의수탁자가 물권자임을 기초로 그와의 사이에 직접 새로운 이해관계를 맺은 자**로서 **소유권이나 저당권 등 물권을 취득한 자뿐만 아니라 압류 또는 가압류채권자**도 **포함**"를 말한다.

③ 부동산실명법 제4조 제3항의 법리는 명의신탁약정(제1의 양자간 등기명의신탁)에 따라 형성된 외관을 토대로 다시 명의신탁(제2의 3자간 등기명의신탁)이 이루어지는 등 **연속된 명의신탁관계**에서 **최후의 명의수탁자가 물권자임을 기초로 그와 사이에 직접 새로운 이해관계를 맺은 사람에게**도 **적용**된다. 따라서 **제3자는** 제1명의신탁약정의 명의신탁자에게 **등기**(Ex. 소유권이전등기 또는 저당권설정등기)의 **유효**를 **주장할 수 있고**, 제1명의신탁약정이 무효라는 사정 및 제2명의신탁약정이 무효라는 사정만으로 영향을 받지 않는다.

※ [주의] (**3자간 등기명의신탁에서 제3자 보호**) - ① **명의신탁자와 부동산에 관한 계약을 체결하고 단지 등기명의만을 명의수탁자로부터 경료받은 것과 같은 외관을 갖춘 제3자**를 부동산실명법 제4조 제3항에 정한 '**제3자'로 볼 수 없고**, 제3자에 해당하지 않아 그 등기가 무효인 경우라면 **제3자가 아닌 자와 사이에서 무효인 등기를 기초로 다시 이해관계를 맺은 자도 제3자에 해당하지 않으므로** 그 명의의 **등기**도 **무효**이다. ② **그러나 이러한 자도 자신의 등기가 실체관계에 부합하는 등기로서 유효하다는 주장은 할 수 있다**. 즉, 이른바 **3자간 등기명의신탁의 경우** 명의신탁자가 제3자와 사이에 부동산 처분에 관한 약정을 맺고 그 약정에 기하여 명의수탁자에서 제3자 앞으로 마쳐준 소유권이전등기는 다른 특별한 사정이 없는 한 **실체관계에 부합하는 등기로서 유효하다**.

3) 명의신탁관계의 종료

부동산실명법 제4조 제3항에 따라 **제3자**가 **유효하게 소유권을 취득한 경우**, **명의신탁관계는 당사자의 의사표시 등을 기다릴 필요 없이 당연히 종료된다**.

(2) 2자간(양자간) 등기명의신탁 - 단순등기명의신탁

1) 명의신탁의 약정과 물권변동(등기의 효력) 및 소유권의 귀속 등

① **명의신탁약정**과 **물권변동**이 **무효**이므로, **신탁자**는 여전히 부동산에 대한 **소유권**을 가진다. 따라서 명의수탁자는 명의신탁자뿐만 아니라 제3자에 대한 관계에서도 수탁된 부동산에 대한 소유권자임을 주장할 수 없고, 소유권에 기한 물권적 청구권을 행사할 수도 없다.

② 명의신탁약정은 무효이므로 명의신탁자는 수탁자를 상대로 **명의신탁 해지를 원인으로** 하여 **소유권이전등기를 청구할 수 없다**.

③ 명의신탁자는 수탁자를 상대로 소유권에 기한 방해배제청구권을 행사하여 수탁자 명의의 **등기의 말소를 구하거나 진정등기명의회복을 원인으로 하는 소유권이전등기를 구할 수 있다**.

※ [**주의**] - 부동산실명법을 위반하여 무효인 명의신탁약정에 따라 명의수탁자 명의로 등기를 하였다는 이유만으로 그것이 당연히 **불법원인급여에 해당한다고 단정할 수**는 **없다**. 이는 농지법에 따른 제한을 회피하고자 명의신탁을 한 경우에도 마찬가지이다.

④ **명의신탁자가 그 소유권을 여전히 보유하고 있는 이상**, 침해부당이득의 성립 여부와 관련하여 명의수탁자 명의의 소유권이전등기로 인하여 **명의신탁자**가 어떠한 '**손해**'를 입게 되거나 **명의수탁자**가 어떠한 **이익**을 얻게 된다고 할 수 **없으므로**, **침해부당이득반환을 원인으로 하여 소유권이전등기절차의 이행을 구할 수는 없다**.

2) 수탁자의 처분

① 명의수탁자가 신탁부동산을 처분하여 **제3취득자가 유효하게 소유권**을 **취득**하고 이로써 **명의신탁자**가 신탁부동산에 대한 **소유권**을 **상실**하였다면, **명의신탁자의 소유권에 기한 물권적 청구권**, 즉 말소등기청구권이나 진정명의회복을 원인으로 한 이전등기청구권도 **더 이상 그 존재 자체가 인정되지 않는다**. **그 후 명의수탁자가 우연히 신탁부동산의 소유권을 다시 취득하였다고 하더라도** **명의신탁자가** 신탁부동산의 **소유권을 상실한 사실에는 변함이 없으므로**, **여전히 물권적 청구권은 그 존재 자체가 인정되지 않는다**.

② 명의수탁자가 신탁부동산을 제3자에게 임의로 처분한 경우, 형사상 횡령죄가 성립되지 않더라도 이로써 명의신탁자에게 소유권을 침해하는 위법행위로 인하여 손해가 발생하였으므로, **형사상 횡령죄의 성립 여부와 관계없이 명의수탁자는 명의신탁자에게 민법 제750조의 불법행위에 기한 손해배상책임을 부담한다**(∵ 부동산실명법 제4조 제3항에 따라 제3자에게 자신의 소유권을 주장하여 그 소유권이전등기의 말소를 구할 수 없고, 명의수탁자로부터 부동산을 양수한 제3자는 소유권을 유효하게 취득하기 때문이다).

※ [**주의**] - 명의신탁자가 부동산 소유권을 여전히 보유하고 있는 이상 명의수탁자 앞으로 마친 소유권이전등기로 인하여 어떠한 손해를 입게 되는 것은 아니며, 명의수탁자가 부동산을 제3자에게 처분할 경우에 비로소 명의신탁자는 소유권을 상실하게 되므로, 이와 달리 **명의수탁자가 원인무효인 소유권이전등기의 말소를 거부하고 있을 뿐이라면 명의신탁자의 소유권이 침해되어 부동산 가액 상당의 손해가 발생하였다고 볼 수 없다**(제750조 불법행위책임 부정).

(3) 3자간 등기명의신탁 – 중간생략형 명의신탁

1) 유형 확정

① [**개념**] – 매도인과 **명의신탁자**가 **매매계약의 당사자**이고, 명의신탁자가 명의수탁자와 명의신탁약정을 맺고 등기를 매도인으로부터 명의수탁자에게 직접 이전하는 경우

② [**3자간 등기명의신탁과 계약명의신탁의 구별**] – (**계약의 당사자결정**) : 법률행위 해석(자연적, 규범적 해석)의 문제로 귀결 → **신탁자가 당사자 : 3자간 등기명의신탁 / 수탁자가 당사자 : 계약명의신탁** → Q. 어떤 사람(명의신탁자)이 타인(명의수탁자)을 통하여 부동산을 매수하면서 매수인 명의 및 소유권이전등기 명의를 타인 명의로 하기로 한 경우 : **특별한 사정이 없는 한 계약명의자인 타인**(명의수탁자)을 **매매당사자**로 보아야 한다. **다만 상대방이** 계약명의자인 타인이 아니라 **명의신탁자를 매매당사자로 이해하였거나 명의신탁자에게 계약에 따른 법률효과를 직접 귀속시킬 의도로 계약을 체결하였다는 등의 특별한 사정이 인정된다면** 계약명의자인 명의수탁자가 아니라 **명의신탁자**를 **계약당사자**로 보아야 하고, 이 경우의 명의신탁관계는 **3자간 등기명의신탁**으로 보아야 한다.

2) 명의신탁의 약정과 물권변동(등기의 효력) 및 소유권의 귀속 등

① **명의신탁약정**은 **무효**이다. 또한 **물권변동**도 **무효**이므로 **소유권**은 **매도인**이 보유한다.

② **명의신탁자와 매도인간**의 **매매계약**은 **유효**하고, 유예기간이 경과한 후에도 마찬가지이다.

③ **명의신탁자는 매도인에 대하여 매매계약에 기한 소유권이전등기를 청구할 수 있고**, 그 소유권이전등기청구권을 보전하기 위하여 **매도인을 대위하여** 명의수탁자에게 무효인 그 명의 **등기의 말소를 구할 수 있다. → 명의수탁자가 명의신탁자 앞으로 바로 경료해 준 소유권이전등기**는 결국 **실체관계에 부합하는 등기**로서 **유효**하다.

④ **명의신탁자**는 매도인에 대하여 매매계약에 기한 소유권이전등기청구권을 보유하고 있어 그 유예기간의 경과로 그 등기 명의를 보유하지 못하는 **손해**를 입었다고 볼 수 **없다**. 따라서 **명의신탁자는 명의수탁자를 상대로 부당이득반환을 원인으로 한 소유권이전등기를 구할 수 없다**.

3) 수탁자의 처분

① 자신의 편의를 위하여 명의수탁자 앞으로의 등기이전을 요구한 명의신탁자가 자신의 귀책사유로 실명등기를 하지 아니한 사정에 기인하여, 매도인에 대하여 매매대금의 반환을 구하거나 명의신탁자 앞으로 재차 소유권이전등기를 경료할 것을 요구하는 것은 신의칙상 허용되지 아니하고, 따라서 매도인으로서는 명의수탁자가 신탁부동산을 타에 처분하였다고 하더라도, 명의수탁자로부터 그 소유명의를 회복하기 전까지는 명의신탁자에 대하여 신의칙 내지 민법 제536조 제1항 본문의 규정에 의하여 이와 동시이행의 관계에 있는 매매대금 반환채무의 이행을 거절할 수 있다. 한편 명의신탁자의 소유권이전등기청구도 허용되지 아니하므로, 결국 **매도인**으로서는 **명의수탁자의 처분행위로** 인하여 **손해를 입은 바가 없다**.

② **제3취득자는 유효하게 소유권을 취득하게 되므로**(제4조 제3항), 그로 인하여 매도인의 명의신탁자에 대한 소유권이전등기의무는 이행불능으로 되고 그 결과 **명의신탁자는 신탁부동산의 소유권을 이전받을 권리를 상실하는 손해**를 입게 되는 반면, **명의수탁자는 신탁부동산의 처분대금이나 보상금을 취득하는 이익**을 얻게 되므로, **명의수탁자는 명의신탁자에게 그 이익을 부당이득으로 반환할 의무가 있다**.

※ [**비교**] (**명의수탁자의 저당권설정행위와 부당이득반환의무**) – 3자간 등기명의신탁에서 **명의수탁자가** 부동산에 관하여 **제3자에게 근저당권을 설정한 경우**, 명의수탁자는 근저당권의 피담보채무액 상당의 이익을 얻었고 그로 인하여 명의신탁자에게 그에 상응하는 손해(※ 명의신탁자는 여전히 매도인을 대위하여 명의수탁자의 부동산에 관한 진정명의회복을 원인으로 한 소유권이전등기 등을 통하여 매도인으로부터 소유권을 이전받을 수 있지만, 피담보채무액 만큼의 교환가치가 제한된 소유권만을 취득할 수밖에 없는 손해)를 입혔으므로, **명의수탁자는 명의신탁자에게 이를 부당이득으로 반환할 의무를 부담한다**.

※ [**주의**] (**명의수탁자의 처분행위와 불법행위책임**) – 명의수탁자가 3자간 등기명의신탁에 따라 매도인으로부터 소유권이전등기를 넘겨받은 부동산을 자기 마음대로 처분한 행위가 형사상 횡령죄로 처벌되지 않더라도, 이는 **명의신탁자의 채권인 '소유권이전등기청구권을 침해'하는 행위**로써 민법 **제750조에 따라 불법행위**에 **해당**하여 **명의수탁자는 명의신탁자에게 손해배상책임을 질 수 있다**(제3자의 채권침해에 따른 불법행위책임 성립).

(4) 계약명의신탁

1) 유형 확정

명의신탁자가 명의수탁자에게 위임하며 명의신탁약정을 맺고, **명의수탁자**가 매도인과 매매계약의 **당사자**로서 계약을 하여, 등기를 매도인으로부터 명의수탁자에게 이전하는 경우이다.

※ [**비교**] (**부동산경매절차**) – ① 부동산경매절차에서 **부동산을 매수하려는 사람이 매수대금을 자신이 부담하면서 다른 사람의 명의로 매각허가결정을 받기로** 그 다른 사람과 **약정**함에 따라 매각허가가 이루어진 경우, 그 **경매절차에서 매수인의 지위에 서게 되는 사람은 어디까지나 그 명의인**이므로, 매수대금을 부담한 사람과 이름을 빌려 준 사람 사이에는 **명의신탁관계**가 **성립**한다. ② 부동산을 매수하려는 사람이 **다른 사람과의 명의신탁약정 아래 그 사람**(명의수탁자)**의 명의로 매각허가결정**을 받아 자신의 부담으로 매수대금을 완납한 경우, 경매목적 부동산의 소유권은 매수대금의 부담 여부와는 관계없이 그 명의인이 취득하게 되고, 매수대금을 부담한 명의신탁자와 명의를 빌려 준 명의수탁자 사이의 **명의신탁약정**은 부동산 실권리자명의 등기에 관한 법률 제4조 제1항에 의하여 **무효**이다.

2) 명의신탁의 약정과 물권변동(등기의 효력) 및 소유권의 귀속 등

가) 명의신탁약정 등의 효력

① **명의신탁약정**은 **무효**이고, **위임계약**도 **무효**이다(∵ 일부무효의 법리에 따라 전부 무효).

② 명의신탁약정이 유효한 것, 즉 명의신탁자가 이른바 내부적 소유권을 가지는 것을 전제로 하여 **장차** 명의신탁자 앞으로 목적 부동산에 관한 소유권등기를 이전하거나 **부동산의 처분대가를 명의신탁자에게 지급하는 것 등을 내용으로 하는 약정**을 하였다면 이는 명의신탁약정을 무효라고 정하는 부동산실명법 제4조 제1항에 좇아 **무효**이다.

※ [**비교**] – '**부동산실명법**이 **시행**되기 **전**'에 명의신탁자와 명의수탁자가 명의신탁 약정을 맺고 이에 따라 명의수탁자가 당사자가 되어 명의신탁 약정이 있다는 사실을 알지 못하는 소유자와 부동산에 관한 매매계약을 체결한 후 그 매매계약에 기하여 당해 부동산의 소유권이전등기를 자신의 명의로 마치는 한편, **장차 위 부동산의 처분대가를 명의신탁자에게 지급하기로 하는 정산약정**을 한 경우, 그러한 **약정 이후에 부동산실명법이 시행되었다거나 그 부동산의 처분이 부동산실명법 시행 이후에 이루어졌다고 하더라도** 그러한 사정만으로 위 **정산약정까지 당연히 무효로 된다고 볼 수 없다**.

③ 명의신탁자와 명의수탁자가 위와 같이 **무효인 명의신탁약정**을 함과 아울러 그 약정을 **전제로** 하여 이에 기한 명의신탁자의 **명의수탁자에 대한 소유권이전등기청구권을 확보하기 위하여** 명의신탁 부동산에 **명의신탁자 명의의 가등기를 마치고** 향후 명의신탁자가 요구하는 경우 **본등기를 마쳐 주기로 약정**하였더라도, **이러한 약정** 또한 부동산실명법에 의하여 무효인 명의신탁약정을 전제로 한 것이어서 **무효**이고, **위 약정에 의하여 마쳐진 가등기**는 **원인무효**이다.

※ [**비교**] – 명의신탁자가 **명의신탁약정과는 별개의 적법한 원인에 기하여** 명의수탁자에 대하여 **소유권이전등기청구권을 가지게 되었다 하더라도**, 이를 보전하기 위하여 **자신의 명의가 아닌 제3자 명의로 가등기를 마친 경우** 위 가등기는 명의신탁자와 제3자 사이의 명의신탁약정에 기하여 마쳐진 것으로서 약정의 무효로 말미암아 **효력**이 **없다**.

④ 명의수탁자의 완전한 소유권 취득을 전제로 하여 사후적으로 명의신탁자와의 사이에 매수자금반환의무의 이행에 갈음하여 명의신탁된 부동산 자체를 양도하기로 합의하고 그에 기하여 명의신탁자 앞으로 소유권이전등기를 마쳐준 경우에는 그 **소유권이전등기는** 새로운 소유권 이전의 원인인 **대물급부의 약정에 기한 것**이므로 특별한 사정이 없는 한 **유효**하다.

나) 매도인이 선의인 경우

① 매도인의 **선의 · 악의의 판단**은 '**매매계약을 체결할 당시**' 매도인의 인식을 **기준**으로 한다.
→ 매도인이 계약 체결 이후에 명의신탁약정 사실을 알게 되었다고 하더라도 계약과 등기의 효력에는 영향이 없다.

② **매매계약**은 **유효**하고, 이에 따른 **물권변동**(등기)도 **유효**하다.

※ [**비교**] – 아파트의 수분양자가 타인과 대내적으로는 자신이 수분양권을 계속 보유하기로 하되 수분양자 명의만을 타인의 명의로 하는 내용의 명의신탁약정을 맺으면서 분양계약의 수분양자로서의 지위를 포괄적으로 이전하는 내용의 **계약인수약정을 체결**하고 이에 대하여 **명의신탁약정의 존재를 모르는 분양자가 동의 내지 승낙**을 한 경우, 이는 계약명의신탁 관계에서 명의수탁자가 당초 명의신탁약정의 존재를 모르는 분양자와 분양계약을 체결한 경우와 다를 바 없으므로, **분양계약인수약정**은 **유효**하다.

③ 명의신탁약정의 무효에도 불구하고 **명의수탁자**는 당해 부동산의 **완전한 소유권**을 **취득**하게 되고(※ 명의수탁자의 처분은 부동산실명법 제4조 제3항과 관계없이 완전히 유효하다), 다만 명의수탁자는 명의신탁자에 대하여 부당이득반환의무를 부담하게 될 뿐이다.

※ 명의신탁자의 수탁자에 대한 구제방법 및 인정 여부

1. 명의신탁 해지 또는 위임계약(제684조 제2항)에 의한 소유권이전등기청구

명의신탁약정 및 위임계약은 무효이므로 위와 같은 청구를 할 수 없다.

2. 부당이득반환청구

(1) 부동산실명법 '시행 전' 계약명의신탁

① 유예기간이 경과하기 전까지 명의신탁자는 언제라도 명의신탁약정을 해지하고 당해 부동산에 관한 소유권을 취득할 수 있었던 것이므로, 명의수탁자는 부동산실명법 시행에 따라 당해 부동산에 관한 완전한 소유권을 취득함으로써 당해 부동산 자체를 부당이득하였다고 보아야 할 것이다. 따라서 명의수탁자는 명의신탁자에게 자신이 취득한 당해 **'부동산'을 부당이득으로 반환할 의무**가 **있다.**

※ [비교] – **명의신탁자**가 당해 부동산의 회복을 위해 **명의수탁자에 대해 가지는 소유권 이전등기청구권**은 성질상 부당이득반환청구권으로서 10년의 기간이 경과함으로써 **시효로 소멸O** (∵ 소멸시효가 진행되지 않는다고 본다면 부동산실명법을 위반한 명의신탁자의 권리를 보호하여 주는 결과로 되어 관련 법률의 취지에 反)

② 다만 유예기간이 경과하기까지 명의신탁자가 그 명의로 당해 부동산을 등기이전하는 데 **법률상 장애**가 있었던 경우에는 명의신탁약정의 무효로 인하여 명의신탁자가 입은 손해는 당해 부동산 자체가 아니라 명의수탁자에게 제공한 매수자금이고, 따라서 명의수탁자는 당해 부동산 자체가 아니라 명의신탁자로부터 제공받은 **'매수자금'**을 **부당이득**하였다.

(2) 부동산실명법 '시행 후' 계약명의신탁

① 계약명의신탁약정이 부동산실명법 시행 후에 이루어진 경우에는 명의신탁자는 애초부터 당해 부동산의 소유권을 취득할 수 없었으므로, 위 명의신탁약정의 무효로 명의신탁자가 입은 손해는 당해 부동산 자체가 아니라 명의수탁자에게 제공한 매수자금이고, 따라서 **명의수탁자는 당해 부동산 자체가 아니라** 명의신탁자로부터 제공받은 **'매수자금'**을 **부당이득**하였다.

② 이때 당해 부동산의 매매대금 상당액 이외에 명의신탁자가 명의수탁자에게 지급한 취득세, 등록세 등의 **취득비용**도 특별한 사정이 없는 한 위 계약명의신탁약정의 무효로 인하여 명의신탁자가 입은 손해에 포함되어 명의수탁자는 이 역시 명의신탁자에게 **부당이득으로 반환하여야 한다.**

※ [**비교**] – 매매대금 상당의 부당이득반환청구권에 기하여 **유치권**을 **행사할 수 없다.**

다) 매도인이 악의인 경우

① **매매계약**은 **무효**이고 이에 따른 **물권변동**(등기)도 **무효**가 되므로, **소유권**은 그대로 **매도인**이 보유한다.

② 다만 **무효사실이 밝혀진 후**에 **매도인이** 계약명의자인 명의수탁자 대신 **명의신탁자가 그 계약의 매수인으로 되는 것에 대하여 동의 내지 승낙**을 함으로써 부동산을 명의신탁자에게 양도할 의사를 표시하였다면, 명의수탁자의 의사에 관계없이 매도인과 명의신탁자 사이에는 종전의 매매계약과 같은 내용의 양도약정이 따로 체결된 것으로 봄이 상당하고, 따라서 이 경우 **명의신탁자는 매도인에 대하여 별도의 양도약정을 원인으로 하는 소유권이전등기 청구를 할 수 있다.**

※ [비교] – **경매절차에서**의 **소유자가 명의신탁약정 사실을 알고 있었거나 소유자와 명의신탁자가 동일인이라고 하더라도 그러한 사정만으로** 그 명의인의 **소유권취득이 부동산실명법 제4조 제2항에 따라 무효로 된다고 할 것은 아니다**(비록 경매가 사법상 매매의 성질을 보유하고 있기는 하나 다른 한편으로는 법원이 소유자의 의사와 관계없이 그 소유물을 처분하는 공법상 처분으로서의 성질을 아울러 가지고 있고, 소유자는 경매절차에서 매수인의 결정 과정에 아무런 관여를 할 수 없는 점, 경매절차의 안정성 등을 고려할 때 경매부동산의 소유자를 위 제4조 제2항 단서의 '상대방 당사자'라고 볼 수는 없기 때문이다). → 경매부동산의 소유자와 명의신탁자가 동일한 경우, 소유자는 제4조 제2항 단서의 상대방 당사자에 해당하지 않으므로, **소유자가 명의신탁약정 사실을 알고 있었다 하더라도 명의수탁자는 경매부동산의 소유권을 유효하게 취득하고**, 따라서 **종전 소유자는 명의수탁자를 상대로 진정한 등기명의회복을 원인으로 한 소유권이전등기청구권을 행사할 수 없다.**

3) 수탁자의 처분

가) 매도인이 선의인 경우

명의수탁자는 당해 부동산의 완전한 소유권을 **취득**하게 되고, 명의신탁자는 명의수탁자에 대한 관계에서 금전채권자 중 한 명에 지나지 않으므로, 명의수탁자의 재산이 채무의 전부를 변제하기에 부족한 경우 **명의수탁자가 위 부동산을 명의신탁자 또는 그가 지정하는 자에게 양도하는 행위**는 특별한 사정이 없는 한 다른 채권자의 이익을 해하는 것으로서 다른 채권자들에 대한 관계에서 **사해행위**가 된다.

나) 매도인이 악의인 경우

명의수탁자 명의의 소유권이전등기는 **무효**이므로, 당해 부동산의 **소유권**은 매매계약을 체결한 **매도인에게 그대로 남아** 있게 되고, **명의수탁자가** 자신의 명의로 소유권이전등기를 마친 부동산을 제3자에게 **처분**하면 이는 **매도인의 소유권 침해행위로서 불법행위가 된다. 그러나 명의수탁자로부터 매매대금을 수령한 상태의 소유자로서는** 그 부동산에 관한 소유명의를 회복하기 전까지는 신의칙 내지 민법 제536조 제1항 본문의 규정에 의하여 명의수탁자에 대하여 이와 동시이행의 관계에 있는 매매대금 반환채무의 이행을 거절할 수 있는데, 이른바 계약명의신탁에서 명의수탁자의 제3자에 대한 처분행위가 유효하게 확정되어 소유자에 대한 소유명의 회복이 불가능한 이상(∵ 부동산실명법 제4조 제3항), 소유자로서는 그와 동시이행관계에 있는 매매대금 반환채무를 이행할 여지가 없다. 또한 명의신탁자는 소유자와 매매계약관계가 없어 소유자에 대한 소유권이전등기청구도 허용되지 아니하므로, 결국 소유자인 매도인으로서는 특별한 사정이 없는 한 **명의수탁자의 처분행위로** 인하여 **어떠한 손해도 입은 바가 없다**.

※ [주의] (**명의신탁자의 점유와 취득시효 완성 여부**) – **계약명의신탁에서 명의신탁자는 부동산의 소유자가 명의신탁약정을 알았는지 여부와 관계없이** 부동산의 소유권을 갖지 못할 뿐만 아니라 매매계약의 당사자도 아니어서 소유자를 상대로 소유권이전등기청구를 할 수 없고, 이는 명의신탁자도 잘 알고 있다고 보아야 한다. 명의신탁자가 명의신탁약정에 따라 부동산을 점유한다면 명의신탁자에게 점유할 다른 권원이 인정되는 등의 특별한 사정이 없는 한 **명의신탁자는 소유권 취득의 원인이 되는 법률요건이 없이 그와 같은 사실을 잘 알면서 타인의 부동산을 점유한 것이다.** 이러한 명의신탁자는 타인의 소유권을 배척하고 점유할 의사를 가지지 않았다고 할 것이므로 **소유의 의사로 점유한다는 추정은 깨어진다.**

Set 17 지상권

1. 의의 및 성질

① 타인의 토지에 건물 기타 공작물이나 수목을 소유하기 위하여 그 토지를 사용할 수 있는 권리를 말한다(제279조).

② **분리양도 가능** → 지상물의 소유권만을 양도할 수도 있고, 지상권만을 양도할 수도 있다(∵ 지상권은 하나의 독립된 물권). 따라서 지상권자와 그 지상물의 소유권자가 반드시 일치하여야 하는 것은 아니다.

③ 용익물권 본질 → 현재 공작물이나 수목이 없더라도 지상권은 유효하게 성립하며, 기존의 공작물이나 수목이 멸실하더라도 지상권은 계속 존속할 수 있다.

2. 성립

(1) 법률행위에 의한 취득

제186조 → **지료**는 지상권의 **성립요건**이 **아니다**. 따라서 지료에 관한 약정이 없는 무상의 지상권도 가능하다. 다만 법정지상권의 경우에는 당연히 지료지급의무가 발생한다(제366조 참조).

(2) 법률에 의한 취득 – 법정지상권

제187조 → 제305조 제1항, 제366조, 관습법상 법정지상권, 분묘기지권

3. 존속기간(제280조)

① **최장기간**에 관하여는 아무런 **제한**이 **없다.** → 존속기간을 **영구**로 약정하는 것도 **허용O**

② 최단존속기간 보장 → 지상물의 '소유'를 목적으로 하는 때에 지상물의 구조에 따라 30년, 15년, 5년 / But 기존 건물의 '사용'을 목적으로 지상권이 설정된 경우에는 적용✗(∴ 보다 단기로 정할 수 있다).

③ **지상권**이 **소멸**한 경우에 건물 기타 공작물이나 수목이 **현존**한 때에는 지상권자는 계약의 **갱신을 청구할 수 있고**, 지상권설정자가 계약의 **갱신을 원하지 아니하는 때**에는 지상권자는 상당한 가액으로 전항의 공작물이나 수목의 **매수**를 **청구**할 수 있다(제283조). →※ [**주의**] : ⅰ) 지상물매수청구권은 지상권이 존속기간의 만료로 인하여 소멸하는 때에 지상권자에게 갱신청구권이 있어 갱신청구를 하였으나 지상권설정자가 계약갱신을 원하지 아니할 때 비로소 행사할 수 있는 권리이다. 따라서 지상권자의 **지료연체**를 이유로 토지소유자가 **지상권소멸청구**를 하여 지상권이 소멸된 경우에는 **지상권자의 매수청구권**이 **인정되지 않는다.** ⅱ) **지상권갱신청구권의 행사는 지상권의 존속기간 만료 후 지체 없이 하여야 한다.** 따라서 **지상권의 존속기간 만료 후 지체 없이 행사하지 아니하여 지상권갱신청구권이 소멸한 경우**에는, 지상권자의 적법한 갱신청구권의 행사와 지상권설정자의 갱신 거절을 요건으로 하는 **지상물매수청구권은 발생하지 않는다.** ⅲ) 강행규정이므로 당사자의 특약에 의하여 배제할 수 없다.

※ [**비교**] – 지상권이 소멸한 때에는 지상권자는 건물 기타 공작물이나 수목을 수거하여 토지를 원상에 회복하여야 한다. 이 경우에 **지상권설정자**가 상당한 가액을 제공하여 그 공작물이나 수목의 **매수를 청구한 때**에는 **지상권자는 정당한 이유 없이** 이를 **거절하지 못한다**(제285조).

4. 효력

(1) 지상권자의 권리·의무

① 지상권설정자는 소극적 인용의무만 부담하므로, 지상권자의 **필요비 상환청구권✗**

② 지상권자는 타인에게 그 권리를 양도하거나 그 권리의 존속기간 내에서 그 토지를 임대할 수 있다(제282조). → 강행규정 : 양도·임대의 **금지특약**은 지상권자에게 불리한 것으로서 **무효O**

③ 지료지급의무 → ⅰ) 지상권의 성립요건은 아니고, 당사자가 지료의 지급을 약정한 때에는 지료지급의무가 발생한다. ⅱ) 지료액이나 지료의 지급시기에 관한 약정은 등기할 수 있고 등기를 하여야 제3자에게 대항할 수 있으므로(부등법 제69조), **지료의 등기를 하지 않은 이상 토지소유자는 구 지상권자의 지료연체 사실을 들어 지상권을 이전받은 자에게 대항하지 못한다.**

(2) 물권적 청구권

① 지상권자는 지상권 침해시 지상권에 기한 물권적 청구권이 인정된다(제290조 제1항).

② 토지소유자는 지상권을 설정하여도 그 토지를 불법으로 점유하는 자에게 대하여 방해배제를 구할 수 있는 **물권적 청구권**이 **있다.** 그러나 **지상권이 존속하는 한** 토지를 사용 수익할 수는 없으므로 특별한 사정이 없는 한 **불법점유자에게 손해배상을 청구할 수**는 **없다.**

5. 소멸 - 지상권소멸청구권(형성권)

① [**지료연체**] - 지상권자가 2년 이상의 지료를 지급하지 아니한 때에는 지상권설정자는 지상권의 소멸을 청구할 수 있다(제287조). → [**2년 이상의 의미**] : **연속해서 2년 이상**일 **필요**✗(∴ 단속적 무방),

② [**토지소유권의 양도**] - 지상권의 지료연체가 토지소유권의 **양도 전후**에 걸쳐 이루어진 경우, 양도인에 대하여 2년 이상의 지료를 연체하더라도 **양수인에 대한 연체가 2년 이상이 아니라면 양수인은 지상권의 소멸을 청구할 수 없다**(연체의 효과 승계✗).

③ [**지료연체의 해소**] - 지상권설정자가 지상권의 소멸을 청구하지 않고 있는 동안 지상권자로부터 **연체된 지료**의 **일부**를 **지급**받고 이를 **이의 없이 수령**하여 연체된 지료가 **2년 미만**으로 된 경우에는 지상권설정자는 종전에 지상권자가 2년분의 지료를 연체하였다는 사유를 들어 지상권자에게 **지상권의 소멸을 청구할 수 없다**.

④ [**지료액의 미결정**] - 법정지상권의 경우 당사자 사이에 **지료에 관한 협의가 있었다거나 법원에 의하여 지료가 결정되었다는 아무런 입증이 없다면**, 법정지상권자가 지료를 지급하지 아니하였다 하더라도 지료지급을 지체한 것으로 볼 수 없으므로, 토지소유자의 **지상권소멸청구**는 **이유가 없다**.

⑤ [**지료결정판결**] - 지료액수가 판결에 의하여 정해진 경우(※ 법원에 의한 지료결정은 형식적 형성소송인 지료결정판결로 이루어지고, 이 경우 소급효가 있으며 제3자에게도 효력이 미친다), 지체된 지료가 **판결확정의 '전후'에 걸쳐 2년분 이상일 경우**에도 토지소유자는 **지상권 소멸**을 **청구할 수 있다**.

Set 18 담보지상권

1. 의의 및 유효성 여부

근저당권 등 담보권 설정의 당사자들이 담보로 제공된 토지에 추후 용익권이 설정되거나 건물 또는 공작물이 축조・설치되는 등으로 토지의 담보가치가 저감하는 것을 막기 위하여 담보권과 아울러 설정하는 지상권을 이른바 담보지상권이라고 하고, 판례는 그 **유효성**을 **인정**하는 입장이다.

2. 성질

담보지상권은 용익물권으로서 담보물권이 아니고, 당사자의 약정에 따라 담보권의 존속과 지상권의 존속이 서로 연계되어 있을 뿐이다. 따라서 **피담보채무**가 **존재하는 것**은 **아니다**. → **피담보채무의 범위 확인을 구하는 청구**는 **확인의 이익**✗(∴ 부적법)

3. 효력

(1) 토지의 사용・수익권과 침해

① [**사용・수익권자**] – 금융기관이 대출금 채권의 담보를 위하여 토지에 저당권과 함께 지료 없는 지상권을 설정하면서 **채무자 등의 사용・수익권을 배제하지 않은 경우**, **토지소유자는** 저당부동산의 담보가치를 하락시킬 우려가 있는 등의 특별한 사정이 없는 한 토지를 **사용・수익할 수 있다**고 보아야 한다. 따라서 그러한 **토지소유자로부터 토지를 사용・수익할 수 있는 권리를 취득하였다면** 이러한 권리는 민법 **제256조 단서**가 정한 '**권원**'에 **해당**한다.

② [**담보지상권자의 손해배상청구**] – ⅰ) 금융기관이 대출금 채권의 담보를 위하여 토지에 저당권과 함께 지료 없는 지상권을 설정하면서 **채무자 등의 사용・수익권을 배제하지 않은 경우**, 위 지상권은 근저당목적물의 담보가치를 확보하는 데 목적이 있으므로, 그 위에 **도로개설・옹벽축조 등의 행위를 한 무단점유자에 대하여 '지상권 자체의 침해'를 이유로 한 임료 상당의 손해배상을 구할 수 없다**(∵ 임료 상당 이익이나 기타 소득이 발생할 여지가 없기 때문). ⅱ) **그러나** 이 경우 저당권자는 저당부동산의 본래의 용법에 따른 사용・수익의 범위를 초과하여 그 **교환가치를 감소시켜 '저당권의 침해'가 있음을 이유로 손해배상을 구할 수는 있다**.

(2) 지상권에 기한 물권적 청구권 – 방해배제청구권

민법 **제290조**, **제214조** 준용 → 특별한 사정이 없는 한 담보지상권은 저당권이 실행될 때까지 제3자가 용익권을 취득하거나 목적 토지의 담보가치를 하락시키는 침해행위를 하는 것을 배제함으로써 저당 부동산의 담보가치를 확보하는 데에 그 목적이 있다고 할 것이므로, 토지 위에 건물을 신축 중인 토지소유자가 토지에 관한 근저당권 및 지상권설정등기를 경료한 후 제3자에게 위 건물에 대한 건축주 명의를 변경하여 준 경우, **제3자가 지상권자에게 대항할 수 있는 권원이 없는 한** 지상권자는 제3자에 대하여 목적 토지 위에 **건물을 축조하는 것**을 **중지**하도록 **요구할 수 있다**.

(3) 법정지상권 성립 여부

토지에 관하여 저당권이 설정될 당시 저당권자를 위하여 동시에 지상권이 설정되었다고 하더라도, 저당권설정 당시 그 토지 위에 '건축 중이던 건물'을 철거하기로 하는 등의 특별한 사유가 없고 저당권의 실행으로 그 지상권도 소멸하였다면, 건물을 위한 **법정지상권**이 **성립**한다.

4. 소멸

피담보채권이 **변제 등으로 만족**을 얻어 소멸한 경우는 물론이고 **시효소멸**한 경우에도 그 지상권은 목적이나 존속기간과 관계없이 **피담보채권에 부종**하여 **소멸**한다.

Set 19 분묘기지권

① [**관습법상 물권**] – 장사법 시행일 이전의 분묘기지권은 관습법으로서 효력O

② [**성립**] – i) 토지소유자의 승낙을 얻어 분묘를 설치한 경우, 20년간 평온·공연하게 그 분묘의 기지를 점유하여 분묘기지권을 시효취득한 경우 성립O, ii) But 현재 시신이 안장되어 있지 아니한 **장래 묘소**, **평장·암장**의 형태는 분묘라 할 수 없으니 **분묘기지권**을 **취득할 수 없다**.

③ [**존속기간**] – 분묘기지권의 존속기간은 민법의 지상권에 관한 규정에 따를 것이 아니라 당사자 사이의 특약 등 특별한 사정이 있으면 그에 따를 것이고, 그런 사정이 없으면 권리자가 분묘의 수호와 봉사를 계속하며 그 **분묘가 존속하고 있는 동안**은 분묘기지권이 **존속**한다.

④ [**효력**] – i) 기존의 분묘에 **단분형태나 쌍분형태로** 합장하여 **새로운 분묘를 설치할 권능**은 **포함되어 있지 않다**. ii) 분묘기지권을 **시효로 취득**한 경우 분묘기지권자는 **토지소유자가 토지 사용의 '대가를 청구하면 그때**(청구한 날)'**부터 지료 지급의무**를 **부담**한다(→ 분묘기지권이 성립됨과 동시에 발생✗, 지료를 지급할 필요가 없다✗).

※ [**비교**] – ① 자기 소유 토지에 분묘를 설치한 사람이 그 토지를 양도하면서 분묘를 이장하겠다는 특약을 하지 않음으로써 분묘기지권을 취득한 경우, 특별한 사정이 없는 한 분묘기지권자는 **분묘기지권이 '성립한 때'부터** 토지소유자에게 **지료를 지급할 의무**가 **있다**. ② 토지소유자의 승낙에 의하여 성립하는 분묘기지권의 경우 성립 당시 토지소유자와 분묘의 수호·관리자가 **지료 지급의무의 존부나 범위 등에 관하여 약정을 하였다면** 그 **약정의 효력은 분묘기지의 승계인에 대하여도 미친다**.

⑤ [**소멸 - 분묘기지권 소멸청구**] – 자기 소유의 토지 위에 분묘를 설치한 후 토지의 소유권이 경매 등으로 타인에게 이전되면서 분묘기지권을 취득한 자가, **판결에 따라 분묘기지권에 관한 지료의 액수가 정해졌음에도** 판결확정 후 책임 있는 사유로 상당한 기간 동안 지료의 지급을 지체하여 지체된 지료가 **판결확정 '전후'에 걸쳐 2년분 이상**이 되는 경우에는 민법 **제287조**를 **유추적용**하여 새로운 토지소유자는 분묘기지권자에 대하여 **분묘기지권의 소멸**을 **청구할 수 있다**.

Set 20 관습법상 법정지상권 · 제366조 법정지상권

1. 요건

(1) 관습법상 법정지상권

① 처분당시 ┬ **건물**존재 : **미등기 무허가건물** 可
　　　　　└ 건물 · 토지 : **동**일 소유 - **원시적으로 동일소유 不要**

② 처분(매매 기타 적법한 원인)으로 소유자 **상**이 - 법의 보호를 받을 수 있는 변동일 것 要

③ 건물 **철**거특약 : **포**기 · 배제 특약 없을 것 ┬ **토지의 계속사용**을 **그만두고자 하는** 내용의 **합의**
　　　　　　　　　　　　　　　　　　　　　└ **토지임대차계약**의 체결 - **포기**로 봄이 상당

(2) 제366조 법정지상권

① **저**당권설정당시 ┬ **건물**존재 : 미등기 무허가건물 可
　　　　　　　　└ 건물 · 토지 : **동**일 소유 - 저당권실행 당시까지 동일 소유일 필요✗

② 저당권실행으로 소유자 **상**이 - 통상의 강제경매는 사유에 해당✗

※ 주의 판례

※ [**참고**] - 요건을 구비하지 못한 경우라면 법정지상권은 성립되지 않는다. 반면 요건을 구비한 경우에는 예외적으로 제3자의 이익, 저당권자의 교환가치 감소에 따른 불측의 손해, 사회적 · 경제적 손실 방지의 필요성이 없다는 등을 이유로 부정하는 경우가 있다.

1. 건물의 신축

(1) 저당권자의 동의하에 신축된 건물

건물이 없는 토지에 관하여 저당권이 설정될 당시 **저당권자가** 토지소유자에 의한 **건물의 건축에 동의**하였다고 하더라도 그러한 사정은 주관적 사항이고 공시할 수도 없는 것이어서, 건물소유자는 토지의 경락인에 대하여 **법정지상권**을 **주장할 수 없다.**

(2) 저당권설정 당시 신축 중인 건물 - 정도

① 토지에 관하여 저당권이 설정될 당시 그 지상에 건물을 건축 중이었던 경우 그것이 **사회관념상 독립된 건물로 볼 수 있는 정도에 이르지 않았다 하더라도, 건물의 규모 · 종류가 외형상 예상할 수 있는 정도**까지 건축이 진전되어 있었으면 족하다.

② 그 후 경매절차에서 매수인이 **매각대금을 다 낸 때까지** 최소한의 기둥과 지붕 그리고 주벽이 이루어지는 등 **독립된 부동산**으로서 건물의 요건을 갖추면 법정지상권이 성립한다.

※ [**비교**] – 민법 제366조의 법정지상권이 성립하려면 경매절차에서 매수인이 매각대금을 다 낸 때까지 해당 건물이 독립된 부동산으로서 건물의 요건을 갖추고 있어야 한다. 독립된 부동산으로서 건물은 토지에 정착되어 있어야 하는데(민법 제99조 제1항), **가설건축물**은 일시 사용을 위해 건축되는 구조물로서 설치 당시부터 일정한 존치기간이 지난 후 철거가 예정되어 있어 **일반적으로 토지에 정착되어 있다고 볼 수 없다**. 따라서 가설건축물은 특별한 사정이 없는 한 독립된 부동산으로서 건물의 요건을 갖추지 못하여 **법정지상권**이 **성립하지 않는다**.

2. 동일 소유의 판단 기준시기

(1) 압류 또는 가압류 – 강제경매

① 강제경매의 목적이 된 토지 또는 그 지상 건물의 소유권이 강제경매로 인하여 매수인에게 이전된 경우에, 매수인이 소유권을 취득하는 **매각대금의 완납시가 아니라** 그 **압류의 효력**이 **발생하는 때**를 **기준**으로 하여 토지와 그 지상 건물이 **동일인**에 속하였는지가 **판단**되어야 한다.

② 경매의 목적이 된 부동산에 대하여 가압류가 있고 그것이 본압류로 이행되어 경매절차가 진행된 경우에, 애초 **가압류가 효력을 발생하는 때**를 **기준**으로 토지와 그 지상 건물이 **동일인**에 속하였는지를 **판단**하여야 한다.

(2) 압류나 가압류가 전에 저당권이 설정되어 있다가 '강제경매'로 저당권이 소멸한 경우

강제경매의 목적이 된 토지 또는 그 지상 건물에 관하여 강제경매를 위한 압류나 그 압류에 선행한 가압류가 있기 이전에 저당권이 설정되어 있다가 그 후 강제경매로 인해 그 저당권이 소멸하는 경우에는, **저당권 설정 당시**를 **기준**으로 토지와 그 지상 건물이 **동일인**에게 속하였는지에 따라 관습상 법정지상권의 성립 여부를 **판단**하여야 한다(∵ 저당권 설정 이후의 특정 시점을 기준으로 토지와 그 지상 건물이 동일인의 소유에 속하였는지에 따라 관습상 법정지상권의 성립 여부를 판단하게 되면, 저당권 설정 이후에 토지나 그 지상 건물의 소유자가 변경되었다는 외부의 우연한 사정으로 인하여 저당권자는 당초에 파악하고 있던 것보다 예상하지 못한 이익을 얻거나 손해를 입게 되기 때문이다).

3. 일괄매매 – 매수인이 대지에 관해서만 등기경료

① 미등기건물을 그 대지와 함께 매수한 사람이 그 대지에 관하여만 소유권이전등기를 넘겨받고 건물에 대하여는 그 등기를 이전 받지 못하고 있다가, 대지에 대하여 저당권을 설정하고 그 저당권의 실행으로 대지가 경매되어 다른 사람의 소유로 된 경우에는, 그 저당권의 설정 당시에 이미 대지와 건물이 각각 다른 사람의 소유에 속하고 있었으므로 **매수인에게 법정지상권**이 **성립될 여지**가 **없다**.

② 토지의 점유・사용에 관하여 당사자 사이에 약정이 있는 것으로 볼 수 있거나 토지소유자가 건물의 처분권까지 함께 취득한 경우에는 관습상의 법정지상권을 인정할 까닭이 없다 할 것이어서, 미등기건물을 그 대지와 함께 매도하였다면, 비록 매수인에게 그 대지에 관하여만 소유권이전등기가 경료되고 건물에 관하여는 등기가 경료되지 아니하였더라도 **매도인에게 관습상의 법정지상권**을 **인정할 이유**가 **없다**.

4. 공동저당

동일인의 소유에 속하는 토지 및 그 지상 건물에 관하여 **공동저당권이 설정된 후** 그 **건물이 철거되고 새로 건물이 신축된 경우**에는, 그 신축건물의 소유자가 토지의 소유자와 동일하고 토지의 저당권자에게 **신축건물에 관하여 토지의 저당권과 동일한 순위의 공동저당권을 설정해 주는 등 특별한 사정이 없는 한**, 저당물의 경매로 인하여 토지와 그 신축건물이 다른 소유자에 속하게 되더라도 그 신축건물을 위한 **법정지상권**은 **성립하지 않는다**(∵ 신축건물을 위한 법정지상권이 성립한다고 해석하게 되면, 당초 나대지로서의 토지의 교환가치 전체를 기대하여 담보를 취득한 공동저당권자에게 불측의 손해를 입게 하기 때문이다).

※ [비교] (**공동근저당권 설정 후 등기부 폐쇄**) – 토지와 함께 공동근저당권이 설정된 **건물**이 **그대로 존속함에도 불구**하고 사실과 달리 등기부에 멸실의 기재가 이루어지고 이를 이유로 「**등기부가 폐쇄**」된 경우, 저당권자로서는 폐쇄된 등기기록을 부활하는 절차 등을 거쳐 건물에 대한 저당권을 행사하는 것이 불가능한 것이 아닌 이상 저당권자에게 불측의 손해가 발생한 것은 아니라고 보아야 하므로, 그 후 토지에 대하여만 경매절차가 진행된 결과 토지와 건물의 소유자가 달라지게 되었다면 그 건물을 위한 **법정지상권**은 **성립**한다.

5. 공유

(1) 건물공유

건물공유자의 1인이 그 건물의 부지인 **토지를 단독으로 소유**하면서 그 **토지에 관하여만 저당권**을 **설정**하였다가 위 저당권에 의한 경매로 인하여 토지의 소유자가 달라진 경우, 위 건물공유자들은 민법 제366조에 의하여 토지 전부에 관하여 건물의 존속을 위한 **법정지상권**을 **취득**한다.

(2) 토지공유

토지공유자의 1인이 다른 공유자의 지분 과반수의 동의를 얻어 **건물을 건축**한 후 토지와 건물의 소유자가 달라진 경우(Ex. 토지지분만을 전매한 경우), 토지에 관하여 관습법상의 법정지상권이 성립되는 것으로 보게 되면, 이는 토지공유자의 1인으로 하여금 다른 공유자의 지분에 대하여서까지 지상권설정의 처분행위를 허용하는 셈이 되어 부당하므로, **관습상 법정지상권**은 **성립하지 않는다**. 이러한 법리는 민법 제366조의 법정지상권의 경우에도 마찬가지로 적용된다.

(3) 토지·건물 모두 공유

토지와 건물 모두가 각각 공유에 속한 경우에 토지에 관한 공유자 일부의 지분만을 목적으로 하는 근저당권이 설정되었다가 경매로 인하여 그 지분을 제3자가 취득하게 된 경우에도 **법정지상권**은 **성립하지 않는다**.

※ [**비교**] (**구분소유적 공유**) – 구분소유적 공유관계에 있어서는 당사자 **내부**에 있어서 특정 토지부분은 **각자**의 **단독 소유**이다. → ① **각자 자기의 대지 위에 건물을 신축**하여 점유하여 왔다면, 건물과 대지는 내부관계에 있어서 각자 그 자의 단독소유로 되었다 할 것이므로, 그 후 대지의 지분이 경매되거나 토지 전체에 대하여 저당권을 설정하였다가 그 저당권의 실행이 이루어진 경우 건물 소유자는 그 건물의 소유를 위한 **법정지상권**을 **취득**한다. ② 반면, 자신이 **단독 소유하지 아니한 대지 위의 건물부분**은 당초부터 건물과 토지의 소유자가 서로 다른 경우에 해당되어 그에 관하여는 **법정지상권**이 **성립될 여지**가 **없다**.

6. 채권자취소

(1) 토지와 건물의 일괄양도 후 건물양도에 대한 채권자취소권 행사

민법 제406조의 채권자취소권의 행사로 인한 사해행위의 취소와 일탈재산의 원상회복은 **채권자와 수익자 또는 전득자에 대한 관계에 있어서만 효력이 발생할 뿐**이고 **채무자가 직접 권리를 취득하는 것**이 **아니**므로, 토지와 지상 건물이 함께 양도되었다가 채권자취소권의 행사에 따라 그중 건물에 관하여만 양도가 취소되고 수익자와 전득자 명의의 소유권이 전등기가 말소되었다고 하더라도, 이는 관습상 법정지상권의 성립요건인 '**동일인의 소유에 속하고 있던 토지와 지상 건물이 매매 등으로 인하여 소유자가 다르게 된 경우**'에 **해당한다고 할 수 없다**.

(2) 건물만의 양도로 수익자·전득자가 법정지상권을 취득한 후 건물양도에 대한 채권자취소권 행사에 기한 경매로 매각

사해행위의 수익자 또는 전득자가 건물의 소유자로서 법정지상권을 취득한 후 채무자와 수익자 사이에 행하여진 건물의 양도에 대한 채권자취소권의 행사에 따라 수익자와 전득자 명의의 소유권이전등기가 말소된 다음 경매절차에서 건물이 매각되는 경우, **경락인**은 건물의 취득과 함께 **법정지상권**도 **당연**히 **취득**한다(∵ 제187조).

7. 기타

① 채권을 **담보**하기 위하여 **나대지상에 가등기**가 경료되었고, **그 뒤** 대지소유자가 그 지상에 **건물**을 **신축**하였는데, 그 후 그 가등기에 기한 본등기가 경료되어 대지와 건물의 소유자가 달라진 경우에 관습상 법정지상권을 인정하면 애초에 대지에 채권담보를 위하여 가등기를 경료한 사람의 이익을 크게 해하게 되기 때문에 특별한 사정이 없는 한 건물을 위한 관습상 **법정지상권이 성립한다고 할 수 없다**.

② 토지와 건물의 소유권의 동일인에의 귀속과 그 후의 각기 다른 사람에의 귀속은 법의 보호를 받을 수 있는 권리변동으로 인한 것이어야 할 것이다. 따라서 원래 동일인에게의 그 **소유권 귀속이 원인무효로 이루어졌다가** 그 뒤 그 원인무효임이 밝혀져 그 **등기**가 **말소**됨으로써 그 건물과 토지의 소유자가 달라지게 된 경우에는 **관습상의 법정지상권**을 **허용할 수 없다**.

③ **토지에 저당권을 설정할 당시 토지의 지상에 건물이 존재하고 있었고 그 양자가 동일 소유자에게 속하였다가** 그 후 저당권의 실행으로 토지가 **낙찰되기 전**에 **건물이 제3자에게 양도된 경우**, 건물을 양수한 제3자는 민법 제366조 소정의 **법정지상권**을 **취득**한다.

④ **유효한 명의신탁의 토지상**에 **수탁자가 건물을 신축**한 후 **명의신탁**이 **해지**되어 토지소유권이 신탁자에게 환원된 경우, 명의수탁자는 신탁자와의 대내적 관계에 있어서 그 토지가 자기소유에 속하는 것이었다고 주장할 수 없고 위 건물은 어디까지나 명의신탁자 소유의 토지 위에 지은 것이라 할 것이므로, **수탁자**는 지상건물의 소유를 위한 **관습상 법정지상권**을 **취득할 수 없다**.

2. 내용 - 효력(관습상 법정지상권과 제366조의 법정지상권 동일)

(1) 등기의 불요 - 제187조

관습법에 의한 부동산물권의 취득이므로, 등기를 필요로 하지 아니하고 지상권취득의 효력 발생

(2) 범위

토지에 대한 저당권 설정 당시의 건물을 그 후 **개축·증축**한 경우는 물론이고 그 건물이 멸실되거나 철거된 후 **재건축·신축**한 경우에도 **법정지상권**이 **성립**(주 - 유지)한다. 이 경우 **신건물과 구건물 사이**에 **동일성**이 있거나 소유자가 동일할 것을 **요하는 것**은 **아니**라 할 것이지만, **다만** 그 효력범위는 **구건물**을 **기준**으로 한다.

(3) 지료

① 법정지상권의 경우에는 **지료지급의무**가 있다(제366조 단서 참조). 지료는 우선 당사자의 협의로 정하게 되나, 협의가 이루어지지 않을 때에는 당사자의 청구로 법원이 이를 정한다. **법원에 의해 결정된 지료**는 지상권이 성립한 때로 **소급**해서 효력을 발생한다.

② [**지료연체**] - 지상권자가 2년 이상의 지료를 지급하지 아니한 때에는 지상권설정자는 지상권의 소멸을 청구할 수 있다(제287조). → [**2년 이상의 의미**] : **연속해서 2년 이상**일 **필요**✗ (∴ 단속적 무방)

③ [**토지소유권의 양도**] - 지상권의 지료연체가 토지소유권의 **양도 전후**에 걸쳐 이루어진 경우, 양도인에 대하여 2년 이상의 지료를 연체하더라도 **양수인에 대한 연체가 2년 이상이 아니라면 양수인은 지상권의 소멸을 청구할 수 없다**(연체의 효과 승계✗).

④ [**지료연체의 해소**] – 지상권설정자가 지상권의 소멸을 청구하지 않고 있는 동안 지상권자로부터 **연체된 지료**의 **일부**를 **지급**받고 이를 **이의 없이 수령**하여 연체된 지료가 **2년 미만**으로 된 경우에는 지상권설정자는 종전에 지상권자가 2년분의 지료를 연체하였다는 사유를 들어 지상권자에게 **지상권의 소멸을 청구할 수 없다**.

⑤ [**지료액의 미결정**] – 법정지상권의 경우 당사자 사이에 **지료에 관한 협의가 있었다거나 법원에 의하여 지료가 결정되었다는 아무런 입증이 없다면**, 법정지상권자가 지료를 지급하지 아니하였다 하더라도 지료지급을 지체한 것으로 볼 수 없으므로, 토지소유자의 **지상권소멸청구**는 **이유**가 **없다**.

⑥ [**지료결정판결**] – 지료액수가 판결에 의하여 정해진 경우(법원에 의한 지료결정은 형식적 형성소송인 지료결정판결로 이루어지고, 이 경우 소급효가 있으며 제3자에게도 효력이 미친다), 지체된 지료가 **판결확정의 '전후'에 걸쳐 2년분 이상일 경우**에도 토지소유자는 **지상권 소멸**을 **청구할 수 있다**.

3. 양도(관습상 법정지상권과 제366조의 법정지상권 동일)

(1) 토지가 양도된 경우

관습상의 법정지상권은 물권이므로, 건물소유자는 **법정지상권 취득 당시의 토지소유자에 대해서는 물론이고**, 그로부터 **토지소유권을 전득한 제3자에 대해서도 등기 없이** 관습법상의 법정지상권을 **주장**할 수 있다.

(2) 건물이 양도된 경우 – 관습법상의 법정지상권의 등기 없이 양도된 경우

1) 처분행위

① 건물양도인이 등기 없이 취득한 관습법상의 법정지상권도 이를 제3자(건물양수인)에게 처분하려면 민법 제187조 단서에 의해 등기를 하여야 한다. 만약 **지상권을 등기하지 않은 채 건물을 처분하였다면**, 건물의 양수인은 건물의 소유권이전등기를 함으로써 건물소유권을 취득할 수는 있어도 관습법상의 법정지상권은 승계취득하지 못하므로 관습법상의 **법정지상권**은 **건물양도인에게 유보되어 있다**.

② 법정지상권을 취득한 건물소유자가 법정지상권의 설정등기를 경료함이 없이 건물을 양도하는 경우에는 특별한 사정이 없는 한 **건물과 함께 지상권도 양도**하기로 하는 **채권적 계약**이 **있었다**고 할 것이므로, 법정지상권자는 지상권설정등기를 한 후에 건물양수인에게 이의 양도등기절차를 이행하여줄 의무가 있는 것이므로 **건물양수인은 건물양도인을 순차대위하여 토지소유자에 대하여 건물소유자였던 최초의 법정지상권자에게 법정지상권설정등기절차이행을 청구할 수 있다**.

③ 건물양수인에 대하여 대지소유자가 그 소유권에 기해 **건물철거 및 대지인도**를 **청구**하는 것은, 지상권의 부담을 용인하고 그 설정등기절차를 이행할 의무 있는 자가 그 권리자를 상대로 한 청구이므로 **신의칙상 허용될 수 없다**.

④ **다만**, 법정지상권자라 할지라도 대지소유자에게 지료를 지급할 의무는 있는 것이고, 법정지상권이 있는 건물의 양수인으로서 장차 법정지상권을 취득할 지위에 있어 대지 소유자의 건물 철거나 대지 인도 청구를 거부할 수 있다 하더라도, 그 **대지를 점유 · 사용함으로 인하여 얻은 이득은 부당이득으로서 대지소유자에게 반환할 의무가 있다**.

2) 경매

제3자가 경매에 의하여 건물을 양수받은 경우에는 양수인은 제187조에 의하여 건물을 취득과 함께 법정지상권도 등기 없이 당연히 취득한다.

4. 소멸

① **관습상 법정지상권은 포기 · 배제특약이 유효하다**(임의규정). ② **그러나** 민법 **제366조**는 공익상의 이유로 지상권의 설정을 강제하는 **강행규정**이므로, 저당권설정 당사자간의 특약으로 저당목적물인 토지에 대하여 법정지상권을 **배제하는 약정**을 하더라도 그 특약은 **효력**이 **없다**.

Set 21 전세권

1. 의의 및 성질

① 전세권자는 전세금을 지급하고 타인의 부동산을 점유하여 그 부동산의 용도에 좇아 사용 · 수익하며, 그 부동산 전부에 대하여 후순위권리자 기타 채권자보다 전세금의 우선변제를 받을 권리가 있다(제303조).

② **용익물권**적 성격과 **담보물권**적 성격을 **겸비**하고 있다. 다만 **전세권의 존속기간이 만료**하면 **용익물권적 성질은 당연 소멸**하고 **담보물권적 성질만 남는다**.

2. 성립

(1) 전세권설정계약에 의한 취득

① [**요건**] – 제186조 → 전세권설정의 합의 + 등기

② [**등기**] – ⅰ) [**전세권 존속기간이 시작되기 전에 마친 전세권설정등기**] : 특별한 사정이 없는 한 **유효**한 것으로 **추정**된다. / ⅱ) [**제3자 명의의 전세권등기**] : **전세권자와 전세권설정자 및 제3자 사이에 합의**가 있으면 **유효**하다.

(2) 전세금

1) 성질

보증금의 **성질** → 담보적 · 충당적 기능 : **제315조** – "전세권의 목적물의 전부 또는 일부가 전세권자에 책임 있는 사유로 인하여 멸실된 때에는 전세권자는 손해를 배상할 책임이 있고, 전세

권설정자는 전세권이 소멸된 후 전세금으로써 손해의 배상에 충당하고 잉여가 있으면 반환하여야 하며 부족이 있으면 다시 청구할 수 있다."

※ 주의 판례 - 가장전세권과 전세권저당권자의 지위 및 상계 가부

1. 가장 전세권설정계약

실제로는 전세권설정계약이 없으면서도 임대차계약에 기한 **임차보증금 반환채권을 담보할 목적**으로 임차인과 임대인 사이의 합의에 따라 임차인 명의로 **전세권설정등기**를 **경료한 후** 그 **전세권에 대하여 근저당권**이 **설정**된 경우, 설령 위 **전세권설정계약**만 놓고 보아 그것이 **통정허위표시에 해당**하여 **무효**라 하더라도 이로써 위 전세권설정계약에 의하여 형성된 법률관계를 토대로 별개의 법률원인에 의하여 새로운 법률상 이해관계를 갖게 된 **근저당권자에 대하여는** 그와 같은 사정을 **알고 있었던 경우**에만 그 **무효**를 **주장**할 수 있다.

※ [**비교**] - ① 임대차계약에 따른 **임대차보증금반환채권을 담보할 목적으로** 임대인과 임차인 사이의 합의에 따라 **전세권설정계약을 체결하면서** 임차인 명의로 **전세권설정등기를 마친 경우**, 그 전세금의 지급은 이미 지급한 임대차보증금으로 대신한 것이고, 장차 전세권자가 목적물을 사용・수익하는 것을 완전히 배제하는 것도 아니므로, 그 **전세권설정등기**는 **유효**하다. 이때 전세금은 임대차보증금에서 연체차임 등을 공제하고 남은 돈으로 한다는 것이 임대인과 임차인의 합치된 의사라고 볼 수 있다. ② 그러나 그 전세권설정계약은 외관상으로는 그 내용에 차임지급 약정이 존재하지 않으므로 전세금이 연체차임으로 공제되지 않는 점 등에서 **임대인과 임차인의 진의와 일치하지 않는 부분**이 **존재**한다. 따라서 그러한 **전세권설정계약**은 위와 같이 '**임대차계약과 양립할 수 없는 범위**'에서 **통정허위표시**에 **해당**하여 **무효**라고 봄이 타당하다. ③ **다만** 그러한 전세권설정계약에 의하여 형성된 법률관계에 기초하여 새로이 법률상 이해관계를 가지게 된 **제3자**에 대하여는 그 제3자가 그와 같은 사정을 **알고 있었던 경우**에만 그 **무효**를 **주장**할 수 있다. ④ 임대차계약에 따른 임대차보증금반환채권을 담보할 목적으로 **유효한 전세권설정등기가 마쳐진 경우**에는 **전세권저당권자가** 저당권설정 당시 그 전세권설정등기가 임대차보증금반환채권을 담보할 목적으로 마쳐진 것임을 **알고 있었다면**, 제3채무자인 **전세권설정자는** 전세권저당권자에게 그 **전세권설정계약이** '**임대차계약과 양립할 수 없는 범위**'에서 **무효**임을 **주장할 수 있으므로**(주 - 이 범위에서는 오히려 임대차계약에 따른 효력을 주장할 수 있다), 그 **임대차계약에 따른 연체차임 등의 공제 주장으로 대항할 수 있다**(주 - 결국, 전세권설정등기는 임차보증금 중에서 연체차임 등을 공제한 나머지를 담보하는 범위에서 유효하다).

※ [비교] - **전세권설정계약의 당사자가 전세권의 핵심인 사용・수익 권능을 배제하고 채권담보만을 위해 전세권을 설정**하였다면, **물권법정주의**에 **반**하여 허용되지 않고 이러한 **전세권설정등기**는 **무효**라고 보아야 한다.

2. 전세권저당권자의 지위

① **전세권의 존속기간이 만료**하면 전세권의 **용익물권적 권능**이 **소멸**하기 때문에 그 전세권에 대한 **저당권자는** 더 이상 전세권 자체에 대하여 **저당권을 실행할 수 없게 되고**, 이러한 경우에는 민법 **제370조, 제342조**, 민사집행법 제273조에 의하여 저당권의 목적물인 전세권에 갈음하여 존속하는 것으로 볼 수 있는 **전세금반환채권**에 대하여 **추심명령 또는 전부명령**을 받거나, 제3자가 전세금반환채권에 대하여 실시한 강제집행절차에서 **배당요구**를 하는 등의 방법으로 자신의 권리를 행사할 수 있다.

② 민법 제370조, 제342조 단서가 저당권자는 **물상대위권**을 행사하기 위하여 저당권설정자가 받을 금전 기타 물건의 지급 또는 인도 전에 압류하여야 한다고 규정한 것은 물상대위의 목적인 채권의 특정성을 유지하여 그 효력을 보전함과 동시에 제3자에게 불측의 손해를 입히지 않으려는 데 그 목적이 있으므로, 적법한 기간 내에 적법한 방법으로 **물상대위권을 행사한 저당권자는** 전세권자에 대한 일반채권자보다 **우선변제**를 받을 수 있다.

※ [**비교**] – 전세권이 기간만료로 소멸되면 전세권설정자는 전세금반환채권에 대한 **제3자의 압류 등이 없는 한 전세권자에 대하여만 전세금반환의무**를 **부담**한다.

3. 전세권설정자가 제315조 외의 채권으로써 전세금반환채무와 상계할 수 있는지 여부

전세금은 그 성격에 비추어 민법 **제315조**에 정한 전세권설정자의 전세권자에 대한 **손해배상채권 외 다른 채권까지 담보한다고 볼 수 없으**므로, **특별한 사정이 없는 한** 전세권설정자가 전세권자에 대하여 위 **손해배상채권 외 다른 채권(Ex. 대여금채권 등)**을 가지고 있더라도 이를 가지고 전세금반환채권에 대하여 물상대위권을 행사한 **전세권저당권자에게 상계 등으로 대항할 수 없다**.

※ [**정리**]

〈 **전세권저당권 설정** 〉

① 반대채권 존재 + 상계적상 – 상계O　　② 반대채권 발생 – **상계X**

③ 반대채권 존재 ~~~~~~~~~~~~~~~~~~~~~~〉 상계적상 – **상계O**

But **전세금반환채권의 변제기와 동시 or 먼저 도래**

→ 전세권설정자의 합리적 기대이익 인정

2) 전세금이 성립요소인지 여부

전세금의 지급은 전세권의 **성립요소**가 되는 것이지만, 그렇다고 하여 전세금의 지급이 **반드시 현실적으로 수수되어야만 하는 것**은 **아니고 기존의 채권으로** 전세금의 지급에 **갈음할 수**도 **있다**.

3) 전세금반환채권의 분리양도 가부

가) 전세권 소멸 전·존속 중

전세권이 존속하는 동안은 전세권을 존속시키기로 하면서 전세금반환채권만을 전세권과 분리하여 **확정적**으로 **양도**하는 것은 **허용되지 않는 것이며**, **다만** 전세권 존속 중에는 장래에 그 전세권이 소멸하는 경우에 전세금 반환채권이 발생하는 것을 조건으로 그 장래의 **조건부 채권**을 **양도**할 수 있을 뿐이다.

나) 전세권 소멸 후

전세권이 존속기간의 만료로 소멸한 경우이거나, 전세계약의 합의해지 또는 당사자 간의 특약에 의하여 전세권반환채권의 처분에도 불구하고 전세권의 처분이 따르지 않는 경우 등의 **특별한 사정**이 있는 때에는 채권양수인은 담보물권이 없는 **무담보의 채권**을 **양수**한 것이 된다.

※ [**비교**] – 존속기간의 경과로서 본래의 용익물권적 권능이 소멸하고 담보물권적 권능만 남은 전세권에 대해서도 그 피담보채권인 **전세금반환채권과 함께** 제3자에게 이를 **양도**할 수 있다. 다만 이 경우 **전세권양도계약 및 전세권이전의 부기등기가 이루어진 것만으로는** 전세금반환채권의 양도에 관하여 **확정일자 있는 통지나 승낙이 있었다고 볼 수 없으므로**, 이로써 **제3자인 전세금반환채권의 압류·전부 채권자에게 대항할 수 없다**(제450조 제2항의 제3자에 대한 대항요건 구비 要).

(3) 목적물의 인도 요부

목적물의 인도는 전세권의 **성립요건**이 **아니**므로, 목적물을 인도하지 아니한 경우라 하더라도 **장차** 전세권자가 목적물을 **사용·수익하는 것**을 **완전히 배제하는 것**이 **아니라면**, 그 **전세권의 효력을 부인할 수는 없다**.

※ [**비교**] – ① 전세권설정계약의 당사자가 주로 채권담보 목적으로 전세권을 설정하고 설정과 동시에 목적물을 인도하지 않는다고 하더라도 장차 전세권자가 목적물을 사용·수익하는 것을 배제하지 않는다면, 전세권의 효력을 부인할 수는 없다. ② 그러나 전세권설정계약의 당사자가 전세권의 핵심인 **사용·수익 권능을 배제하고 채권담보만을 위해 전세권을 설정하였다면**, 물권법정주의에 반하여 허용되지 않고 이러한 전세권설정등기는 **무효**라고 보아야 한다.

3. 존속기간

(1) 존속기간을 약정한 경우(제312조)

민법은 ① 토지·건물 모두 10년을 넘지 못한다고 함으로써 최장기간의 제한을 두고 있다. 따라서 약정기간이 10년을 넘더라도 10년으로 단축된다. ② 그러나 최단존속기간은 건물전세권의 경우만 1년으로 보장하고 있다.

(2) 존속기간을 약정하지 않은 경우(제313조)

상대방은 언제든지 전세권소멸통고를 할 수 있으며, 소멸통고 후 6월 경과시 전세권은 소멸한다.

(3) 법정갱신(제312조 제4항)

① 건물의 전세권설정자가 전세권의 존속기간 만료 전 6월부터 1월까지 사이에 전세권자에 대하여 갱신거절의 통지 또는 조건을 변경하지 아니하면 갱신하지 아니한다는 뜻의 통지를 하지 아니한 경우에는 그 기간이 만료된 때에 전전세권과 동일한 조건으로 다시 전세권을 설정한 것으로 본다. 다만 이 경우 전세권의 존속기간은 그 정함이 없는 것으로 본다. → 소멸통고를 한 후 6월이 경과하면 소멸

② 법정갱신은 '**건물전세권**'에 **한하여 인정**된다.

③ **제187조** → 법률의 규정에 의한 부동산에 관한 물권의 변동이므로 전세권갱신에 관한 **등기**를 **필요로 하지 아니하고,** 전세권자는 그 **등기 없이도 전세권설정자나 그 목적물을 취득한 제3자에 대하여 그 권리를 주장할 수 있다.**

4. 효력

(1) 일반적 효력

① 전세권설정자는 소극적 인용의무만 부담 → 전세권자는 **필요비상환청구✗**(제309조) / **유익비상환청구O**(제310조 - 가액의 증가가 현존한 경우에 한하여 소유자의 선택에 좇아 그 지출액이나 증가액의 상환을 청구)

② **전세권 : 양도 · 담보제공 · 임대 등 금지특약 - 유효**(제306)

(2) 건물전세권의 토지이용관계(제304조)

① 타인의 토지에 있는 건물에 전세권을 설정한 때에는 전세권의 효력은 그 건물의 소유를 목적으로 한 지상권 또는 임차권에 미친다.

② 따라서 전세권설정자는 전세권자의 동의 없이 지상권 또는 임차권을 소멸하게 하는 행위를 하지 못한다. → 동 조항이 **제한**하려는 것은 포기 등 지상권설정자의 **임의적 행위**를 말하고, **2년 이상의 지료연체를 이유로 지상권소멸청구**를 하는 경우와 같이 법률의 규정에 따라 지상권이 소멸되는 경우는 **포함되지 않는다.**

(3) 제305조의 법정지상권

① **대지와 건물**이 **동일한 소유자**에 속한 경우에 **건물에 전세권**을 **설정**한 때에는 그 **대지소유권의 특별승계인**은 '**전세권설정자**'에 대하여 **지상권을 설정한 것으로 본다.** 그러나 지료는 당사자의 청구에 의하여 법원이 이를 정한다.

② 토지와 건물을 함께 소유하던 토지 · 건물의 소유자가 건물에 대하여 전세권을 설정하여 주었는데 그 후 토지가 타인에게 경락되어 **민법 제305조 제1항에 의한 법정지상권을 취득한 상태**에서 다시 **건물을** 타인에게 **양도**한 경우, 그 건물을 양수하여 소유권을 취득한 자는 특별한 사정이 없는 한 **법정지상권**을 **취득할 지위**를 가지게 되고, 다른 한편으로는 **전세권 관계**도 **이전**받게 되는바, 민법 **제304조** 등에 비추어 건물 양수인이 토지소유자와의 관계에서 **전세권자**

의 동의 없이 법정지상권을 취득할 지위를 **소멸**시켰다고 하더라도, 그 건물 양수인은 물론 토지소유자도 그 사유를 들어 **전세권자에게 대항할 수 없다**.

(4) 일부전세 - 경매신청권

① 1개의 건물의 일부분에 전세권이 설정되어 있는 경우에 그 전세권자는 그 건물 전부에 대하여 후순위 권리자 기타 채권자보다 전세금의 우선변제를 받을 권리가 있으나, 전세권의 목적물이 아닌 나머지 건물부분에 대하여는 우선변제권은 별론으로 하고 **경매신청권**은 **없다**.

② 위의 경우 전세권자는 전세권의 목적이 된 부분을 초과하여 건물 전부의 경매를 청구할 수 없다고 할 것이고, 그 전세권의 목적이 된 부분이 **구조상 또는 이용상 독립성이 없어 독립한 소유권의 객체로 분할할 수 없고**, 따라서 **그 부분만의 경매신청이 불가능하다고 하여 달리 볼 것**은 **아니다**.

5. 소멸

(1) 목적물의 멸실(제314조)

① 전세권의 목적물의 전부 또는 일부가 불가항력으로 인하여 멸실된 때에는 그 멸실된 부분의 전세권은 소멸한다.

② 일부멸실의 경우에 전세권자가 그 잔존부분으로 전세권의 목적을 달성할 수 없는 때에는 전세권설정자에 대하여 전세권 전부의 소멸을 통고하고 전세금의 반환을 청구할 수 있다. 다만 잔존부분으로 전세권의 목적을 달성할 수 있다면 전세권은 잔존부분에 존속하고, 멸실부분에 해당하는 만큼 전세금은 감액되는 것으로 해석된다.

(2) 전세권의 소멸청구(제311조)

전세권자가 전세권설정계약 또는 그 목적물의 성질에 의하여 정하여진 용법으로 이를 사용, 수익하지 아니한 경우에는 전세권설정자는 전세권의 소멸을 청구할 수 있다. 이 경우에 전세권설정자는 전세권자에 대하여 원상회복 또는 손해배상을 청구할 수 있다.

(3) 전세권 소멸시 반환관계(제317조)

1) 동시이행관계

전세권이 소멸한 때에는 전세권설정자는 전세권자로부터 그 목적물의 인도 및 전세권설정등기의 말소등기에 필요한 서류의 교부를 받는 동시에 전세금을 반환하여야 한다.

※ [비교] (**임차인으로서의 지위와 전세권자로서의 지위를 겸유한 자의 지위**)- ① 임대인과 임차인이 임대차계약을 체결하면서 임대차보증금을 전세금으로 하는 전세권설정등기를 경료한 경우 임대차보증금은 전세금의 성질을 겸하게 되므로, 당사자 사이에 다른 약정이 없는 한 **임대차보증금 반환의무는 민법 제317조에 따라 전세권설정등기의 말소의무와도 동시이행관계에 있다**. ② 주택임차인이 그 지위를 강화하고자 별도로 전세권설정등기를 마치더라도 주택임대차보호법상 임차인으로서 우선변제를 받을 수 있는 권리와 전세권자로서 우선변제를

받을 수 있는 권리는 근거규정 및 성립요건을 달리하는 별개의 권리라고 할 것인 점 등에 비추어 보면, 주택임대차보호법상 임차인으로서의 지위와 전세권자로서의 지위를 함께 가지고 있는 자가 그 중 **임차인으로서의 지위에 기하여 경매법원에 배당요구를 하였다면 배당요구를 하지 아니한 전세권에 관하여는 배당요구가 있는 것으로 볼 수 없다**(주 – 전세권자가 배당요구를 하지 않는 한 전세권은 소멸하지 않고 매수인에게 인수된다).

2) 반환의무의 당사자

전세권이 성립한 후 전세목적물의 소유권이 이전된 경우, 전세권은 전세권자와 목적물의 소유권을 취득한 **신소유자 사이에서 계속 동일한 내용으로 존속**하게 된다고 보아야 할 것이고, 따라서 목적물의 **신소유자는** 구소유자와 전세권자 사이에 성립한 전세권의 내용에 따른 권리의무의 **직접적인 당사자가 되어** 전세권이 소멸하는 때에 전세권자에 대하여 **전세권설정자의 지위에서 전세금 반환의무**를 **부담**하게 된다.

Set 22 담보물권의 통유성

1. 부종성 · 수반성 · 불가분성

① [**부종성**] – 담보물권은 피담보채권과 성립상 · 존속상 부종성을 가지므로, 피담보채권이 발생하지 않으면 담보물권도 발생하지 않으며 피담보채권이 소멸하면 담보물권도 소멸한다.

② [**수반성**] – 피담보채권이 이전하면 담보물권도 이전한다. → 수반성이란 피담보채권의 처분이 있으면 언제나 담보권도 함께 처분된다는 것이 아니라 특별한 사정이 없는 한 피담보채권의 처분에는 담보권의 처분도 당연히 포함된다고 보는 것이 합리적이라는 것일 뿐이므로, 피담보채권의 처분이 있음에도 불구하고, 담보권의 처분이 따르지 않는 특별한 사정이 있는 경우에는 채권양수인은 담보권이 없는 무담보의 채권을 양수한 것이 되고 채권의 처분에 따르지 않은 담보권은 소멸한다.

③ [**불가분성성**] – 담보물권은 피담보채권의 전부에 대한 변제가 있을 때까지 목적물 전부에 대해 그 효력이 미친다. → ※ [**유치권의 불가분성은 그 목적물이 분할 가능하거나 수개의 물건인 경우에도 적용**] : **다세대주택의 창호 등의 공사**를 완성한 **하수급인**이 공사대금채권 잔액을 변제받기 위하여 위 다세대주택 중 **한 세대**를 **점유**하여 유치권을 행사하는 경우, 그 **유치권은 위 한 세대에 대하여 시행한 공사대금만이 아니라 다세대주택 전체에 대하여 시행한 공사대금채권의 잔액 전부를 피담보채권으로 하여 성립한다.** 이와 같은 **유치권의 불가분성은 그 목적물이 분할 가능하거나 수 개의 물건인 경우에도 적용된다.**

2. 물상대위

(1) 의의 및 적용범위

① 질권은 질물의 멸실, 훼손 또는 공용징수로 인하여 질권설정자가 받을 금전 기타 물건에 대하여도 이를 행사할 수 있다. 이 경우에는 그 지급 또는 인도 전에 압류하여야 한다(제342조). → 저당권에 준용(제370조)

② 우선변제적 효력을 전제로 하기 때문에 **유치권**에 **적용✗**, **추급이 가능한 경우**(Ex. 매매 등)에도 **적용✗**

(2) 요건

① 목적물의 멸실·훼손·공용징수 → **법률상**의 **멸실 포함O**, 다만 질권자 내지 저당권자의 과실에 기하지 않은 것이어야 한다.

② 물상대위의 객체는 설정자가 제3채무자에 대하여 가지는 금전 기타 대위물의 지급청구권 또는 인도청구권 → Ex) 보험금청구권, 보상금청구권, 손해배상청구권 등 / But 설정자가 받을 **매각대금** 등은 물상대위의 **대상**이 **되지 않는다**. ∴ 공공용지의 취득 및 손실보상에 관한 특례법에 의한 토지의 협의취득(사법상 매매의 성질)에 따라 토지소유자가 받을 보상금에 대하여 물상대위를 할 수 없다.

③ **지급 또는 인도 전 압류** → [**취지**] : 물상대위의 목적인 채권의 **특정성**을 **유지**하여 그 효력을 보전하고 제3자의 불측의 손해 방지 - ⅰ) 압류는 반드시 질권자 내지 저당권자에 의한 압류에 국한되지 않는다. 따라서 **제3자**가 **압류**하여 그 금전 또는 물건이 특정된 이상 저당권자가 스스로 이를 압류하지 않고서도 **물상대위권**을 **행사**할 수 있다. ⅱ) 그러나 **저당권자가** 금전이나 물건의 인도청구권을 **압류하기 전**에 토지의 **소유자가** 인도청구권에 기하여 금전 등을 **수령한 경우** 저당권자는 더 이상 **물상대위권을 행사할 수 없다**.

(3) 행사방법

채권압류 및 추심명령·전부명령을 신청하거나, 배당요구를 하는 방법

(4) 효과

1) 우선변제권

다른 일반채권자보다 우선변제를 받을 권리가 있으나, 물상대위권을 행사하지 않은 경우라면 우선변제를 받을 수 없다. → 배당요구의 종기가 지난 후에 물상대위에 기한 채권압류 및 전부명령이 제3채무자에게 송달되었을 경우에는, 물상대위권자는 배당절차에서 우선변제를 받을 수 없다.

2) 물상대위와 상계항변

가) 전세권저당권자의 물상대위와 전세권설정자의 상계항변

전세권 부분 참조

나) 물상보증인 소유 부동산의 후순위저당권자의 물상대위와 채무자의 상계항변

① **공동저당**에 제공된 채무자 소유의 부동산과 물상보증인 소유의 부동산 가운데 **물상보증인 소유의 부동산이 먼저 경매**되어 매각대금에서 선순위공동저당권자가 변제를 받은 때에는 **물상보증인은** 채무자에 대하여 **구상권**을 **취득**함과 **동시에 변제자대위에 의하여 채무자 소유의 부동산에 대한 선순위공동저당권을 대위취득한다.** ② **물상보증인 소유의 부동산에 대한 후순위저당권자**는 **물상보증인이 대위취득한** 채무자 소유의 부동산에 대한 **선순위공동저당권에 대하여 물상대위**를 할 수 있다. ③ 이 경우에 **채무자는 물상보증인에 대한 반대채권이 있더라도** 특별한 사정이 없는 한 **물상보증인의 구상금 채권과 상계함으로**써 물상보증인 소유의 부동산에 대한 **후순위저당권자에게 대항할 수 없다**(∵ 우연한 사정에 의하여 좌우되는 상계에 대한 기대가 물상보증인 소유의 부동산에 대한 후순위저당권자가 가지는 법적 지위에 우선할 수 없기 때문이다).

3) 물상대위권의 불행사와 부당이득반환의무

가) 저당목적물의 소유자

저당권자가 물상대위권의 행사로 금전 또는 물건의 인도청구권을 **압류**하기 **전에 저당목적물 소유자가** 그 인도청구권에 기하여 금전 등을 **수령**한 경우, **저당목적물 소유자**는 피담보채권액 상당의 **부당이득을 반환할 의무**를 **부담**한다(∵ 저당목적물 소유자가 얻은 위와 같은 이익은 저당권자의 손실로 인한 것으로서 인과관계가 있을 뿐 아니라, 위와 같은 이익을 소유권자에게 종국적으로 귀속시키는 것은 저당권자에 대한 관계에서 공평의 관념에 위배되어 법률상 원인이 없다고 봄이 상당하기 때문이다).

나) 일반 채권자

저당권자가 물상대위권의 행사에 나아가지 아니하여 우선변제권을 상실한 이상, **다른 채권자가** 그 보상금 또는 이에 관한 변제공탁금으로부터 **이득을 얻었다고 하더라도 저당권자는** 이를 **부당이득으로서 반환청구 할 수 없다**.

Set 23 유치권

1. 성질

채권자의 이익을 보호하기 위한 **법정담보물권** → 부종성・수반성・불가분성O / 우선변제적 효력 및 물상대위성✗

2. 성립요건(제320조)

(1) 목적물

① [**타물권**] → 타인 소유의 독립한 물건(동산・부동산) 또는 유가증권O ∴ **자기 소유의 물건**✗

※ [**비교**] – ① 가등기가 되어 있는 부동산 소유권을 이전받은 자가 그 부동산에 대하여 필요비나 유익비를 지출한 것은, 가등기에 의한 본등기가 된 경우 본등기 명의자 내지 그 특별승계인과의 법률관계에서는 결과적으로 타인의 물건에 대하여 그 점유기간 내에 비용을 투입한 것이 된다. ② 수급인의 재료와 노력으로 건축되었고 독립한 건물에 해당되는 기성부분은 **수급인의 소유**라 할 것이므로, **수급인은** 공사대금을 지급받을 때까지 이에 대하여 **유치권**을 **가질 수 없다**.

② [**독립성**] → 건물의 신축공사를 도급받은 수급인이 **사회통념상 독립한 건물이라고 볼 수 없는 정착물**을 토지에 설치한 상태에서 공사가 중단된 경우에 위 정착물은 **토지의 부합물**에 불과하여 이러한 정착물에 대하여 **유치권을 행사할 수 없다**.

(2) 채권과 목적물의 견련관계

① [**의미**] – **목적물에 '관하여 생긴 것'** → 목적물 자체로부터 발생한 경우와 목적물의 반환청구권과 동일한 법률관계 또는 사실관계로부터 발생한 경우를 의미

② [**채권과의 견련성**] – 채권과 목적물 사이에 견련관계가 있으면 충분하고, 그 채권이 목적물의 점유 중에 발생한 것임을 요구하지는 않는다. 따라서 **채권이 발생한 후 그 물건에 대하여 점유를 취득한 경우**에도 그 채권자는 **유치권**으로써 **보호**되어야 할 것이다.

※ 주의 판례

1. 견련관계 긍정 例

① 주택건물의 신축공사를 한 수급인의 **공**사대금채권이나 수급인의 손해배상채권(∵ 동일성)

② 임차인의 **비**용상환청구권

2. 견련관계 부정 例

① 임차인의 보증금반환청구권, 권리금반환청구권, 부속물・지상물 매매대금채권

② 계약명의신탁에 있어 명의신탁자가 명의수탁자에 대하여 가지는 매매대금 상당의 부당이득반환청구권

③ 건축자재 공급계약에 따른 건축자재대금채권

④ 매도인이 매매대금을 다 지급받지 아니한 상태에서 매수인에게 소유권이전등기를 마쳐준 경우의 매매대금채권 → 매수인이나 그에게서 부동산 소유권을 취득한 제3자를 상대로 유치권을 주장할 수 없다(∵ 소유권이전의무를 선이행함으로써 필연적으로 부수하는 위험은 스스로 감수).

⑤ 건물의 옥탑, 외벽 등에 설치된 간판의 설치공사 대금채권과 건물

(3) 채권의 **변제기** 도래

① **성립요건** → 채권이 변제기에 도달하기 전에는 유치권은 성립하지 않고, 법원으로부터 기한을 허여 받은 경우에도 인정되지 않는다.

② 신축된 건물에 하자가 있고 그 하자 및 손해에 상응하는 금액이 공사잔대금액 이상이어서, 도급인이 수급인에 대한 하자보수청구권 내지 하자보수에 갈음한 손해배상채권 등에 기하여 수급인의 공사잔대금 채권 전부에 대하여 **동시이행의 항변**을 **한 때**에는, 공사잔대금 채권의 변제기가 도래하지 아니한 경우와 마찬가지로 수급인은 도급인에 대하여 하자보수의무나 하자보수에 갈음한 손해배상의무 등에 관한 이행의 제공을 하지 아니한 이상 **공사잔대금 채권**에 기한 **유치권**을 **행사할 수 없다**.

(4) 목적물의 점유

1) 점유의 계속

① 점유는 유치권의 성립요건이자 **존속요건**

② 직접점유뿐만 아니라 **간접점유**도 **포함** → Ex) 유치물의 보관 위탁

③ **다만 직접점유자가 채무자인 경우**에는 유치권의 요건으로서의 점유에 **해당하지 않는다**.

2) 적법한 점유

① **불법행위로 인한 점유**에는 유치권이 **성립**되지 **않는다**.

② 건물임차인이 임대차계약의 해제·해지 후에도 계속 건물을 점유하고 그 기간 동안 필요비나 유익비를 지출하더라도 그 상환청구권에 관해서는 유치권이 성립되지 않는다.

③ 건물점유자(수급인)가 건물의 원시취득자(도급인)에게 그 건물에 관한 유치권이 있다고 하더라도, 그 **건물의 존재와 점유가 토지소유자에게 불법행위**가 되고 있다면 그 **유치권으로** 토지소유자에게 **대항할 수 없다**.

(5) 유치권 포기·배제 특약의 부존재

① 당사자는 **미리 유치권의 발생을 막는 특약**을 할 수 있고 이러한 특약은 **유효**하고, 특약에 따른 효력은 특약의 **상대방뿐 아니라 그 밖의 사람**도 **주장**할 수 있다.

※ [**비교**] – 유치권을 **사전**에 **포기**한 경우 **유치권이 발생하지 않는 것과 마찬가지로** 유치권을 **사후**에 **포기**한 경우 곧바로 **유치권**은 **소멸**한다.

② 유치권 배제 특약에도 **조건**을 붙일 수 있다.

3. 효력

(1) 유치권자의 권리

1) 목적물의 유치 – 인도거절

① 민법 제213조 단서의 반환을 거부할 수 있는 점유할 권리에는 유치권도 포함되고, 유치권자로부터 유치물을 유치하기 위한 방법으로 **유치물의 점유 내지 보관을 위탁받은 자**는 특별한 사정이 없는 한 점유할 권리가 있음을 들어 소유자의 **소유물반환청구**를 **거부할 수 있다**.

② 민사집행법 제268조, 제91조 제5항은 매수인은 유치권자에게 그 유치권으로 담보하는 채권을 변제할 책임이 있다고 규정하고 있는데, 여기에서 '**변제할 책임이 있다**'는 **의미**는 채무까지 인수한다는 취지는 아니므로, 유치권자는 경락인에 대하여 그 피담보채권의 변제가 있을

때까지 **유치목적물**인 부동산의 **인도를 거절할 수 있을 뿐**이고 그 **피담보채권의 변제**를 **청구할 수**는 **없다**.

2) 절대적 인수주의 - 사실상 우선변제

① **경매로 인한 압류의 효력이 발생하기 전**에 **유치권**을 **취득**한 경우라면, **유치권 취득시기가 근저당권설정 후라거나 유치권 취득 전에 설정된 근저당권에 기하여 경매절차가 개시되었다고 하여도** 저당권 실행에 의해 목적물을 매수한 사람 등에 대하여 **인도거절권능**을 **행사**할 수 있으므로, 유치권은 사실상 최우선순위의 담보권으로서 작용한다.

② **다만** 채무자가 **채무초과의 상태** + 유치권의 성립에 의하여 저당권자 등이 그 채권 만족상의 불이익을 입을 것을 **잘 알면서** + 이미 저당권이 설정되어 있음에도 채권자가 자기 채권의 우선만족을 위해 채무자와 사이에 **의도적으로 유치권을 성립**하게 하였다면 **유치권의 주장**은 **권리남용**으로서 허용되지 아니한다. → **저당권자 등**은 경매절차 기타 채권실행절차에서 위와 같은 **유치권을 배제하기 위하여 그 부존재의 확인 등을 소로써 청구할 수 있다**.

3) 경매청구권과 간이변제충당권

유치권자는 채권의 변제를 받기 위하여 유치물을 경매할 수 있고, 정당한 이유 있는 때에는 유치권자는 감정인의 평가에 의하여 유치물로 직접 변제에 충당할 것을 법원에 청구할 수 있다. 이 경우에는 유치권자는 미리 채무자에게 통지하여야 한다(제322조).

4) 과실수취권

유치물의 과실을 수취하여 다른 채권보다 먼저 그 채권의 변제에 충당할 수 있고, 과실은 먼저 채권의 이자에 충당하고 그 잉여가 있으면 원본에 충당한다(제323조).

5) 필요비·유익비 상환청구권

① 유치권자가 유치물에 관하여 필요비를 지출한 때에는 소유자에게 그 상환을 청구할 수 있고, 유치물에 관하여 유익비를 지출한 때에는 그 가액의 증가가 현존한 경우에 한하여 소유자의 선택에 좇아 그 지출한 금액이나 증가액의 상환을 청구할 수 있다. 그러나 법원은 소유자의 청구에 의하여 상당한 상환기간을 허여할 수 있다(제325조).

② 유치권자의 점유 하에 있는 **유치물의 소유자가 변동하더라도** 그 **소유자변동 후** 유치권자가 유치물에 관하여 **새로이 유익비를 지급**하여 그 가격의 증가가 현존하는 경우에는 **이 유익비에 대하여도 유치권을 행사할 수 있다**.

(2) 유치권자의 의무

1) 선관의무 및 임의 사용 등의 금지(제324조)

① 유치권자는 선량한 관리자의 주의로 유치물을 점유하여야 하고, **채무자의 승낙 없이 유치물의 사용, 대여 또는 담보제공을 하지 못한다**. 그러나 유치물의 **보존에 필요한 사용**은 그러하지 아니하다.

※ [**비교**] – 소유자의 승낙 없이 유치권자의 임대차에 의하여 유치권의 목적물을 임차한 자의 점유는 소유자에게 대항할 수 있는 적법한 권원에 기한 것이라고 볼 수 없다.

※ [**비교**] – 유치권자가 **종전 소유자로부터** 그 부동산의 사용 등에 관하여 **승낙**을 받았고 그 승낙을 받은 범위 내에서 사용 등을 하였다면, 유치권자가 **새로운 소유자로부터 별도의 승낙을 받지 않았다고 하여** 민법 제324조 제2항에 따른 유치물 **사용금지의무를 위반하였다**고 **볼 수**는 **없다**.

② 유치권자가 이에 위반한 때에는 채무자는 유치권의 소멸을 청구할 수 있다.

※ [**비교**] – 하나의 채권을 피담보채권으로 하여 여러 필지의 토지에 대하여 유치권을 취득한 유치권자가 그중 **일부 필지의 토지에 대하여 선량한 관리자의 주의의무를 위반하였다**면 특별한 사정이 없는 한 **위반행위가 있었던 필지의 토지에 대하여만 유치권 소멸청구가 가능하다**(∵ '유치권의 불가분성'을 정한 취지는 담보물권인 유치권의 효력을 강화하여 유치권자의 이익을 위한 것으로서 이를 근거로 오히려 유치권자에게 불이익하게 선량한 관리자의 주의의무 위반이 문제 되지 않는 유치물에 대한 유치권까지 소멸한다고 해석하는 것은 상당하지 않기 때문이다).

※ [**비교**] – ① 채무자의 승낙 없이 유치물을 사용, 대여 또는 담보 제공한 경우에서 **대여**는 **임대차뿐만 아니라 사용대차도 포함된다**. ② 유치물 소유자의 승낙 없이 유치물을 임대한 경우 유치물의 소유자는 이를 이유로 민법 제324조 제3항에 의하여 유치권의 소멸을 청구할 수 있는데, 민법 제324조에서 정한 유치권소멸청구는 유치권자의 선량한 관리자의 주의의무 위반에 대한 제재로서 채무자 또는 유치물의 소유자를 보호하기 위한 규정이므로, 특별한 사정이 없는 한 **민법 제324조 제2항을 위반한 임대행위가 있은 뒤**에 **유치물의 소유권을 취득한 제3자도 유치권소멸청구를 할 수 있다**.

2) 보존행위

① '**보존에 필요한 범위 내에서 사용**'하는 것은 적법행위이므로 **불법점유로 인한 손해배상책임**은 **없지만**, 그로 인한 차임 상당의 이득은 **부당이득**으로서 **반환**해야 한다. 다만 이 경우에도 유치권자는 과실에 준하여 자기 채권의 변제에 충당함을 주장할 수 있다.

※ [**비교**] – 공사대금채권에 기하여 유치권을 행사하는 자가 스스로 유치물인 **주택에 거주하며 사용하는 것**은 특별한 사정이 없는 한 유치물인 주택의 보존에 도움이 되는 행위로서 유치물의 **보존에 필요한 사용**에 **해당**한다고 할 것이다. **다만** 유치권자가 유치물의 보존에 필요한 사용을 한 경우에도 특별한 사정이 없는 한 **차임에 상당한 이득**을 소유자에게 **반환할 의무**가 **있다**.

② **채무자의 승낙 없이 유치물의 보존에 필요한 범위를 넘어 사용**한 경우에는 적법한 유치권 행사에 따른 것이 아니므로, **부당이득으로서 반환해야 하고** 소유자는 **유치권의 소멸**을 **청구할 수 있다**.

4. 소멸

① 유치권의 행사는 채권의 소멸시효의 진행에 영향을 미치지 아니한다(제326조).

② 채무자는 상당한 담보를 제공하고 유치권의 소멸을 청구할 수 있다(제327조).

※ [비교] - ① **유치권 소멸청구는** 민법 제327조에 규정된 **채무자**뿐만 아니라 **유치물의 소유자도 할 수 있다**. ② **유치물 가액이 피담보채권액보다 많을 경우**에는 **피담보채권액에 해당하는 담보를 제공**하면 되고, **유치물 가액이 피담보채권액보다 적을 경우**에는 **유치물 가액에 해당하는 담보를 제공**하면 된다.

③ 점유는 유치권의 존속요건이므로, 유치권은 **점유의 상실로** 인하여 **소멸**한다(제328조). 다만 **점유회수의 소**에 의하여 '**점유를 회복한 때**'에는 점유를 상실하지 않았던 것으로 되므로(제192조 제2항 단서), 유치권도 처음부터 **소멸하지 않았던 것**으로 된다. 그러나 점유회수의 소를 제기하여 점유를 회복할 수 있다는 사정만으로 유치권이 소멸하지 않았다고 볼 수는 없다.

5. 유치권 행사 제한의 법리

(1) 경매개시결정의 기입등기가 마쳐져 압류의 효력이 발생한 경우

① 채무자 소유의 부동산에 '**경매개시결정의 기입등기가 경료되어 압류의 효력이 발생한 이후**에 채권자가 채무자로부터 위 부동산의 **점유를 이전받고** 이에 관한 공사 등을 시행함으로써 채무자에 대한 **공사대금채권 및 이를 피담보채권으로 한 유치권을 취득한 경우**', 이러한 점유의 이전은 목적물의 교환가치를 감소시킬 우려가 있는 처분행위에 해당하여 민사집행법 제92조 제1항, 제83조 제4항에 따른 압류의 처분금지효에 저촉되므로, 위와 같은 경위로 부동산을 점유한 채권자로서는 위 유치권을 내세워 그 부동산에 관한 경매절차의 **매수인에게 대항할 수 없고**, 이 경우 위 부동산에 경매개시결정의 기입등기가 경료되어 있음을 채권자가 알았는지 여부 또는 이를 알지 못한 것에 관하여 과실이 있는지 여부 등은 채권자가 그 유치권을 매수인에게 대항할 수 없다는 결론에 아무런 영향을 미치지 못한다.

② 채무자 소유의 건물에 관하여 증·개축 등 공사를 도급받은 수급인이 **경매개시결정의 기입등기가 마쳐지기 전**에 채무자에게서 건물의 **점유를 이전받았다 하더라도** '**경매개시결정의 기입등기가 마쳐져 압류의 효력이 발생한 후**에 공사를 완공하여 **공사대금채권을 취득**'함으로써 그때 비로소 유치권이 성립한 경우에는, 수급인은 **유치권**을 내세워 경매절차의 **매수인에게 대항할 수 없다**.

③ 채무자 소유의 건물 등 부동산에 **경매개시결정의 기입등기가 경료되어 압류의 효력이 발생한 후**에 채무자가 위 부동산에 관한 **공사대금 채권자에게** 그 **점유를 이전**함으로써 그로 하여금 **유치권을 취득하게 한 경우**, 그와 같은 점유의 이전은 목적물의 교환가치를 감소시킬 우려가 있는 처분행위에 해당하여 민사집행법 제92조 제1항, 제83조 제4항에 따른 압류의 처분금지효에 저촉되므로 점유자로서는 위 유치권을 내세워 그 부동산에 관한 **경매절차의 매수인에게 대항할 수 없다. 그러나 이러한 법리는 경매로 인한 압류의 효력이 발생하기 전에 유치권을 취득한 경우에는 적용되지 아니하고, 유치권 취득시기가 근저당권설정 후라거나 유치권 취득 전에 설정된 근저당권에 기하여 경매절차가 개시되었다고 하여 달리 볼 것은 아니다.**

(2) 부동산에 가압류등기가 경료된 후에 채무자의 점유이전으로 제3자가 유치권을 취득하는 경우

부동산에 가압류등기가 경료되면 채무자가 당해 부동산에 관한 처분행위를 하더라도 이로써 가압류채권자에게 대항할 수 없게 되는데, 여기서 처분행위란 당해 부동산을 양도하거나 이에 대해 용익물권, 담보물권 등을 설정하는 행위를 말하고 특별한 사정이 없는 한 점유의 이전과 같은 사실행위는 이에 해당하지 않는다. 따라서 부동산에 **가압류등기**가 **경료**되어 있을 뿐 현실적인 매각절차가 이루어지지 않고 있는 상황하에서는 **채무자의 점유이전으로 인하여** 제3자가 **유치권을 취득하게 된다고 하더라도 이를 처분행위로 볼 수는 없다**. 결국 유치권자는 매수인에게 대항할 수 있다.

(3) 국세징수법에 의한 체납처분압류 후 경매절차가 개시되기 전 유치권을 취득한 경우

체납처분절차와 민사집행절차는 **서로 별개의 절차**로서 공매절차와 경매절차가 별도로 진행되는 것이므로, 부동산에 관하여 **체납처분압류가 되어 있다고 하여** 경매절차에서 이를 그 부동산에 관하여 **경매개시결정에 따른 압류가 행하여진 경우와 마찬가지로 볼 수는 없다**. 따라서 체납처분압류가 되어 있는 부동산이라고 하더라도 그러한 사정만으로 경매절차가 개시되어 경매개시결정등기가 되기 전에 부동산에 관하여 민사유치권을 취득한 유치권자가 경매절차의 매수인에게 **유치권을 행사할 수 없다고 볼 것은 아니다**.

6. (근)저당권자의 유치권부존재확인의 소의 이익 유무

(1) 경매절차에서 유치권의 주장O + 매각 전

저가낙찰과 거액의 유치권 신고로 매각 자체가 불가능하게 될 위험은 경매절차에서 근저당권자의 법률상 지위를 불안정하게 하는 것이므로 위 불안을 제거하는 근저당권자의 이익을 단순한 사실상・경제상의 이익이라고 볼 수는 없다. 따라서 근저당권자는 **유치권의 부존재 확인을 구할 법률상 이익이 있다**.

(2) 경매절차에서 유치권의 주장O + 매각 후

경매절차에서 유치권이 주장되었으나 소유부동산 또는 담보목적물이 매각되어 그 소유권이 이전되어 소유권을 상실하거나 근저당권이 소멸하였다면, 소유자와 **근저당권자는 유치권의 부존재 확인을 구할 법률상 이익이 없다**.

(3) 경매절차에서 유치권의 주장x + 매각 후

① 경매절차에서 유치권이 주장되지 아니한 경우에는, 담보목적물이 매각되어 그 소유권이 이전됨으로써 근저당권이 소멸하였더라도 **채권자는 유치권의 존재를 알지 못한 매수인으로부터** 민법 **제575조, 제578조** 제1항, 제2항에 의한 **담보책임**을 **추급당할 우려**가 있고, 위와 같은 위험은 채권자의 법률상 지위를 불안정하게 하는 것이므로, 채권자인 **근저당권자로서는** 위 불안을 제거하기 위하여 **유치권 부존재 확인을 구할 법률상 이익이 있다**. ② 반면 **채무자가 아닌 소유자는** 위 각 규정에 의한 담보책임을 부담하지 아니하므로, **유치권의 부존재 확인을 구할 법률상 이익이 없다**.

Set 24 질권

1. 물상보증인

(1) 의의 및 성질

① 물상보증인은 채무자 아닌 사람이 채무자를 위하여 자기 소유의 물건 위에 질권을 설정해준 자를 말한다(제341조). → 저당권에 준용(제370조)

② 물상보증인은 담보물로 **물적 유한책임만**을 **부담**할 뿐 채권자에 대하여 **채무를 부담하지 않는다.**

(2) 효력

1) 채무자에 대한 구상권

① 물상보증인은 이해관계 있는 제3자로서 담보된 채무를 변제하거나 담보권의 실행으로 인하여 담보물의 소유권을 상실한 때에는 보증채무에 관한 규정에 의하여 채무자에 대한 구상권이 있다(제341조).

② 민법 제341조는 물상보증인의 구상권 발생 요건을 보증인의 경우와 달리 규정하고 있는 점, 물상보증은 채무자 아닌 사람이 채무자를 위하여 담보물권을 설정하는 행위이고 채무자를 대신해서 채무를 이행하는 사무의 처리를 위탁받는 것이 아니므로 물상보증인은 담보물로서 물적 유한책임만을 부담할 뿐 채권자에 대하여 채무를 부담하는 것이 아닌 점 등을 종합하면, 원칙적으로 **수탁보증인의 사전구상권에 관한 민법 제442조**는 **물상보증인에게 적용되지 아니하고** 물상보증인은 **사전구상권**을 **행사할 수 없다.**

③ 물상보증은 채무자 아닌 사람이 채무자를 위하여 담보물권을 설정하는 행위이고 채무자를 대신해서 채무를 이행하는 사무의 처리를 위탁받는 것이 아니므로, **물상보증인**이 **변제 등**에 의하여 채무자를 면책시키는 것은 위임사무의 처리가 아니고 법적 의미에서는 **의무 없이 채무자를 위하여 사무를 관리한 것**에 **유사**하다. 따라서 물상보증인의 채무자에 대한 **구상권은** 그들 사이의 **물상보증위탁계약의 법적 성질과 관계없이 민법에 의하여 인정된 별개의 독립한 권리**이고, 그 **소멸시효**에 있어서는 민법상 **일반채권에 관한 규정**이 **적용**된다.

2) 물상보증인이 제공한 저당물을 취득한 제3자의 구상권 인정 여부

① **제3취득자가 피담보채무의 이행을 인수한 경우**, 그 이행인수는 매매당사자 사이의 내부적인 계약에 불과하여 이로써 **물상보증인의 책임**이 **소멸하지 않는 것**이므로 저당권이 실행된 경우 제3취득자가 아닌 원래의 **물상보증인이 채무자에 대한 구상권**을 **취득**한다.

② **피담보채무에 대한 인수약정이 없는 경우**, **제3취득자는 물상보증인과 유사한 지위**에 있다고 할 것이므로, 저당권의 실행으로 소유권을 잃은 때에는 물상보증인의 구상권에 관한 제370조, 제341조의 규정을 유추적용하여 보증채무에 관한 규정에 의하여 **제3취득자가 채무자에 대한 구상권**을 **취득**한다.

3) 변제자대위권(제481조, 제482조 등)

2. 동산질권자의 전질권 - 책임전질

(1) 승낙전질과 구별

① [**책임전질**] - 질권자는 그 권리의 범위 내에서 자기의 책임으로 질물을 전질할 수 있다. → 질권과 함께 피담보채권도 입질하는 것으로서 '채권질권'공동입질에 해당(다수설) ∴ 권리질권의 모습 : 채권양도의 모습

② [**승낙전질**] - 질물소유자의 승낙을 얻어 그 질물 위에 다시 질권을 설정하는 것 → 원질권과는 독립적으로 설정되는 것으로서 '질물'의 재입질에 해당 ∴ **원질권의 범위**에 의한 **제한**이 **없으며**, 승낙이 있었으므로 책임전질에서와 같이 **통지**를 할 **필요**가 **없다**.

(2) 요건 및 효과

① 원질권자와 전질권자 사이에 물권적 합의와 질물의 인도가 있어야 한다.

② 전질권은 **원질권**의 **범위 내**이어야 한다(제336조 전단). 즉, 전질권의 경우 피담보채권은 **원질권의 피담보채권**을 **초과할 수 없**고, 초과한 경우 초과부분만 무효가 된다(통설).

③ 전질을 하지 아니하였으면 면할 수 있는 불가항력으로 인한 손해에 대하여도 책임을 부담한다(제336조).

④ 질권자가 채무자에게 **전질의 사실**을 **통지**하거나 채무자가 이를 **승낙함이 아니면** 전질로써 채무자, 보증인, 질권설정자 및 승계인에게 **대항하지 못한다**. 채무자가 통지를 받거나 승낙을 한 때에는 전질권자의 동의 없이 질권자에게 채무를 변제하여도 이로써 전질권자에게 대항하지 못한다(제337조).

3. 권리질권 - 채권질권

(1) 채권질권의 객체

① 부동산의 사용·수익을 목적으로 하는 권리(Ex. 지상권, 전세권, 부동산임차권 등)는 목적이 될 수 없다(제345조 단서).

② **질권자 자신에 대한 채권**이라도 **가능**하며(Ex. A은행이 甲에 대한 대출금채권의 담보를 위해 甲의 A은행 자신에 대한 예금채권을 질권의 목적으로 하는 것), 장래의 채권·조건부채권·선택채권 등도 목적이 될 수 있다.

(2) 채권질권의 설정방법

종류	설정방법
지명채권	① 질권설정의 합의 + **채권증서**(Ex. 예금증서, 예금통장, 보험증권, 차용증서 등)가 있으면 **교부**하여야 **효력**이 **발생**한다(제347조). / 증서가 없으면 교부하지 않아도 질권설정의 효력이 있다. ② 다만 **제450조 규정**에 의한 **대항요건**으로서 질권설정자의 **통지**나 제3채무자의 **승낙**이 있어야 대항이 가능하다(제349조, 이를 갖추지 못하면 제3채무자 또는 제3자에게 대항할 수 없다).

지시채권	질권설정의 합의 + 증서의 **배서·교부**하여야 효력이 발생한다(제350조). → 효력요건
무기명 채권	질권설정의 합의 + 증서를 **교부**하여야 효력이 발생한다(제351조). → 효력요건
저당권부 채권	질권설정의 합의 + 저당권등기에 **질권설정의 부기등기**를 하여야 저당권에도 권리질권의 효력이 미친다(제348조). → 효력요건

① '**채권증서**'는 채권의 존재를 증명하기 위하여 채권자에게 제공된 문서로서, 장차 변제 등으로 채권이 소멸하는 경우에는 민법 제475조에 따라 채무자가 채권자에게 그 반환을 청구할 수 있는 것이어야 한다. 따라서 **임대차계약서**는 채권증서에 **해당하지 않는다.**

② 질권의 설정에 대하여 **이의를 보류하지 아니하고 승낙**을 하였더라도, **질권자가 악의 또는 중과실의 경우에 해당하는 한** 승낙 당시까지 **질권설정자에 대하여 생긴 사유로써 질권자에게 대항할 수 있다.**

(3) 효력

1) 질권의 효력이 미치는 범위 및 권리처분의 제한

① **입질채권 전부**에 미친다. 특히 피담보채권액이 입질채권액보다 적은 경우에도 담보물권의 불가분성 때문에 입질채권 전부에 미친다. → Ex) 100만 원의 채무를 담보하기 위해 채무자가 제3자에 대해 갖고 있는 150만 원의 채권에 대해 질권을 설정한 경우, 질권자가 제3채무자에게 채권 100만 원 전부를 직접 추심하여 변제받기 전까지 채무자는 제3채무자에 대해 피담보채권 100만 원을 제외한 나머지 50만원에 대해서도 추심할 수 없다.

② **질권설정자는 질권자의 동의 없이 질권의 목적된 권리를 소멸**(Ex. 채권의 변제를 받거나 상계, 채무면제 등)**하게 하거나 질권자의 이익을 해하는 변경**을 **할 수 없다**(제352조). → ⅰ) 제3채무자가 질권자의 동의 없이 질권의 목적인 **채무**를 **변제**하더라도 이로써 **질권자에게 대항할 수 없고**, **질권자는** 민법 제353조 제2항에 따라 **여전히 제3채무자에 대하여 직접 채무의 변제를 청구할 수 있다.** 마찬가지로 제3채무자가 질권자의 동의 없이 질권설정자와 **상계합의**를 함으로써 질권의 목적인 채무를 소멸하게 한 경우에도 **질권자에게 대항할 수 없고, 질권자는 여전히 제3채무자에 대하여 직접 채무의 변제를 청구할 수 있다.** ⅱ) 다만 이는 '**질권자에 대한 관계**'에 있어 **무효**일 뿐이어서 특별한 사정이 없는 한 질권자 아닌 제3자가 그 무효의 주장을 할 수는 없다. ⅲ) **질권의 목적인 채권의 양도행위**는 민법 제352조 소정의 **질권자의 이익을 해하는 변경에 해당되지 않으므로 질권자의 동의를 요하지 아니한다.**

2) 직접청구권

① 질권자는 질권의 목적인 채권을 **직접 청구**할 수 있다(제353조 제1항). 여기서 직접 청구할 수 있다는 것은 **제3채무자에 대한 집행권원이나 질권설정자의 추심위임 등**을 **요하지 않고**, 또한 질권설정자의 대리인으로서가 아니라 질권자 **자신의 이름으로 추심할 수 있다**는 의미이다.

② 질권의 목적이 된 채권이 금전채권인 때에는 질권자는 '**자기채권의 한도**'에서 질권의 목적이 된 채권을 직접 청구할 수 있다.

③ 질권자가 **피담보채권을 초과하여** 질권의 목적이 된 금전채권을 **추심하였다면** 그 중 피담보채권을 초과하는 부분은 특별한 사정이 없는 한 법률상 원인이 없는 것으로서 **질권설정자에 대한 관계에서 부당이득이 된다.**

Set 25 저당권

1. 성질

부종성 · 수반성 · 불가분성 · 물상대위성 인정 → 저당목적물의 소실로 저당권설정자가 취득하게 된 화재보험계약상의 보험금청구권에 대하여 저당권자가 물상대위권을 행사할 수 있다.

2. 성립

(1) 저당권 설정계약에 의한 성립(제186조)

1) 요건

저당권설정계약(당사자, 목적, 의사표시의 합치) + 피담보채권(장래의 불특정 채권 가능) + 등기

2) 객체

① 부동산(제356조)과 **지상권, 전세권**을 저당권의 목적으로 할 수 있다(제371조 제1항).

② 구분소유권의 목적이 된 1동의 건물의 일부에 관해서 저당권을 설정할 수 있으며, **공유지분**에 관해서도 저당권설정이 **가능**하다.

③ 공장저당법 상의 공장 토지 · 건물(저당권의 효력은 부합된 물건과 설치된 기계, 기구, 그 밖의 공장의 공용물에 미친다), 등록된 자동차 등도 가능하다.

3) 저당권설정등기

가) 불법말소된 경우 등기의 효력

① **등기**가 **물권의 효력발생요건일 뿐** 효력의 **존속요건**이 **아니**므로 등기가 원인 없이 말소된 경우에 그 말소등기는 실체관계에 부합하지 않는 것이어서 **물권의 효력에 아무런 영향을 미치지 않으므로** 저당권자는 곧바로 **저당권 상실의 손해**를 입게 된다고 할 수는 **없고**, 회복등기가 마쳐지기 전이라도 말소된 등기의 등기명의인은 **적법한 권리자**로 **추정**된다.

※ [**비교**] - 말소된 등기의 회복등기절차에서 **회복등기의무자**는 현재 등기명의인이 아니라 **말소될 당시**의 **소유자**이다.

② 그러나 경매절차에서 경락인이 **경락대금**을 **완납**하였다면 **원인 없이 말소된 근저당권**은 이에 의하여 **소멸**한다. 따라서 배당받지 못한 근저당권자로서는 위 경매절차에서 **실제로 배당받은 자에 대하여 부당이득반환청구**로서 그 근저당권설정등기가 말소되지 아니하였더라면

배당받았을 금액의 지급을 구할 수 있을 뿐이고, 이미 소멸한 근저당권에 관한 말소등기의 회복등기를 위하여 현소유자(경락인)를 상대로 그 승낙의 의사표시를 구할 수는 없다.

나) 무효인 저당권등기의 유용

① 등기가 무효로 된 후 당사자가 그 무효등기를 유용하기로 합의하기 전에 등기부상 이해관계 있는 제3자가 나타나지 않는 한 유효하다.

② 채무자인 부동산 소유자와 새로운 제3의 채권자와 사이에 저당권등기의 유용의 합의를 하였으나 아직 종전의 채권자 겸 근저당권자의 협력을 받지 못하여 저당권 이전의 부기등기를 경료하지 못한 경우에는 부동산 소유자와 종전의 채권자 사이에서는 저당권설정등기는 여전히 등기원인이 소멸한 무효의 등기라고 할 것이므로 **부동산 소유자는 종전의 채권자에 대하여 그 저당권설정등기의 말소를 구할 수 있다**고 할 것이지만, **부동산 소유자와 종전의 채권자 그리고 새로운 제3의 채권자 등 '3자가 합의'하여 저당권설정등기를 유용하기로 합의한 경우**라면 **종전의 채권자는** 부동산 소유자의 저당권설정등기말소청구에 대하여 그 3자 사이의 **등기 유용의 합의 사실을 들어 대항할 수 있고** 또한 **부동산 소유자로부터 그 부동산을 양도받기로 하였으나 아직 소유권이전등기를 경료받지 아니하여 그 소유자를 대위하여 저당권설정등기의 말소를 구할 수밖에 없는 자에 대하여도 마찬가지로 대항할 수 있다.**

다) 제3자 명의의 저당권설정등기의 유효성

① [**원칙**] - 부종성에 의하여 그 주체를 달리 할 수 없으므로, 근저당권설정등기는 **무효**이다.

② [**예외**] - ⅰ) [**채무자 ≠ 저당권설정자**] : **3자간 합의**(2인의 합의와 1인의 동의 포함)가 있으면 **유효**하다(Ex. 부동산을 매수한 자가 소유권이전등기를 마치지 아니한 상태에서 매도인인 소유자의 승낙 아래 매수 부동산을 타에 담보로 제공하면서 당사자 사이의 합의로 편의상 매수인 대신 등기부상 소유자인 매도인을 채무자로 하여 마친 근저당권설정등기). / ⅱ) [**채권자 ≠ 저당권자**] : 제3자를 근저당권 명의인으로 하는 근저당권을 설정하는 경우 그 점에 대하여 **채권자와 채무자 및 제3자 사이**에 **합의가 있고, 채권양도, 제3자를 위한 계약, 불가분적 채권관계의 형성 등** 방법으로 **채권이 제3자에게 실질적으로 귀속**되었다고 볼 수 있는 특별한 사정이 있는 경우에는 **유효**하다. 또한 **부동산실명법에 위반되는 것**도 **아니다**. / ⅲ) [**결합형태**] : 위 **양자의 형태가 결합**된 근저당권이라 하여도 그 자체만으로는 부종성의 관점에서 근저당권이 **무효**라고 보아야 할 것은 **아니다**.

(2) 특수한 경우 - 법정저당권(제649조)·제666조에 의한 저당권설정등기청구

3. 효력

(1) 저당권의 효력이 미치는 범위(제358조, 제359조, 제360조)

1) 피담보채권의 범위(제360조)

① 저당권은 원본, 이자, 위약금, 채무불이행으로 인한 손해배상 및 저당권의 실행비용을 담보
→ 이자는 무제한으로 담보O

② 그러나 **지연배상**에 대하여는 **1년분**에 **한**하여 저당권을 행사할 수 있다. → 저당권자의 제3자에 대한 관계에서의 제한이며, **채무자 겸 저당권설정자**에게 **적용**되는 것은 **아니다**.

2) 목적물의 범위(제358조, 제359조)

① 저당권의 효력은 저당부동산에 부합된 물건과 종물에 미친다. 그러나 법률에 특별한 규정 또는 설정행위에 다른 약정이 있으면 그러하지 아니하다. → ⅰ) **저당권설정 전·후 불문** : 건물의 증축부분이 기존건물에 부합된 경우 **기존건물에 대한 근저당권은 부합된 증축부분에도 효력이 미치는 것**이므로 기존건물에 대한 경매절차에서 **경매목적물로 평가되지 아니하였다고 할지라도 경락인은 부합된 증축부분의 소유권**을 **취득**한다. ⅱ) 저당권의 효력은 **종된 권리**에도 미치는바, **건물에 대한 저당권의 효력은** 건물의 소유를 위한 **지상권·전세권·임차권** 등에도 **미친다**.

※ [**비교**] – ① 건물에 대한 저당권의 효력은 그 건물의 소유를 목적으로 한 지상권에도 미치므로 **건물의 경락인은** 건물소유를 위한 **지상권도** 민법 **제187조** 본문의 규정에 따라 **등기 없이 당연히 취득**하게 된다. ② 한편 이 경우에 **경락인이 건물을 제3자에게 양도한 때**에는, 특별한 사정이 없는 한 민법 **제100조 제2항**의 **유추적용**에 의하여 건물과 함께 **종된 권리인 지상권도 양도하기로 합의**한 것으로 봄이 상당하며, **양수인은 지상권이전등기를 하여야 지상권을 취득한다**.

② 저당권의 효력은 저당부동산에 대한 **압류**가 있은 **후**에 저당권설정자가 그 부동산으로부터 **수취한 과실 또는 수취할 수 있는 과실에 미친다**. 그러나 저당권자가 그 부동산에 대한 소유권, 지상권 또는 전세권을 취득한 제3자에 대하여는 압류한 사실을 통지한 후가 아니면 이로써 대항하지 못한다. → 민법 제359조 전문의 규정상 '과실'에는 천연과실뿐만 아니라 **법정과실**도 **포함**되므로, **저당부동산에 대한 압류가 있으면 압류 이후의** 저당권설정자의 저당부동산에 관한 **차임채권 등에도 저당권의 효력이 미친다**.

(2) 우선변제적 효력

① 부동산에 존재하던 저당권은 경매신청인의 저당권이 아니라도 그 순위여하를 불문하고 모두 소멸한다(소제주의 내지 소멸주의).

② 후순위저당권의 실행으로 부동산이 경락된 경우, 선순위 저당권보다 뒤에 등기되었거나 늦게 대항력을 갖춘 임차인은 경락인에게 대항할 수 없다.

※ [**비교**] – ① 부동산등기에는 공신력이 인정되지 아니하므로, 처음부터 무효인 근저당권에 기하여 진행된 임의경매절차에서 부동산을 경락받았다 하더라도 그 소유권을 취득할 수 없다. 즉 근저당권자가 집행법원을 기망하여 **원인무효이거나 피담보채권이 존재하지 않는 근저당권에 기해** 채무자 또는 물상보증인 소유의 부동산에 대하여 임의경매신청을 함으로써 **경매절차**가 **진행**된 결과 그 부동산이 매각되었다 하더라도 그 **경매절차는 무효로서** 채무자나 물상보증인은 부동산의 소유권을 잃지 않고, **매수인은 그 부동산의 소유권을 취득할 수 없다**. 이와 같이 **경매가 무효인 경우 매수인은 경매채권자 등 배당금을 수령한 자를 상대로**

그가 배당받은 금액에 대하여 부당이득반환을 청구할 수 있다. ② 그러나 **경매개시결정이 있은 뒤**에 **담보권이 소멸**하였음에도 경매가 계속 진행되어 매각된 경우에는 예외적으로 공신력을 인정하여, 경매는 유효하고 **매수인이 소유권을 취득한다.**

(3) 제3취득자의 지위

1) 경매인이 될 수 있는 권리(제363조 제2항)

저당물의 소유권을 취득한 제3자도 경매인이 될 수 있다.

2) 제3취득자의 변제권(제364조)

① 저당부동산에 대하여 **소유권**, **지상권** 또는 **전세권**을 **취득한 제3자**는 저당권자에게 그 부동산으로 담보된 채권을 변제하고 저당권의 소멸을 청구할 수 있다(열거규정 : 주체의 한정).

② **제360조**가 정하는 **범위**의 금액만 **변제**하면 된다. 따라서 **지연배상**에 대해서는 원본의 이행기일을 경과한 후의 **1년분까지만**을 **변제**하면 족하다. 또한 '**근저당부동산의 제3취득자**'는 실제 채무액이 채권최고액을 초과하더라도 **최고액만**을 **변제**하고 **근저당권설정등기의 말소를 구할 수 있다.**

③ 근저당부동산에 대하여 **후순위근저당권을 취득한 자**는 민법 제364조에서 정한 권리를 행사할 수 있는 **제3취득자에 해당하지 아니하므로**, 이러한 **후순위근저당권자가 선순위근저당권의 피담보채무가 확정된 이후에 그 확정된 피담보채무를 변제한 것은** 민법 제469조의 규정에 의한 이해관계 있는 제3자의 변제로서 유효한 것인지 따져볼 수는 있을지언정 민법 **제364조의 규정에 따라 선순위근저당권의 소멸을 청구할 수 있는 사유로는 삼을 수 없다.** 따라서 선순위근저당권의 피담보채무가 채권최고액을 초과하는 경우, **제364조에 따라 채권최고액까지만 변제하고 선순위 근저당권의 말소를 구할 수는 없고**, 제469조에 따른 이해관계 있는 제3자로서 '**피담보채무 전액'을 변제하여야만 말소를 구할 수 있다.**

3) 제3취득자의 비용상환청구권(제367조)

① 저당물의 제3취득자가 그 부동산의 보존, 개량을 위하여 **필요비** 또는 **유익비**를 지출한 때에는 제203조 제1항, 제2항의 규정에 의하여 저당물의 경매대가에서 **우선상환**을 받을 수 있다.

② 저당물에 관한 지상권, 전세권을 취득한 자만이 아니고 **소유권을 취득한 자도** 민법 제367조 소정의 제3취득자에 **해당**한다(제3취득자가 민법 제367조에 의하여 우선상환을 받으려면 저당부동산의 경매절차에서 배당요구의 종기까지 배당요구 필요).

③ 민법 제367조에 의한 우선상환은 제3취득자가 경매절차에서 배당받는 방법으로 민법 제203조 제1항, 제2항에서 규정한 비용에 관하여 경매절차의 매각대금에서 우선변제받을 수 있다는 것이지 **이를 근거로 제3취득자가 직접 저당권설정자, 저당권자 또는 경매절차 매수인 등에 대하여 비용상환을 청구할 수 있는 권리가 인정될 수 없다.** 따라서 **제3취득자는 민법 제367조에 의한 비용상환청구권을 피담보채권으로 주장하면서 유치권을 행사할 수 없다.**

(4) 제366조의 법정지상권

(5) 일괄경매청구권(제365조)

1) 의의 및 취지

① 토지를 목적으로 저당권을 설정한 후 그 설정자가 그 토지에 건물을 축조한 때에는 저당권자는 토지와 함께 그 건물에 대하여도 경매를 청구할 수 있다.

② 건물을 위한 법정지상권이 인정되지 않는 경우로서 건물을 철거하여야 한다면 사회경제적으로 현저한 불이익이 생기게 되어 이를 방지할 필요가 있어서 마련된 규정이다

2) 요건

가) 토지에 대한 저당권설정 당시 지상에 건물이 없을 것

저당권설정 당시에 건물의 존재가 예측되고 또한 당시 사회경제적 관점에서 그 가치의 유지를 도모할 정도로 건물의 축조가 진행되어 있는 경우에는 일괄경매청구권은 인정되지 않는다.

나) 저당권설정 후 설정자가 건물을 축조하여 '소유'하고 있을 것

① 민법 제365조에 기한 일괄경매청구권은 **저당권설정자가 건물을 축조하여 소유하고 있는 경우**에 **한**한다.

② 토지소유자인 저당권설정자가 소유하고 있는 건물이어야 한다. 따라서 저당권설정자 이외의 **제3자가 소유하고 있는 건물**인 경우에는 **일괄경매청구권**은 **인정되지 않는다**. → ※ [**사안**] : 저당권설정자가 건물축조 후 이를 제3자에게 양도한 경우에 일괄경매청구권은 인정되지 않는다.

③ **다만** 그 취지 등을 고려하여, 저당권설정자가 건물을 축조한 경우뿐만 아니라 **저당권설정자로부터 저당토지에 대한 용익권을 설정받은 자가** 그 토지에 **건물을 축조한 경우라도** 그 후 **저당권설정자가 그 건물의 소유권을 취득한 경우**에는 저당권자는 **일괄경매**를 **청구할 수 있다**.

3) 효과

가) 행사의 자유(일괄경매의 임의성)

① 저당권자의 일괄경매청구권은 권리이지 의무는 아니며, 토지만을 경매하여 그 대금으로부터 충분히 피담보채권의 변제를 받을 수 있다 하더라도, 그 취지상 과잉경매금지의 규정은 적용되지 않는다.

② 일괄경매청구권은 토지의 저당권자가 **토지에 대하여 경매를 신청한 후에도** 그 토지상의 **건물에 대하여** 토지에 관한 경매기일 공고시까지는 **일괄경매의 추가신청**을 **할 수 있고**, 이 경우에 집행법원은 두 개의 경매사건을 병합하여 일괄경매절차를 진행함이 상당하다.

나) 우선변제적 효력의 범위

① 저당권자가 우선변제를 받는 범위는 토지의 경매대가에 한정되고, **건물의 경매대가**에 대하여는 **우선변제를 받을 권리**가 **없다**.

② **건물에 대하여는 일반채권자로서 배당받을 수 있을 뿐이다**.

※ 주의 판례

1. 토지에 안분할 매각대금은 법정지상권 등 이용 제한이 없는 상태의 토지를 기준으로 산정하여야 하는지 여부

동일인의 소유에 속하는 토지 및 지상 건물에 관하여 공동저당권이 설정된 후 건물이 철거되고 새로 건물이 신축된 경우에는, 신축건물의 소유자가 토지의 소유자와 동일하고 토지의 저당권자에게 신축건물에 관하여 토지의 저당권과 동일한 순위의 공동저당권을 설정해 주었다는 등 특별한 사정이 없는 한 저당물의 경매로 인하여 토지와 신축건물이 다른 소유자에 속하게 되더라도 신축건물을 위한 법정지상권이 성립하지 않으므로, 위와 같은 경우 토지와 신축건물에 대하여 **민법 제365조에 의하여 일괄매각이 이루어졌다면** 일괄매각대금 중 **토지에 안분할 매각대금**은 **법정지상권 등 이용 제한이 없는 상태의 토지로 평가한 금액을 기준**으로 **산정**하여야 한다. → Ex) 토지와 건물을 일괄하여 평가한 전체 감정가액이 4억 원일 때에 나대지 상태에서의 토지 감정가액이 2억 원이라면 이를 제외한 나머지 2억 원이 건물의 감정가액이 되는데, 이 경우 일괄매각대금 6억 원 중 토지에 대한 안분비율은 1/2(토지 : 건물 = 1 : 1)로서 저당권자의 채권액이 만약 3억 5,000만 원이라면 그 중에 3억 원(6억 원 × 1/2)을 우선하여 변제받게 된다.

2. 토지의 저당권자가 건물의 매각대금에서 배당을 받기 위한 요건

민법 제365조 본문의 취지와 단서에 비추어 보면, 토지의 저당권자가 **건물의 매각대금에서 배당을 받으려면** 민사집행법 제268조, 제88조의 규정에 의한 **적법한 배당요구를 하였거나** 그 밖에 달리 **배당을 받을 수 있는 채권으로서 필요한 요건**을 **갖추고 있어야 한다**. → Ex) 건물에 대해 별도로 압류나 배당요구가 필요하다. 따라서 이러한 조치를 취하지 않았다면 건물의 매각대금에서 배당받을 수 없다.

4. 저당권의 침해와 구제

(1) 저당권의 침해

저당목적물의 **교환가치**가 **감소 또는 하락할 우려가 있는 등 저당권의 실현이 곤란하게 될 사정**(저당권자의 우선변제청구권 행사의 방해 등)이 있는 경우에는 저당권의 침해 인정 → Ex) ① 저당목적물의 멸실 또는 훼손, ② 종물의 부당한 반출, ③ 원인무효의 선순위등기를 경료, ④ **저당부동산의 본래의 용법에 따른 사용·수익의 범위**를 **초과**하여 그 교환가치를 감소시키는 경우 등

※ [**비교**] (**저당토지에 건물의 신축공사**) – 대지의 소유자가 나대지 상태에서 저당권을 설정한 다음 피담보채무를 변제하지 못함으로써 **저당권이 실행에 이르렀거나 실행이 예상되는 상황**인데도 소유자 또는 제3자가 신축공사를 계속한다면, 저당권자는 저당권의 침해를 이유로 저당권에 기한 방해배제청구권을 행사하여 방해행위의 제거, 즉 **건축공사의 중지**를 **청구**할 수 있다.

(2) 구제방법

1) 물권적 청구권

① 저당권 자체에 의거하여 침해행위에 대한 **방해제거 및 방해예방**을 **청구할 수 있다**(제370조, 제214조). 다만, 저당권자는 목적물을 점유하지 않기 때문에 **반환청구권**은 **부정**된다.

② **목적부동산의 교환가치가 피담보채권을 만족시킬 수 있다 하더라도 인정된다**(손해발생 불요).

③ 공장저당권의 목적 동산이 저당권자의 동의를 얻지 아니하고 설치된 공장으로부터 반출된 경우에 저당목적물이 제3자에게 선의취득되지 아니하는 한 **원래의 설치장소에 원상회복할 것을 청구**함은 저당권자가 가지는 **방해배제청구권의 당연한 행사**에 **해당**한다.

2) 제750조에 기한 손해배상청구권

① **귀책사유**가 있어야 하고, 아울러 목적물의 침해로 인하여 **저당권자가 채권의 완전한 만족을 얻을 수 없어야 한다**(손해발생 필요). 따라서 저당물의 가액이 감소되더라도 채권의 만족을 얻을 수 있는 경우에는 손해배상청구권은 발생하지 않는다.

② 손해배상청구권은 **담보물보충청구권과**는 **선택적**으로 **행사**할 수 있지만, **즉시변제청구권과**는 **함께** 행사할 수 있다.

3) 담보물보충청구권

① 저당권설정자의 책임 있는 사유로 인하여 저당물의 가액이 현저히 감소된 때에는 저당권자는 저당권설정자에 대하여 그 원상회복 또는 상당한 담보제공을 청구할 수 있다(제362조).

② 담보물보충청구권과 **즉시변제청구권**은 **함께 행사할 수 없다**(선택적 행사).

4) 즉시변제청구권

채무자(물상보증인 제외)의 **귀책사유**로 담보물이 손상・감소・멸실된 경우에는 채무자의 기한이익은 상실되므로, 저당권자는 곧 변제를 청구할 수 있고 저당권을 실행할 수 있다(제388조 제1호 참조).

5. 저당권의 처분 및 소멸

(1) 저당권의 처분

① **저당권**은 그 **담보한 채권과 분리하여** 타인에게 **양도**하거나 **다른 채권의 담보로 하지 못한다**(제361조). → **피담보채권을 저당권과 분리해서 양도하거나 다른 채권의 담보로 하지 못한다고 정하고 있지는 않다.** 따라서 질권자와 질권설정자가 **피담보채권만**을 **질권의 목적으로 하고 저당권은 질권의 목적으로 하지 않는 것**도 **가능**하고, 이는 저당권의 부종성에 반하지 않는다.

② 저당권에 의해 담보되는 채권과 저당권을 함께 양도하는 경우, 물권적 합의와 양수인 앞으로의 저당권이전의 부기등기(제186조) 및 채권양도의 합의가 있어야 한다.

③ 물권적 합의는 저당권의 양도・양수받는 당사자 사이에 있으면 족하고 그 외에 채무자나 물상보증인 사이에까지 있어야 하는 것은 아니다.

④ **채권양도의 대항요건을 갖추어야 한다. 다만 경매신청**은 저당권이전의 부기등기를 마치고 저당권실행의 요건을 갖추고 있는 한 **채권양도의 대항요건을 갖추고 있지 아니하더라도 가능하다.**

(2) 저당권의 소멸

저당권으로 담보한 채권이 시효의 완성 기타 사유로 인하여 소멸한 때에는 저당권도 소멸한다 (제369조).

Set 26 공동저당

1. 성립

피담보채권(동일한 기본계약에 기하여 발생한 채권) + 설정계약(수개의 저당권을 설정하기로 하는 합의) + 등기(수 개의 저당권설정등기) → **공동저당관계의 등기**를 공동저당권의 **성립요건이나 대항요건이라고 할 수 없다.**

2. 효력

(1) 후순위저당권자와의 관계

1) 동시배당의 경우(제368조 제1항)

가) 안분적 분담

경매대가를 동시에 배당하는 때에는 **각 부동산의 경매대가**에 **비례**하여 그 채권의 분담을 정하고, 그 비례안분액을 초과하는 부분은 후순위저당권자의 변제에 충당된다. → [**취지**] : 이는 각 부동산의 책임을 안분시킴으로써 각 부동산상의 소유자와 후순위저당권자 기타의 채권자의 이해관계를 조절하는 데에 취지가 있다.

나) 적용범위

① 취지상 **공동근저당권**의 경우에도 **적용**된다.

② 다만 공동저당권이 설정되어 있는 수개의 부동산 중 일부는 채무자 소유이고 일부는 물상보증인의 소유인 경우 위 각 부동산의 경매대가를 동시에 배당하는 때에는 민법 제368조 제1항은 적용되지 아니한다. 이 경우 경매법원으로서는 채무자 소유 부동산의 경매대가에서 공동저당권자에게 우선적으로 배당을 하고, 부족분이 있는 경우에 한하여 물상보증인 소유 부동산의 경매대가에서 추가로 배당을 하여야 한다.

2) 이시배당의 경우(제368조 제2항)

가) 원칙

일부의 경매대가를 먼저 배당하는 경우에는 그 대가에서 그 채권 **전부**의 **변제**를 받을 수 있다.

나) 후순위저당권자의 대위권

경매한 부동산의 후순위저당권자는 공동저당권자가 동시배당을 하였더라면 다른 부동산의 경매대가에서 변제를 받을 수 있는 금액의 한도에서 **공동저당권자**를 **대위**하여 그 **저당권을 행사할 수 있다.**

다) 효과

① 대위의 효과로 공동저당권자가 가지고 있던 저당권은 후순위저당권자에게 이전한다. 이는 법률규정에 의한 이전이므로 제187조에 의해 등기 없이도 효력이 생긴다.

② 후순위저당권자의 대위에 의하여 선순위저당권자가 가지고 있던 다른 부동산에 관한 저당권이 후순위저당권자에게 이전된 후에 아직 **그 부동산에 관한 저당권이 말소되지 아니하고 부동산등기부에 존속하는 동안 제3취득자가 그 부동산을 취득한 경우라면**, 비록 공동저당의 **대위등기를 하지 아니하더라도 후순위저당권자는 대위할 수 있다**(∵ 제3취득자로서는 저당권이 유효하게 존재함을 알거나 적어도 저당권이 공동저당권으로서 공시되어 있는 상태에서 이를 알면서 해당 부동산을 취득할 것이므로 저당권의 이전과 관련하여 제3취득자를 보호할 필요성은 적기 때문이다).

③ **그러나** 후순위저당권자가 다른 부동산에 공동저당의 **대위등기를 하지 아니하고 있는 사이에 그 부동산에 관한 저당권등기가 말소되고**, 그와 같이 저당권등기가 말소되어 등기부상 저당권의 존재를 확인할 수 없는 상태에서 **그 부동산에 관하여 소유권이나 저당권 등 새로 이해관계를 취득한 사람에 대해서는, 후순위저당권자는** 민법 제368조 제2항에 의한 **대위**를 **주장할 수 없다.**

④ **한편**, 후순위저당권자로서는 대위의 기대를 가진다고 보아야 하고, 후순위저당권자의 이와 같은 대위에 관한 정당한 기대는 보호되어야 하므로, **선순위 공동저당권자가 피담보채권을 변제받기 전에 공동저당 목적 부동산 중 일부에 관한 저당권을 포기한 경우**에는, **후순위저당권자가 있는 부동산에 관한 경매절차에서, 저당권을 포기하지 아니하였더라면 후순위저당권자가 대위할 수 있었던 한도에서는 후순위저당권자에 우선하여 배당을 받을 수 없다**고 보아야 하고, **이러한 법리는 공동근저당권의 경우에도 마찬가지로 적용된다.**

라) 적용범위

제368조 제2항 후문은 채무자 소유의 여러 부동산 위에 저당권이 설정된 경우에 한하여 적용되므로, 채무자와 물상보증인의 부동산 위에 공동저당권을 가진 자에 의해 채무자의 부동산이 경매 실행된 경우, **채무자 소유의 후순위저당권자는 물상보증인 소유의 부동산에 대하여 선순위 공동저당권자를 대위하여 저당권을 행사할 수 없다.**

(2) 채무자 소유 부동산과 물상보증인 소유 부동산에 공동저당권이 설정된 경우의 법률관계

1) 동시배당의 경우 - 제368조 제1항의 적용 여부

공동저당권이 설정되어 있는 수개의 부동산 중 일부는 채무자 소유이고 일부는 물상보증인 소유인 경우 각 부동산의 경매대가를 동시에 배당하는 때에는 민법 **제368조 제1항**은 **적용되지 아니하고, 채무자 소유 부동산의 경매대가에서** 공동저당권자에게 **우선적**으로 **배당**을 하고, **부족분**이 있는 경우에 한하여 **물상보증인 소유 부동산**의 경매대가에서 **추가**로 **배당**을 하여야 한다. 그리고 이러한 이치는 물상보증인이 채무자를 위한 연대보증인의 지위를 겸하고 있는 경우에도 마찬가지이다.

2) 이시배당의 경우

가) 채무자 소유 부동산에의 이시배당 - 제368조 제2항 후문의 적용 여부

① 공동저당의 목적인 채무자 소유의 부동산과 물상보증인 소유의 부동산 중 채무자 소유의 부동산에 대하여 먼저 경매가 이루어져 그 경매대금의 교부에 의하여 1번 공동저당권자가 변제를 받더라도 **채무자 소유의 부동산에 대한 후순위 저당권자**는 민법 **제368조 제2항 후단에 의하여 1번 공동저당권자를 대위하여 물상보증인 소유의 부동산에 대하여 저당권을 행사할 수 없다**(물상보증인 우선설 : 변제자대위 우선설).

② 그리고 **이러한 법리는** 채무자 소유의 부동산에 후순위 저당권이 설정된 후에 **물상보증인 소유의 부동산이 추가로 공동저당의 목적으로 된 경우**에도 **마찬가지**로 **적용**된다.

나) 물상보증인 소유 부동산에의 이시배당

① [**물상보증인의 지위**] - 이시배당에서 **후순위저당권자의 대위권은 채무자 소유의 부동산에만 저당권이 설정된 경우에 인정되고,** 공동저당의 목적인 채무자 소유의 부동산과 물상보증인 소유의 부동산에 각각 채권자를 달리하는 후순위저당권이 설정되어 있는 경우, 물상보증인 소유의 부동산에 대하여 먼저 경매가 이루어져 그 경매대금의 교부에 의하여 1번 저당권자가 변제를 받은 때에는 **물상보증인은 채무자에 대하여 구상권을 취득함과 동시에, 민법 제481조, 제482조의 규정에 의한 변제자대위**에 의하여 채무자 소유의 부동산에 대한 **1번 저당권**을 **취득**한다.

② [**물상보증인 소유 부동산의 후순위저당권자의 지위**] - 이러한 경우 **물상보증인 소유의 부동산에 대한 후순위저당권자**는 물상보증인이 대위취득한 채무자 소유의 부동산에 대한 1번 저당권에 대하여 민법 **제370조, 제342조**에 의한 **물상대위**를 할 수 있고, 이로써 채무자 소유의 부동산으로부터 **우선**하여 **변제**를 받을 수 있다.

※ [비교] - ① **물상보증인이 대위취득한 선순위저당권설정등기에 대하여는 말소등기가 경료될 것이 아니라 물상보증인 앞으로 대위에 의한 저당권이전의 부기등기가 경료되어야 할 성질의 것**이며, 따라서 아직 경매되지 아니한 **공동저당물의 소유자**(채무자)로서는 1번 저당권자에 대한 피담보채무가 소멸하였다는 사정만으로는 **말소등기를 청구할 수 없다.** ② **위 법리**는 **수인의 물상보증인이 제공한 부동산 중 일부에 대하여 경매가 실행된 경우**

에도 마찬가지로 적용되어야 하므로, **자기 소유의 부동산이 먼저 경매되어 1번 저당권자에게 대위변제를 한 물상보증인은 다른 물상보증인의 부동산에 대한 1번 저당권을 대위취득**하고, **그 물상보증인 소유 부동산의 후순위 저당권자는 1번 저당권에 대하여 물상대위**를 할 수 있으므로 물상보증인이 대위취득한 선순위 저당권설정등기에 대하여는 말소등기가 경료될 것이 아니라 물상보증인 앞으로 대위에 의한 저당권이전의 부기등기가 경료되어야 하고, 아직 경매되지 아니한 **공동저당물의 소유자로서는 1번 저당권자에 대한 피담보채무가 소멸하였다는 사정만으로 말소등기를 청구할 수 없다.**

※ [**비교**] – 채무자는 물상보증인에 대한 반대채권이 있더라도 특별한 사정이 없는 한 물상보증인의 구상금 채권과 상계함으로써 물상보증인 소유의 부동산에 대한 후순위저당권자에게 대항할 수 없다(채무자의 상계에 대한 기대가 물상보증인 소유의 부동산에 대한 후순위저당권자가 가지는 법적 지위에 우선할 수 없다).

③ [**선순위저당권자 등에 의해 채무자 소유의 부동산에 관한 저당권등기가 말소된 경우 물상보증인 소유 부동산의 후순위저당권자의 불법행위를 이유로 한 손해배상청구**] – 물상보증인 소유 부동산에 대한 후순위저당권자가 물상보증인 명의로 대위의 부기등기를 하지 않고 있는 동안 선순위 공동저당권자가 임의로 채무자 소유 부동산에 설정되어 있던 공동근저당권을 말소하고, 그 후 제3자 명의의 근저당권이 설정되었다가 경매로 그 부동산이 매각되어 대금이 완납된 사안에서, **물상보증인 소유 부동산의 후순위저당권자는 매각대금 완납으로** 더 이상 물상보증인의 권리를 대위하여 **공동근저당권설정등기의 회복등기절차 이행을 구하거나 경매절차에서 실제로 배당받은 자에 대하여 부당이득반환청구를 할 수 없으므로, 매각대금이 완납된 날** 공동근저당권 불법말소로 인한 **손해가 확정적으로 발생**하였고, **대위의 부기등기를 마치지 않은 사정만으로** 선순위 공동저당권자의 불법행위와 손해 사이에 존재하는 **인과관계가 단절된다고 할 수 없다.** 따라서 물상보증인 소유 부동산의 후순위저당권자는 **선순위 공동저당권자를 상대로 불법행위를 이유로 손해배상을 구할 수 있다.**

④ [**채무자 소유 부동산에 관한 선순위저당권을 포기한 공동저당권자의 지위**] – 물상보증인의 변제자대위에 대한 기대권은 민법 제485조에 의하여 보호되어, 채권자가 고의나 과실로 담보를 상실하게 하거나 감소하게 한 때에는, 특별한 사정이 없는 한 물상보증인은 그 상실 또는 감소로 인하여 상환을 받을 수 없는 한도에서 면책 주장을 할 수 있다. **채권자가 물적담보인 담보물권을 포기하거나 순위를 불리하게 변경하는 것**은 **담보의 상실 또는 감소행위에 해당**한다. 따라서 채무자 소유 부동산과 물상보증인 소유 부동산에 **공동근저당권을 설정한 채권자가 공동담보 중 채무자 소유 부동산에 대한 담보 일부를 포기하거나 순위를 불리하게 변경하여 담보를 상실하게 하거나 감소하게 한 경우, 물상보증인은** 그로 인하여 **상환받을 수 없는 한도**에서 **책임**을 **면한다.** 그리고 이 경우 **공동근저당권자는** 나머지 공동담보 목적물인 **물상보증인 소유 부동산에 관한 경매절차에서, 물상보증인이 위와 같이 담보 상실 내지 감소로 인한 면책을 주장할 수 있는 한도에서는, 물상보증인 소유 부동산의 후순위 근저당권자에 우선하여 배당받을 수 없다.**

(3) 공동저당 법리의 유추적용

주택임대차보호법 제8조에 규정된 소액보증금반환청구권은 임차목적 주택에 대하여 저당권에 의하여 담보된 채권, 조세 등에 우선하여 변제받을 수 있는 이른바 법정담보물권으로서, **주택임차인이 대지와 건물 모두로부터 배당을 받는 경우**에는 마치 그 대지와 건물 전부에 대한 **공동저당권자와 유사한 지위**에 서게 되므로 대지와 건물이 동시에 매각되어 주택임차인에게 그 경매대가를 **동시에 배당하는 때**에는 민법 **제368조 제1항**을 **유추적용**하여 대지와 건물의 **경매대가에 비례하여** 그 채권의 **분담**을 정하여야 한다.

Set 27 근저당

1. 의의 및 특성

① 근저당권은 담보할 채무의 최고액만을 정하고, 채무의 확정을 장래에 보류하여 설정하는 저당권으로서, 계속적인 거래관계로부터 발생하는 다수의 불특정채권을 장래의 결산기에서 일정한 한도까지 담보하기 위한 목적으로 설정되는 저당권이다(제357조).

② 근저당권은 증감 · 변동하는 장래의 불특정채권을 담보하므로(불특정성 · 불확정성), **확정될 때까지의 채무의 소멸 또는 이전**은 저당권에 **영향**을 **미치지 아니한다**(부종성의 완화 · 배제).

2. 성립

① [**일반**] – 근저당권설정계약 + 등기

② [**근저당권설정계약**] – 담보할 채권최고액을 정하고, 피담보채권을 성립시키는 법률행위 즉 **기본계약관계**도 명백히 **정**해져 있어야 한다. → 피담보채권을 성립시키는 법률행위가 있었는지 여부에 대한 입증책임은 그 존재를 주장하는 측에 있다(∵ 등기의 추정력 ✗).

③ [**등기**] – 등기원인이 '근저당권'이라는 것을 구체적으로 기재해야 하며, **채권최고액**은 반드시 **등기**해야 한다. 그러나 존속기간이나 결산기는 등기하지 않더라도 유효하다.

※ [**비교**] (**무효등기의 유용**) – 채권자가 채무자와 사이에 근저당권설정계약을 체결하였으나 그 계약에 기한 근저당권설정등기가 채권자가 아닌 제3자의 명의로 경료되고 그 후 다시 채권자가 위 근저당권설정등기에 대한 부기등기의 방법으로 위 근저당권을 이전받았다면, 특별한 사정이 없는 한 그때부터 위 근저당권설정등기는 실체관계에 부합하는 유효한 등기로 볼 수 있다.

3. 효력

(1) 피담보채권의 범위

① 계속적 거래관계에 기하여 **이미 채권이 발생한 후** 그 계속적 거래관계를 기본계약으로 하여 **근저당권을 설정한 경우**에는 특별한 사정이 없는 한 근저당권은 **전에 발생한 채권도 담보한다**.

② 제360조는 적용되지 않으므로, **지연배상은 1년분에 한정되지 않고** 채권최고액에 포함되는 이상 **모두 담보**된다.

③ 근저당권의 실행비용은 채권최고액에 포함되지 않는다.

(2) 채무의 범위나 채무자의 변경

① 근저당권을 설정한 후에 근저당설정자와 근저당권자의 합의로 채무의 범위 또는 채무자를 추가하거나 교체하는 등으로 피담보채무를 변경할 수 있다. 이 경우에는 **'변경 후'의 범위에 속하는 채권이나 채무자에 대한 채권만**이 근저당권에 의하여 **담보되고, '변경 전'의 범위에 속하는 채권이나 채무자에 대한 채권**은 담보되는 채무의 범위에서 **제외**된다.

※ [**비교**] – ① '**피담보채권의 확정 전' 채무자를 변경**하는 것은 **계약인수**의 **성질**을 지니므로, 기본계약의 당사자와 인수인의 **3면계약**으로 이루어져야 하고, **변경된 계약에 기한 채무만**이 근저당권에 의해 **담보**된다. ② 다만 물상보증인이 근저당권의 채무자의 계약상 지위를 인수한 것이 아니라, **채무만**을 **면책적**으로 **인수**하고 이를 원인으로 하여 근저당권 변경의 부기등기가 경료된 경우, 특별한 사정이 없는 한 물상보증인이 **인수한 기존의 채무만**을 **담보**하는 것이지, **그 후** 채무를 인수한 물상보증인이 **다른 원인으로** 근저당권자에 대하여 **부담하게 된 새로운 채무까지 담보하는 것**은 **아니다**.

② 피담보채무의 범위 또는 채무자를 변경할 때 **이해관계인의 승낙**을 받을 **필요**가 **없다**(∵ 후순위 저당권자 등 이해관계인에게 예측하지 못한 손해가 발생한다고 볼 수 없기 때문이다).

(3) 채권의 일부양도와 대위변제

① 근저당권의 피담보채권이 '**확정**되기 **전**'에 그 채권의 일부를 양도하거나 대위변제한 경우 근저당권이 양수인이나 대위변제자에게 **이전할 여지**가 **없다**.

② 그러나 피담보채권이 '**확정**된 **후**'에는 채권의 일부양도가 가능하고, 이 경우에는 근저당권도 일부양도되어 근저당권의 준공유로 된다. 또한 **일부변제**의 경우 저당권의 일부이전의 부기등기의 경료 여부와 관계없이 대위변제자에게 **법률상 당연히 이전**된다.

4. 피담보채권액의 확정

(1) 확정의 의미

근저당권은 채무가 확정되는 시점의 채무를 최고액의 범위 내에서 담보하는 것이고, **확정 이후**에 발생하는 **채무**는 더 이상 근저당권에 의해 **담보되지 않는다**.

(2) 확정 사유 및 시기

1) 근저당권의 존속기간・결산기를 정한 경우

① **결산기**가 **도래**하거나 **존속기간**이 **만료한 때**에 피담보채무가 **확정**된다.

② **다만** 이 경우에도 **거래를 계속할 의사가 없는 경우**에는, 그 존속기간 또는 결산기가 경과하기 전이라 하더라도 근저당권설정자는 계약을 **해지함으로써** 피담보채무를 **확정**시킬 수 있다.

2) 근저당권의 존속기간・결산기의 정함이 없는 경우

① 근저당권의 피담보채무의 확정방법에 관한 다른 약정이 있으면 그에 따르되, 이러한 약정이 없는 경우라면 근저당권설정자는 근저당권자를 상대로 **언제든지 해지**의 의사표시를 함으로써 피담보채무를 **확정**시킬 수 있다.

② 계약의 해제 또는 해지에 관한 권한은 **근저당부동산의 소유권을 취득한 제3자**도 **원용**할 수 있다. → [**사안**] : 근저당부동산을 매수하고 소유권을 취득한 **제3자가** 근저당권자에게 **피담보채무를 대위변제하면서 피담보채무의 소멸을 이유로 근저당권의 말소를 요구한 경우**, 그 의사표시에는 **근저당권설정계약을 해지하고 피담보채무를 확정시키고자 하는 의사표시가 포함되어 있다**.

3) 경매신청의 경우

가) 근저당권자 자신의 경매신청

① 근저당권자가 그 피담보채무의 불이행을 이유로 경매신청을 한 때에는 그 **경매신청시**에 근저당권은 **확정**된다.

② 경매신청을 하여 경매개시결정이 있은 후에 **경매신청**이 **취하**되었다고 하더라도 **확정의 효과가 번복되는 것**은 **아니다**.

나) 제3자의 경매신청

후순위 근저당권자가 경매신청한 경우 후순위 근저당권은 **경매신청시**에 **확정**되나, **선순위 근저당권의 피담보채권**은 그 **근저당권의 소멸시기**, 즉 경락인이 **경락대금**을 **완납한 때**에 **확정**된다.

※ [비교] – **공동근저당권자가** 목적 부동산 중 일부 부동산에 대하여 **제3자가 신청한 경매절차에 소극적으로 참가**하여 우선배당을 받은 경우, ① 「**해당 부동산**」에 관한 근저당권의 피담보채권은 그 근저당권이 소멸하는 시기, 즉 매수인이 **매각대금을 지급한 때**에 **확정**되지만, ② 「**나머지 목적 부동산**」에 관한 근저당권의 피담보채권은 기본거래가 종료하거나 채무자나 물상보증인에 대하여 파산이 선고되는 등의 **다른 확정사유가 발생하지 아니하는 한 확정되지 아니한다**.

(3) 확정의 효과

1) 통상 저당권으로의 전환

① 근저당권이 확정되면 그때를 기준으로 피담보채권이 특정되고, **확정 후에 발생하는 채권은** 더 이상 근저당권에 의하여 **담보되지 않으며 보통의 저당권**으로 **전환**된다.

② '**확정 전에 발생한 원본채권**'에 관하여 **확정 후에 발생하는 이자나 지연손해금 채권**은 **담보**되나, **확정 이후에 새로운 거래관계에서 발생한 원본채권**은 근저당권에 의하여 **담보되지 않는다**.

2) 확정된 피담보채권액이 채권최고액을 초과하는 경우의 효력

① 채권 총액이 그 채권최고액을 초과하는 경우, 적어도 근저당권자와 **채무자 겸 근저당권설정자**와의 관계에 있어서는 위 채권 전액의 변제가 있을 때까지 **근저당권의 효력은 채권최고액과는 관계없이 잔존채무에 여전히 미친다**. 따라서 '**피담보채무 전액을 변제**'**하고 근저당권설정등기의 말소를 구할 수 있다**(채무일부의 변제로써 근저당권의 말소를 청구할 수 없다).

※ [**비교**] – 근저당권자가 피담보채무의 확정을 위하여 물상보증인을 상대로 제기한 확인의 소는 확인의 이익이 있어 적법하다.

② **근저당부동산에 대하여 소유권을 취득한 제3자**는 채권의 **최고액까지만 변제**하고 **근저당권설정등기의 말소를 구할 수 있다**. **물상보증인도** 채무의 전액이 아닌 **최고액까지만 변제**하고 **근저당권의 말소를 구할 수 있다**.

※ [**비교**] – **후순위 근저당권자**는 제364조의 제3취득자에 해당하지 않으므로 **채권최고액까지만 변제하고 선순위 근저당권의 말소를 구할 수는 없고**, 제469조에 따른 이해관계 있는 제3자로서 '**피담보채무 전액**'**을 변제하여야만 말소를 구할 수 있다**.

5. 공동근저당

(1) 권리실행 방법

① 민법 **제368조**는 **공동근저당권의 경우**에도 **적용**되고, 공동근저당권자가 스스로 근저당권을 실행한 경우는 물론이며 타인에 의하여 개시된 경매 등의 환가절차에서 그 환가대금 등으로부터 다른 권리자에 우선하여 피담보채권의 일부에 대하여 배당받은 경우에도 적용된다. 따라서 i) **동시배당**의 경우에 공동근저당권자는 **채권최고액 범위 내에서 피담보채권을** 민법 **제368조 제1항에 따라** 부동산별로 나누어 각 환가대금에 비례한 액수로 **배당받으며**, 공동근저당권의 각 목적 부동산에 대하여 **채권최고액만큼 반복하여, 이른바 누적적으로 배당받지 아니한다**. ii) 또한 공동근저당권이 설정된 목적 부동산에 대하여 **이시배당**이 이루어지는 경우에도 마찬가지로 **채권최고액만큼 반복하여 배당받을 수는 없다**.

② 공동근저당권자가 공동담보의 목적 부동산 중 일부에 대한 환가대금 등으로부터 다른 권리자에 우선하여 피담보채권의 일부에 대하여 배당받은 경우에, 그와 같이 **우선변제받은 금액에 관하여는** 공동담보의 **나머지 목적 부동산에** 대한 경매 등의 환가절차에서 **다시** 공동근저당권자로서 **우선변제권을 행사할 수 없다**고 보아야 하며, 공동담보의 **나머지 목적 부동산에 대하여**

공동근저당권자로서 행사할 수 있는 **우선변제권의 범위는** 피담보채권의 확정 여부와 상관없이 최초의 채권최고액에서 위와 같이 **우선변제받은 금액을 공제한 나머지 채권최고액으로 제한된다**고 해석함이 타당하다. 그리고 이러한 법리는 채권최고액을 넘는 피담보채권이 원금이 아니라 이자・지연손해금인 경우에도 마찬가지로 적용된다.

(2) 구별 - 누적적 근저당

① 당사자 사이에 하나의 기본계약에서 발생하는 동일한 채권을 담보하기 위하여 여러 개의 부동산에 근저당권을 설정하면서 **각각의 근저당권 채권최고액을 합한 금액을 우선변제받기 위하여 공동근저당권의 형식이 아닌 개별 근저당권의 형식을 취한 경우**, 이러한 근저당권은 **민법 제368조가 적용되는 공동근저당권이 아니라 피담보채권을 누적적**(반복적)**으로 담보하는 근저당권에 해당한다**. 이와 같은 **누적적 근저당권은 공동근저당권과 달리 담보의 범위가 중첩되지 않**으므로, 누적적 근저당권을 설정받은 채권자는 여러 개의 근저당권을 동시에 실행할 수도 있고, 여러 개의 근저당권 중 어느 것이라도 먼저 실행하여 그 채권최고액의 범위에서 피담보채권의 전부나 일부를 우선변제 받은 다음 피담보채권이 소멸할 때까지 나머지 근저당권을 실행하여 그 근저당권의 **채권최고액 범위에서 반복하여 우선변제를 받을 수 있다**(※ 주 - 동시배당이든 이시배당이든 제368조는 적용되지 않는다).

② 채무자 소유의 부동산과 물상보증인 소유의 부동산에 누적적 근저당권을 설정받았는데, 물상보증인 소유의 부동산이 먼저 경매되어 매각대금에서 채권자가 변제를 받은 경우, **물상보증인**은 채무자에 대하여 **구상권을 취득함과 동시에 민법 제481조, 제482조에 따라** 종래 채권자가 가지고 있던 채권 및 담보에 관한 권리를 행사할 수 있다. 이때 물상보증인은 **변제자대위에 의하여** 종래 채권자가 보유하던 **채무자 소유 부동산에 관한 근저당권을 대위취득하여 행사할 수 있다**.

6. 포괄근저당

근저당설정계약서에 그 피담보채권으로서 근저당권설정 당시에 차용금 채무뿐만 아니라 기타 각종 원인으로 장래 부담하게 될 모든 채무까지 담보한다라고 기재되어 있으면 그 계약서의 내용은 포괄근저당으로서 **유효**하다.

Set 28 가등기담보

1. 가등기담보법의 적용 요건

① **(준)소비대차에 기한 피담보채권일 것**(대여금채권) + 재산의 **예약 당시의 가액이 차용액 및 이에 붙인 이자의 합산액을 초과하는 경우**(제607조와 제608조가 적용됨을 전제) + 재산권을 이전한다는 내용의 약정 + **(가)등기**

② **매매대금채권, 공사대금채권 등**의 경우에는 **적용되지 않는다.** → [주의] : ⅰ) 가등기의 **주된 목적이 매매대금채권의 확보에 있고, 대여금채권의 확보는 부수적 목적인 경우** 가등기담보법이 **적용되지 않는다.** / ⅱ) 가등기나 소유권이전등기가 금전소비대차나 준소비대차에 기한 **차용금반환채무와 그 외의** 원인으로 발생한 **채무**를 **동시에 담보할 목적으로 경료되었으나 그 후** 금전소비대차나 준소비대차에 기한 **차용금반환채무만**이 **남게 된 경우**에는 가등기담보법이 **적용된다.**

③ 재산의 예약 당시의 가액이 차용액 및 이에 붙인 이자의 합산액을 초과하는 경우에 적용되는바, 재산권 이전의 **예약 당시 재산에** 대하여 **선순위 근저당권이 설정되어 있는 경우**에는 재산의 가액에서 **피담보채무액을 공제한 나머지 가액이 차용액 및 이에 붙인 이자의 합산액을 초과하는 경우**에만 **적용된다.**

④ 대물변제예약만을 하고 가등기 또는 소유권이전등기를 하지 않은 때에는 가등기담보법이 적용되지 않으며, **동산의 양도담보**에는 가등기담보법이 **적용되지 않는다.**

2. 효력

① 담보가등기권리는 **저당권**으로 본다(제17조 제3항). 따라서 효력이 미치는 범위에 대해서는 저당권에 관한 제358조, 제360조가 적용된다.

② 가등기담보권을 실행할 때까지는 담보목적물의 **소유권은 대내적이든 대외적이든** 가등기담보 <u>**설정자**</u>에게 있으므로, 설정자는 목적물을 자유로이 점유・사용할 수 있고 제3자를 위한 용익권 설정도 가능하다.

3. 가등기담보권의 실행 – 귀속정산과 처분정산

(1) 권리취득에 의한 사적 실행 – 귀속정산

1) 실행방법의 허용 여부

① 가등기담보권의 **사적 실행**은 **'귀속정산'만 인정되고,** 채권자가 청산금의 지급 이전에 본등기와 담보목적물의 인도를 받을 수 있다거나 청산금의 지급과 동시이행관계를 인정하지 아니하는 **'처분정산'은** 허용되지 아니한다.

② **처분정산은** 경매에 의한 **공적 실행의 정산방법으로만 인정된다.**

2) 실행통지와 청산기간의 경과

① 채권자가 담보계약에 따른 담보권을 실행하여 그 담보목적 부동산의 소유권을 취득하기 위하여는 그 채권의 변제기 후에 **청산금의 평가액**을 **채무자 등**에게 **통지**하고, 그 **통지가** 채무자 등에게 **도달한 날부터 2개월**(이하 '청산기간'이라 한다)**이 지나야 한다.** 이 경우 **청산금이 없다고 인정되는 경우에는 그 뜻을 통지하여야 한다**(제3조). 그리고 **채권자는 그가 통지한 청산금의 금액에 관하여 다툴 수 없다**(제9조).

② **담보부동산의 평가액이 피담보채권액에 미달하는 경우**에는 **청산금이 있을 수 없으므로** 귀속정산의 통지방법으로 **부동산의 평가액 및 채권액을 구체적으로 언급할 필요 없이** 그 미달을 이유로 채무자에 대하여 담보권의 실행으로 그 **부동산을 확정적으로 채권자의 소유로 귀속시킨다는 뜻을 알리는 것으로 족하다.**

③ **채권자가 나름대로 평가한 청산금의 액수가 객관적인 청산금의 평가액에 미치지 못한다고 하더라도** 담보권 실행의 **통지로서의 효력이나 청산기간의 진행에**는 **아무런 영향**이 **없고, 다만 채무자 등은 정당하게 평가된 청산금을 지급 받을 때까지** 목적부동산의 소유권이전등기 및 인도 **채무의 이행을 거절하면서 피담보채무 전액을 지급하고** 채권담보의 목적으로 마쳐진 **가등기의 말소를 구할 수 있을 뿐이다.**

④ **통지의 상대방**인 채무자 등에는 **채무자와 물상보증인뿐만 아니라** 담보가등기 후 소유권을 취득한 **제3취득자**가 **포함**된다.

⑤ **통지를 하지 않으면** 가등기담보권자는 가등기에 기한 **본등기를 청구할 수 없다.**

⑥ **통지의 상대방이 수인**일 때 **일부에 대한 통지**가 **누락**된 경우에는 **청산기간이 진행되지 않는다.** 따라서 **가등기담보권자는** 그 후 **적절한 청산금을 지급하였다 하더라도** 가등기에 기한 **본등기를 청구할 수 없으며, 양도담보의 경우에는** 그 **소유권을 취득할 수 없다.**

3) 청산 – 청산금의 지급과 동시이행관계

① 채권자는 **통지 당시의 담보목적 부동산의 가액에서** 그 **채권액을 뺀 금액**을 **청산금으로** 채무자 등에게 **지급**하여야 한다. 이 경우 담보목적부동산에 **선순위담보권 등의 권리가 있을 때**에는 그 채권액을 계산할 때에 선순위담보 등에 의하여 담보된 채권액을 **포함**한다(제4조 제1항).

② **채권자는** 담보목적 부동산에 관하여 **이미 소유권이전등기를 마친 경우**에는 **청산기간이 지난 후 청산금을** 채무자 등에게 **지급한 때에** 담보목적부동산의 **소유권을 취득하며, 담보가등기를 마친 경우**에는 **청산기간이 지나야** 그 가등기에 따른 **본등기**를 **청구할 수 있다**(제4조 제2항).

③ **청산금의 지급채무**와 **부동산의 소유권이전등기 및 목적물의 인도채무의 이행**에 관하여는 **동시이행**의 **항변권**에 관한 민법 제536조를 준용한다(제4조 제3항).

④ **위 규정에 어긋나는 특약**으로서 채무자 등에게 불리한 것은 그 **효력**이 **없다**(제4조 제4항). → [**주의**] : ⅰ) **강행법규**에 해당하여 이를 **위반하여** 담보가등기에 기한 **본등기가 이루어진 경우** 본등기는 **무효**이고 **소유권**을 **취득하지 못하며, 약한 의미의 양도담보로서의 효력도 생기지 않는다.** ⅱ) **다만, 그 후**에 가등기담보법 제3조, 제4조에 정한 절차에 따라 청산금의 평가

액 통지 · 청산기간의 경과 · 청산금 지급 등의 **청산절차를 거치면 실체관계에 부합하는 것**으로 **유효**하게 될 수 있다.

4) 채무자 등의 말소청구권

① 채무자 등은 **청산금채권을 변제받을 때까지** 그 **채무액**(반환할 때까지의 이자와 손해금을 포함한다)**을** 채권자에게 **지급하고** 그 채권담보의 목적으로 마친 **소유권이전등기의 말소를 청구할 수 있다**(담보가등기도 포함). 다만, 그 채무의 **변제기가 지난 때부터 10년이 지나거나 선의의 제3자가 소유권을 취득한 경우**에는 **그러하지 아니하다**(제11조).

② 채무자 등이 가등기담보법 제11조 본문에 따라 채권담보의 목적으로 마친 소유권이전등기의 말소를 구하기 위해서는 **그때까지의 이자와 손해금을 포함한 피담보채무액**을 **전부 지급**함으로써 그 요건을 갖추어야 한다.

③ 가등기담보법 제11조 단서에 정한 **10년의 기간**은 **제척기간**이고, 제척기간은 그 기간의 경과 자체만으로 권리 소멸의 효과가 발생하므로, 가등기담보법 제11조 본문에 정한 **채무자 등의 말소청구권은 위 제척기간의 경과로 확정적으로 소멸하고** 이로써 **채권자가** 담보목적 부동산의 **소유권을 확정적으로 취득한다**. → 이 경우 **채권자는** 가등기담보법 제4조에 따라 산정한 **청산금을 채무자 등에게 지급할 의무가 있고, 채무자 등은 채권자에게 그 지급을 청구할 수 있다**.

④ '**선의의 제3자**'라 함은 **채권자가 적법한 청산절차를 거치지 않고** 담보목적 부동산에 관하여 **본등기를 마쳤다는 사실**을 **모르고 그 본등기에 터 잡아 소유권이전등기**를 **마친 자**를 뜻한다. 제3자가 악의라는 사실에 관한 주장 · 증명책임은 무효를 주장하는 사람에게 있다.

⑤ 가등기담보법 제3조, 제4조의 청산절차를 위반하여 이루어진 담보가등기에 기한 본등기가 무효라고 하더라도 선의의 제3자가 그 본등기에 터 잡아 소유권이전등기를 마치는 등으로 담보목적부동산의 소유권을 취득하면, 가등기담보법 제2조 제2호에서 정한 **채무자 등은 더 이상** 가등기담보법 제11조 본문에 따라 채권자를 상대로 **그 본등기의 말소를 청구할 수 없게 된다**. 이 경우 그 **반사적 효과로서** 무효인 채권자 명의의 **본등기는 그 등기를 마친 시점으로 '소급'하여 확정적**으로 **유효**하게 되고, 이에 따라 담보목적부동산에 관한 채권자의 가등기담보권은 소멸하며, 청산절차를 거치지 않아 무효였던 채권자의 **위 본등기에 터 잡아 이루어진 등기 역시 '소급'하여 유효하게 된다**고 보아야 한다. **다만 이 경우에도** 채무자 등과 채권자 사이의 청산금 지급을 둘러싼 **채권 · 채무 관계까지 모두 소멸하는 것은 아니고**, **채무자 등은 채권자에게 청산금의 지급을 청구할 수 있다**. 이러한 법리는 경매의 법적 성질이 사법상 매매인 점에 비추어 보면 **무효인 본등기가 마쳐진 담보목적 부동산에 관하여 진행된 경매절차에서 경락인이 본등기가 무효인 사실을 알지 못한 채 담보목적 부동산을 매수한 경우에도 마찬가지로 적용된다**.

(2) 경매에 의한 공적 실행

① 담보가등기권리자는 그 선택에 따라 제3조에 따른 담보권을 실행하거나 담보목적부동산의 경매를 청구할 수 있다. 이 경우 경매에 관하여는 담보가등기권리를 저당권으로 본다. **후순위권리자는 청산기간에 한정하여 그 피담보채권의 변제기 도래 전이라도** 담보목적부동산의 **경매**를 **청구**할 수 있다(제12조).

② 담보가등기를 마친 부동산에 대하여 강제경매 등이 개시된 경우에 담보가등기권리자는 다른 채권자보다 자기채권을 우선변제 받을 권리가 있다. 이 경우 그 순위에 관하여는 그 담보가등기권리를 저당권으로 보고, 그 담보가등기를 마친 때에 그 저당권의 설정등기가 행하여진 것으로 본다(제13조). 담보가등기권리는 경매에 의한 부동산의 매각으로 소멸한다(제15조).

4. 가등기담보법이 적용되지 않는 경우

① 가등기담보법이 적용되지 않는 부동산 양도담보이거나 가등기담보법이 적용될 수 없는 동산 양도담보의 경우에도, 당사자들 사이에 채무자가 변제기에 피담보채무를 변제하지 아니하면 채권채무관계는 소멸하고 부동산의 소유권이 확정적으로 채권자에게 귀속된다는 명시의 특약이 없는 한, 그 양도담보는 **청산절차**를 **예정**하고 있는 이른바 '**약한 의미의 양도담보**'가 된다. 그리고 이와 같이 약한 의미의 양도담보가 된 경우에도 **채무의 변제기가 도과한 후 채권자가 담보권을 실행하여 청산절차를 마쳐야 채무자와 관계에서 소유권을 취득할 수 있다.**

② 가등기담보법이 적용되지 않는 경우에도 채권자가 채권담보의 목적으로 부동산에 가등기를 경료하였다가 그 후 변제기까지 변제를 받지 못하여 위 가등기에 기한 소유권이전의 본등기를 경료한 경우에는, 그 본등기도 채권담보의 목적으로 경료된 것으로서 정산절차를 예정하고 있는 이른바 '**약한 의미의 양도담보**'가 된다. 따라서 **채무의 변제기가 도과한 후에도 채권자가 담보권을 실행하여 정산절차를 마치기 전**에는 **채무자는 언제든지 채무를 변제하고** 채권자에게 위 가등기 및 그 가등기에 기한 본등기의 **말소를 청구할 수 있다.**

Set 29 양도담보 - 가등기담보법의 적용을 받지 않는 경우의 규율법리

1. 법적 구성 및 규율

판례(이원적 규율설)는 ① **동산의 양도담보**에 관하여는 가등기담보법 시행 전·후를 불문하고 **신탁적 소유권 이전설**(채권자와 채무자 사이의 대내적 관계에서는 채무자가 소유권을 보유하나, 대외적 관계에서는 채권자인 양도담보권자에게 소유권이 이전된다)에 입각하여 이론구성을 하고, ② **부동산**에 관하여는 **가등기담보법의 적용을 받지 않는 경우**에는 **신탁적 소유권 이전설**에 입각하되, **가등기담보법의 적용을 받는 경우로서 동법 시행 후**에는 **주로 담보물권설**로 그 이론구성을 하고 있다.

2. 성립

① 양도담보는 양도담보계약 외에 목적재산권의 이전에 필요한 공시방법을 갖춤으로써 성립한다. 양도담보는 권리이전의 형식을 이용한 채권담보의 방법이기 때문이다.

② 따라서 동산인 경우에는 인도, 부동산의 경우에는 이전등기, 채권 기타의 재산권인 경우에는 권리이전에 필요한 요건 및 대항요건을 갖추어야 한다. 특히 동산의 경우에는 점유개정에 의해 양도담보가 설정됨이 보통이다.

3. 효력

① **동산**에 관하여 양도담보계약이 이루어지고 양도담보권자가 점유개정의 방법으로 인도를 받았다면 **양도담보권자는** 그 청산절차를 마치기 전이라 하더라도 **담보목적물에 대한 사용수익권은 없지만, 제3자에 대한 관계**에 있어서는 그 물건의 **소유자임을 주장하고 그 권리를 행사할 수 있다.**

② 특별한 사정이 없는 한 **사용수익권은 채무자인 양도담보설정자에게 있으므로, 양도담보권자는** 사용수익할 수 있는 정당한 권한이 있는 **채무자나 채무자로부터 그 사용수익할 수 있는 권한을 승계한 자에 대하여** 사용수익을 하지 못한 것을 이유로 **임료 상당의 손해배상이나 부당이득반환청구를 할 수 없다.**

③ **양도담보권자는 담보권의 실행을 위하여** 담보채무자가 아닌 **제3자에 대하여도 담보물의 인도를 구할 수 있고, 인도를 거부하는 경우**에는 **담보권 실행이 방해된 것을 이유로** 하는 **손해배상을 구할 수는 있으나,** 그러한 경우에도 양도담보권자에게는 목적 부동산에 대한 사용수익권이 없으므로 **임료 상당의 손해배상을 구할 수는 없다.**

④ 특별한 사정이 없는 한 **사용수익권은 채무자인 양도담보설정자에게 있으므로, 양도담보 설정자가 채권을 담보하기 위하여** 그 소유의 **동산**을 채권자에게 **양도**한 경우, 그 **동산이 일정한 토지 위에 설치되어 있다면** 특별한 사정이 없는 한 **양도담보 설정자가 토지를 점유·사용하고 있는 것**으로 보아야 한다.

⑤ **미등기건물**에 대한 **양도담보계약상의 채권자 지위를 승계하여 건물을 관리하고 있는 자**는 건물의 소유자가 아님은 물론 건물에 대하여 법률상 또는 사실상 처분권을 가지고 있는 자라고 할 수도 없으므로, 건물에 대한 **철거처분권을 가지고 있는 자라고 할 수 없다.**

⑥ **주택의 양도담보**의 경우는 채권담보를 위하여 신탁적으로 양도담보권자에게 주택의 소유권이 이전될 뿐이어서, 특별한 사정이 없는 한 **양도담보권자가 주택의 사용·수익권을 갖게 되는 것**이 **아니고** 또 **주택의 소유권이 양도담보권자에게 확정적·종국적으로 이전되는 것**도 **아니**므로 **양도담보권자**는 **주택임대차보호법 제3조 제4항**에서 말하는 **'양수인'**에 **해당되지 아니한다.** 따라서 임대인의 지위를 승계하지 않는다.

⑦ 담보물의 교환가치를 취득하는 것을 목적으로 하는 양도담보권의 성격에 비추어 보면, 양도담보로 제공된 **목적물이 멸실, 훼손됨에 따라** 양도담보 설정자와 제3자 사이에 교환가치에 대한 배상 또는 보상 등의 법률관계가 발생되는 경우에도 그로 인하여 **양도담보설정자가 받을 금전 기타 물건에 대하여 담보적 효력**이 **미친다.** → [사안] : **동산 양도담보권자는** 양도담보 목적물이 소실되어 **양도담보설정자가** 보험회사에 대하여 화재보험계약에 따른 **보험금청구권을 취득한 경우** 담보물 가치의 변형물인 화재보험금청구권에 대하여 양도담보권에 기한 **물상대위권**을

행사할 수 있다. 동산 양도담보권자가 **물상대위권 행사로** 양도담보 설정자의 화재보험금청구권에 대하여 **압류 및 추심명령을 얻어 추심권을 행사하는 경우** 특별한 사정이 없는 한 **제3채무자인 보험회사는 양도담보 설정 후 취득한 양도담보설정자에 대한 별개의 채권을 가지고 상계로써 양도담보권자에게 대항할 수 없다.**

※ [비교] – **돼지를 양도담보**의 목적물로 하여 소유권을 양도하되 점유개정의 방법으로 **양도담보설정자가** 계속하여 점유·관리하면서 **무상으로 사용·수익하기로 약정한 경우**, 양도담보 목적물로서 원물인 돼지가 출산한 새끼 돼지는 천연과실에 해당하고 그 천연과실의 수취권은 원물인 돼지의 사용·수익권을 가지는 양도담보설정자에게 귀속되므로, 다른 특별한 약정이 없는 한 천연과실인 **새끼 돼지에 대하여는 양도담보의 효력**이 **미치지 않는다**(주 – 유동집합물의 양도담보와 차이).

⑧ 동산을 목적으로 하는 유동집합물 양도담보설정계약을 체결함과 동시에 채무불이행시 강제집행을 수락하는 공정증서를 작성한 경우, 양도담보권자로서는 그 집행증서에 기하지 아니하고 이를 사적으로 타에 처분하거나 스스로 취득한 후 정산하는 방법으로 현금화할 수도 있다.

⑨ 동산에 대하여 점유개정의 방법으로 양도담보를 일단 설정한 후에는 **양도담보권자나 양도담보설정자가 그 동산에 대한 점유를 상실하였다고 하더라도** 그 **양도담보의 효력**에는 **아무런 영향이 없다** 할 것이고, 양도담보권 실행을 위한 환가절차에 있어서는 환가로 인한 매득금에서 환가비용을 공제한 잔액 전부를 **양도담보권자의 채권변제**에 **우선 충당하여야 하고** 양도담보설정자의 다른 채권자들은 양도담보권자에 대한 관계에 있어서 안분배당을 요구할 수 없다.

4. 동산의 이중양도담보

① 금전채무를 담보하기 위하여 채무자가 그 소유의 동산을 채권자에게 양도하되 **점유개정**에 의하여 채무자가 이를 계속 점유하기로 한 경우 특별한 사정이 없는 한 동산의 **소유권**은 **신탁적**으로 **이전**됨에 불과하여 채권자와 채무자 사이의 **대내적 관계**에서 **채무자**는 의연히 **소유권**을 **보유하나 대외적인 관계**에 있어서 **채무자는** 동산의 **소유권을 이미 채권자에게 양도한 무권리자**가 되는 것이어서 **다시 다른 채권자와의 사이에 양도담보 설정계약을 체결하고 점유개정의 방법으로 인도를 하더라도 선의취득이 인정되지 않는 한 나중에 설정계약을 체결한 채권자**는 **양도담보권**을 **취득할 수 없는데**, 현실의 인도가 아닌 **점유개정으로는 선의취득이 인정되지 아니하므로**, 결국 **뒤의 채권자는 양도담보권을 취득할 수 없다.**

② 동산에 대하여 점유개정의 방법으로 이중양도담보를 설정한 경우 원래의 양도담보권자는 뒤의 양도담보권자에 대하여 배타적으로 자기의 담보권을 주장할 수 있으므로, **뒤의 양도담보권자가 양도담보의 목적물을 처분함으로써 원래의 양도담보권자로 하여금 양도담보권을 실행할 수 없도록 하는 행위는**, 이중양도담보 설정행위가 횡령죄나 배임죄를 구성하는지 여부나 뒤의 양도담보권자가 이중양도담보 설정행위에 적극적으로 가담하였는지 여부와 관계없이, **원래의 양도담보권자의 양도담보권을 침해하는 위법한 행위이므로 불법행위에 의한 손해배상책임**을 **진다.**

박문각 법무사

이혁준 민법

1차 · 2차 | 핵심 암기장

초판 인쇄 2025. 6. 20. | **초판 발행** 2025. 6. 25. | **편저자** 이혁준
발행인 박 용 | **발행처** (주)박문각출판 | **등록** 2015년 4월 29일 제2019-000137호
주소 06654 서울시 서초구 효령로 283 서경 B/D 4층 | **팩스** (02)584-2927
전화 교재 문의 (02)6466-7202

저자와의
협의하에
인지생략

정가 20,000원
ISBN 979-11-7262-928-1